Ekkehard Kaier

BASIC-Wegweiser für den Commodore 116, Commodore 16 und Commodore plus/4

Mikrocomputer sind Vielzweck-Computer (General Purpose Computer) mit vielfältigen Anwendungsmöglichkeiten wie Textverarbeitung, Datei/Datenbank, Tabellenverarbeitung und Grafik.

Gerade für den Anfänger ist diese Vielfalt häufig verwirrend. Hier bietet die Wegweiser-Reihe eine klare und leicht verständliche Orientierungshilfe.

Jeder Titel der Wegweiser-Reihe wendet sich an Benutzer eines bestimmten Mikrocomputers bzw. Programmiersystems mit dem Ziel, Wege zu den grundlegenden Anwendungsmöglichkeiten und damit zum erfolgreichen Einsatz des jeweiligen Computers zu weisen.

Bereits erschienen:

BASIC-Wegweiser für den Apple II
und kompatible Computer

MBASIC-Wegweiser für Mikrocomputer
unter CP/M und MS-DOS

BASIC-Wegweiser für den Commodore 64

BASIC-Wegweiser für den IBM PC, PC XT,
Portable PC und PCjr

BASIC-Wegweiser für den Commodore 116,
Commodore 16 und Commodore plus/4

In Vorbereitung:

BASIC-Wegweiser für MSX-Mikrocomputer

PASCAL-Wegweiser für Mikrocomputer

Ekkehard Kaier

BASIC-Wegweiser für den Commodore 116, Commodore 16 und Commodore plus/4

Datenverarbeitung mit BASIC 3.5

Mit 87 Programmen, 2 Dateien,
40 Programmablaufplänen und Struktogrammen
sowie 116 Abbildungen

Springer Fachmedien Wiesbaden GmbH

Das in diesem Buch enthaltene Programm-Material ist mit keiner Verpflichtung oder Garantie irgendeiner Art verbunden. Der Autor übernimmt infolgedessen keine Verantwortung und wird keine daraus folgende oder sonstige Haftung übernehmen, die auf irgendeine Art aus der Benutzung dieses Programm-Materials oder Teilen davon entsteht.

Umschlaggestaltung: Peter Lenz, Wiesbaden

ISBN 978-3-528-04337-7   ISBN 978-3-663-14217-1 (eBook)
DOI 10.1007/978-3-663-14217-1

Vorwort

Das vorliegende Wegweiser-Buch weist Wege zum erfolgreichen Einsatz des Commodore 116, Commodore 16 und Commodore plus/4.

Das Wegweiser-Buch vermittelt aktuelles Grundlagenwissen zur Datenverarbeitung bzw. Informatik:
— Was ist Hardware, Software und Firmware?
— Was sind Großcomputer und Mikrocomputer?
— Was sind Datenstrukturen und Programmstrukturen?
— Was sind Betriebssysteme und Anwenderprogramme?
— Was heißt ‚fertige Programm-Pakete einsetzen'?
— Was beinhaltet das eigene Programmieren?

Nach der Lektüre dieses Abschnitts sind Sie in der Lage, die Commodore-Computer in den Gesamtrahmen der „Datenverarbeitung/Informatik" einzuordnen.

Das Wegweiser-Buch gibt eine erste Bedienungsanleitung:
— Wie bediene ich Tastatur, Bildschirm, Floppy bzw. Disketteneinheit und Drucker des C-116, C-16 und plus/4.
— Wie erstelle ich mein erstes Programm in der Programmiersprache BASIC 3.5?
— Welche Befehle umfaßt BASIC 3.5 (zu jedem Befehl wird ein Beispiel angegeben)?
— Worin unterscheiden sich BASIC 3.5 von den anderen Sprachversionen BASIC 2.0 und BASIC 4.0?
— Laufen Programme des C-116, C-16 und plus/4 auch auf anderen Mikrocomputern von Commodore?

Nach der Lektüre dieses Abschnitts können Sie ihren C-116, C-16 und plus/4 bedienen, Programme laufen lassen und einfache BASIC-Programme selbst erstellen und speichern.

Das Wegweiser-Buch enthält einen kompletten Programmierkurs mit folgenden grundlegenden BASIC-Anwendungen:
— Programme mit den wichtigen Ablaufstrukturen (Folge-, Auswahl-, Wiederholungs- und Unterprogrammstrukturen).
— Verarbeitung von Text, Ein-/Ausgabe und Tabellen.
— Maschinennahe Programmierung (... Bit für Bit).
— Suchen, Sortieren, Mischen und Gruppieren von Daten.
— Sequentielle Datei und Direktzugriff-Datei.
— Grafik und Musik.

Nach der Lektüre dieses Abschnitts können Sie die Sprachmöglichkeiten von BASIC 3.5 auf dem Commodore 116, Commodore 16 und Commodore plus/4 nutzen.

Das Wegweiser-Buch soll die von Commodore gelieferten System-Handbücher keinesfalls ersetzen, sondern ergänzen:

In den Handbüchern werden Programmiersprachen, das DOS-Betriebssystem, die Gerätebedienung, technische Eigenschaften (Hardware), spezielle Geräte oder Software beschrieben.

Das Wegweiser-Buch hingegen beschreibt die Grundlagen der Datenverarbeitung, um sie an zahlreichen Anwendungsmöglichkeiten für den C-116, C-16 und plus/4 zu demonstrieren und zu veranschaulichen.

Im Wegweiser-Buch werden für alle 87 Programm-Beispiele das BASIC-Listing (LIST) und die Ausführung (RUN) wiedergegeben und ausführlich erklärt.

Die Abschnitte 2 und 3 des Wegweiser-Buches bauen aufeinander auf und sollten in dieser Abfolge gelesen werden. Abschnitt 1 hingegen kann parallel dazu bearbeitet werden.

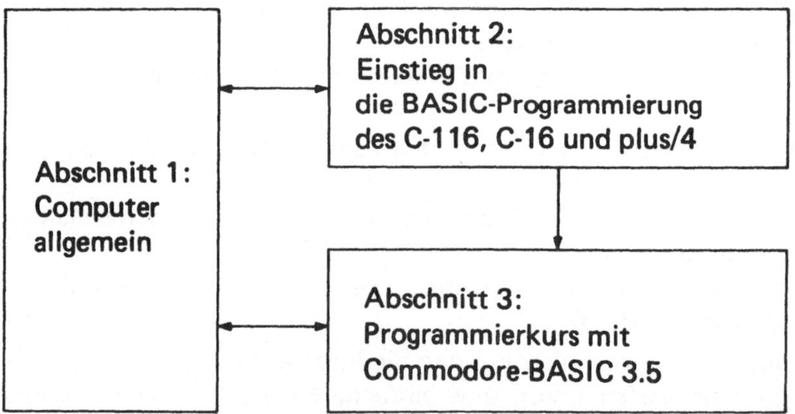

Für schnelle und eilige Commodore-Besitzer: Das Wegweiser-Buch läßt sich auch als Nachschlagewerk benutzen. Aus diesem Grunde wurden das Inhaltsverzeichnis und auch das Sachwortverzeichnis sehr detailliert aufgegliedert.

Heidelberg, September 1984   Ekkehard Kaier

Inhaltsverzeichnis

1 Computer allgemein

1.1 Computer = Hardware + Software + Firmware

1.1.1 Überblick

Jeder Computer besteht aus Hardware (harter Ware), aus Software (weicher Ware) und aus Firmware (fester Ware). Dies gilt für Mikro- und Personalcomputer ebenso wie für Großcomputer.

Die H a r d w a r e umfaßt alles das, was man anfassen kann: Geräte einerseits und Datenträger andererseits. Das wichtigste Gerät ist die Zentraleinheit bzw. CPU (für Central Processing Unit), mit der periphere Einheiten als Randeinheiten verbunden sind; so z.B. eine Tastatur zur Eingabe der Daten von Hand, ein Drucker zur Ausgabe der Resultate schwarz auf weiß und eine Disketteneinheit zur langfristigen Speicherung von Daten auf einer Diskette als Datenträger außerhalb der CPU.

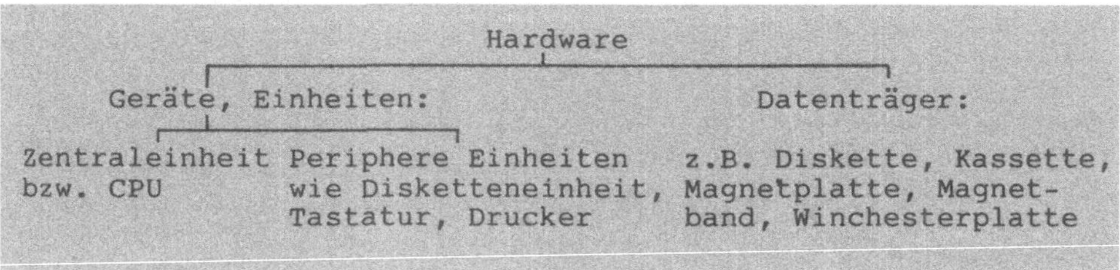

Die Hardware als harte Ware kann man anfassen

Die S o f t w a r e als zweite Komponente des Computers kann man im Gegensatz zur Hardware nicht anfassen. Software bedeutet soviel wie Information; sie umfaßt die Daten und auch die Programme als Vorschriften zur Verarbeitung dieser Daten. Ist die Hardware als festverdrahtete Elektronik des Computers fest und vom Benutzer nicht (ohne weiteres) änderbar, dann gilt für die Software genau das Gegenteil: Jeder Benutzer kann Programm wie Daten verändern, austauschen, ergänzen und auch zerstören.

Die Software als weiche Ware kann man nicht anfassen

Die F i r m w a r e als dritte Komponente des Computers kann man der Hardware oder der Software zuordnen. Sie ist deshalb wie ein 'Zwitter' halb Hardware und halb Software. So ist z.B. das Rechenprogramm jedes Taschenrechners in einem speziellen Speicher ROM (Read Only Memory als Nur-Lese-Speicher) enthalten. Der Benutzer kann dieses Programm zwar laufen lassen und Information entnehmen und lesen (read), nicht jedoch abändern.

Für den Benutzer ist es wie Hardware fest. Für den Hersteller
des ROMs hingegen stellt es sich wie Software veränderbar dar,
da er den Speicher ROM ja programmieren kann und muß.
Ein anderes Beispiel: Für viele Mikrocomputer werden Module
mit fest im ROM gespeicherten Programmen bis zu 30.000 Zeichen
angeboten; der Anwender steckt ein Modul in den Eingabeschacht
seines Computers und befindet sich sogleich im Programm. Er
kann dieses Programm als Firmware zwar laufen lassen bzw. ausführen, nicht aber umprogrammieren und verändern.
Mit der Mikrotechnologie, mit dem Chip und dem IC (Integrated
Circuit für Integrierter Schaltkreis) hat die Firmware immer
mehr an Bedeutung gewonnen.

Die Hardware (fest verdrahtete Elektronik), die Software (frei
änderbare Daten und Programme) und die Firmware (hart für den
Benutzer und weich für den Hersteller) stellen die d r e i
g r u n d l e g e n d e n   Komponenten jedes Computers dar.
Darüberhinaus gibt es weitere ....ware: so die Orgware (Organisation von Aufbau und Ablauf), die Menware (Personen),
die Brainware (geistige Leistungen) und die Teachware (Lehren
und Lernen).

1.1.2 Kosten für die Computerleistung

Leistung bedeutet Arbeit pro Zeiteinheit. Bestand die Arbeit
des Computers früher im Rechnen, also im Umgang mit Zahlen
(Computer heißt wörtlich Rechner), so wird sie heute ergänzt
durch das Verarbeiten von Text allgemein. Die Zeiten werden
immer kürzer: so arbeiten Computer heute 200mal schneller als
vor 25 Jahren (Nanosekundenbereich, 1-milliardstel Sekunde).

Betrachtet man die Entwicklung der Computerkosten, so ist ein
zunehmendes Absinken der Kosten für die Hardware gegenüber
den Kosten für die Software festzustellen. Zwei Gründe dafür:
Einerseits verbilligt sich die Hardware immer mehr, sei es
durch die Massenproduktion, sei es durch Fortschritte in der
Mikrotechnologie. Bei entsprechender Entwicklung anderer In-
dustriezweige dürfte ein VW-Käfer nicht mehr als 50 DM kosten
und eine Boeing 767 nicht mehr als 1500 DM.
Andererseits verteuert sich die Software mehr und mehr,sei es
durch die Personalkostenintensität (Gehälter für Programmentwicklung, -pflege u. -wartung), sei es durch das immer höhere
Anspruchsniveau (Erfolgsrechnung heute bereits allwöchentlich
und früher nur einmal im Jahr zum Jahresabschluß).
Man spricht schon von einer Kostenrelation von '20% für Hardware' gegenüber '80% für Software'.

1.1.3 Geschichtliche Entwicklung des Computers

Erst 1941 stellte der deutsche Ingenieur Konrad Zuse erstmals
einen richtigen Computer vor und 1952 wurde erstmals ein Computer an ein pivates Wirtschaftsunternehmen in der BRD ausge-
liefert. In den 60er Jahren begann die Zeit der Großcomputer
und damit der System-Familien wie IBM/360 oder Siemens 4004.
Die 70er Jahre wurden geprägt von der Mikrotechnologie und

damit vom Mikrocomputer: die Hardware wurde immer kompakter,
schneller und preiswerter.
Zu Beginn der 80er Jahre hat man sich an den Preisverfall der
Hardware gewöhnt. Wen wundert es noch, daß Hardware-Preise im
Jahr um 25% - 40% sinken? Das Interesse verlagert sich mehr
und mehr auf die Software: Die Qualität der Programme wird
zum entscheidenden Problem der heutigen Datenverarbeitung.
Und in den 90er Jahren ....? Längst wird nicht mehr gelächelt
über "intelligente" Computer,die ähnlich dem menschlichen Gehirn selbständig Probleme lösen. Die "künstliche Intelligenz"
(abgekürzt KI) ist vor allem in Japan und den USA auf dem Vor-
marsch. Ein japanischer Anbieter hat bereits angekündigt, bis
1992 das erste marktreife Produkt herauszubringen.

1.2 Hardware = Geräte + Datenträger

1.2.1 Hardware im Überblick

1.2.1.1 Fünf Arten peripherer Geräte bzw. Einheiten

Um die Zentraleinheit bzw. CPU herum können bis zu fünf ver-
verschiedene periphere Einheiten gruppiert sein:

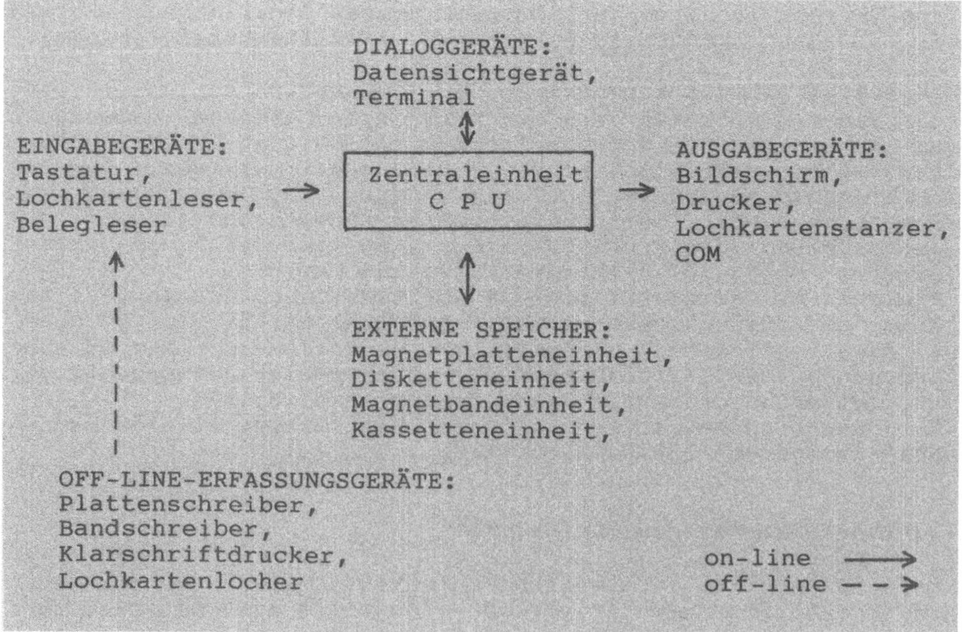

Eine Einheit im Zentrum (= CPU) und mehrere periphere
        Einheiten um diese CPU herum (= Peripherie)

Die reinen E i n g a b e g e r ä t e dienen ausschließlich
der Eingabe von Information (Daten wie Programme) in die CPU.
Zu unterscheiden ist dabei die Direkteingabe von Hand (Tastatur) oder die Eingabe über einen Datenträger (z.B. über Scheck
mittels Klarschriftbelegleser).
Die reinen A u s g a b e g e r ä t e geben Information von
der CPU aus z.B. auf den Bildschirm, auf das Endlospapier vom
Drucker, auf Mikrofilm (COM für Computer Output on Microfilm).
film) oder auf Lochkarte.
Die D i a l o g g e r ä t e übernehmen zwei Aufgaben: die
Eingabe (in die CPU hinein) wie auch die Ausgabe (aus der CPU
heraus). Das Bildschirmgerät bzw. Datensichtgerät besteht nur
aus Tastatur und Bildschirm, es ist das einfachste Terminal.
Terminal heißt soviel wie Datenendstation, Endpunkt des Benutzers zum Computer oder "Benutzerschnittstelle" und bezeichnet
das Zugangsmedium des Benutzers zur CPU. Der Zugang kann dabei
die Eingabe, die Ausgabe oder beides umfassen; er kann mecha-
nisch, visuell, manuell und akustisch erfolgen. Ein Terminal
umfaßt danach eine oder mehrere periphere Einheiten mit unterschiedlichen Datenträgern.
Die E x t e r n e n S p e i c h e r übernehmen zusätzlich
zur Ein- und Ausgabe von Information auch deren Speicherung.
Während der Hauptspeicher als interner Speicher der CPU Information nur kurzfristig zur Verarbeitungszeit aufnimmt, so dienen die externen Speicher der langfristigen Aufbewahrung von
Daten und Programmen sowie der Datensicherung (Back-Up).

Eingabegeräte, Ausgabegeräte, Dialoggeräte u. Externe Speicher
zählen zur O n - l i n e - P e r i p h e r i e , weil die
Verbindung zur CPU on-line ist, d.h. eine direkte Kabelverbin-
dung die Übertragung von Information ermöglicht. Im Gegensatz
dazu tritt bei der Off-line-Peripherie an die Stelle der Übertragung der Transport von Daten (samt Datenträgern), da keine
direkte Verbindung zwischen dem peripheren Gerät und der CPU
besteht.

D a t e n e r f a s s u n g heißt, Information computerlesbar
machen. Bei Off-line-Erfassungsgeräten besteht zum Zeitpunkt
der Datenerfassung keine direkte Verbindung zur CPU: die Daten
werden auf einem im Erfassungsgerät mitlaufenden Datenträger
gespeichert. Geschieht die Erfassung hingegen on-line, dann
ist die Erfassung gleichbedeutend mit der Eingabe.

1.2.1.2 Drei Gruppen von Datenträgern

Nach den Geräten der Hardware (CPU, Peripherie) kommen wir nun
zu den D a t e n t r ä g e r n ; diese müßten eigentlich In-
formationsträger heißen, da sie nicht nur Daten speichern bzw.
tragen, sondern auch Programme.
Man unterscheidet gelochte, magnetische und optische Datenträger - je nachdem, ob die Information durch Lochungen, magnetisierte Punkte oder Lichtmarkierungen (hell/dunkel, Laser) dargestellt wird.

<pre>
                        D a t e n t r ä g e r
      ┌──────────────────────────┬──────────────────────────┐
      gelochte   magnetische   optische
      Datenträger: Datenträger: Datenträger:

      Lochkarte,   Magnetplatte,   Markierungsbeleg,
      Lochstreifen   Plattenstapel,   Klarschriftbeleg,
                                Diskette,   Magnetschriftbeleg,
                                Magnetband,   Balkencode-Beleg,
                                Kassette,
                                Magnetblasen-   Optische Platte
                                speicher
</pre>

Datenträger zur Aufbewahrung von Daten und Programmen

Die Lochkarte und der vom Fernschreiber übernommene Lochstreifen werden zunehmend durch magnetische Datenträger ersetzt.

Die Magnetplatte als W e c h s e l p l a t t e (in Platteneinheit auswechselbar) hat meistens 37 cm Durchmesser. Beim Magnetplattenstapel sind z.B. 6 solcher Einzelplatten zu einem Stapel fest übereinander montiert mit einer Speicherkapazität bis 300.000.000 Zeichen (=150.000 DIN A4-Seiten). Die Diskette bzw. Floppy Disk als verkleinerte Form der Magnetplatte wird als Wechselplatte zur einseitigen oder auch zweiseitigen Speicherung bei einfacher oder doppelter (2D) Aufzeichnungsdichte abgeboten. Derzeit sind drei Disketten-Größen verbreitet: Die Maxi-Diskette mit 8" = ca. 20 cm, die Mini-Diskette mit 5.25" = ca. 13 cm und die Mikro-Diskette mit 3.5" = ca. 9 cm Durchmesser. Disketten erreichen Kapazitäten von 1.000.000 Zeichen (=500 DIN A4-Seiten) und mehr.

Die Winchester-Platte ist als F e s t p l a t t e fest mit dem Gerät verbunden und somit nicht auswechselbar. Als Kunststoffplatte ist sie in den Größen 14", 8" und 5.25" im Handel. Aufgrund der hohen Umdrehungszahl (mehrere 1000 mal/min gegenüber 360 mal/min bei der Diskette) wird eine große Zugriffsgeschwindigkeit wie auch Kapazität erreicht: über 50.000.000 Zeichen/Platte sind möglich (=25.000 DIN A4-Seiten).

Das Magnetband als d e r typische Massendatenspeicher (1,27 cm breit und 730 m lang) kann bis ca. 35.000.000 Zeichen (=17.500 DIN A4-Seiten) aufnehmen. In seiner verkleinerten Form als Datenkassette werden ca. 300.000 Zeichen (=150 DIN A4-Seiten) erreicht; erhältlich ist die Normalkassette, die 1/4-Zoll-Kassette und die 1/8-Zoll-Kassette.

Der Magnetblasenspeicher (Bubble Memory) arbeitet ohne mechanische Teile und wird den herkömmlichen Medien (Band, Platte) demnächst Konkurrenz machen.

Zu den optischen Datenträgern, die der direkten Beleglesung dienen: Beim Markierungsbeleg (Erhebungen, TÜV, Bestellungen) werden Ja/Nein-Markierungen mit Bleistift ausgefüllt und vom Belegleser optisch eingelesen.

Beim Klarschriftbeleg (Scheck, Zahlkarte) wird optisches Zei-
chen-Erkennen (OCR für Optical Character Recognition) dadurch
erreicht, daß speziell für die DV genormte OCR-Schriften verwendet werden wie OCR-A, OCR-B und IBM-407.
Beim Magnetschriftbeleg (Post-Briefverteilung) werden einzelne
Zeichen mit senkrechten Balken aus magnetisierter Farbe dargestellt: jeweils 7 Balken bei der CMC-7-Schrift, Dick-Dünn-Ab-
weichungen bei der E-13-B-Schrift des US-Banksystems.
Seit der Vereinbarung des Europa-Artikel-Nummern-Codes (EAN-
Code) im Jahre 1977 findet sich dieser Balkencode -auch Bar-
oder Strichcode genannt- zunehmend auf Warenpackungen. Durch
Abtasten mit einem Lesegerät bzw. Scanner (to scan = abtasten)
wird die Artikelnummer entschlüsselt.

Bei der optischen Platte tritt an die Stelle des Schreib-/Le-
sekopfs der herkömmlichen Magnetplatteneinheiten der Laser-
lichtstrahl. Dabei sind die gespeicherten Daten nicht mehr änderbar; aufgrund des niedrigen Preises wird einfach auf eine
zweite optische Platte kopiert. Die Kapazität liegt bei über
100.000.000 Zeichen (=50.000 DIN A4-Seiten), ist also äußerst
hoch.

1.2.2 Verarbeitung von Information in der CPU

1.2.2.1 Analogie der Datenverarbeitung bei Mensch und Computer

Die Datenverarbeitung beim Computer vollzieht sich analog zur
Datenverarbeitung beim Menschen: die CPU als 'Gehirn des Computers' ist analog zum menschlichen Gehirn aufgebaut.

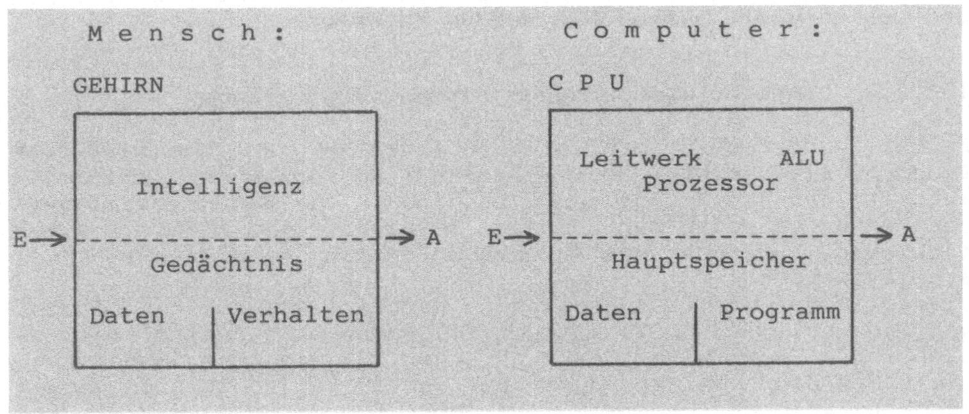

        Grundmodelle der Datenverarbeitung bei Mensch und Computer

Der Eingabe (E) beim Menschen (Datenaufnahme über Auge, Ohr,
Nase) entspricht die computerlesbare Eingabe von der Tastatur.
Die Intelligenz des Computers wird durch einen Prozessor ver-
körpert, der die arithmetischen und logischen Grundoperationen
durchführt (ALU für Arithmetic Logical Unit) sowie das Gesamt-
system steuert (Steuer- bzw. Leitwerk).

Neben der Intelligenz (Prozessor) als steuerndem bzw. aktivem
Teil des Gehirns nun zum Gedächtnis (Hauptspeicher) als auf-
nehmendem bzw. passivem Teil: den menschlichen Verhaltensab-
läufen - sicher äußerst vage - vergleichbar sind die Computer-
programme als Anweisungsfolgen " w i e zu verarbeiten ist",
während die gespeicherten Daten angeben " w a s verarbeitet
wird".
Die Ausgabe (A) bzw. Datenwiedergabe (z.B. durch Sprechen und
handschriftlich) erfolgt beim Computer in computerlesbarer
Form (z.B. Ausgabe der Lohndaten auf Diskette) und/oder men-
schenlesbarer Form (z.B. am Bildschirm oder Drucker).

Mensch wie Computer sind datenverarbeitende Systeme, die durch
die 3-Schritt-Folge "Eingabe -> Verarbeitung -> Ausgabe" (kurz
EVA-Prinzip genannt) gekennzeichnet werden können.

Als CPU dient beim Personalcomputer bzw. Mikrocomputer ein IC
auf einem ca. 0.5 cm langen Silicium-Chip. Ein weiterer IC ist
für den Hauptspeicher (auch Arbeitsspeicher genannt) vorgesehen. Öffnet man den Computer, dann wird man diese und weitere
Chips sehen, die auf Kunststoffplatinen angeordnet und über
aufgedruckte Leiterbahnen miteinander verbunden sind.

Für Skeptiker: Die hier dargestellte Analogie der Datenverarbeitung bei Mensch und Computer bedeutet nicht, daß Computer
künstliche Menschen sind, sondern daß sie ihm im Grundaufbau
nachgebaut sind. Das einzig Menschliche an Computern ist, daß
sie vom Menschen konstruiert sind. Sonst sind Computer dumm;
sie können nur so arbeiten, wie ihnen durch die Programme vor-
geschrieben wurde. Diese Programme haben zudem etwas äußerst
unmenschliches an sich: sie beinhalten vornehmlich sich oft
wiederholende, routinemäßig ablaufende und stupid geistestö-
tende Tätigkeiten, die von Computern aber sehr schnell, exakt
und beliebig oft ausgeführt werden können.

1.2.2.2 Computer als speicherprogrammierte Anlage

Früher -und das ist erst etwa 30 Jahre her- war das jeweilige
Programm als Hardware festverdrahtet: so konnte der Buchungs-
automat nur die Buchhaltung besorgen, der Fakturiertautomat
nur Rechungen schreiben und der Sortierautomat nichts als nur
sortieren. Für jede neue Aufgabe mußte ein neuer Automat ange-
schafft werden.
Diesem sicher unwirtschaftlichen Hardware-Prinzip machte John
von Neumann (1903-1957) mit der folgenden ohne Zweifel revolu-
tionärsten Idee in der Geschichte der EDV ein Ende:danach ent-
hielt der Hauptspeicher nicht nur die zu verarbeitenden Daten,
sondern auch das Programm. Da neben den Daten (w a s wird
verarbeitet) auch das Programm (w i e ist zu verarbeiten)
geändert und ausgetauscht werden konnte, wurde ein und derselbe Computer (Hardware bzw. Gerät unverändert) zum universellen
Problemlösungsinstrument (Software bzw. Programm änderbar).
Die oben angeführten Aufgaben der Buchhaltung, Fakturierung
wie Sortierung ließen sich von e i n e m Computer mit den
entsprechenden Programmen lösen.
Das Prinzip der S p e i c h e r p r o g r a m m i e r u n g
hatte das Hardware-Prinzip abgelöst: e i n Computer mit vielen
austauschbaren Programmen dient heute v i e l e n Aufgaben.

1.2.2.3 Computerrechnen im Dual-System Bit für Bit

Das Rechnen vollzieht sich in der ALU als Bestandteil der CPU.
Wie ist dies möglich, wo der Computer doch nur Binärzeichen
(binär bedeutet zweiwertig) mit den zwei möglichen Zuständen
0 (kein Strom) und 1 (Strom) unterscheiden kann? Er rechnet
im 2er-System bzw. Dual-System und nicht wie wir Menschen im
10er-System bzw. Dezimal-System.
Addieren wir 5+9 = 14, so erfolgt das berühmte "1 im Köpfchen"
bei 10, da wir im 10-er System denken. Der Computer führt den
Übertrag nicht bei 10 durch, sondern bei 2, da er gelernt hat,
im 2er-System zu funktionieren. Woher aber weiß er, wie groß
Stellenergebnis und -übertrag sind? Er weiß es durch folgenden
Trick: Die Addition ist auf die logischen Grundoperationen
"logisch UND" und "logisch ODER" zurückführbar, und diese Operationen lassen sich als Schalter in der ALU darstellen. Damit
benötigt ein Computer im Grunde nur so wenige Schalter, wie
logische Operationen darzustellen sind.

```
5 + 9 dezimal:          5 + 9 dual:         duale Addition
                                            allgemein:

   3   2   1   0         3   2   1   0
  10  10  10  10         2   2   2   2       0 + 0 = 0 behalte 0
                                            0 + 1 = 1 behalte 0
   0   0   0   5         0   1   0   1       1 + 0 = 1 behalte 0
   0   0   0   9         1   0   0   1       1 + 1 = 0 behalte 1
  --------------        --------------
   0   0   1   4         1   1   1   0
                                             logisch
  1*8 + 1*4 + 1*2 + 0*1 = 14                 ODER
  1*10 + 4*1         = 14
  also: dual 1110 gleich dezimal 14          logisch UND
```

Dezimale Addition 5+9 (links), duale Addition 5+9 (rechts)

Das Binärzeichen wird als Bit (Binary Digit) abgekürzt. Die
4-Bit-Folge 1110 als Bitmuster bezeichnet die Dezimalzahl 14.

1.2.3 Speicherung von Information intern im Hauptspeicher

Information (Daten, Programme) setzt sich zusammen aus Zeichen
wie Buchstaben, Ziffern und Sonderzeichen. Da der Computer nur
ein Bit mit den beiden Werten 0 und 1 unterscheiden kann, muß
jedes Zeichen als Bitmuster gespeichert werden, z.B. der Buchstabe K durch das Bitmuster 01001011 als 8-Bit-Folge. Auf den
Datenträgern werden Bits meist durch magnetisierte Punkte dargestellt. Im Hauptspeicher dagegen werden Bits durch Schalter
dargestellt, die auf 'aus' für 0 oder auf 'ein' für 1 stehen
können; der Hauptspeicher als elektronischer Speicher besteht
aus ICs, deren Schalterstellungen den Bitwerten entsprechen.
Auf die externe Speicherung auf Datenträgern geht Abschnitt
1.2.4 ein; dieser Abschnitt wendet sich der internen Speicherung im Hauptspeicher (auch Arbeitsspeicher genannt) zu.

1.2.3.1 Informationsdarstellung im ASCII und EBCDI-Code

Im Hauptspeicher wird Information vorherrschend im ASCII (für
American Standard Code for Information Interchange) zu jeweils
sieben Bits/Zeichen gespeichert. Jedes ASCII-Zeichen wird somit als Siebenbitmuster dargestellt. Im ASCII werden dadurch
128 (2 hoch 7) Möglichkeiten computerlesbar erfaßt.
Unabhängig vom Code faßt man jeweils 8 Bits zu einer Einheit
zusammen, die man   B y t e   nennt. Beim ASCII als 7-Bit-Code
ist das 8. Bit eines Byte prinzipiell frei; je nach Anwwendung
wird es verschieden behandelt (z.B. stets 0 oder zur Aufnahme
eines Prüfbits).
Beispiel: 7.25 DM soll im ASCII dargestellt werden, also zwei
Buchstaben (DM), drei Ziffern (725) und zwei Sonderzeichen (.
und Blanc). Man erhält demnach die folgenden sieben Bytes
00110111 00101110 00110010 00110101 00100000 01000100 01001101
mit dem Achtbitmuster 00100000 als 5. Byte für das Leerzeichen
bzw. Blanc.

IBM-Großcomputer verwenden nicht den ASCII, sondern den EBCDI-
Code (Extended Binary Coded Decimal Interchange Code), der als
8-Bit-Code 256 (2 hoch 8) verschiedene Möglichkeiten erfaßt.

1.2.3.2 Hexadezimale Darstellung von Zeichen

Die 7 Bytes für 7.25 DM sind nicht gerade leicht zu entschlüs-
seln. Um der besseren Lesbarkeit willen wird man sich Zeichen
auf dem Bildschirm oder Drucker nicht als Bitmuster ausgeben
lassen, sondern h e x a d e z i m a l (auch sedezimal oder
kurz hex genannt).

Die hexadezimale Darstellung ist umseitig wiedergegeben.

1.2.3.3 Hauptspeicher als RAM und ROM

Der Speicher RAM ist ein Schreib-Lese-Speicher (Random Access
Memory für Direkt-Zugriff-Speicher); der Benutzer kann in den
RAM Information schreiben bzw. eingeben wie auch aus dem RAM
Information lesen bzw. ausgeben. Insbesondere bei Personalcomputern ist der Hauptspeicher als RAM ausgebildet, um das Anwenderprogramm und die zu verarbeitenden Daten aufzunehmen.
Häufig ist ein zusätzlicher Teil des Hauptspeichers als Speicher ROM vorgesehen (vgl. Abschnitt 1.1.1). Auf diesen Nur-
Lese-Speicher (Read Only Memory) kann der Anwender nur lesend
zugreifen. Im ROM als Festspeicher werden z.B. Steuerungspro-
gramme - vom Hersteller fest eingeschmolzen - bereitgestellt,
die wir zwar anwenden, aber nicht verändern können.

Die Informationsdarstellung durch die Codes ASCII sowie EBCDI
gilt für den Hauptspeicher allgemein - unabhängig, ob er nun
als Speicher RAM oder als Speicher ROM ausgebildet ist.

Hex:	Dezimal:	Binär:
0	0	0000
1	1	0001
2	2	0010
3	3	0011
4	4	0100
5	5	0101
6	6	0110
7	7	0111
8	8	1000
9	9	1001
A	10	1010
B	11	1011
C	12	1100
D	13	1101
E	14	1110
F	15	1111

Hexadezimale Dar-
stellung von
genau 16 Zeichen

Darstellung von 7.25 DM im
ASCII hexadezimal:
37 2E 32 35 20   44   4D

Darstellung von 7.25 DM im
EBCDI-Code hexadezimal:
F7 4B F2 F5 40   C4   D4

Die hexadezimale Darstellung
von 7.25 DM im ASCII sowie
im EBCDI-Code ist wesentlich
besser lesbar als die zugehörige Bitmusterdarstellung.

Die Übersetzung binär - hex
besorgt der Computer selbst.

Die hexadezimale Darstellung
stellt nur eine Lesehilfe
dar. Im Hauptspeicher werden
die Daten nach wie vor binär
gespeichert und aufgerufen.

Hexadezimale Darstellung	ASCII (7 bit)	EBCDIC (8 bit)
⋮		
21	blank	
22	!	
23	"	
24	$	
25	%	
26	&	
27	'	
28	(	
29	)	
2A	*	
2B	+	
2C	,	
2D	-	
2E	.	
2F	/	
30	0	
31	1	
32	2	
33	3	
34	4	
35	5	
36	6	
37	7	
38	8	
39	9	
3A	:	
3B	;	
3C	<	
3D	=	
3E	>	
3F	?	
40	@	blank
41	A	
42	B	
43	C	
44	D	
45	E	
46	F	
47	G	
48	H	
49	I	
4A	J	¢
4B	K	.
4C	L	<
4D	M	(
4E	N	+
4F	O	|
50	P	&
51	Q	
52	R	
53	S	
54	T	
55	U	
56	V	
57	W	
58	X	
59	Y	
5A	Z	!
5B	[	$
5C	\	*
5D	]	)
5E	^	;
5F	_	¬
60	`	
61	a	
62	b	
63	c	
64	d	
65	e	
66	f	
67	g	
68	h	
69	i	
6A	j	
6B	k	,
6C	l	%
6D	m	_
6E	n	>
6F	o	?
70	p	
71	q	
72	r	
73	s	
74	t	
75	u	
76	v	
77	w	
78	x	
79	y	
7A	z	:
7B		#
7C		@
7D		'
7E		=
7F		"
80		
81		a
82		b
83		c
84		d
85		e
86		f
87		g
88		h
89		i
8A		
8B		
8C		
8D		
8E		
8F		
90		
91		j
92		k
93		l
94		m
95		n
96		o
97		p
98		q
99		r
9A		
9B		
9C		
9D		
9E		
9F		
A0		
A1		
A2		
A3		s
A4		t
A5		u
A6		v
A7		w
A8		x
A9		y
AA		z
⋮		
C0		
C1		A
C2		B
C3		C
C4		D
C5		E
C6		F
C7		G
C8		H
C9		I
CA		
CB		
CC		
CD		
CE		
CF		
D0		
D1		J
D2		K
D3		L
D4		M
D5		N
D6		O
D7		P
D8		Q
D9		R
DA		
DB		
DC		
DD		
DE		
DF		
E0		
E1		
E2		S
E3		T
E4		U
E5		V
E6		W
E7		X
E8		Y
E9		Z
EA		
EB		
EC		
ED		
EE		
EF		
F0		0
F1		1
F2		2
F3		3
F4		4
F5		5
F6		6
F7		7
F8		8
F9		9
⋮		

Die Codes ASCII und EBCDI

Bei Mikrocomputern bzw. Personalcomputern findet man meistens
den ASCII.
Der EBCDI hingegen wird bei größeren DV-Systemen verwendet.

1.2.3.4 Byte als Maßeinheit für die Speicherkapazität

Das Byte dient einerseits zur Darstellung von Zeichen und andererseits zur Angabe der Speicherkapazität

  1 KB = 1 Kilo-Byte = 2^{10} Bytes = 1024 Bytes = ca. eintausend
         Zeichen Speicherkapazität

  1 MB = 1 Mega-Byte = 1000 KB = 1.024.000 Bytes = ca. eine
         Million Zeichen Speicherkapazität

Die Angabe '64 KB RAM' oder auch einfach '64 K RAM' bedeutet,
daß dem Benutzer ein Hauptspeicherplatz von ca. 64.000 Zeichen
Größe für Programm und Daten zur Verfügung steht.

1.2.4 Speicherung von Information extern auf Datenträgern

1.2.4.1 Kassette und Magnetband

Auf K a s s e t t e werden Daten Bit für Bit hintereinander,
d.h. b i t s e r i e l l , aufgezeichnet. Dies ist bei Audio-
kassettenlaufwerken der Fall wie bei den eigens für den Com-
putereinsatz entwickelten Recordern. Die 8 Bits 01001101 für
den Buchstaben M stehen auf Kassette also hintereinander. Auf
das wesentlich breiteren M a g n e t b a n d hingegen passen
die Bits nebeneinander: demnach liegt beim Magnetband eine
b i t p a r a l l e l e Aufzeichnung vor.

Zu unterscheiden sind Start-/Stop-Geräte und Streaming-Geräte:
Bei den Start-/Stop-Geräten wird b l o c k w e i s e gespeichert, wobei jeder Block durch Klüfte (Gaps) als Leerräume vom
nächsten Block getrennt ist. Commodore-Kassetten 2/3000 haben
z.B. folgendes Aufzeichnungsformat:
    - 10 Sek. Vorspann (leader)
    - 192 Zeichen Fileüberschrift (header)
    - 2 Sek. Kluft (Gap bzw. Vorspann)
    - 192 Zeichen Daten (=1. Datenblock)
    - 2 Sek. Kluft
    - 192 Zeichen Daten (=2. Datenblock)
    - ...
    - ...
    - 192 Zeichen Daten (=n. Datenblock)
    - EOF-Zeichen als Marke für End Of File

    - 10 Sek. Vorspann (leader)
    - 192 Zeichen Fileüberschrift (header)
    - Programmblock mit 10 KB
      bis 32 KB Zeichen
    - EOF-Zeichen

Datenfile (Daten-datei) mit 192 Zeichen je Block.

Programmfile mit max 32.000 Zei-chen je Block.

Leerräume bzw. Klüfte kosten Speicherplatz. Sie sind erforderlich, da nur bei gleichmäßiger Bandgeschwindigkeit gelesen und
geschrieben werden kann. Die Übertragungsraten liegen zwischen
250 und 1500 Baud bzw. bps (Bits pro Sekunde bei serieller und
Bytes (Zeichen) pro Sekunde bei paralleler Aufzeichnung).

Bei den S t r e a m i n g - Geräten entfallen die Klüfte und
Start-/Stop-Marken. Die Daten 'strömen' (to stream) ohne Stops
in der kompletten Bandlänge in den Hauptspeicher. Streaming-
Laufwerke werden hauptsächlich zur Datensicherung (Back-Up)
von Plattendaten (Diskette,Winchesterplatte) verwendet. Streamer sind billiger, schneller und speicherplatzsparender als
Start-/Stop-Cartridges; die kleinste Zugriffseinheit aber ist
das gesamte Band (vgl. Abschnitt 1.2.4.5).

Wichtige Einsatzgebiete des Bandes sind die Langzeitarchivie-
rung, die Datensicherung (Back-Up), der Daten- und Programm-
austausch sowie -vertrieb (Postversand), die Ersterfassung von
Daten, die Speicherung von Datenbeständen mit Reihenfolgever-
arbeitung (z.B. Inventar) und die Programmspeicherung. Im Hinblick auf die Kosten je abgespeichertem Byte schneidet kein
Datenträger besser ab als das Magnetband als d e r typische
M a s s e n s p e i c h e r .
Muß häufig auf Einzeldaten direkt zugegriffen werden, dann
scheidet das Band (großes Magnetband wie kleine Kassette) aus.

1.2.4.2 Diskette, Winchesterplatte und Magnetplatte

Die Speicheroberfläche der Platte als Direktzugriff-Speicher
ist stets ähnlich organisiert - ob sie als Diskette im Maxi-,
Mini- oder Mikroformat eingesetzt wird, als Festplatte in Win-
chster-Technologie, als große Magneteinzelplatte oder als Magnetplattenstapel. Am Beispiel des Softsektor-Formats IBM 3740,
das bei Mini-Disketten fast zum Standard geworden ist, wollen
wir die Speicherorganisation der Platte genauer erklären.

Eine neu gekaufte Diskette ist leer, sie ist weder beschrieben
noch irgendwie unterteilt. Beim Softsektor-Format IBM 3740 ist
die Formatierung (Form der Speicheroberfläche festlegen) bzw.
Sektorierung (Oberfläche in Sektoren als Abschnitte einteil-
len) s o f t w a r e m ä ß i g durch ein spezielles Programm
wie folgt vorzunehmen:
- 77 kreisrunde Spuren vorsehen; bei 2seitiger Diskette bilden
  gegenüberliegende Spuren je einen Zylinder.
- Jede Spur in gleichlange Sektoren (Abschnitte) gliedern: 26,
  15 oder 8 Sektoren/Spur, je nach der Sektorlänge von 128,
  256 oder 512 Bytes.
- Spuren numerieren von Spur 00 (außen) bis Spur 76 (innen).
- Verwendung festlegen: Spur 00 für Inhaltsverzeichnis, Spuren
  01-74 für Benutzerinformation, Spuren 75-76 Fehlerreserve.
- Die Sektoren durch Klüfte bzw. Gaps trennen, um auf den Sek-
  tor als kleinste Z u g r i f f s e i n h e i t bei 360 Um-
  drehungen/Minute fehlerfrei zugreifen zu können.
- Die Sektoren unterteilen in ID-Feld (=Identifikationsfeld
  als Adreßfeld) und Daten-Feld (=Benutzerinformation 128, 256
  oder 512 Bytes lang).

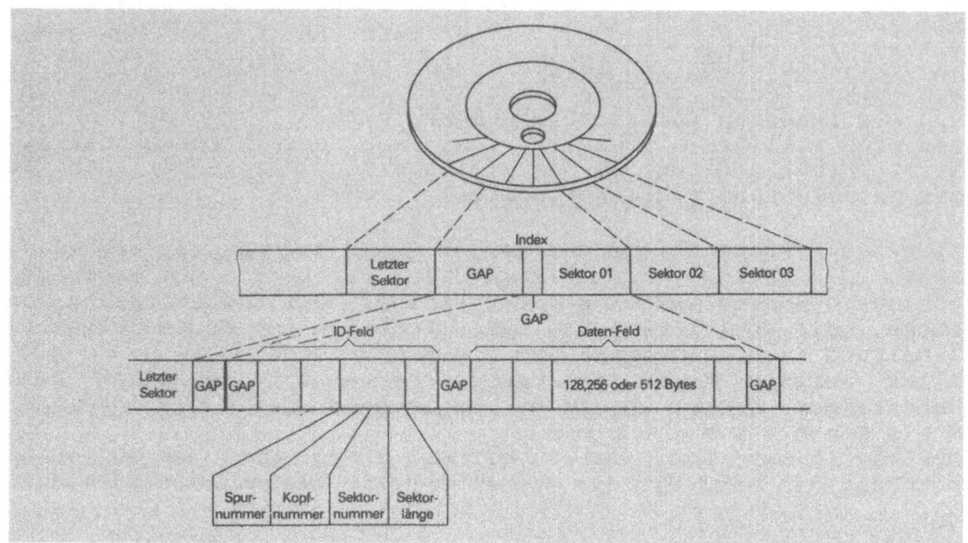

Speicherorganisation der Platte am Beispiel des
Softsektor-Formates IBM 3740 für Disketten

Eine Spur hat weder Anfang noch Ende. Wenn eine Lichtschranke
das I n d e x l o c h überfährt, wird durch einen Impuls der
'Spurbeginn' angezeigt.
Im Gegensatz zur hier erklärten Softsektorierung wird bei der
h a r d s e k t o r i e r t e n Diskette die Einteilung hardwaremäßig bereits vom Hersteller vorgenommen.

Bei Einzelplatten wird b i t s e r i e l l auf Spuren aufgezeichnet. Die 8 Bits 01001101 für M im ASCII stehen also der
Reihe nach hintereinander (z.B. auf Spur 34).
Beim Magnetplattenstapel kann zylinderweise auf den jeweils
unmittelbar übereinanderliegenden Spuren aufgezeichnet werden.

1.2.4.3 Klarschriftbeleg als Druckerausgabe

Auf einem Klarschriftbeleg wird Information in einer für den
Menschen s o w i e den Computer lesbaren Form extern gespeichert (vgl. Abschnitt 1.2.1.2). Hier die Zeichendarstellung
bei der heute besonders weit verbreiteten Klarschrift OCR-A:

ABCDEFGHIJKLMNOPQRSTU
VWXYZ   0123456789

Klarschriftbelege werden durch Klarschriftdrucker erstellt,
bei denen es sich vornehmlich um Typenraddrucker handelt. Hier
eine kleine Übersicht der Druckertypen a l l g e m e i n :

- Zu unterscheiden sind mechanische Drucker (impact) und nicht
  mechanische Drucker (non-impact), serielle Drucker (Zeichen
  für Zeichen drucken) und Zeilendrucker (zeilenweise drucken)
  sowie in einer Richtung und vor/rückwärtsschreibende Geräte.
- Bei den mechanischen Drucker überwiegen Typenraddrucker und
  Matrixdrucker.

- Der T y p e n r a d d r u c k e r hat Typen an Armen (Spei-
  chen) des Typenrades befestigt. Die Räder lassen sich aus-
  wechseln - und damit auch die Schrifttype sowie die Zeichen-
  dichte (z.B. 1/10" = 132 Zeichen/Zeile, 1/12" = 158 Zeichen/
  Zeile, 1/15" = 198 Zeichen/Zeile).
  Typenraddrucker werden dort eingesetzt, wo es auf die Druck-
  qualität ankommt: z.B. in der Textverarbeitung und der Klar-
  schrifterfassung. Man nennt die auch 'Schönschreibdrucker'.
- Der M a t r i x d r u c k e r erzeugt Zeichen in Form einer matrixförmigen Anordnung von Einzelpunkten. Je mehr Roh-
  re bzw. Nadeln pro Matrix (z.B. 7*9- und 7*5-Matrix), desto
  besser ist das Druckbild. Kann man Matrixpunkte einzeln ansteuern, läßt sich der Matrixdrucker zur Ausgabe von Grafik
  (wie Kurven und Bildern) verwenden.
- Nicht-mechanische anschlagsfreie Drucker arbeiten leiser
  und schneller als Impact-Drucker: dabei handelt es sich um
  T i n t e n s t r a h l d r u c k e r (Ink-Jet) oder   um
  elektrofotografische Verfahren kombiniert mit Laserstrahlen;
  beide Druckertypen arbeiten mit Normalpapier.
  Spezialpapier benötigen die T h e r m o d r u c k e r (wär-
  meempfindliches Papier), die elektrostatischen Drucker (Die-
  lektrikum auf dem Papier) und die Elektroerosionsdrucker
  (Kondensatorpapier).

1.2.4.4 Schnittstellen als Bindeglieder CPU - Peripherie

Soll der Informationsaustausch zwischen der CPU und den ange-
schlossenen Peripheriegeräten bzw. Datenträgern klappen, dann
müssen die Einheiten zueinander passen, d.h. kompatibel (oder
besser: steckerkompatibel) sein. Genau als solche Steckverbin-
dungen kann man sich die S c h n i t t s t e l l e n (engl.
Interfaces) vorstellen. Damit Geräte verschiedener Hersteller miteinander verbunden werden können, müssen die Schnittstellen der Geräte genormt sein. Die vier bei Personalcomputern zumeist anzutreffenden Schnittstellen sind die V.24-,
die TTY-, die Centronics- und die IEC-Bus-Schnittstelle.

- Die V.24-Schnittstelle ist eine asynchrone, serielle Schnittstelle: asynchron bedeutet, daß 2 Geräte trotz verschiedenen Arbeitsgeschwindigkeiten einander angepaßt werden können; seriell heißt, daß Bit für Bit nacheinander übertragen
  werden. Die US-Schnittstelle RS-232-C entspricht der V.24.
  Beide Interfaces findet man in der Datenfernverarbeitung.

- Als weitere serielle Schnittstelle wurde die TTY-Schnitt-
  stelle vom Fernschreiber (Teletype) übernommen zum Anschluß
  von Bildschirm und Drucker.

- Nach dem Druckerhersteller Centronics benannt ist eine weitere Schnittstelle, mit der Drucker anderer Fabrikate ausgerüstet sind. Als p a r a l l e l e Schnittstelle werden
  alle Bits eines Zeichens (Byte) über 8 parallele Leitungen
  übertragen (gleichwohl: bitparallel, aber zeichenseriell).
  Die Centronics-Schnittstelle ist heute zum Quasi-Standard
  bei Druckern geworden; dabei wird zumeist ein 36-poliger
  AMP-Stecker verwendet mit nur teilweise genormter Pinbele-
  gung (exakte Belegung der Pins dem Handbuch zu entnehmen).

- Die IEC-Bus-Schnittstelle umfaßt 8 Daten-, 3 Quittungs- und 5 Steuerleitungen, um bis zu 15 Peripheriegeräte an einen Computer anzuschließen.

Exakt beschriebene Schnittstellen gehen einher mit dem Trend zur 'Mixed Hardware' als dem Zusammenschluß von Peripheriegeräten unterschiedlicher Herstellermarken. Dies wiederum führte zur steten Ausweitung des OEM-Marktes (Original Equipment Manufacturer). Ein OEM ist ein Gerätehersteller, der seine Produkte nicht (nur) an Endabnehmer verkauft, sondern ebenso an andere Hersteller; auf dem OEM-Markt besorgen sich Computerhersteller Peripherie-Geräte, die sie in ihr System integrieren. So kann sich z.B. hinter dem IBM-Typenschild eines Druckers, den IBM für seinen Personalcomputer anbietet, durchaus ein EPSON-Drucker verbergen.

1.2.4.5 Back-Up-Systeme zur Datensicherung

Für Personalcomputer -autonom als Stand-alone-Systeme genutzt- bietet sich folgender Mix für die externen Speichergeräte an:

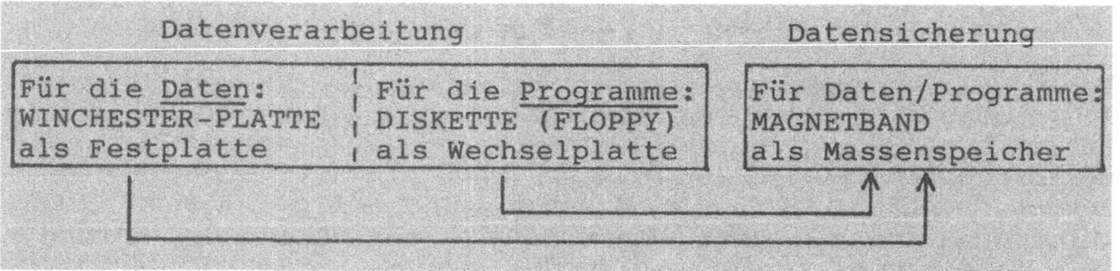

Externspeicher zur Datenverarbeitung und zur Datensicherung

Festplatten-Laufwerke bringen dem Anwender von Personalcomputern die gewünschten hohen Speicherkapazitäten, zugleich aber auch das Problem der Datensicherung bzw. des Back-Up (1 DIN-A4-Seite = ca. 2 KBytes; 20 MBytes auf einer Festplatte = ca. 10 Karl-May-Bücher; 1 MBytes eintippen = ca. 10 Manntage). Bei Programm- oder Bedienungsfehler, Defekt des Externen Speichers oder des Computers selbst könnten die Daten zerstört werden; deshalb müssen Sicherungskopien der Daten erstellt werden. Bei Back-Up-Systemen als Reserve- bzw. Sicherungssysteme (Back-Up heißt: Zeichen für Zeichen z.B. auf Band kopieren) gibt es Disketten, Wechselplatten und Bänder als Sicherungsdatenträger (letztere im Start-Stop- sowie im Streaming-Betrieb (Abschnitt 1.2.4.1)). Mit dem zunehmenden Umfang der zu sichernden Datenbestände wird sich das Magnetband als Streamer durchsetzen: so kann ein Cartridge-Tape-Streamer den Inhalt einer 20-MB-Festplatte in wenigen Minuten kopieren und damit sichern.

Bei dieser Art der Datensicherung werden die Sicherungskopien in einem gesonderten Arbeitsgang z.B. allabendlich oder zweimal je Woche durchgeführt. Anders geht das L o g g i n g vor, bei dem sämtliche über Tastatur eingegebenen Daten von einem

Datensicherungsprogramm automatisch auf einer Zusatzdatei mit-
geschrieben werden; diese Datei wird auch 'Log-Datei' genannt.
Die Datensicherung wird also bereits im Rahmen der Datenerfassung vorgenommen - dieser Erfassung wenden wir uns jetzt zu.

1.2.5 Verfahren der Datenerfassung

D a t e n e r f a s s u n g heißt, Daten in computerlesbare
Form bringen (vgl. Abschnitt 1.2.1.1) und umfaßt den Weg von
der Entstehung der Daten bis zu deren Eingabe in die CPU. Da
im kaufmännischen Bereich ca. 90% des Zeitaufwandes auf diesen
Weg entfallen, ist der Kostenanteil der Datenerfassung relativ
hoch anzusetzen.
Die unterschiedlichen V e r f a h r e n der Datenerfassung
werden festgelegt durch vier Faktoren:
1) Anzahl der S t u f e n , die die Daten von der
   Entstehung bis zur Eingabe durchlaufen.
2) Verbindung zwischen Erfassungsgerät und CPU zum Zeitpunkt
   der Erfassung: o f f - l i n e oder o n - l i n e .
3) Z e n t r a l e oder d e z e n t r a l e Durchführung
   der Erfassung.
4) Erfassungsgerät mit eigener I n t e l l i g e n z ausgestattet oder nicht.
Auf diese Faktoren wollen wir nun im Überblick näher eingehen.

Zunächst ist eine einstufige, zweistufige und dreistufige Datenerfassung zu unterscheiden.

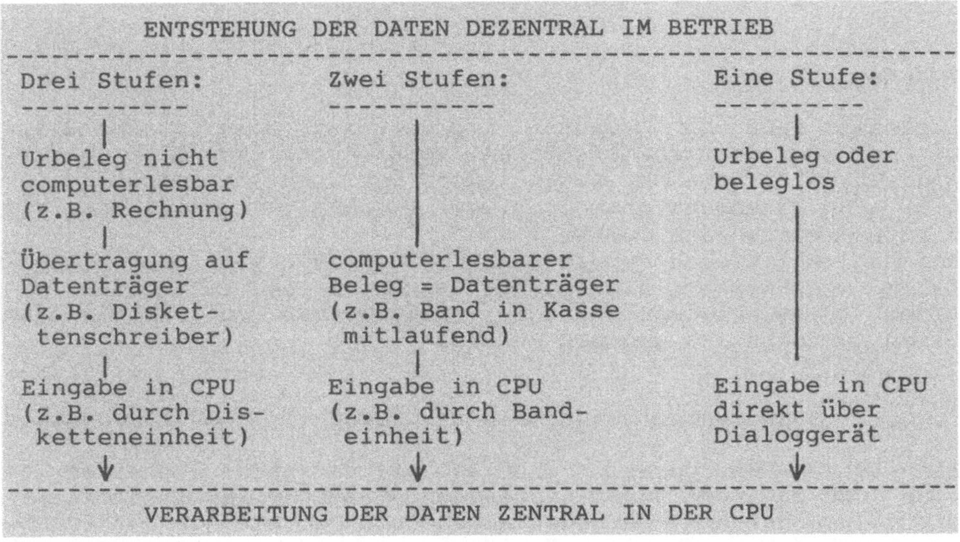

```
          ENTSTEHUNG DER DATEN DEZENTRAL IM BETRIEB
---------------------------------------------------------------
Drei Stufen:          Zwei Stufen:          Eine Stufe:
------------          ------------          ----------

      |                     |                     |
Urbeleg nicht                               Urbeleg oder
computerlesbar                              beleglos
(z.B. Rechnung)
      |                     |
Übertragung auf       computerlesbarer
Datenträger           Beleg = Datenträger
(z.B. Disket-         (z.B. Band in Kasse         |
 tenschreiber)         mitlaufend)
      |                     |
Eingabe in CPU        Eingabe in CPU        Eingabe in CPU
(z.B. durch Dis-      (z.B. durch Band-     direkt über
 ketteneinheit)        einheit)             Dialoggerät
      ↓                     ↓                     ↓
---------------------------------------------------------------
        VERARBEITUNG DER DATEN ZENTRAL IN DER CPU
```

Die 'klassische Datenerfassung' durchläuft drei Stufen: Erstellen des Urbelegs, Übernehmen auf Datenträger und Eingeben

in die CPU. Werden Urbeleg und Datenträger gleichzeitig erstellt, dann verkürzt sich das Vorgehen auf zwei Stufen. Mit
der Bildschirmerfassung sowie der Erfassung über Scanner bzw.
Lesestift kommt man zur einstufigen Direkterfassung. Beispiel:
POS - System (Point-of-Sales-System, Verkaufspunkte-System).

Bei der Off-line-Erfassung erfolgen Erfassung und Verarbeitung vollständig getrennt voneinander. Beim Datensammelsystem
z.B. wird zunächst von mehreren Erfassungsplätzen ein gemeinsamer Datenträger erstellt, der dann später zur Verarbeitung
weitergegeben wird.
Bei der On-line-Erfassung gelangen die Daten direkt in die CPU
(an die Stelle des Datenträgertransports tritt also die Datenübertragung). Der große Vorteil der on-line gegenüber der off-
line durchgeführten Erfassung liegt in der Zeitersparnis. Als
nachteilig kann sich der Umstand auswirken, daß während der
Erfassung die CPU für andere Arbeiten blockiert ist.

Dezentrale Erfassung heißt, Daten am Ort ihrer Entstehung zu
erfassen - z.B. im Lager und beim Verkauf. Die mobile Datenerfassung über tragbare Personal- u. Mikrocomputer zählt hierzu.
Bei der zentralen Erfassung hingegen bringt man alle Urbelege
an eine bestimmte Stelle (Beispiel: Datensammelsystem).

Datenerfassungsgeräte werden zunehmend mit eigener Intelligenz
ausgerüstet. Oder anders ausgedrückt: Zur Erfassung greift man
immer häufiger auf Mikrocomputer zurück, die z.B. wahlweise
on-line an einen Großcomputer angeschlossen sind und off-line
als selbständige Computereinheit (Stand-alone-System) genutzt
werden.

1.2.6 Computertypen

Zunächst: Wenn vom 'Computer' die Rede ist, dann ist damit immer der frei programmierbare Allzweckrechner bzw. General-Pur-
pose-Computer gemeint, nicht jedoch der Spezial-"Computer" wie
z.B. eine Datenbank-Maschine (vgl. Abschnitt 1.3.5.6) oder ein
Textverarbeitungs-Automat.
Zu den zahlreichen Typologien für Computer soll hier keinesfalls eine weitere hinzugefügt werden. Anhand der beiden Extreme 'Personalcomputer' und 'Großcomputer' soll allein eine
Orientierungshilfe gegeben werden.

1.2.6.1 System-Konfigurationen für Personal- und Großcomputer

Eine System-Konfiguration gibt an, wie periphere Einheiten um
eine CPU zu einem funktionsfähigen DV-System zusammengestellt
sind. Zunächst eine Gerätezusammenstellung, wie sie für Personalcomputer typisch ist. Die Geräte werden dabei zeichnerisch

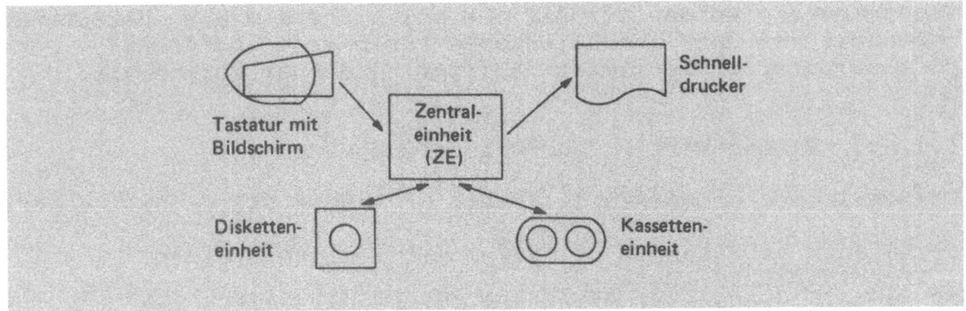

Für Personalcomputer typische System-Konfiguration

durch Sinnbilder dargestellt, die nach DIN 66001 genormt sind.
Der Personalcomputer -für den persönlichen Gebrauch und durch-
aus auch zur beruflichen Nutzung gekauft- soll hier nicht von
Bezeichungen wie Privat-Computer, Tischcomputer, Heimrechner,
Spielcomputer und Kleinrechner abgegrenzt werden; dazu schrei-
tet die Entwicklung viel zu schnell voran. Vielmehr soll der
P e r s o n a l c o m p u t e r als extremes Gegenstück zur
Kategorie der G r o ß c o m p u t e r aufgefaßt werden , die
z.B. mit je fünf Band- und Platteneinheiten als Externspeicher
ausgerüstet sein können. Großcomputer werden in Rechenzentren

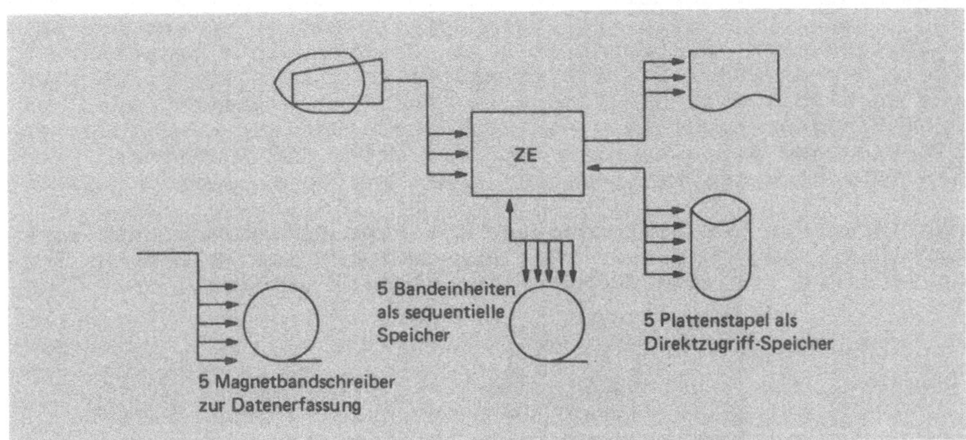

Für Großcomputer typische System-Konfiguration

betrieben - sei es im unternehmenseigenen Rechenzentrum oder
im Sevice-Rechenzentrum von einem freien, herstellereigenen
bzw. kooperativen DV-Dienstleistungsunternehmen. Die Sinnbilder für Band und Platte werden oft auch für Kassette und Diskette verwendet.
Zwischen dem Personalcomputer als unterem und dem Großcomputer
als oberem Extrem gibt es zahlreiche Abstufungen wie z.B. An-
lagen der Mittleren Datentechnik (MDT), Minicomputer, Büro-
Computer oder auch Small-Business-Computer. Ebenso können mehrere Computer zu einem Rechnerverbund vernetzt sein (Netzwerk)
mit Satelliten-Computern, die selbständig als Stand-alone-
System und/oder on-line mit einem Haupt-Computer arbeiten. Dabei sind Personalcomputer häufig Teil eines Großcomputers.

Großcomputer werden oft als M a i n f r a m e s bezeichnet
und damit von der anschließbaren Peripherie abgegrenzt. Personalcomputer zählen immer häufiger zu dieser Peripherie.

1.2.6.2 Eigenschaften von Personalcomputern

Personalcomputer weisen allgemein folgende Eigenschaften auf:

1) Autonom arbeitendes DV-System mit zumindest einem
   Externspeicher.
2) CPU mit mindestens 64 KB RAM für Benutzerdaten und
   Benutzerprogramme.
3) Verfügbarkeit mindestens einer höheren Programmiersprache (Basic, Pascal, Forth, ...).
4) Möglichkeit, in Maschinensprache (Assembler) zu
   programmieren.
5) Betriebssystem ermöglicht Dialog zwischen
   Benutzer und Computer.
6) Exakt beschriebene Schnittstellen.

Wünschenswert ist, daß Personalcomputer hardwaremäßig wie auch
softwaremäßig kompatibel sind. So sollten Programmiersprachen
wie Basic und Pascal genormt sein, für die Externspeicher ein-
heitliche Aufzeichnungsformen übernommen werden (z.B. für Disketten das Softsektor-Format IBM 3740) und übereinstimmende
Schnittstellen definiert sowie steckermäßig vorgesehen sein
(z.B. gesamten Systembus an eine Steckerleiste herausführen,
damit der Anwender das System später erweitern kann). Doch warum auch soll eine CBM-Floppy zu einem Apple passen, wenn ein
Opel-Vergaser nicht zu einem Ford paßt; und warum soll das BA-
SIC-Programm eines Alphatronic auf einem IBM-PC laufen, wenn
das Motoröl eines VW nicht für einen Mercedes geeignet ist?

Häufig werden für Mikrocomputer die vier Kategorien Handcompu-
ter (HC), Videocomputer (VC), Personalcomputer im engeren Sinne (PC) und Tragbare Computer (Portables) gebildet.

```
H a n d c o m p u t e r  (HC) :
Hand-Held-Computer, Pocket-Computer, Briefcase-Computer.
Tastatur mit Zeilendisplay, Module. Taschenrechnerformat.

V i d e o c o m p u t e r  (VC):
Tastatur mit Videoanschluß; zunehmend Diskettenlaufwerke
anschließbar. Ausbaumöglichkeit in Richtung PC.

P e r s o n a l c o m p u t e r  (PC):
Tastatur, Diskette und/oder Hard-Disk, Monitor. Zunehmend
16-Bit-Mikroprozesor. Monitor. Mehrere Betriebssysteme.

P o r t a b l e  C o m p u t e r :
Tastatur, CPU, Diskette und Monitor als eine Einheit, als
Koffer tragbar.
```

Vier Kategorien von Mikrocomputern

Daneben unterscheidet man nach der Nutzungsart Homecomputer
(privat) und professionelle Computer (beruflich).

Die VCs müssen an einen Bildschirm angeschlossen werden. Dies
kann ein normales Fernsehgerät sein, das jedoch aufgrund der
geringen Auflösung (960 Zeichen pro Bild) für Grafik wie auch
längere Benutzung nur bedingt geeignet ist. Auch VCs benötigen
einen Monitor (ca. 2000 Zeichen pro Bild), der eine wesentlich
ruhigere Bildwiedergabe bietet.
Die Portables -Neuentwicklungen oder aber Abkömmlinge von bereits bewährten PCs- werden häufig zur mobilen Datenerfassung
eingesetzt.
Vergleicht man den Markt der Mikros mit dem der PKWs, so stellen die PCs die 'normalen' Limousinen dar, während HCs, VCs
und Protables dann die Minis, Cabrios usw. ausmachen.

1.2.6.3 Personalcomputer im Computer-Netzwerk

Sinkende Hardware-Kosten und eine ständig zunehmende Zahl von
Informationsquellen führen immer häufiger zur Vernetzung mehrerer Personalcomputer zu einem l o k a l e n   N e t z . Das
Attribut 'lokal' verweist auf einen begrenzten Wirkungsbereich
wie eine Abteilung oder ein Gebäude (sog. Inhouse-Netz); auch
hierzulande spricht man dabei von LANs (Local Area Network).

Es gibt Netze mit Stern-, Ring- oder Bus-Struktur. Bei stern-
förmiger Anordnung ist jeder Computer mit einer zentralen Einheit verbunden, die verwaltet und die Netz-Leistung begrenzt;
fällt sie aus, so bricht das gesamte Netz zusammen. Die Ring-
Anordnung ist billiger, doch auch hier führt der Ausfall einer
Station zum Ausfall des gesamten Netzes. Dies ist nicht so bei
der Bus-Anordnung als weitverbreitetem Konzept: über eine Sam-
melschiene kann jede Station mit jeder Station in Kontakt treten. Das von Xerox, Intel und DEC entwickelte Netz 'Ethernet'
weist eine Bus-Struktur auf und stellt durch seine große Verbreitung einen Quasi-Standard dar.
Es gibt Netze mit und ohne Master-Controller. Der Masterbild-
schirm weist die höchste Priorität auf und ist zumeist softwaremäßig ansteuerbar; gegenüber der hardwaremäßigen Verdrahtung
ist dies bei Ausfall des Masterbildschirms (andere Station als
Master ansteuern) von Vorteil.
EIn Netz verfügt oft nur über einen oder zwei Drucker, die mit
Drucker - S p o o l i n g angesteuert werden. Anstatt Daten
direkt auf den Drucker auszugeben, 'drucken' die Stationen
auf eine Platte (Zwischenspeicher), deren Information automatisch durch ein Spooler(-programm) ausgedruckt wird.
Spool steht für 'simultaneous peripheral operations on-line'.

Personalcomputer finden nicht nur intern im lokalen Netz Verwendung, sondern ebenso im ö f f e n t l i c h e n   N e t z
extern. So im BTX-Netz als BTX-Editierplatz des Informations-
anbieters, als BTX-Terminal des Konsumenten oder als Kommuni-
kationssystem für kleinere Firmen.
Nach Datex, Datex-L, Telex, Teletex und BTX werden Personalcomputer sicher auch in dem von der Post geplanten Netz ISDN
(Integrated Services Digital Network) eingesetzt werden, das
Daten, Text, Standbilder wie auch Sprache übermitteln wird.

Personalcomputer werden von Beginn an primär als S t a n d -
A l o n e - S y s t e m autonom für sich alleine verwendet.
Man spricht auch vom Single-User-Betrieb.
Vernetzt man mehrere Personalcomputer, so gelangt man zu einem
M u l t i - U s e r - B e t r i e b , bei dem mehrere User
(Benutzer) über ihre PCs als Terminals verbunden sind.
Single-User-Betrieb wie auch Multi-User-Betrieb können unter
M u l t i t a s k i n g laufen; dabei werden mehrere Aufgaben
als Tasks quasi gleichzeitig durch e i n e CPU abgearbeitet.
Multiusing und Multitasking stellen hohe Anforderungen an das
Betriebssystem (z.B. MP/M und Concurrent CP/M; siehe Abschnitt
1.3.6.6).

1.3 Software = Daten + Programme

1.3.1 Software im Überblick

Software ist I n f o r m a t i o n und wird unterteilt in
D a t e n und P r o g r a m m e (vgl. Abschnitt 1.1.1). Auf
diese beiden Komponenten der Software wollen wir nun eingehen.

1.3.1.1 Begriffsbildungen für Daten

Sieben wichtige Begriffspaare für D a t e n wollen wir näher
betrachten.

S t a m m d a t e n bleiben normalerweise über einen längeren
Zeitraum hinweg konstant (z.B. Artikelstammdaten, Kundenstamm-
daten, Personalstammdaten), Ä n d e r u n g s d a t e n dienen der Anpassung von Stammdaten.
Im Gegensatz zu Stammdaten erfahren B e s t a n d s d a t e n
oftmalige Änderungen, die durch B e w e g u n g s d a t e n
vorgenommen werden (Zugang für + und Abgang für -); letztere
werden kurz auch als Bewegungen bezeichnet. Die Lagerbestands-
fortschreibung nach der Formel 'Anfangsbestand + Zugänge - Ab-
gänge ergibt Endbestand' gehört in diese Kategorie von Daten.
O r d n u n g s d a t e n legen eine Speicherungs-, Sortier-
bzw. Verarbeitungsfolge fest, M e n g e n d a t e n hingegen
eine Anzahl (Stück, Größe, Gewicht, Preis).
Mit n u m e r i s c h e n D a t e n bzw. Zahldaten rechnet
jeder Computer, nicht jedoch mit T e x t d a t e n . Letztere
umfassen beliebige Zeichen, die stets zwischen Gänsefüßchen
oder Hochkommata stehen, und werden auch als alphanumerische
Daten, als Zeichenkettendaten oder als Strings bezeichnet.
U n f o r m a t i e r t e D a t e n weisen keine einheitli-
che Form auf. In der kommerziellen Datenverarbeitung überwiegen f o r m a t i e r t e D a t e n : auf einem Rechnungs-
formular stehen z.B. die Dezimalpunkte der DM-Beträge untereinander, jeweils auf 2 Nachkommastellen gerundet.

```
Begriffspaar:                Beispiel:
-------------                --------
1) Stammdaten                1019 als Kundennummer
   oder
   Änderungsdaten            1019007 als neue Kundennummer im
                                     Postleitzahlgebiet 7
2) Bestandsdaten             256 als Lagermenge
   oder
   Bewegungsdaten            70 Stück als Lagerbestandszugang

3) Ordnungsdaten             6 für Artikelfarbe 'gelb'
   oder
   Mengendaten               8 kg als Bestellmenge

4) Numerische Daten          Zahl 10950.25 als Rechnungspreis
   oder
   Textdaten                 "Gulden" als Währungsbezeichnung

5) Unformatierte Daten Zwei ungeordnete Positionen 265.65 DM
   oder                                            9 DM
   Formatierte Daten    Zwei geordnete Positionen  265.65 DM
                                                     9.00 DM
6) Einfache Datentypen 50 als  e i n e  Menge
   oder
   Strukturierte Datentypen bzw. Datenstrukturen
                          50 24 98 33 102 als  f ü n f  Mengen
7) Im Programm gespeicherte Daten   6% als Rabattsatz
   oder
   Getrennt vom Programm gespeicherte Daten bzw. Dateien
                          Kunden d a t e i  mit 2680 Kunden
```

Sieben Begriffspaare für Daten

Mit die wichtigste Unterscheidung ist die von einfachen Datentypen und Datenstrukturen:
E i n f a c h e D a t e n t y p e n bestehen aus jeweils
nur einem einzigen Datum, so aus einer Ganzzahl (INTEGER), aus
einer Dezimalzahl (REAL) oder aus einem Textwort (STRING). Die
D a t e n s t r u k t u r e n als strukturierte Datentypen
hingegen umfassen jeweils mehrere Daten, die unterschiedlich
z.B. als Feld (ARRAY), Verbund (RECORD) oder Datei (FILE) angeordnet sein können. In Abschnitt 1.3.5 werden die Datentypen
im Zusammenhang mit der Datei genauer erklärt.

Einzeldaten und kleinere Datenbestände lassen sich innerhalb
eines Programmes speichern, so z.B. der Rabattsatz in einem
Rechnungsschreibungsprogramm. Die umfangreichen in der kommerziellen Datenverarbeitung zu verarbeitenden Datenbestände werden g e t r e n n t vom Programm als D a t e i auf Platte
oder Band als externem Speicher untergebracht.

1.3.1.2 Begriffsbildungen für Programme

Man unterscheidet Anwenderprogramme sowie Systemprogramme.

```
                              Programme
                 ┌────────────────┴────────────────┐
          Anwenderprogramme                  Systemprogramme
      ┌──────────┴──────────┐        ┌────────────┬────────────┐
  vom Anwender    von Software-    Steuer-      Dienst-     Übersetzer-
  selbst          haus fremd       pro-         pro-        programm
  erstellt        bezogen          gramm        gramm


  z.B. eigene     z.B.             z.B.         z.B.        z.B. BASIC,
  Rechnungs-      Tabellen-        Dialog       Sortier-    PASCAL,
  schreibung      kalkulation      Mensch-      programm    Cobol,
                                   Computer                 FORTH, C
```

Anwenderprogramme (Problem) und Systemprogramme (Computer)

A n w e n d e r p r o g r a m m e lösen die konkreten Probleme des jeweiligen Anwenders und werden auch Benutzer- bzw.
Arbeitsprogramme genannt oder unter der Bezeichnung Anwender-
Software zusammengefaßt. Anwenderprogramme können vom Anwender
selbst erstellt und programmiert oder fremd von einer Softwarefirma bezogen sein. Zwischen diesen beiden Extremen gibt
es zahlreiche Abstufungen: so z.B. im Falle der individuellen
Anpassung standardisierter Anwender-Software. Auf das Anpassen
wie auch Erstellen von Anwenderprogrammen gehen die Abschnitte
1.3.7 und 1.3.8 näher ein.

Gegenstück sowie Ergänzung zu den Anwenderprogrammen sind die
S y s t e m p r o g r a m m e , deren Gesamtheit als Betriebssystem bezeichnet wird, da sie den geordneten B e t r i e b
des jeweiligen DV - S y s t e m s gewährleisten. Ganz allgemein wird das Betriebssystem oft als OS (Operating System) und
als DOS (Disk Operating System, da plattenorientiert) bezeichnet. Jedes Betriebssystem umfaßt drei Arten von Systemprogrammen:
Die S t e u e r p r o g r a m m e steuern das Zusammenwirken
der Peripherie mit der CPU und die Ausführung eines Programms.
Die D i e n s t p r o g r a m m e bzw. Utilities sind zwar
nicht unbedingt notwendig, werden aber als unerläßlicher Kom-
fort zum einfachen und benutzerfreundlichen Betrieb des Computers angesehen (ein Programm zur Herstellung einer Disketten-
kopie gehört eben einfach 'dazu'). Steuer- und Dienstprogramme
bilden oft eine Einheit: ein E d i t o r z.B. dient zumeist
nicht nur dem Eintippen und Bearbeiten von Programmtext über
einen Bildschirm, dem sog. Editieren also, sondern ebenso dem
Abspeichern dieser Texteingabe auf Diskette oder Band, und damit der Ein-/Ausgabesteuerung.
Ein   Ü b e r s e t z e r p r o g r a m m   übersetzt ein in
einer Programmiersprache wie z.B. BASIC codiertes Anwenderprogramm in die Muttersprache des Computers, bzw. in die 0/1-Form.
Das ist vergleichbar mit der Tätigkeit eines Dolmetschers,
der Sätze aus einer Fremdsprache (z.B. Englisch) in die eigene Muttersprache (z.B. Deutsch) übersetzt. Ein Computer versteht so viele Fremdsprachen bzw. Programmiersprachen, wie
Übersetzerprogramme vorhanden sind. Die meisten Personalcomputer verstehen die Programmiersprachen BASIC und z.T. PASCAL,
da die zugehörigen Übersetzerprogramme beim Kauf automatisch
mitgeliefert werden.

Was für das Auto das Benzin bedeutet, um von Astadt nach Bdorf
fahren zu können, das bedeutet für die Computer-Hardware das
B e t r i e b s s y s t e m , um ein Anwenderprogramm ausführen zu können. In Abschnitt 1.3.6 wenden wir uns dem Betriebssystem genauer zu.

Wie für Daten allgemein Datenstrukturen unterschieden wurden,
so werden für Programme (Anwender- wie Systemprogramme) üblicherweise vier P r o g r a m m s t r u k t u r e n definiert.

(1) Folgestrukturen:	Lineare Prgramme
(2) Auswahlstrukturen:	Verzweigende Programme
(3) Wiederholungsstrukturen:	Programme mit Schleifen
(4) Unterprogrammstrukturen:	Programme mit Unterabläufen

Vier grundlegende Programmstrukturen

Diese Programmstrukturen werden als 'Bausteine der Software'
bezeichnet, da die Analyse noch so komplexer Programmabläufe
stets zu diesen Strukturen als Grundmuster führt. Abschnitt
1.3.3 erklärt diese Programmstrukturen an kleinen Beispielen
und Abschnitt 1.3.4 im Zusammenhang mit den Datenstrukturen.

1.3.2 Datentypen und Datenstrukturen

Im vorangehenden Abschnitt wurden sieben Daten-Begriffe angeführt, darunter der Begriff des D a t e n t y p s . Dieser
Begriff ist grundlegend für die Programmierung. Wir wollen ihn
erklären: es gibt einfache und strukturierte, statische und
dynamische sowie standardmäßig vorhandene und benutzerseitig
definierbare Datentypen.

1.3.2.1 Einfache Datentypen als 'Moleküle'

Einfache Datentypen lassen sich nicht weiter zerlegen und werden deshalb auch als elementare, skalare sowie unstrukturierte
Datentypen bezeichnet. Diese Typen enthalten deswegen stes nur
ein einziges Datum und stellen sozusagen die 'Moleküle' der

Bezeichnung:		Beispiel:	Wertebereich:
CHAR	Einzelzeichen	D	Zeichen (numerisch, alpha, Sonderzeichen)
INTEGER	Ganzzahl	126	Ganze Zahlen
REAL	Dezimalzahl	126.75	Zahlen mit Dezimalpunkt
STRING	Text, Zeichen- kette	"DM-Wert"	Gesamter Zeichen- vorrat des Computers
BOOLEAN	Logisch	1	Wahrheitswerte TRUE (1, wahr), FALSE (0,unwahr)

Fünf einfache bzw. elementare Datentypen

Daten dar, da sie vom Programmierer nicht - so ohne weiteres -
unterteilt werden können.
Der Datentyp CHAR umfaßt nur e i n Zeichen. Als STRING (Text)
gilt alles, was zwischen Gänsefüßen steht, also auch der Text
"99.50 DM Endsumme". Numerische Typen sind INTEGER oder REAL.
Der Datentyp BOOLEAN kennt nur die 2 Werte TRUE (z.B. Stammkunde) oder FALSE (kein Stammkunde).

1.3.2.2 Datenstrukturen als strukturierte Datentypen

Strukturierte Datentypen sind neben anderen der ARRAY (Liste)
und der RECORD sowie das FILE. Dabei werden mehrere Daten unter einem Namen zusammengefaßt abgelegt. Der ARRAY wird auch
als Feld, Tabelle und Bereich bezeichnet und enthält Komponen-

Bezeichnung:	Beispiel:	Kennzeichen:
ARRAY (eindimensional) Vektor	12 3 44 56 21	Komponenten alle mit denselben Datentypen (hier 5 Mengen)
ARRAY (zweidimensional) Matrix	33.5 36.7 11.2 24.0 9.1 74.5 10.5 10.0 3.0 99.5 3.6 9.0	Komponenten alle mit denselben Datentypen (hier 4*3=12 Preise in 4 Zeilen u. 3 Spalten)
RECORD Verbund, auch Satz	101 (=Nr.) FREI (=NAME) 65000 (=UMSATZ)	Komponenten mit unter- schiedl. Datentypen (hier: INTEGER, STRING u. REAL (Kundensatz))
SET Menge	() (1) (2) (12) für SET OF 1..2	Komponenten sind Teil- mengen der Grundmenge
FILE Datei	über 1000 Sätze der KUNDENDATEI	Datei als Sammlung von Datensätzen auf einem Externspeicher

Vier wichtige Datenstrukturen

ten bzw. Elemente gleichen Typs. Beim eindimensionalen ARRAY
sind die Elemente in Reihe angeordnet wie im Beispiel die 5 Wo-
chentagabsatzmengen 12, 3, 44, 56 und 21 , während sich der
zweidimensionale ARRAY in zwei Richtungen ausdehnt: waagerecht
in Zeilen (hier 4 Zeilen) und senkrecht in Spalten (hier 3
Spalten). Es gibt nicht nur Integer-Arrays (alle Elemente sind
ganzzahlig) und Real-Arrays (alle Elemente sind Kommazahlen),
sondern z.B. auch String-Arrays wie 'MO, DI, MI, DO, FR, SA'
oder 'HAMMER, MEISEL, SAEGE' (alle Elemente sind Textworte).

Im Gegensatz zum ARRAY können im RECORD auch Daten verschiedener Datentypen abgelegt sein. Der oben wiedergegebene RECORD
verbindet drei Komponenten vom Typ INTEGER (Kundennummer ganzzahlig), STRING (Kundenname stets Text) und REAL (Kundenumsatz
als Dezimalzahl) - deshalb auch die Bezeichnung 'Verbund'. In

der kommerziellen DV entspricht diese Datenstruktur häufig den
Datensätzen bzw. Komponenten von Dateien wie hier der Kundendatei.

Unter einer Datei versteht man allgemein eine Sammlung von Datensätzen, die getrennt vom Programm auf einem Externspeicher
(Diskette, Platte, Kassette, Band) als selbständige Einheit
gespeichert sind. Die Datensätze stellen die Datei-Komponenten
dar und weisen alle denselben Datentyp auf, d.h. sie sind alle
z.B. vom Typ RECORD oder alle vom Typ ARRAY. Eine Datei bzw.
ein FILE kann viel größer sein als der im Hauptspeicher verfügbare Speicherplatz.

1.3.2.3 Statische und dynamische Datentypen

Datenstrukturen können statisch oder aber dynamisch vereinbart
sein.
S t a t i s c h e Datentypen behalten während der Programmausführung ihren Umfang unverändert bei. Beispiel: Beim Beginn
eines Programms wird vereinbart, daß ein eindimensionales Feld
bzw. Array mit 5 Elementen zur späteren Aufnahme und Verarbeitung der Absatzmengen für die 5 Wochentage Mo - Fr eingerichtet wird. Statisch heißt, daß die Anzahl der Feldelemente während der Programmausführung gleich bleibt, während sich ihre
jeweiligen Inhalte ändern können.

Bei d y n a m i s c h e n Datentypen muß die Anzahl der Komponenten nicht bereits beim Schreiben des Programms festgelegt
werden, sondern erst im Zuge der Programmausführung. Die Datei
bzw. das FILE ist stets als dynamischer Datentyp vereinbart.
Warum? Beim Anlegen einer Kundendatei werden z.B. 455 Kunden
in 455 Datensätzen auf Diskette erfaßt. Diese Zahl von 455 Da-
teikomponenten muß veränderbar sein, um neue Kunden aufnehmen
und Ex-Kunden löschen zu können. Da die Änderungen aber 'tri-

```
                    Datenstrukturen
          ┌───────────────┴───────────────┐
      STATISCH                         DYNAMISCH
Werte ändern sich, niemals      Werte sowie Struktur (Anzahl,
aber die Anzahl.                Aufbau) ändern sich.

Anzahl der Komponenten         Anzahl und Aufbau der Kompo-
ist konstant.                  nenten ist variabel.
Belegter Speicherplatz         Belegter Speicherplatz
ist konstant.                  ist variabel.

unstrukturiert:                unstrukturiert:
Char, Integer, Real,           Zeiger als Hilfsmittel.
String, Boolean                strukturiert:
strukturiert:                  Datei (File),
Feld (Array),                  Stapel (Stack), Schlange,
Menge (Set),                   Gekettete Liste (Linked List),
Verbund (Record).              Binäre und andere Bäume,
                               Rekursive Datenstrukturen.
```

Einige dynamische Datentypen

vialer Natur" sind (so Niklaus Wirth, der Erfinder von PASCAL),
zählt man eine Datei zu den statischen Datenstrukturen. Die
dynamischen Datenstrukturen können vom Programmierer selbst
durch Verknüpfung der standardmäßig angebotenen Datentypen
konstruiert werden. Das heißt, daß alle dynamischen Strukturen
auf einer tieferen Komponenten-Ebene irgendwo wieder statisch
sind; Listen- (z.B. verkettete Liste) und Baumstrukturen gehören dazu. Zeiger (auch Pointer, Verweis, Referenz genannt)
werden dabei als Hilfsmittel zur Strukturierung verwendet. Auf
Zeiger bzw. Listen gehen wir in Abschnitt 3.13 ein. Die Rekur-
sion als Ablauf, der sich selbst aufruft bzw. zur Ausführung
bringt, bildet (generiert) dynamisch lokale Variable und wird
deshalb häufig im Zusammenhang mit dynamischen Datenstrukturen
genannt.

1.3.2.4 Vordefinierte und benutzerdefinierte Datentypen

Die bislang dargestellten einfachen und strukturierten Datentypen sind v o r d e f i n i e r t   in dem Sinne, daß sie als
Standardtypen vom DV-System bereitgestellt werden. Daneben gestatten einige Programmiersprachen wie z.B. PASCAL dem Programmierer, selbst eigene Datentypen zu definieren, die dann
eben als b e n u t z e r d e f i n i e r t bezeichnet werden.

Eine einfache Möglichkeit dafür besteht darin, alle Werte auf-
zuzählen, die der Datentyp umfassen soll - deshalb der Begriff
A u f z ä h l u n g s t y p . (Mo,Di,Mi,Do,Fr,Sa,So) ist ein
solcher Aufzählungstyp für die Wochentage wie auch (6800,6830,
6900,6907) für einige Postleitzahlbezirke.

Eine weitere Möglichkeit bietet sich dem Benutzer dadurch, daß
er einen Datentyp als Unterbereich z.B. eines vordefinierten
Datentyps definiert - einen U n t e r b e r e i c h s t y p .
Drei Beispiele: 0..7 umfaßt als Unterbereichstyp des Datentyps
INTEGER die 8 Ganzzahlen 0,1,2,...,7.
"A".."Z" umfaßt als Unterbereich des Datentyps CHAR alle Groß-
buchstaben.
Di..Fr umfaßt als Unterbereichstyp des obigen Aufzählungstyps
vier Werktage. Angegeben wird also stets das kleinste und das
größte Element des gewünschten Unterbereiches.

Neben den Aufzählungs- und Unterbereichstypen zählen auch die
Zeigertypen zur Kategorie der benutzerdefinierten Datentypen.

1.3.2.5 Datentypen bei den verschiedenen Programmiersprachen

Es hängt vom jeweiligen Programmier-System ab, mit welchen Datentypen Sie arbeiten können.
Unstrukturierte Programmiersprachen wie BASIC lassen den Programmierer weitgehend allein bei der Bildung von Datenstrukturen, oder anders: sie unterstützen ihn kaum. Bei BASIC fehlen
der Verbund bzw. Record (was gerade bei der Dateiverarbeitung
von Nachteil ist) wie auch die benutzerdefinierten Typen.
Strukturierte Programmiersprachen stellen die oben angeführten
Datentypen bereit. Aber auch hier gibt es Unterschiede. So ist

PASCAL -was die standardmäßige Vorgabe von Datentypen angeht-
eher sparsam, aber die wenigen Datentypen können sehr flexibel
zum Entwurf komplexer Datenstrukturen genutzt werden. Sprachen
wie ADA und auch MODULA 2 sind weniger sparsam ausgestattet.

1.3.3 Programmstrukturen

Die vier Programmstrukturen Folge, Auswahl, Wiederholung und
Unterprogramm sind die grundlegenden Ablaufarten der Informatik überhaupt. Grundlegend in zweifacher Hinsicht:
Zum einen gelangt man beim Auseinandernehmen noch so umfangreicher Programmabläufe immer auf die vier Programmstrukturen
als Grundmuster (A n a l y s e von Programmen).
Zum anderen kann umgekehrt jeder zur Problemlösung erforderli-
che Programmablauf durch geeignetes Anordnen dieser vier Programmstrukturen konstruiert werden (S y n t h e s e von Programmen).

1.3.3.1 Folgestrukturen

Jedes Programm besteht aus einer Aneinanderreihung von Anweisungen an den Computer (vgl. Abschnitt 1.1.1). Besteht ein bestimmtes Programm nur aus einer F o l g e s t r u k t u r ,
dann wird Anweisung für Anweisung wie eine Linie abgearbeitet.
Man spricht deshalb auch vom linearen Ablauf bzw. unverzweig-
ten Ablauf, vom Geradeaus-Ablauf oder von einer Sequenz. Das
Beispiel zeigt ein Programm, bei dem 5 Anweisungen in Folge
ausgeführt werden: Über Tastatur wird ein Rechnungsbetrag eingegeben, um nach der Berechnung den Skonto- und Überweisungs-
trag als Ergebnis am Bildschirm auszugeben. Das Ablaufbeispiel
wird als Entwurf, als Dialogprotokoll sowie als Struktogramm
dargestellt.

```
Erst Anweisung 1 ausführen, dann Anweisung 2, dann ...

Beispiel in Entwurfsprache:      Allg. Ablauf in Entwurfsprache:

 Ausgabe   Fragestellung            Anweisung 1
 Eingabe   RECHNUNGSBETRAG          Anweisung 2
 berechne  SKONTOBETRAG             Anweisung 3
 berechne  UEBERWEISUNGSBETRAG      Anweisung 4
 Ausgabe   der Ergebnisse           Anweisung 5

Beispiel als Dialogprotokoll:    Allg. Ablauf als Struktogramm:

 RUN
 RECHNUNGSBETRAG =?                     Anweisung 1
 200                                    Anweisung 2
 SKONTOABZUG:     6 DM                     ...
 UEBERWEISUNG: 194 DM
```

Ablauf mit einer Folgestruktur

Um unabhängig von den Formalitäten der vielen Programmiersprachen Programmabläufe beschreiben zu können, verwenden wir eine
einfache E n t w u r f s p r a c h e (auch algorithmischer
Entwurf oder Pseudocode genannt), die umgangssprachlich formuliert wird. Im Beispiel werden die umgangssprachlichen Anweisungsworte 'Ausgabe', 'Eingabe' und 'berechne' verwendet. Die
Beschreibung von Abläufen mittels einer Entwurfsprache ist in
der Informatik weit verbreitet.
Das D i a l o g p r o t o k o l l   zum Ablaufbeispiel gibt
den 'Dialog' zwischen Benutzer (der Werte eintippt) und Computer (der Information ausgibt) wieder, wie er bei der Programmausführung am Bildschirm erscheint bzw. protokolliert wird. Im
Beispiel gibt der Benutzer den Befehl RUN ein, worauf der Computer mit der Ausgabe RECHNUNGSBETRAG =? antwortet; nach der
Benutzereingabe von 200 rechnet der Computer (im Dialogprotokoll nicht sichtbar) mit 3%, um dann Skonto- und Überweisungs-
betrag in zwei Ausgabezeilen am Bildschirm anzuzeigen.
Neben dem Entwurf und dem Dialogprotokoll ist das Programmbeispiel zeichnerisch als S t r u k t o g r a m m dargestellt.

1.3.3.2 Auswahlstrukturen

Die A u s w a h l s t r u k t u r e n dienen dazu, aus einer
Vielzahl von Möglichkeiten bestimmte Fälle auszuwählen: hier
sind es die beiden Fälle 'Skontoabzug bei Bezahlung in weniger
als 8 Tagen nach Rechnungserhalt (Bedingung TAGE<8 erfüllt)'
sowie 'Zahlung rein netto bei späterer Überweisung (Begingung
TAGE<8 nicht erfüllt)'. Dieses Beispiel bezeichnet man deshalb
auch als Z w e i s e i t i g e A u s w a h l .


```
Wenn Bedingung 1 erfüllt ist, dann führe Anweisung 2 aus,
sonst führe Anweisung 3 aus, um dann gemeinsam fortzufahren.

Beispiel in Entwurfsprache:        Allg. Ablauf in Entwurfsprache:
────────────────────────────       ──────────────────────────────
 Ausgabe der Fragestellung          Anweisung 1
 wenn TAGE<8                         wenn Bedingung 1 erfüllt
    dann überweise mit Skonto           dann Anweisung 2
    sonst überweise rein netto          sonst Anweisung 3
 Ende-wenn                           Ende-wenn
────────────────────────────       ──────────────────────────────

2 Bsp. als Dialogprotokoll:        Allg. Ablauf als Struktogramm:

 RUN
 ANZAHL DER TAGE =?                 ┌──────────────────────────────┐
 6                                  │        Anweisung 1           │
 SKONTOABZUG MÖGLICH                ├──────────────────────────────┤
                                    │            Bedingung         │
 RUN                                │  nein    erfüllt?     ja      │
 ANZAHL DER TAGE =?                 ├───────────────┬──────────────┤
 14                                 │ Anweisung 2   │ Anweisung 3  │
 ZAHLUNG REIN NETTO                 │ Fall: netto   │ Fall: Skonto │
                                    └───────────────┴──────────────┘
```

Ablauf mit einer Auswahlstruktur

Daneben gibt es die E i n s e i t i g e A u s w a h l mit
nur einem Fall und die M e h r s e i t i g e A u s w a h l
bzw. Fallabfrage mit mehr als zwei Fällen.
Auswahlstrukturen werden auch als Alternativstrukturen, Abläufe mit (Vorwärts-)Verzweigungen bzw. als Selektion bezeichnet.

1.3.3.3 Wiederholungsstrukturen

W i e d e r h o l u n g s s t r u k t u r e n führen zu Pro-
grammschleifen, die mehrmals durchlaufen werden. Im Beispiel
wird die Anweisungsfolge 'Eingabe', 'berechne', 'berechne' und
'Ausgabe' wiederholt durchlaufen, bis die Bedingung RECHNUNGS-
BETRAG = 0 erfüllt ist, die über Tastatur als Signal zum Been-

```
Wiederhole die Anweisungen 1,2,3,... immer wieder, bis eine
bestimmte Bedingung zum Beenden der Schleife erfüllt ist.

Beispiel in Entwurfsprache:        Allg. Ablauf in Entwurfsprache:
─────────────────────────          ──────────────────────────────
  Ausgabe Überschrifttext            Anweisung 0
  wiederhole                         wiederhole
     Eingabe RECHNUNGSBETRAG            Anweisung 1
     wenn BETRAG=0 dann Ende           Anweisung 2
     berechne Skontobetrag             ...
     berechne ÜBERWEISUNGSBETRAG       Anweisung n
     Ausgabe Ergebnis                  wenn Bedingung dann Ende
  Ende-wiederhole                      Anweisung n+1
  Ausgabe Hinweis Programmende         Anweisung n+2
  ──────────────────────────           ...
Beispiel als Dialogprotokoll:      Ende-wiederhole
                                   ──────────────────────────────
RUN
PROGRAMM MIT SCHLEIFE              Allg. Ablauf als Struktogramm:
RECHNUNGSBETRAG =?                 ┌─────────────────────────────┐
100                               │       Anweisung(en)         │
UEBERWEISUNGSBETRAG: 97 DM        ├──┬──────────────────────────┤
RECHNUNGSBETRAG =?                │  │     Anweisung(en)        │
200                               │  ├──────────────────────────┤
UEBERWEISUNGSBETRAG: 194 DM       │  ├── Ende-Bedingung         │
RECHNUNGSBETRAG =?                │ ↓├──────────────────────────┤
0                                 │  │     Anweisung(en)        │
PROGRAMMENDE                      └──┴──────────────────────────┘
```

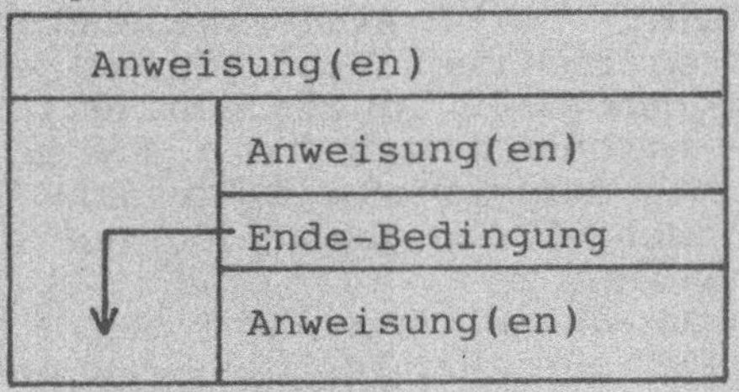

Ablauf mit einer Wiederholungsstruktur

den der Schleife eingetippt wird. Wiederholungsstrukturen werden auch als Repetitionen und Iterationen bezeichnet. Auf die
verschiedenen Schleifentypen wie
     - abweisende und nicht-abweisende Schleife
     - Zählerschleife
     - offene und geschlossene Schleife
gehen wir in Abschnitt 3.1.3 an Beispielen ausführlicher ein.

1.3.3.4 Unterprogrammstrukturen

U n t e r p r o g r a m m s t r u k t u r e n bieten sich immer dann an, wenn eine Aufgabe während eines Programmablaufes mehrmals benötigt wird, so z.B. die im Beispiel wiedergegebene Aufgabe 'Runde kaufmännisch auf zwei Dezimalstellen'. Auch zur

```
Führe Anweisungen A1 aus, unterbreche Tätigkeit A, um Anwei-
sungen B auszuführen, kehre zurück und fahre mit der Ausführ-
ung der Anweisungen A2 fort (A im Haupt-, B im Unterprogramm).

Beispiel in Entwurfsprache:

  Eingabe    RECHNUNGSBETRAG
  berechne   SKONTOBETRAG
  Aufruf     Unterprogramm RUNDEN ──────▶ runde   BETRAG auf 2stellig
 ┌berechne   UEBERWEISUNGSBETRAG          ersetze BETRAG durch den
 │Ausgabe    Ergebnis                             gerundeten BETRAG┐
 │                                    ◀─────────────────────────────┘
  rufendes (Haupt-)Programm              aufgerufenes Unterprogramm
```

Ablauf mit Unterprogrammstruktur

übersichtlichen Gliederung eines komplexen Programmes und zur Programmentwicklung im Team (jeder Mitarbeiter entwickelt einen Teil des Programmes) werden Unterprogramme verwendet.
Auf die möglichen Unterprogrammarten wie Prozeduren und Funktionen gehen wir in Abschnitt 3.1.4 konkret an Beispielen ein.

1.3.3.5 Mehrere Strukturen in einem Programm

Die meisten Programme umfassen natürlich mehrere dieser Strukturen. Dabei sind zwei Anordnungsprinzipien zu unterscheiden. Programmstrukturen können entweder hintereinander oder aber geschachtelt angeordnet sein.
- Anordnung h i n t e r e i n a n d e r :
  Mit der jeweils folgenden Struktur wird erst dann begonnen, nachdem die gerade in Ausführung befindliche Struktur beendet wurde.
- Anordnung g e s c h a c h t e l t :
  Mit der äußeren Struktur kann erst fortgefahren werden,nachdem die innere Struktur vollständig ausgeführt wurde. Teilweises Einschachteln bzw. Überlappen von Programmstrukturen ist folglich nicht erlaubt.

1.3.4 Datenstrukturen und Programmstrukturen als Software-Bausteine

In den beiden vorangegangenen Abschnitten haben wir die wesentlichen Datenstrukturen (w a s wird verarbeitet?) sowie Programmstrukturen (w i e ist zu verarbeiten?) allgemein darge-

stellt. Diese Strukturen mit ihren unterschiedlichen Ausprä-
gungen können als S o f t w a r e - B a u s t e i n e aufgefaßt werde, da aus ihnen bausteinartig die zur Lösung eines
Problems erforderlichen Abläufe gebildet werden.

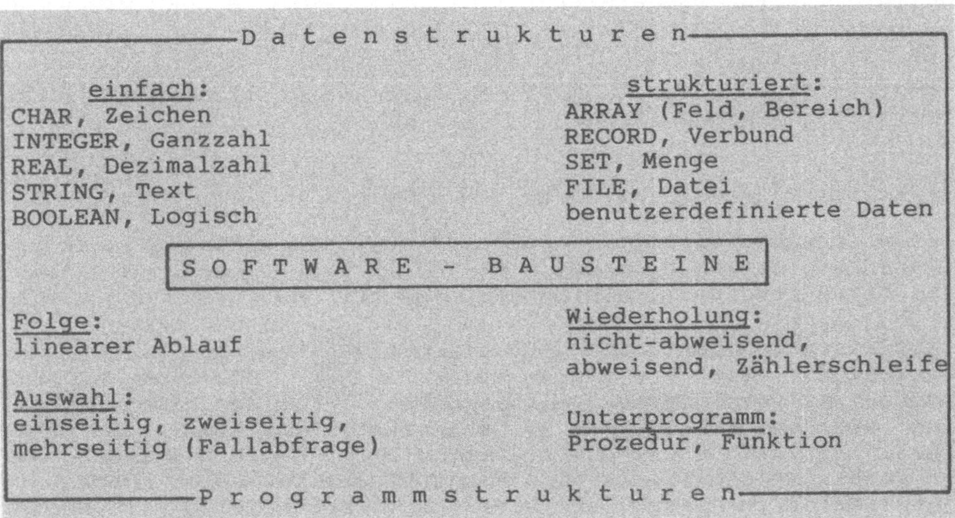

Daten- und Programmstrukturen als Software-Bausteine

Wie werden Daten(-strukturen) im Hauptspeicher abgelegt und
verarbeitet? Wie werden Programm(-strukturen) abgespeichert?
Wie sind Programme aufgebaut? Zu diesen Fragen kommen wir nun.

1.3.4.1 Modell des Hauptspeichers RAM als Regalschrank

In dem als Speicher RAM ausgebildeten Hauptspeicher befinden
sich die zur Verarbeitung benötigten Daten und Programme. Den
RAM können wir uns als Regalschrank mit sehr vielen Speicherstellen vorstellen, in die je ein Zeichen abgelegt werden kann.
Ein RAM mit 64 KB (vgl. Abschnitt 1.2.3.4) umfaßt genau 65536
solcher Speicherstellen (64 * 1024), die von 0 an fortlaufend
durchnumeriert sind, wobei die Nummern 0,1,2, ... ,65535 die
tatsächlichen A d r e s s e n der Speicherstellen darstellen.

Soll ein Rechnungsbetrag über 200.50 DM von Adresse 2210 oder
von Adresse 58934 an gespeichert werden? Um diese tatsächlichen Adressen müssen wir uns zumeist nicht kümmern. Wie allen
Daten geben wir dem Rechnungsbetrag einen Namen, z.B. BETRAG,
der dann als s y m b o l i s c h e A d r e s s e zur Speicherung dient. Der Computer sucht sich selbständig einen für
BETRAG freien Speicherplatz und legt die 200.50 dorthin ab.
Wo soll das zugehörige Programm abgespeichert werden? Auch da-
rum brauchen wir uns nicht zu kümmern. Wir geben dem Programm
einen Namen wie z.B. RECHNUNG1 , und der Computer reserviert
selbständig die notwendige Anzahl von Speicherstellen und bestimmt dann einen geeigneten Speicherort.
Daten wie Programme werden also über ihre Namen angesprochen.

Wieder zum Modell des RAM als Regalschrank:
Einige Regale sind leer. In ihnen ist nichts gespeichert. Auf
anderen Regalen aber befinden sich Schachteln, und zwar Daten-
Schachteln mit Daten als Inhalt sowie Programm-Schachteln mit
Anweisungen als Inhalt. Jede Schachtel ist mit dem von uns jeweils gewählten Namen beschriftet.Durch Angabe dieser Namen ist
es uns möglich, Inhalte von Schachteln zu lesen und zu ändern.
Für die ausreichende Größe einer Schachtel (=Anzahl von Speicherstellen) sowie das passende Regal (=tatsächliche Adresse)
sorgt der Computer selbst.

1.3.4.2 Daten als Variablen und Konstanten

Daten sprechen wir mit N a m e n an. Dies gilt für veränder-
liche bzw. variable Daten, für V a r i a b l e n , wie auch
für feste bzw. konstante Daten, also für K o n s t a n t e n.

Das Einrichten von Daten-Schachteln bezeichnet man als Dekla-
ration oder als V e r e i n b a r u n g . Für eine Variable
müssen wir vereinbaren, welchen Namen (z.B. den Namen BETRAG)
und welchen Datentyp (z.B. Dezimalzahl bzw. REAL) sie haben
soll. Mit dem Datentyp wird der W e r t e b e r e i c h angegeben. Den Inhalt als den W e r t der Variablen können wir
dann später im Rahmen des jeweiligen Wertebereichs (z.B. der

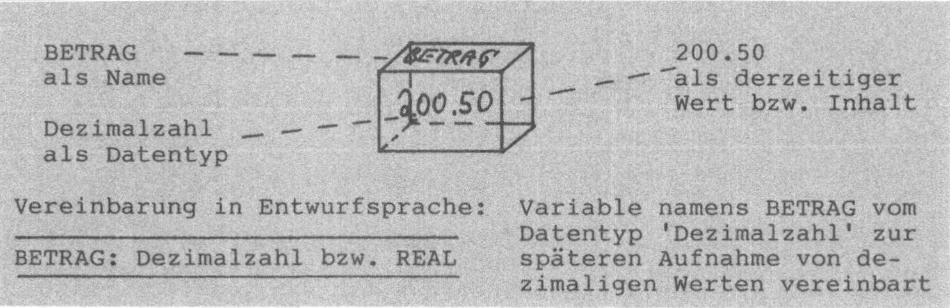

BETRAG   — — — — — —   200.50
als Name   — — — als derzeitiger
                                 Wert bzw. Inhalt

Dezimalzahl — — — —
als Datentyp

Vereinbarung in Entwurfsprache: Variable namens BETRAG vom
                                  Datentyp 'Dezimalzahl' zur
BETRAG: Dezimalzahl bzw. REAL   späteren Aufnahme von de-
                                  zimaligen Werten vereinbart

           Name, Datentyp und Wert kennzeichnen eine Variable

Dezimalzahlen) beliebig verändern. Jede Variable weist somit
die drei Komponenten Name, Datentyp (=Wertebereich) und Inhalt
bzw. Wert (= augenblicklicher Schachtelinhalt) auf. Schachteln
können sehr klein (wie die für den BETRAG) oder auch sehr umfangreich (wie z.B. ein String-Array mit 100 Zeilen und mit 5
Spalten für 100*5=500 Artikelmengen) sein.

Für eine K o n s t a n t e müssen wir einen Namen vereinbaren (z.B. den Namen S1 für den Skontosatz) und einen konstanten Wert (z.B. 3 %).

Die Vereinbarungen von Variablen und von Konstanten werden vom
Programmierer im Rahmen der Programmerstellung getroffen; sie
stehen am Anfang: der Computer muß eine Daten-Schachtel zuerst einrichten, um dann mit ihr gemäß den im Programm weiter
angegebenen Anweisungen arbeiten zu können.

```
S1
als Name  - - - - -   ┌─────────┐   - - - - 3 als
                      │  ┌───┐   │            konstanter Wert
                      │  │ 3 │   │
                      │  └───┘   │
                      └─────────┘

Vereinbarung in Entwurfsprache:   In Konstante namens S1
                                  wird die Zahl 3 fest ge-
  ──────                          speichert als %-Satz
  S1 = 3
```

Name und fester Wert kennzeichnen eine Konstante

1.3.4.3 Programm mit Vereinbarungsteil und Anweisungsteil

Jedes Programm weist neben dem Programmnamen zwei weitere Bestandteile auf: den Vereinbarungsteil und den Anweisungsteil.

Der Programmname dient zum Aufrufen des Programms im RAM als
dem Internen Speicher wie auch auf Diskette bzw. Kassette als
Externen Speichereinheiten.
Im V e r e i n b a r u n g s t e i l legt der Programmierer
fest, welche Variablen und Konstanten einzurichten sind. In
Abschnitt 3 werden wir sehen, daß ggf. auch selbstdefinierte
Datentypen sowie Unterprogramme (Prozeduren und Funktionen)
vereinbart werden können.
In den Programmiersprachen wird unterschiedlich vereinbart. So
muß in PASCAL der Vereinbarungsteil in jedem Fall programmiert
werden. In BASIC können Vereinbarungen auch durch die Wahl der
Variablen getroffen werden.


```
Programm ......              1. Programmname
                               ------------
Vereinbarungsteil           2. Vereinbarungsteil:
  - von Konstanten             ------------------
  - von selbstdefinierten Typen  Bedeutung aller Namen
  - von Variablen              festlegen
  - von Funktionen            ( w a s  wird später
  - von Prozeduren            verarbeitet?)

Anweisungsteil              3. Anweisungsteil:
  - zur Eingabe                --------------
  - zur Ausgabe (z.B. Drucker)  Anweisungen festlegen
  - zur Wertzuweisung          ( w i e  ist zu
  - zur Ablaufsteuerung (z.B. IF)  verarbeiten?)

End.
```

Name, Vereinbarungsteil und Anweisungsteil als Bestandteile
eines jeden Programms

Der A n w e i s u n g s t e i l   als Folge von Anweisungen
an der Computer enthält das eigentliche Programm. Auf die einzelnen Anweisungsarten zur Eingabe, Ausgabe, Wertzuweisung und
Ablaufsteuerung gehen wir in Abschnitt 3.1 an Beispielen ein.

1.3.5 Datei und Datenbank

Eine Datei stellt die typische Datenstruktur zur langfristigen
Speicherung von Massendaten in der kommerziellen DV dar. Am
Beispiel der in Abschnitt 1.3.2.2 bereits angesprochenen Kun-
dendatei wollen wir auf die D a t e i v e r a r b e i t u n g
eingehen (man spricht dabei auch von Dateiverwaltung oder von
File Handling (File für Datei)).
Diese Kundendatei ist bewußt sehr einfach aufgebaut:
Zu jedem der derzeit 1580 Kunden einer Handelsfirma werden die
drei Angaben NUMMER, NAME und UMSATZ als Kundendatei auf einem
Externspeicher abgelegt. Man sagt auch: Die Kundendatei umfaßt
derzeit 1580 Datensätze (Kundensätze bzw. Sätze), wobei jeder
Satz aus drei Datenfeldern als Komponenten besteht. Für diese
Felder wiederum sind Variablen mit unterschiedlichen Datenty-
pen vereinbart: eine Variable namens NUMMER für die Kundennum-
mer ganzzahlig, eine Variable NAME als Text und eine Variable
UMSATZ für den getätigten DM-Umsatz vom Datentyp Dezimalzahl.
Die Datensätze stellen jeweils Verbunde (Records) dar. Der Da-

```
4 Datensätze ausgedruckt:        Datensatz als Verbund vereinbart:

(1) 101 FREI         6500.00     KUNDSATZ: Verbund bzw. Record
(2) 104 MAUCHER       295.60         NUMMER: Ganzzahl
(3) 109 HILDEBRANDT  4590.05         NAME:   Text
(4) 110 AMANN        1018.75         UMSATZ: Dezimalzahl
... ... ...              ...            Ende-Verbund

Vereinbarung der Datei:

KUNDDATEI: Datei (File) mit Datensätzen vom Typ KUNDSATZ
```

Vereinbarung und Inhalt der KUNDDATEI

tensatz hat den Namen KUNDSATZ und die Datei heißt KUNDDATEI.
Wie die obigen 4 Sätze zeigen, sollen die Kunden nach Kundennummern aufsteigend sortiert gespeichert sein. Mit (1),(2),...
werden die Datensatznummern innerhalb der Datei angegeben.

```
Eine Datei umfaßt mehrere Datensätze. Jeder Satz hat mehrere
Datenfelder. Jedes Feld besteht aus mehreren Zeichen und jedes
Zeichen wird als Byte  als Kombination von 8 Bits gespeichert.

     Datei (File)                ... namens KUNDDATEI mit
                                 derzeit 1580 Datensätzen.
     Datensatz (Record)          ... mit drei Datenfeldern
                                 NUMMER, NAME und UMSATZ.
     Datenfeld (Field)           ... NAME mit 11 Zeichen
                                 maximal.
     Zeichen, Byte (Character)   ... "R" als zweites Zeichen
                                 von "FREI".
     Bit (0 oder 1)              ... 0 als 1. Bit im Byte
                                 01010010 für "R".
```

Aufbau einer Datei: Datei-Satz-Feld-Zeichen-Bit

1.3.5.1 Zugriffsart, Speicherungsform und Verarbeitungsweise

Auf eine Datei wird stets datensatzweise zugegriffen, sei es
in den RAM hin e i n (Lesen = E i n gabe) oder aus dem RAM
hin a u s (Schreiben = A u s gabe). Entsprechend spricht man
vom lesenden Zugriff (vom Externspeicher in den RAM) oder vom
schreibenden Zugriff (vom RAM auf den Externspeicher). Ist ohne weiteren Zusatz vom Z u g r i f f die Rede, so meint man
damit das Lesen von Sätzen. Zwei Z u g r i f f s a r t e n
sind zu unterscheiden: der direkte und der indirekte Zugriff.

Der d i r e k t e Z u g r i f f läßt sich mit der Schall-
platte vergleichen: Will man z.B. das 7. Musikstück hören, kann
der Tonarm direkt bei diesem gewünschten Stück aufgesetzt werden. Entsprechend kann bei der Platte (Magnetplatte, Diskette)
in der DV ein bestimmter Datensatz direkt durch Angabe seiner
Datensatznummer als Adresse bzw. 'Hausnummer' in den RAM gelesen werden.
Der i n d i r e k t e Z u g r i f f ist -wie beim Tonband-
umständlicher: das Tonband muß z.B. zum 7. Musikstück gespult
werden; wir können nur in der Reihenfolge zugreifen, in der
früher einmal aufgenommen wurde. Dementsprechend muß in der DV
Datensatz für Datensatz gelesen werden, bis z.B. der 7. Kunde
gefunden ist.
Wir halten fest: Beim Band (Magnetband, Kassette) kann nur indirekt auf den Datensatz einer Datei zugegriffen werden, während bei der Platte (Magnetplatte, Winchesterplatte, Diskette)
auch direkt zugegriffen werden kann. Die Platte wird deshalb
auch D i r e k t z u g r i f f - S p e i c h e r genannt,
im Gegensatz zum Band als s e q u e n t i e l l e m Speicher
(Sequenz = Reihenfolge).

Zugriff, Speicherung und Verarbeitung der Datei

Der Begriff der S p e i c h e r u n g s f o r m bezieht sich
auf das Abspeichern bzw. Schreiben von Sätzen aus dem RAM auf
die Datei.
S e r i e l l speichern heißt starr fortlaufend speichern:
der nächste Neu-Kunde wird als nächster Kunde hinter den zuvor
gerade geschriebenen Datensatz gespeichert.
G e s t r e u t speichern heißt, daß die Sätze zufällig über
die Plattenoberfläche hinweg streuend abgelegt werden. Zur Erklärung folgendes Beispiel: In einem Betrieb seien die Kunden-

nummern 101,104,109,110,...,50000 vergeben. Würde man nach dem
Verfahren "Kundennummer ergibt Datensatznummer" vorgehen, so
würde man auf der Platte 50000 Speicherorte für die nur 1580
Kundensätze zu reservieren haben - wahrlich verschwenderisch.
Was tun? Man versucht, die Anzahl der Speicherorte durch die
Wahl eines geeigneten Adreßrechungsverfahrens zu verdichten wie
z.B. mit dem Divisions-Rest-Verfahren. Das führt dann dazu,daß
Kunde 48236 als 237. Satz und Kunde 3973 als 1831. Satz abgelegt ist, daß also gestreut gespeichert ist. Der Nachteil solcher Verfahren: Für mehrere Kundennummern kann sich ein und
dieselbe Datensatznummer ergeben.

Nach der seriellen Speicherung und der gestreuten Speicherung
nun zur i n d i z i e r t e n Speicherung als dritter Form.
Zur Erklärung folgendes Beispiel: Zusätzlich zu unserer Kundendatei wird in einer I n d e x d a t e i zu jedem Namen
die Datensatznummer gespeichert, unter der dieser Name in der
Kundendatei zu finden ist: Kunde MAUCHER so z.B. als 2. Satz.
Wie die Kundendatei (zur Unterscheidung Haupt- oder Datendatei
genannt) 4 Kundensätze hat, so hat auch die Indexdatei 4 In-
dexsätze. Dann wird diese Indexdatei nach Namen sortiert abgespeichert. Möchte man sich nun später alle Kunden nach Namen
sortiert ausdrucken lassen,geht man wie folgt vor:
    1. Indirekter Zugriff auf den jeweils nächsten Indexsatz der
       sortierten Indexdatei.
    2. Direkter Zugriff auf den Kundensatz, dessen Datensatznum-
       mer gerade zuvor aus der Indexdatei gelesen wurde.
    3. Mit 1. fortfahren, bis Ende der Indexdatei erreicht ist.
Eine Indexdatei kann als Inhaltsverzeichnis aufgefaßt werden,
das - ähnlich den Seitenangaben in einem Buchinhaltsverzeich-
nis - die Satznummern der zugehörigen Datendatei anzeigt (in-
dizieren bedeutet anzeigen). Zu unserer Kundendatei sind zumindest drei Indexdateien möglich: je eine für die NUMMER, für
den NAMEn und für den UMSATZ.

```
Kundendatei mit den            Indexdatei für          Indexdatei für
ersten 4 Datensätzen:          NAME unsortiert:        NAME sortiert:

101 FREI          6500.00      FREI          1         AMANN          4
104 MAUCHER        295.60      MAUCHER       2         FREI           1
109 HILDEBRANDT  4590.05       HILDEBRANDT   3         HILDEBRANDT    3
110 AMANN         1018.75      AMANN         4         MAUCHER        2

Hauptdatei mit hier 3         Indexdateien mit stets 2 Datenfeldern:
Datenfeldern NUMMER,          NAME als Schlüsselfeld und SATZNUMMER
NAME und UMSATZ.              (der Hauptdatei) als Adreßfeld.
```

Kundendatei als Datendatei mit zwei Indexdateien

Das Anlegen einer Indexdatei gestattet einen schnellen Zugriff
sowie vielseitige Verarbeitungsarten.
Zunächst zur Geschwindigkeit: In der kaufmännischen Praxis ist
ein Kundensatz mit z.B. 300 Zeichen viel länger als unser Bei-
spielsatz, der Indexsatz hingegen unverändert kurz, da er ja
nur die beiden Komponenten NAME als Schlüsselfeld und SATZNR
als Adreßfeld umfaßt. Das Durchsuchen oder Sortieren einer Indexdatei geht somit schneller vonstatten als das der zugehöri-

den Datendatei. Zumal die Indexdatei aufgrund ihres geringen
Umfanges dabei komplett im Hauptspeicher gehalten werden kann,
während die Datendatei aufgrund ihrer Größe zum Sortieren wiederholt ein- und ausgelagert werden muß.
Ein zweiter Vorteil besteht in der Vielseitigkeit: Hat man zu
den Schlüsseln NAME, UMSATZ, PLZ, WOHNORT, VERTRETER, RABATT,
KUNDESEIT, OFFENERPOSTEN je eine Indexdatei sortiert angelegt,
so können die Kunden jederzeit nach diesen 8 Ordnungsbegriffen
sortiert in einer Übersicht ausgedruckt werden. Ebenso kann
e i n bestimmter Kunde über schnelle Suchverfahren wie etwa
über das 'binäre Suchen' am Bildschirm angezeigt werden.

Als vierte Speicherungsform wurde oben die v e r k e t t e t e
Speicherung genannt. Dazu folgendes Beispiel: Der Kundensatz
wird um 2 Datenfelder erweitert, in denen Zeiger bzw. Pointer
gespeichert sind, die auf den jeweils nächsten Kundensatz zei-

	Kunden- nummer:	Kunden- name:	Kunden- umsatz:	Zeiger für Name:	Zeiger für Umsatz:
(1)	101	FREI	6500.00	3	0
(2)	104	MAUCHER	295.60 A	0	4
(3)	109	HILDEBRANDT	4590.05	2	1
(4)	110	AMANN A	1018.75	1	3

Kundendatei mit Verkettung über zwei Zeigerfelder

gen. Das erste Zeigerfeld verkettet die Sätze nach Namen aufsteigend sortiert: Nach dem Lesen von AMANN (A für Ankeradres-
se) verweist Zeigerfeldinhalt 1 auf FREI, der dann eingelesen
wird; dann zeigt Zeiger 3 auf HILDEBRANDT als 3. Satz, worauf
mit Zeiger 2 auf MAUCHER zugegriffen wird, dessen Zeiger 0 das
Ende der Kette signalisiert. Über diese Kette 3-0-2-1 können
die Kunden rasch alphabetisch geordnet aufgelistet werden. Die
zweite Kette 0-4-1-3 verkettet Kunden nach deren Umsatz geordnet.
Das Beispiel zeigt, daß über die verkettete Speicherung beliebig viele l o g i s c h e Ordnungen gebildet werden können,
ohne die Datensätze dazu p h y s i s c h auf dem Externspeicher umspeichern zu müssen.

Nach den zwei Zugriffsarten und den vier Speicherungsformen
nun zu den zwei V e r a r b e i t u n g s w e i s e n , zur
sortierten und zur unsortierten Verarbeitung:
Eine Datei s o r t i e r t verarbeiten heißt, daß eine physisch oder logisch zusammenhängende Folge von Datensätzen verarbeitet wird wie z.B. beim Auflisten des gesamten Dateiinhal-
tes oder bei der Gehaltsabrechnung für alle Angestellten eines
Betriebs. Wenn die Bewegungsdatei (Lagerzugänge und -abgänge)
genauso sortiert vorliegt wie die Bestandsdatei (Artikel insgesamt),wird von einer sortierten Verarbeitung gesprochen.
Bei der u n s o r t i e r t e n Verarbeitung werden einzelne
Sätze einer Datei ggf. mehrmals direkt angesprochen wie z.B.
beim Verarbeiten einzelner Kundenaufträge oder beim Auskunfts-
erteilen über den derzeitigen Kontostand.

1.3.5.2 Vier Organisationsformen von Dateien

Je nach Kombination von Zugriffsart (Eingabe eines Datensatzes
vom Externspeicher in den Hauptspeicher RAM), Speicherungsform
(Ausgabe vom RAM auf den Externspeicher) und Verarbeitungsweise (Verarbeitung intern im Hauptspeicher) kann eine Vielzahl
von Datei - Organisationsformen unterschieden werden. Folgende
vier O r g a n i s a t i o n s f o r m e n werden heute am
häufigsten genannt - wenn auch kaum einheitlich ausgelegt.

S e q u e n t i e l l e   D a t e i :
Indirekter Zugriff, serielle Speicherung und sortierte
Verarbeitung bei (zumeist) sortierter Speicherungsfolge.
Typische Band-Datei (Magnetband, Kassette).

D i r e k t z u g r i f f - D a t e i :
Direkter Zugriff, oft gestreute Speicherung und unsortierte
wie ggf. sortierte Verarbeitung.
Typische Platten-Datei (Magnetplatte, Diskette).
Bezeichnungen: Random-Datei, Relative Datei.

I n d e x - s e q u e n t i e l l e   D a t e i :
Kombination von sequentieller und Direktzugriff-Datei.
Alle Zugriffsarten, Speicherungsformen und Verarbeitungs-
weisen; kennzeichnend ist die indizierte Speicherung.

V e r k e t t e t e   D a t e i :
Indirekter Zugriff, verkettete Speicherung und sortierte
Verarbeitung.

Vier Organisationsformen von Dateien

Die rein sequentiell organisierte Datei wird mit der zunehmenden Verbreitung von Wechselplatte, Festplatte und Diskette immer mehr durch die Direktzugriff-Datei und die index-sequentielle Datei verdrängt.

1.3.5.3 Grundlegende Abläufe auf Dateien

Die Dateiverarbeitung umfaßt viele Abläufe: So müssen Daten
zunächst einmal erfaßt bzw. computerlesbar gemacht werden, um
sie dann auf einem Externspeicher abzulegen, später wieder zu
suchen, abzuändern, auszudrucken, zu löschen usw. Zusammenfas-
send können wir hierzu 11 grundlegende Abläufe zum Einrichten,
Verwalten und Auswerten von Dateien unterscheiden. Jedes kommerzielle Datei-System mit dem Anspruch auf eine universelle
Verwendbarkeit wird diese Abläufe bereitstellen.

In Abschnitt 1.3.1.1 wurden Bestands- und Bewegungsdaten sowie
Stamm- und Änderungsdaten unterschieden. Entsprechend gibt es
dem Inhalt nach vier Dateiarten: die Bestandsdatei (z.B. Arti-
kelbestandsdatei), die Bewegungsdatei (z.B. Zu-/Abgänge von
Artikellagerbeständen), die Stammdatei (z.B. Kundenstammdatei)
und die Änderungsdatei (z.B. Änschriftsänderung von Kunden).

```
 1.  A n l e g e n :
     Datei auf einem Externspeicher leer einrichten.

 2.  N e u   s c h r e i b e n :
     Datensätze erfassen und neu in die Datei hinzufügen.

 3.  L e s e n :
     Einen oder mehrere Datensätze in den Hauptspeicher
     lesen und am Bildschirm anzeigen oder am Drucker
     auflisten.

 4.  B e w e g e n :
     Zu- und Abgänge mengenmäßig (Lagerbestandsfortschrei-
     bung) oder wertmäßig (Kontoführung) aktualisieren.

 5.  Ä n d e r n :
     Sätze löschen (entfernen) oder inhaltlich abändern.

 6.  S o r t i e r e n :
     Sätze in auf- oder absteigende Sortierfolge bringen.

 7.  M i s c h e n :
     Dateien zu einer Datei sortiert zusammenfügen.

 8.  K o p i e r e n :
     Datei abbildgetreu (Back-Up) oder verändert kopieren.

 9.  A u s w ä h l e n :
     Sätze, die bestimmten Bedingungen genügen, heraussuchen
     bzw. selektieren.

10.  K l a s s i f i z i e r e n :
     Datei nach bestimmten Größenklassen auswerten.

11.  V e r d i c h t e n :
     Sätze nach Merkmalen gruppieren und Gruppensummen
     bilden (Gruppenwechsel).
```

Grundlegende Abläufe (Algorithmen) auf Dateien

Die elf grundlegenden Abläufe beziehen sich auf diese vier Da-
teiarten gleichermaßen. Man spricht auch von den grundlegenden
D a t e i - A l g o r i t h m e n (ein Algorithmus ist eine
Folge von Anweisungen, die in einer endlichen Schritt-Anzahl
zur Lösung eines Problems führt).
Zum Ablauf 'Bewegen': Bewegungen werden in der Regel gesammelt
(gestapelt), als Bewegungsdatei gespeichert und dann z.B. zum
Wochenende in einem Arbeitsgang verarbeitet.
Zum Ablauf 'Ändern': Sätze können tatsächlich (=physisch) oder
nur durch eine bestimmte Markierung wie BESTAND=-99 (=logisch)
gelöscht werden; die Inhaltsänderung kann ein oder mehrere
Datenfelder betreffen.
Zum Ablauf 'Sortieren': Es kann intern im RAM und/oder extern
auf Band bzw. Platte sortiert werden. Dabei werden die Datensätze selbst oder aber nur deren Adressen (Speicherplätze) in
eine neue Reihenfolge gebracht.

Zum Ablauf 'Kopieren': Beim Back-Up duplizieren wir eine Datei
unverändert. Ebenso läßt sich eine Datei als Kopie von einer
anderen Datei bei gleichzeitigem Ändern (Verkürzen, Erweitern
Modifizieren) erstellen.
Zum Ablauf 'Auswählen': Hat die Datei n Sätze, so kann man genau einen Kunden (110), mehrere vorgegebene Sätze (Kunden 101,
104 und 110) oder eine unbestimmte Satzanzahl (alle Kunden unter 10.000 DM Umsatz) auswählen.
Zum Ablauf 'Klassifizieren': Hier wird z.B. eine Artikeldatei
nach Lagerorten und Umschlagshäufigkeit tabellarisch ausgewer-
tet.
Zum Ablauf 'Verdichten': Gruppenwechsel kann einstufig (Absatz
je Vertreter) oder zweistufig (Absatz je Vertreter u. Artikel)
vorgenommen werden.

1.3.5.4 Datei öffnen, verarbeiten und schließen

Beim Lesen, Schreiben oder Ändern einer Datei geht man immer
in drei Schritten vor:

  1. Datei ö f f n e n :
     Verbindung zwischen Datei und Programm herstellen
     (Dateiname, Zugriffsart, Verbindungskanal usw.).
  2. Datei v e r a r b e i t e n :
     Lesen (eingeben), schreiben (ausgeben) und/oder
     ändern (ein-/ausgeben bzw. überschreiben).
  3. Datei s c h l i e ß e n :
     Verbindung ordnungsgemäß beenden
     (Dateiende EOF (End of File) kennzeichnen, Directory
     (Inhaltsverzeichnis) auf Datei rückübertragen).

Bei komplexen Datei-Algorithmen sind für diese drei Schritte
jeweils gesonderte Unterprogramme vorgesehen, die Programm-
vorlauf, Programmtreiber und Programmabschluß genannt werden.

Zum Schritt 2 eine Anmerkung: Ist eine Datei auf Kassette abgespeichert, liest man nach dem Eröffnen häufig die Datei in
einem Arbeitsgang k o m p l e t t in den Hauptspeicher, um
sie dort z.B. als Array (Feld, Bereich, Tabelle) verarbeiten
zu können. Erst unmittelbar vor dem Schließen wird die aktua-
lisierte Datei dann - wiederum komplett - auf die Kassette zu-
rückgeschrieben. Man bezeichnet dies als dateiweisen Datenverkehr.
Ist die Datei größer als der im RAM intern verfügbare Speicherplatz, dann ist dieses Vorgehen nicht möglich. Als Gegenstück kann man mit Schritt 2 je einen Datensatz e i n z e l n
in den RAM übertragen und umgekehrt (datensatzweiser Datenverkehr).
Zwischen diesen beiden Extremen - Datenverkehr dateiweise oder
datensatzweise - gibt es natürlich zahlreiche Abstufungen.

1.3.5.5 Eine oder mehrere Dateien verarbeiten

In der kaufmännischen Praxis wird man nur selten e i n e Datei einzeln verarbeiten. Vielmehr sind zumeist m e h r e r e
Dateien in ein System eingebunden; man spricht dann häufig von

einer D a t e i v e r k e t t u n g . Dazu ein Beispiel: In
einer Lagerverwaltung sind die 'Artikelstammdatei', 'Bestandsdatei', 'Bestelldatei (Einkauf)' und 'Auftragsdatei (Verkauf)'
verkettet, um von einem Programm(-paket) verwaltet zu werden;
D a t e n v e r w a l t u n g s - S y s t e m ist die oft
verwendete Bezeichnung hierfür.
Wird nicht nur die Aufgabe der Lagerverwaltung gelöst, sondern
werden sämtliche betrieblichen Aufgaben in einem Datei-System
eingebunden, dann spricht man oft von i n t e g r i e r t e r
Datenverarbeitung.

1.3.5.6   Datenbank

Bei isolierter Verarbeitung einzelner Dateien wie auch bei der
Dateiverkettung ist nicht zu vermeiden, daß ein Datum mehrfach
in verschiedenen Dateien gespeichert ist; man spricht von der
D a t e n r e d u n d a n z . So kann z.B. ein Kunde samt Kun-
denanschrift in der Kundenstammdatei, der Offene-Posten-Datei
und der Weihnachtsgeschenkedatei dreifach gespeichert sein. Um
dies zu vermeiden, faßt man sämtliche Daten in e i n e r ge-
meinsamen Datenbasis zusammen, die D a t e n b a n k genannt
wird. Eine solche Datenbank kann - für sich alleine genommen -
ebenfalls als Verkettung von Dateien angesehen werden. Daß wesentlich neue dabei ist, daß auf alle Elemente der Datenbank
über   ein   D a t e n b a n k m a n a g e m e n t s y s t e m
(DBMS) zentral zugegriffen wird. Das DBMS besteht aus mehreren Systemprogrammen zur Durchführung von Aufgaben wie dem
Ändern von Daten der Datenbank, dem gleichzeitigen Zugriff
mehrerer Benutzer, dem Abfragen von Daten, dem Überprüfen der
Zugriffsberechtigung usw..

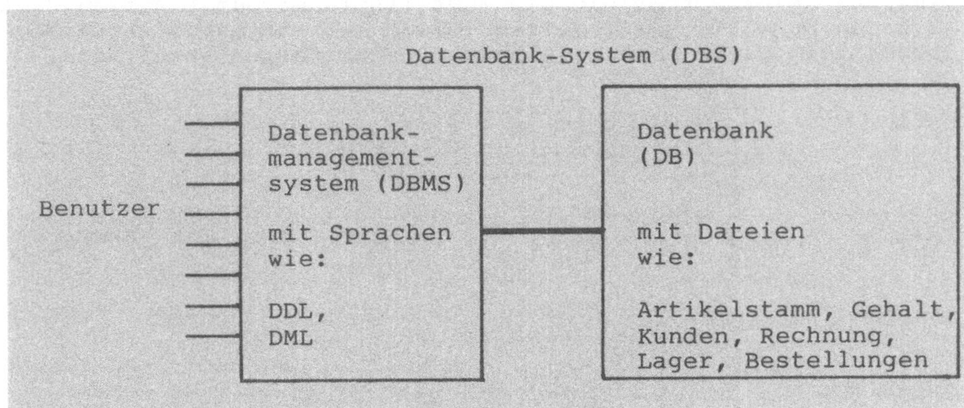

Das Datenbank-System besteht aus Datenbank und DBMS

Mit dem DBMS werden dem Benutzer unter anderem zwei sprachli-
che Hilfsmittel zur Verfügung gestellt:
Zum einen die Daten-Definitions-Sprache DDL (Data Definition
Language) zum Aufbau und zur Pflege der Datenbank. Mit der DDL

werden z.B. die Datensätze definiert (Name, Anzahl, Datentyp,
Länge der Satzkomponenten). Sie richtet sich mehr an den Programmierer bzw. an den Datenbankverwalter.
Zum anderen eine Daten-Manipulations-Sprache DML (Data Manipulation Language) zur eigentlichen Behandlung der Daten. Diese
DML richtet sich mehr an den Sachbearbeiter, der ein Abfrage
wie 'Drucke eine Übersicht aller Kunden aus, die offene Rechnungen über DM 5000.- zu begleichen haben' laufen läßt. Die DML
wird auch als Abfragesprache bzw. Query-Language bezeichnet.
Datenbank-Sprachen weisen wie Programmiersprachen zumeist eng-
lische Anweisungsworte auf wie etwa FIND zur Suchanfrage, READ
zum Lesen, WRITE zum Schreiben, DELETE zum Entfernen, INSERT
zum Einfügen von Datensätzen.

Das herkömmliche D a t e i - S y s t e m unterscheidet sich
in zumindest 3 Punkten vom D a t e n b a n k - S y s t e m :

- R e d u n d a n z f r e i h e i t :
  In der Datenbank werden die Daten möglichst redundanzfrei
  abgelegt, d.h. nicht mehrfach gespeichert.
- V i e l f a c h e   V e r w e n d b a r k e i t :
  In der Datenbank werden die Daten vielfach verwendbar abge-
  legt, um vielen Benutzern einen möglichst einfachen Direkt-
  zugriff zu gestatten.
- D a t e n u n a b h ä n g i g k e i t :
  Die Programme bzw. Zugriffspfade arbeiten datenunabhängig in
  dem Sinne, daß bei der Änderung der Daten keine Änderung des
  Programms notwendig wird.

Zwei grundlegende Datenbank-Systeme sind zu unterscheiden: das
strukturierte und das unstrukturierte Datenbank-System. Strukturiert bedeutet, daß in der Datenbank selbst Information zum
Verweisen auf weitere Information abgespeichert ist; damit muß
bei Anfragen stets entlang der vorgegebenen Pfade vorgegangen
werden. Im Gegensatz dazu gibt es bei der unstrukturierten Datenbank keine vordefinierten Zugriffspfade; damit verlangsamt
sich der Zugriff, gleichzeitig jedoch hat man unbegrenzte Möglichkeiten, Daten nach bestimmten Suchkriterien abzufragen.

```
                    Datenbank - System (DBS)
          ┌──────────────────┴──────────────────┐
        STRUKTURIERT:                        UNSTRUKTURIERT:
  Suchbegriffe, Zugriffspfade          Verknüpfung der Information
  festgelegt und gespeichert.          erst im Moment der Abfrage.


  - Hierarchisches DBS: Daten          - Invertierte Dateien: Zugriff
    baumartig verkettet.                 über Index-Listen.
  - Netzwerk-Modell (CODASYL):         - Relationen-Modell: Anordnung
    Netz von Zugriffspfaden.             der Daten in Tabellenform.
```

          Strukturiertes und unstrukturiertes Datenbank-System

Beim Netzwerk-Modell gemäß dem CODASYL-Ausschuß (COnference of
DAta SYstem Language in den USA im Jahre 1971) sind die in der
Datenbank abgelegten Daten in Datentypen (Item Types) sowie in

Datensatztypen (Record Types) zu gliedern, wobei zwischen den
verschiedenen Datensatz-Typen sogenannte Beziehungstypen (Set
Types) definiert werden.
Bei der r e l a t i o n a l e n D a t e n b a n k als Gegenstück zum Netzwerk-Modell werden nur Datensätze im herkömmlichen Sinne unterschieden, wobei die einzelnen Datensatzkom-
ponenten bzw. Datenfelder in Beziehung zueinander stehen wie
die Zeilen und Spalten einer Matrix (Tabelle bzw. zweidimen-
sionaler Array). Dazu als Beispiel unsere Kundendatei von Abschnitt 1.3.5:

```
101 FREI           6500.00    Matrix mit n Zeilen und 3 Spalten.
104 MAUCHER         295.60    Jeder Zeile entspricht ein Daten-
109 HILDEBRANDT    4590.05    satz, jeder Spalte ein Datenfeld.
110 AMANN          1018.75    Zugriffsbeispiel: Matrix(2,3) er-
... ...               ...     gibt 295.60 (2. Zeile, 3. Spalte).
```

Das Relationen-Modell ist weit anschaulicher als das Netzwerk-
Modell. Komplexe Datenstrukturen allerdings lassen sich in einer "flachen Matrix" nur schwer darstellen.

Ursprünglich lag die Aufgabe eines Datenbank-Systems in der
Informationswiedergewinnung (= Information Retrieval) bzw. in
der Auskunftserteilung. Zunehmend werden kommerzielle Datenbank-Systeme angeboten, die darüberhinaus andere Aufgaben wie
das Rechnen (sogenannte 'rechnende Datenbanken') oder z.B. die
Textverarbeitung übernehmen.

"... eine dedizierte D a t e n b a n k - M a s c h i n e ,
die mit einem Host-Computer günstiges Datenmanagement bietet".
Was beinhaltet eine solche Anzeige?
Eine Datenbank-Maschine ist kein Allzweck-Computer, sondern
ein Automat, dessen Hardware ausschließlich auf die Verwaltung
einer Datenbank ausgerichtet bzw. dediziert ist. Darüberhinaus
gibt es kein 'normales' Betriebssystem, sondern nur ein Soft-
warepaket, das immer im Speicher resident ist und dabei sämtliche Funktionen einer relationalen Datenbank übernimmt. Damit
sind wir bei der Begründung: Relationale Datenbanken benötigen
viel Speicherplatz sowie CPU-Zeit, der Personalcomputer wird
allzuleicht überlastet. Deshalb die Hinwendung von der "Soft-
ware-Datenbank" zur "Hardware-Datenbank-Maschine", die an den
Personalcomputer als Host bzw. Wirt und Gastgeber (vgl. auch
Abschnitt 1.3.6.5) angeschlossen wird. Diese Lösung hat die
folgenden Vorteile: Der PC als Host wird durch die Datenbank
belastet; die Größe der Datenbank ist unabhängig von der Größe
des Personalcomputers.

1.3.6 System-Software (Betriebssystem)

Das Betriebssystem mit seinen Steuer-, Dienst- und Übersetzer-
programmen (vgl. Abschnitt 1.3.1.2) dient als Mittler zwischen
dem Anwender(-programm) und dem Computerkern (Hardware).

1.3.6.1 Betriebssystem als Firmware (ROM) oder als Software

Hinsichtlich der Speicherung des Betriebssystems gibt es zwei
extreme Möglichkeiten, die gerade für Personalcomputer von Interesse sind:
Auf der einen Seite ist das Betriebssystem fest in ROMs untergebracht (ROM als Festspeicher enthält die Systemprogramme als
Firmware) und steht beim Einschalten des Computers unmittelbar
zur Verfügung. Diese Möglichkeit ist vorteilhaft, wenn man nur
mit einer einzigen Programmiersprache arbeiten möchte. 'Reine
BASIC-Maschinen' z.B. sind oft so aufgebaut und sehr einfach
zu bedienen.
Auf der anderen Seite ist das Betriebssystem als Software auf
einem Externspeicher (Diskette, Hard Disk) gespeichert und muß
beim Einschalten des Computers vom Benutzer in den Internspeicher geladen werden. Diese umständlichere Art der Bedienung
(Handling) hat für den Benutzer jedoch den Vorteil, daß leicht
z.B. auf eine andere Programmiersprache wie COBOL, PASCAL oder
FORTH umgerüstet werden kann: er muß nur das zugehörige Übersetzerprogramm für COBOL, PASCAL bzw. FORTH von einer Diskette
in den RAM laden.
Personalcomputer mit mehreren Betriebssystemen (z.B. MS-DOS,
CP/M und UCSD) haben diese stets als Software gespeichert.

Zwischen der reinen Firmware-Lösung (Betriebssystem im ROM)
und der reinen Software-Lösung (Betriebssystem auf Diskette)
als Extremen gibt es natürlich Zwischenlösungen. So kann beim
Einschalten des Computers z.B. die Sprache BASIC aus dem ROM
automatisch für den Benutzer mit der Möglichkeit zur Verfügung
gestellt werden, später aus BASIC 'auszusteigen', um ein anderes
Betriebssystem bzw. Sprachmittel softwaremäßig zu laden.

1.3.6.2 Beispiel: Betriebssystem unterstützt Computer-Start

Die Funktion des Betriebssystems läßt gut sich am Beispiel des
Startens eines Personalcomputers veranschaulichen. Man geht in
drei Schritten vor.

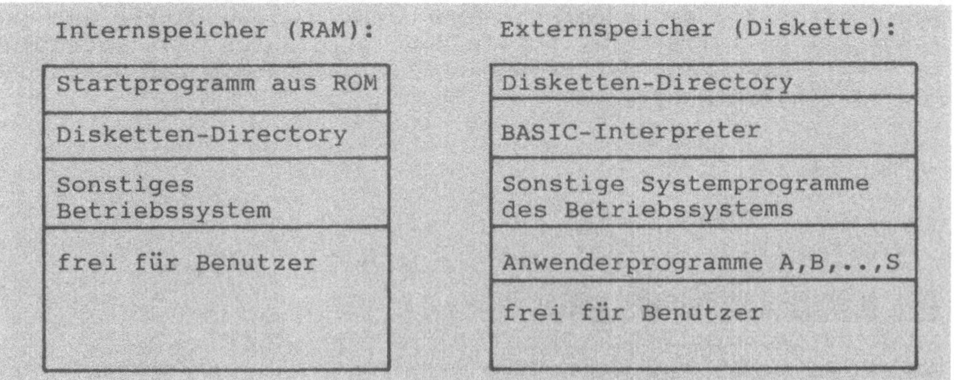

Schritt (1): 'Computer einschalten' und Betriebssystem

S c h r i t t (1) : Gerät anschalten. Aus einem ROM als Nur-
Lese-Speicher wird automatisch ein Startprogramm zur Ureingabe
in den Hauptspeicher gebracht. Dieses lädt die Datei-Directory
(Verzeichnis der auf Diskette gespeicherten Dateien sowie Programme) ebenfalls in den RAM wie auch das Betriebssystem mit
seinen Programmen. Das Betriebssystem zeigt nun dem Benutzer am
Bildschirm durch ein Zeichen an, daß der Computer betriebsbe-
reit ist. Der Benutzer befindet sich auf der Betriebssystem-
Ebene (System Mode).

S c h r i t t (2) : Der Benutzer hat sich entschieden, BASIC
zu laden und tippt den entsprechenden Betriebssystem-Befehl
ein. Das Betriebssystem prüft in der Disketten-Directory nach,
ob auf der Diskette das BASIC-Übersetzerprogramm auch vorhanden ist und lädt es zusätzlich in den RAM. Dies entspricht der
oben angesprochenen Software-Lösung; bei der Firmware-Lösung
würde Schritt (2) automatisch als Teil einer starren Befehlsfolge nach dem Einschalten ablaufen.

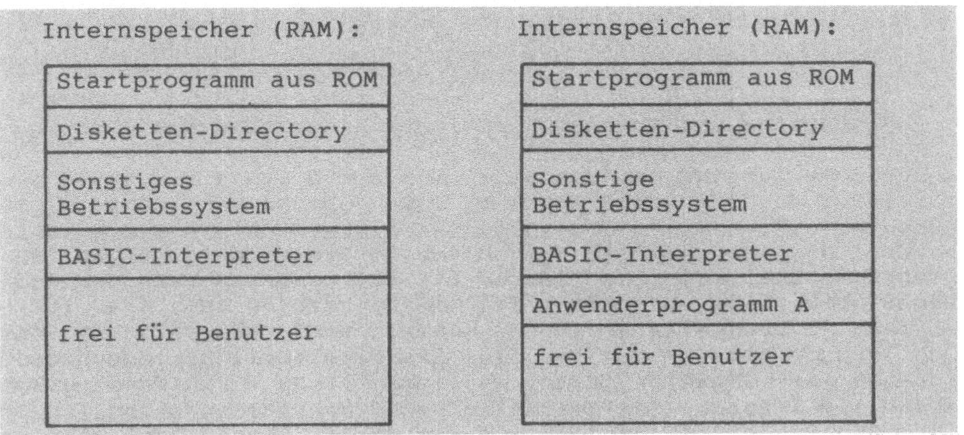

(2) 'BASIC laden' (links) und (3) 'Prog. A laden' (rechts)

S c h r i t t (3) : Der Benutzer kann sich jetzt ein auf der
Diskette enthaltenes Anwenderprogramm in den RAM laden wie im
Beispiel das Programm A. Das Übersetzerprogramm (ein Interpre-
ter, wie im folgenden Abschnitt zu zeigen) ruft zum Laden das
Betriebssystem auf, welches nach dem Ladevorgang wiederum die
Kontrolle an das Übersetzerprogramm zurückgibt.
Anschließend kann der Benutzer in einem Schritt (4) das Anwen-
derprogramm A ausführen lassen.

1.3.6.3 Übersetzerprogramme

Ein Computer versteht soviele Programmiersprachen (=Fremdspra-
chen) wie Übersetzerprogramme vorhanden sind. Die Übersetzerprogramme wandeln Programmiersprache in die Maschinensprache
(=Muttersprache des Computers) um.
Es gibt m a s c h i n e n o r i e n t i e r t e Programmiersprachen, bei denen als "1-zu-1-Sprachen" dann meist 1 Fremd-

sprachenanweisung zu 1 Maschinenbefehl führt; sie heißen auch
Assembler(-sprachen).
Das Gegenstück sind die p r o b l e m o r i e n t i e r t e n
Programmiersprachen als "1-zu-mehr-Sprachen". Bei ihnen wird
1 Fremdsprachenanweisung in mehrere Maschinensprachenbefehle
übersetzt wird. Die zugehörigen Übersetzerprogramme sind entweder Compiler oder aber Interpreter.

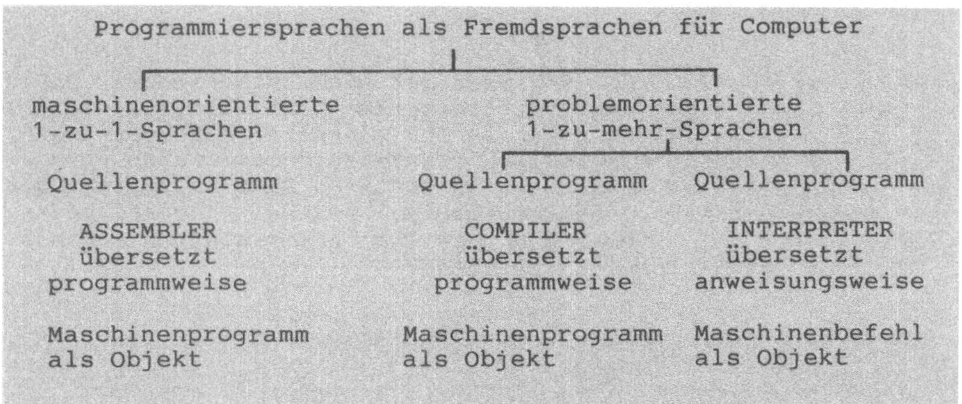

Maschinen- und problemorientierte Programmiersprachen

Jeder Computer hat seine eigene m a s c h i n e n o r i e n -
t i e r t e Programmiersprache, die - obwohl von Computer zu
Computer z.T. verschieden aufgebaut - stets A s s e m b l e r
heißt. Das in Assembler geschriebene Programm (auch Quellenprogramm, Quellcode oder Source-Listing genannt) kann der Computer noch nicht verstehen. Ein Übersetzerprogramm, das (verwirrend?) ebenfalls Assembler genannt wird, übersetzt nun das
Quellenprogramm in die für die CPU verständliche Maschinensprache als Objektprogramm. Das eigentliche Maschinenprogramm
steht als Abfolge hexadezimaler Bytes computerverständlich im
Internspeicher; da es für uns nur schwer lesbar ist, wird es
vom Assembler zur Kontrolle als Assembler-Listing ausgegeben.

I n t e r p r e t e r und C o m p i l e r   als Übersetzerprogramme arbeiten analog zum menschlichen Sprachübersetzer
wie folgt:
Ein Interpreter (to interprete = auslegen) arbeitet wie ein
Simultan-Dolmetscher: Der Dolmetscher übersetzt Satz für Satz,
um das Ergebnis sofort mitzuteilen. Ein Interpreter übersetzt
Anweisung für Anweisung, um jede Anweisung sofort auszuführen.
Ein Compiler (to compile = zusammensetzen) hingegen arbeitet
wie ein 'normaler' Fremdsprachenübersetzer: Dieser übersetzt
das gesamte Fremdsprachenschriftstück zu einem bestimmten Ter-
min. Entsprechend übersetzt ein Compiler das gesamte Anwenderprogramm komplett in einem Arbeitsgang: Das in einer sogenannten Hochsprache verfaßte Programm wird in einem gesonderten
Compilierungslauf in ein lauffähiges Maschinenprogramm übersetzt.
Die Vorteile eines compilierenden Systems (z.B. Objektprogramm
in 0/1-Form ablauffähig auf Externspeicher abgelegt, Programmausführung sehr schnell) und seine Nachteile (z.B. eine Feh-

lerkorréktur erfordert die komplette Neuübersetzung, Speicher-
bedarf für Quelle, Übersetzer und Objekt sehr groß) sind stets
abzuwägen.
Günstig ist: Programmentwicklung sowie Programmtest mit einem
Interpreter und dann abschließende Compilierung des Programms.

Gerade bei Personalcomputern lassen sich Interpreter und Compiler kaum mehr streng trennen. So gibt es compilierende Interpreter und interpretierende Compiler.
Zum 'compilierenden Interpreter' ein Beispiel:
Die große Softwarefirma Microsoft hat solche Zwischenlösungen
als BASIC-Interpreter z.B. für Apple, CBM, TRS-80 entwickelt.
Dabei werden die BASIC-Zeilen beim Eintippen -für den Benutzer
unbemerkt- in einen sogenannten Zwischencode übersetzt (PRINT
wird z.B. als hexadezimal BA bzw. dezimal 186 zwischengespei-
chert, nicht aber in fünf ASCII-Zeichen bzw. Bytes als PRINT).

Zum 'interpretierenden Compiler' ebenfalls ein Beispiel:
Der unter dem Betriebssystem UCSD laufende PASCAL-Compiler
übersetzt den Quellcode in e i n e m getrennten Übersetzungslauf in einen Zwischencode (P-Code genannt für Pseudo-Code),
der dann zur Ausführungszeit durch einen Interpreter weiter
übersetzt wird.

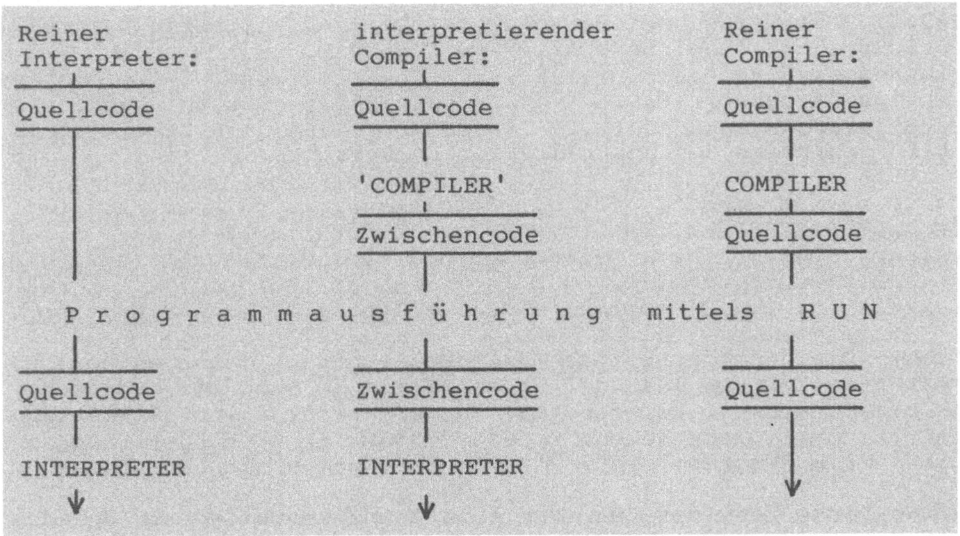

Interpreter und Compiler mit Zwischenlösungen

1.3.6.4 Programmiersprachen

Es gibt mehrere Hundert Programmiersprachen. Die wichtigsten
Sprachen werden in Stichworten beschrieben:

- ADA: Diese nach Lady Ada Augusta benannte Sprache wurde 1980
  vom US - Verteidigungsministerium herausgebracht (wie früher
  COBOL) und wird als Universalsprache eine vielleicht ebenso
  große Verbreitung finden wie COBOL. ADA-Subsets laufen bereits
  auf Personalcomputern.

- ALGOL 60: Diese 'ALGOrithmic Language' gibt es seit 1960. Sie
  wird vornehmlich im Hochschulbereich eingesetzt.

- APL: 'A Programming Language' gilt als eines der mächtigsten
  und knappsten Sprachmittel. Berühmt sind die APL-Einzeiler mit
  ihren Kurz-Operatoren (griechische Symbolik). Auf Personalcomputern mit 16-Bit-Prozessoren läuft APL stets als Interpreter.

- ASSEMBLER: Die maschinenorientierten Assembler-Sprachen (vgl.
  Abschnitt 1.3.6.3) gehören eigentlich nicht in diese Übersicht
  von Hochsprachen bzw. 1-zu-Mehr-Sprachen. Makros als Gruppen
  von Einzelbefehlen jedoch machen das maschinennahe Arbeiten in
  Assembler etwas weniger mühsam.

- BASIC: Für diese auf Personalcomputern am weitesten verbrei-
  tete Sprache (Beginners All Purpose Symbolic Instruction Code)
  gibt es fast so viele Dialekte wie Computertypen. Am weitesten
  ist das "Microsoft-BASIC" verbreitet. BASIC gibt es sowohl als
  compilierende Sprache (z.B. C-BASIC) wie auch als Interpreter.
  BASIC gehört zu den unstrukturierten Sprachen.

- C: In der Sprache C ist das Betriebssystem UNIX geschrieben.
  Es kann PASCAL-ähnlich strukturiert programmiert werden, dabei
  werden aber weniger Datentypen und mehr Operatoren (etwa wie
  in APL) bereitgestellt. Gut in C: Zeiger (Pointer) zur Adreß-
  verkettung. Die C-Compiler sind leider nicht standardisiert.

- COBOL: Die 'Common Business Oriented Language' gibt es bereits
  seit 1959. COBOL ist d i e kommerzielle Programmiersprache,
  genormt, äußerst umfangreich. Ungefähr 50% aller US-Software
  ist in COBOL geschrieben. Zitat: "COBOL ist nicht gut, aber es
  gibt viele Programmierer, die diese Sprache gut beherrschen".

- ELAN: Diese Ende der 70er Jahre in Berlin entwickelte Sprache
  unterstützt das strukturierte Programmieren und wird im Schul-
  bereich in Konkurrenz zu PASCAL eingesetzt.

- FORTH: Dies ist eine interpretierende Sprache, die jedoch zunächst den FORTH-Text in einen Zwischencode übersetzt (siehe
  Abschnitt 1.3.6.3). FORTH gibt es auch für kleinere Computer.

- FORTRAN: Der 'FORmula TRANslator' entstand 1950 und gilt als
  die wichtigste Hochsprache zur Lösung math/naturwissenschaft-
  licher Probleme. Wie COBOL ist FORTRAN eine typische Großcom-
  putersprache. BASIC ist ein FORTRAN-Abkömmling.

- LISP: Der LISP-Interpreter wird insbesonders von Wissenschaftlern verwendet, die sich mit der 'Künstlichen Intelligenz' be-
  schäftigen (Nachahmung des menschl. Gehirns durch die CPU, Abschnitt 1.1.3). Eine LISP-Variable hat als 'Atom' neben Namen
  und Wert vom Programmierer frei zu vereinbarende Merkmale, die
  als Liste geführt werden (deshalb: LISP für LISt Processor).

- LOGO: "Anders als die anderen Sprachen". Diese Aussage trifft
  für APL (im Hinblick auf die komprimierte Problembeschreibung
  über mächtige Operatoren) sowie für LOGO (im Hinblick auf die
  kindgerechte Schildkrötengrafik) zu. Bei den "Turtle Graphics"
  kann die am Bildschirm kriechende Schildkröte zum Zeichnen von
  Bildern gesteuert werden. LOGO-Interpreter kommen mit wenig
  Platz aus und sind zunehmend für Personalcomputer erhältlich.

- MODULA 2: Diese Sprache wurde von Niklaus Wirth als Nachfol-
  gesprache zu PASCAL entwickelt. Besondere Merkmale: Typische
  'Hochsprachen-Anwendungen' sind ebenso möglich wie maschinennahe Programmierung; ausgereifte Modularisierung (Module als
  Bausteine -anders als in PASCAL- separat speicherbar in Modul-
  Bibliothek); Compiler kann Maschinencode erzeugen zwecks Ein-
  brennen in PROMs (damit Nutzung als Entwicklungssprache für
  Mikrocomputerprodukte). Es wird erwartet, daß sich MODULA 2
  durch ihre Kompaktheit als Alternative zu ADA behaupten wird.

- PASCAL: "PASCAL erzieht zum klaren Programmieren" - aus diesem
  Grunde halten gerade die Lehrer so viel von dieser von Niklaus
  Wirth 1972 erstmalig beschriebenen Sprache. PASCAL ist nach
  dem Mathematiker und Philosophen Blaise Pascal (1623-1662) benannt und gilt als d i e Sprache für das strukturierte Programmieren. Leider ist nur das ursprüngliche Wirth'sche PASCAL
  standardisiert, nicht aber die später notwendig gewordenen Er-
  weiterungen (wie Grafik-, Text- und Dateiverarbeitung; Wirth
  beschrieb so z.B. nur die sequentielle Banddatei). So sind die
  sehr zahlreichen auch für Personalcomputer verfügbaren PASCAL-
  Compiler oft nicht kompatibel: etwa ALCOR-PASCAL, JRT-PASCAL,
  PASCAL/MZ+, PASCAL/Z, ProPASCAL, TCL-PASCAL, SCHTAC-PASCAL
  und UCSD-PASCAL, wobei sich letzteres fast zum Ersatz-Standard
  entwickelt hat.

- PILOT: Diese 'Programmed Inquiry Learning or Teaching' ist für
  Personalcomputer als BASIC-Ersatz für Lehr-/Lernzwecke entwickelt worden. PILOT arbeitet ausschließlich interpretierend.
  PILOT wird eingesetzt im Rahmen des Computer-unterstützten Un-
  terrichts (CUU) bzw. der Computer Aided Instruction (CAI).

- PL/1: Die 'Programming Language 1' wurde von der IBM für Großcomputer entwickelt und umfaßt die Sprachelemente von COBOL und
  FORTRAN zusammen - aber modern strukturiert. Wertmäßig dürfte
  die in PL/1 geschriebene Software nach der COBOL-Software den
  zweiten Platz einnehmen. Für PCs gibt es PL/1 (noch?) nicht.

- Diese Auswahl kann keinesfalls vollständig sein. Die Liste von
  Programmiersprachen ließe sich fortsetzen: BCPL, COMAL, CORAL,
  DIBOL, EUCLID, MUMPS, PEARL, PL/M, PROLOG, RPG II, SIMULA 67,
  SNOBOL, STOIC, ...
  Abschließend: Vermutlich werden in 10 Jahren Programmierspra-
  chen überwiegen, die heute noch nicht einmal entworfen sind.

1.3.6.5 Herstellerabhängige und unabhängige Betriebssysteme

Die Abkürzung DOS steht für 'Disk Operating System'. Es ist
ein Systemprogramm, das alle mit der Diskette verbundenen Ein-
und Ausgaben kontrolliert. Die Bezeichnung DOS findet sich als
Namensbestandteil zahlreicher Betriebssysteme.
Das DOS für den Apple wie auch das TRS-DOS der TRS-80-Model-
le von Tandy sind Beispiele für Betriebssysteme, welche vom
Personalcomputer-Hersteller speziell auf das eigene Gerät hin
zugeschnitten wurden. H e r s t e l l e r a b h ä n g i g e
Systeme findet man vornehmlich bei kleineren Personalcomputern
mit 8-Bit-Mikroprozessoren.

Personalcomputer der 16-Bit-Klasse und 32-Bit-Klasse arbeiten
überwiegend mit h e r s t e l l e r u n a b h ä n g i g e n
Betriebssystemen, die von Software-Produzenten entwickelt wur-
den. So mit CP/M und MS-DOS der beiden Software-Giganten Digital Research und Microsoft, mit UCSD der Universität von San
Diego in Californien, mit UNIX, XENIX, OASIS, ...
Wie kam es dazu? Früher baute jeder Hersteller sein eigenes
Betriebssystem, um es mit dem Computer als Einheit anzubieten.
Um das Betriebssystem herum wurde ein großer Schleier gelegt -
ein Übernehmen oder Anpassen an einen anderen Computer war somit unmöglich. Dies änderte sich erst, als die Software-Firma
Digital Research ihr 'Control Program for Microcomputers', genannt CP/M, als herstellerunabhängiges Software-Produkt anbot:
mit einer exakten Beschreibung der Verbindung (Schnittstellen)
des Betriebssystems zur Computerhardware. Nun begannen immer
mehr Hersteller, CP/M-fähige Computer zu produzieren. Mit der
raschen Verbreitung von CP/M nahmen solche Programme zu, die
CP/M-verträglich waren. Ursprünglich wurde CP/M für den Mikro-
prozesor 8080 und später für den Z-80-Prozessor eingesetzt,
deshalb die Bezeichnung CP/M-80.
Die Variante CP/M-86 wurde für den 8086-Prozessor entwickelt.
Über das BIOS (Basic Input-Output System) als dem adaptierba-
ren Teil des CP/M läßt sich dieses prozessorabhängige System
an Computer anpassen, die eine CPU haben, welche z.B. den Code
des Intel 8088 verarbeiten.

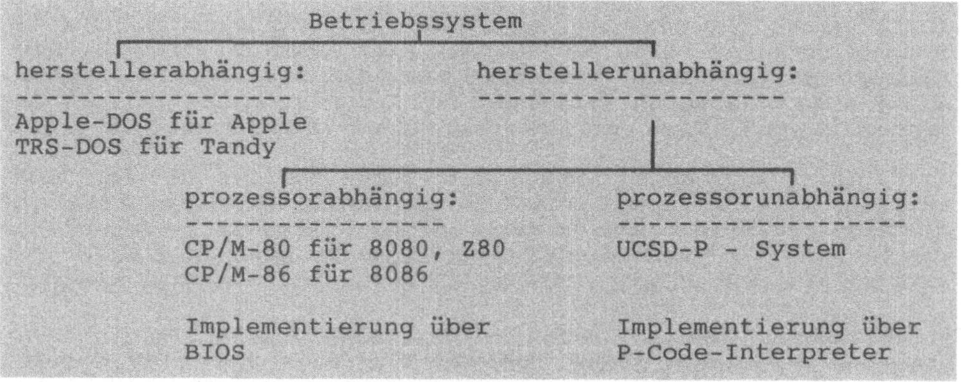

Herstellerabhängige und -unabhängige Betriebssysteme

1.3.6.6 Einige Betriebssysteme kurzgefaßt

Auf die Betriebssysteme CP/M, MS-DOS, UNIX und USCD wollen wir
kurz eingehen.

Zunächst zu CP/M von Digital-Research:
CP/M war das erste Betriebssystem für PCs, wurde seit 1974 angeboten und entwickelte sich schon bald zum Quasi-Standard für
8-Bit-Computer mit den CPUs 8080, 8085 und Z-80. Im Hinblick
auf die 80er-CPUs bezeichnet man dieses Betriebssystem oft als
CP/M-80.
Für 16-Bit-Computer mit der CPU 8086 von Intel entwickelte Digital Research das Betriebssystem CP/M-86. Da CP/M-80 zum Teil
in Assembler geschrieben ist, stellt CP/M-86 eine Neuentwick-
lung dar (die CPU 8086 arbeitet in einem anderen Code als die
CPUs der 80er Serie). Deshalb auch die Probleme bei der Kompa-
tibilität zwischen CP/M-80 und CP/M-86.
Für den Multi-User-Betrieb bietet Digital Research die Systeme
MP/M-80 sowie MP/M-86 (Multiprogramming Monitor for Microcom-
puter) an.
Das Betriebssystem CONCURRENT CP/M wurde für den Single-User-
Betrieb unter Multi-Tasking entworfen: mehrere Aufgaben können
als Tasks gleichzeitig auf e i n e m PC bearbeitet werden.
MP/M sowie CONCURRENT CP/M erweitern den Leistungsumfang des
CP/M um die jeweiligen Funktionen des Multi-Using bzw. Multi-
Tasking.
Das Betriebssystem PERSONAL CP/M läßt sich in einem ROM unter-
bringen und eignet sich deswegen auch für PCs ohne Disketten-
laufwerk. PERSONAL CP/M wurde eigens für kleinere PCs entwik-
kelt und unterstützt sowohl 8-Bit-CPUs als auch 16-Bit-CPUs.

Zu MS-DOS von Microsoft:
Als Konkurrenprodukt zu CP/M-86 von Digital Research brachte
die Softwarefirma Microsoft das Betriebssystem MS-DOS heraus.
IBM wählte für seinen PC als Betriebssystem MS-DOS, und zwar
in einer Version, die den Namen PC-DOS erhielt und hardware-
abhängiger ist als MS-DOS selbst. Durch die Wahl dieses Betriebssystems wurde MS-DOS sehr populär.
Für den "PC jr." von IBM wurde das Betriebssystem MS-DOS 2.1
entwickelt. In seiner Funktionalität steht es auf einer Stufe
mit MS-DOS 2.0 oder MS-DOS 2.11, es kann aber ohne Diskettenlaufwerk eingesetzt werden (viele Teile von MS-DOS 2.1 sind im
ROM untergebracht und nicht im RAM).
Die Version MS-DOS 3.0 ist für Multi-Using und für Multi-Tasking konzipiert.

Zum Betriebssystem UNIX:
Im Gegensatz zu CP/M sowie MS-DOS ist das Betriebssystem UNIX
nicht in Assembler, sondern fast vollständig in der Sprache C
geschrieben. Damit ist UNIX auf alle PCs übertragbar, die über
einen C-Compiler verfügen. UNIX wurde von Wissenschaftlern für
Wissenschaftler geschrieben - entsprechend profihaft wie kom-
pliziert ist seine Benutzung. Deshalb wurden viele von UNIX
abgeleitete und leichter bedienbare Betriebssysteme entwickelt
wie ZEUS von Zilog, GENIUS von National, REGULUS von Motorola
und XENIX von Microsoft.
Das bekannteste UNIX-Derivat ist XENIX. Es unterstützt Multi-
Using wie auch Multi-Tasking.

Zum Betriebssystem UCSD:
UCSD ist die Abkürzung für University of California San Diego.
Früher stand UCSD für das Programmiersprachsystem UCSD-Pascal,
während es heute als umfassendes Betriebsystem mehrere Über-
setzer anbietet wie BASIC-Compiler, FORTRAN 77-Compiler, LISP-
Interpreter, MODULA-2-Compiler und natürlich PASCAL-Compiler.
UCSD (auch als UCSD-P oder UOS für Universal Operating System
bezeichnet) unterscheidet sich von CP/M und MS-DOS durch drei
Merkmale:
- Konsequente Menüsteuerung anstelle einer Kommandosteuerung
  und damit enge Benutzerführung.
- Bereitstellung einer komfortablen und abgeschlossenen Pro-
  grammentwicklungsumgebung (mit Editor, Filer, Compiler, ...)
  anstelle einer reinen Laufzeitumgebung.
- Hervorragende Portabilität durch die Mitnahme der Computer-
  architektur.
Das UCSD-Betriebssystem ist prozessorunabhängig und damit für
Personalcomputer jeglichen Prozessortyps einsetzbar.
Wie ist dies möglich? UCSD benutzt den jeweiligen Personalcomputer als Host-Computer im Sinne eines Wirtes bzw. Gastgebers.
Es arbeitet also nicht unmittelbar mit dem Personalcomputer,
sondern mit einem Pseudo-Computer. Gibt der Benutzer z.B. ein
Quellenproggramm in PASCAL ein, so übersetzt der Compiler dieses Textfile in einen Zwischencode (vgl. Abschnitt 1.3.6.3),
der P-Code genannt wird, um das resultierende P-Code-File dann
ebenfalls abzuspeichern. Soll dieses Programm nun ausgeführt
werden, so wird es von einem P-Code-Interpreter vom P-Code in
die Maschinensprache des jeweiligen Personalcomputers als Host
übersetzt. Der Compiler ist fester Bestandteil des Betriebssystems und selbst in PASCAL geschrieben. Der P-Code-Interpreter dagegen ist in der Maschinensprache des Hosts geschrieben.
Soll UCSD auf einem Personalcomputer implementiert werden, so
ist u.a. nur ein P-Code-Interpreter für die entsprechende CPU
zu schreiben. Da UCSD auf einem P-Computer als abstraktem Computer läuft, der allein softwaremäßig auf dem Personalcomputer
als Host nachgebildet wird, ist eine rasche Verfügbarkeit dieses Betriebssystems auf neuen Personalcomputern zu erwarten.

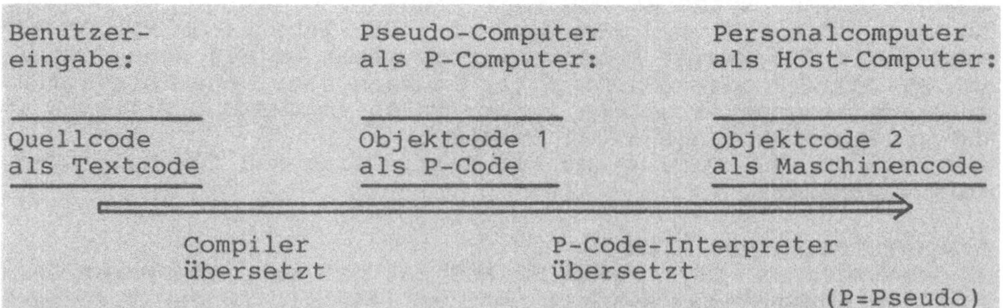

UCSD behandelt den Personalcomputer als Host bzw. Gast

Der Trend geht eindeutig dahin, m e h r e r e Betriebssysteme
für einen Computer bereitzustellen. So sind für den IBM Personalcomputer die drei Betriebssysteme MS-DOS von Microsoft,
CP/M-86 und UCSD-P nutzbar.

1.3.7 Anwender-Software entwickeln

Die Programmentwicklung wird als Teil der DV-Systementwicklung
vorgenommen und vollzieht sich wie diese in Teilschritten. Mag
die Terminologie hierzu auch unterschiedlich sein, die Programmentwicklung wird stets in der Schrittfolge "PROBLEMSTEL-
LUNG - PROGRAMMENTWURF - PROGRAMMIERUNG - ANWENDUNG" durchgeführt werden. Am Beispiel der Rechnungsstellung bzw. Fakturierung wollen wir diese Teilschritte im Abriß kurz erläutern.

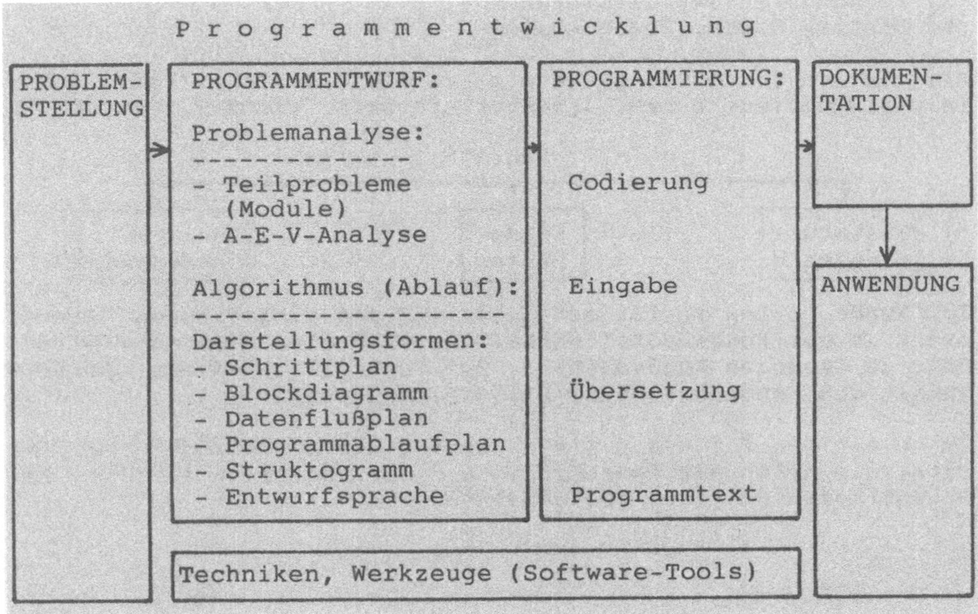

Programmentwicklung in Teilschritten

1.3.7.1. Problemanalyse

Ein Problem analysieren heißt, dieses in seine Bestandteile zu
zerlegen. Bei der Problemanalyse geht man nach der Idee 'Vom
Einfachen zum Schwierigen' von den Ausgabedaten aus, da diese
ja mit der Problemstellung. als erwartetem Resultat vorgegeben
sind. Erst danach wendet man sich der Analyse der Eingabe und
der Verarbeitung zu.
Ausgabe-Analyse: Daten (z.B. Rechnungszeile mit Artikelnummer,
Bezeichnung, Menge, Einheit, Einzel- und Gesamtpreis), Form
(z.B. Drucker für Rechnung, Diskette für Offene-Posten-Datei),
Listbilder zum Ausgabeformat, Zeitpunkt der Ausgabe.
Eingabe-Analyse: Daten (Kundennummer, Artikelnummer und Anzahl
sowie Datum), Form (z.B. Tastatur, Diskette für Kundendatei u.
Artikeldatei).
Verarbeitungs-Analyse: Die Verarbeitungsschritte ergeben sich
aus den Ausgabe- und Eingabeanforderungen (z.B. Menge*Einzel-
preis ergibt Gesamtpreis).
In einer Variablenliste werden sämtliche Namen mit Datentypen
zusammengefaßt. In einem Datei-Verzeichnis werden die Dateien
mit den entsprechenden Datensatz-Beschreibungen festgehalten.

1.3.7.2 Formen zur Darstellung des Lösungsablaufes

Für den dann zu entwickelnden Algorithmus bzw. Lösungsablauf
stehen die unterschiedlichen Darstellungsformen zur Verfügung.

Ein S c h r i t t p l a n kann jetzt so aussehen:
  1. Rechnungs- und Kundennummer mit Datum eintippen.
  2. Rechnungskopf drucken
  3. Rechnungszeile(n) aufbereiten und drucken
  4. Rechnungsabschluß drucken
  5. Kundendatei aktualisieren
  6. Eintrag Offene-Posten-Datei

Als   B l o c k d i a g r a m m kann dieser Schrittplan schon
feiner gegliedert bzw. strukturiert sein wie z.B. Schritt 1:

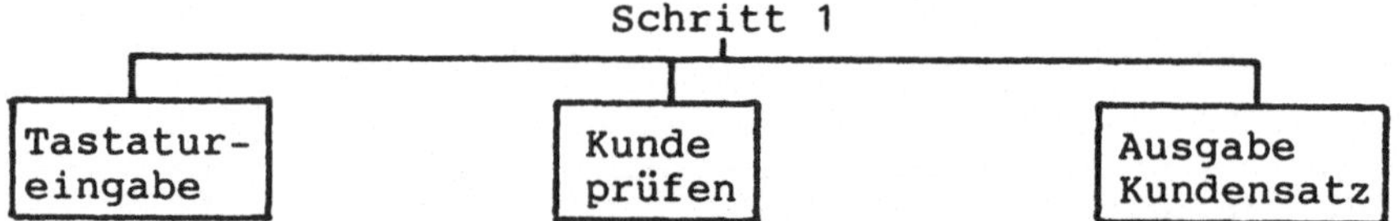

Zu 'Kunde prüfen': Ist ein Kunde mit der eingetippten Nummer
nicht in der Kundendatei enthalten, wird eine Meldung ausgegeben. Zu 'Ausgabe Kundensatz': Zur Kontrolle wird der gesamte
Inhalt des Kundensatzes am Bildschirm gezeigt.

Im D a t e n f l u ß p l a n werden die Datenträger bzw. Geräte, die Arten der Bearbeitung und der Datenfluß zwischen den
Datenträgern grafisch festgehalten.

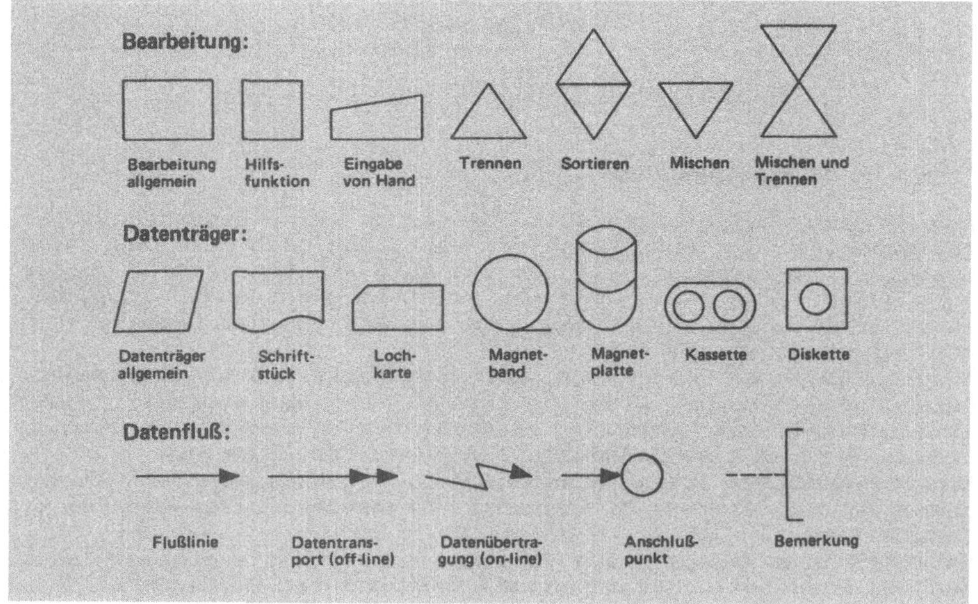

Sinnbilder für Datenflußpläne nach DIN 66001

Für die Rechnungsschreibung könnte der Datenflußplan in seiner knappsten Form etwa so aussehen:

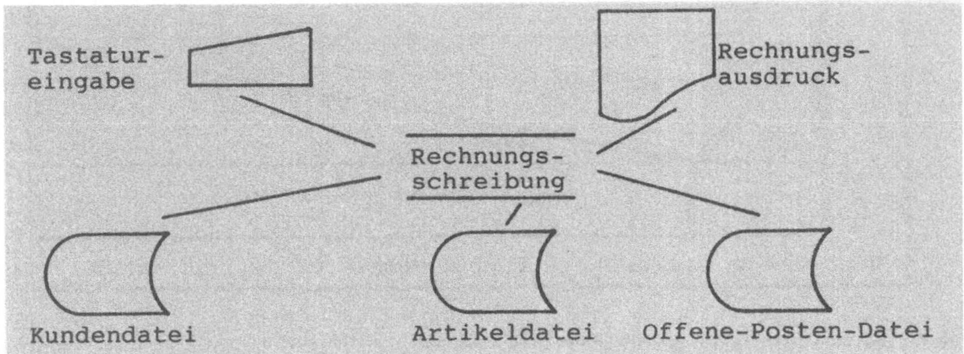

Einfacher Datenflußplan zur Rechnungsschreibung

Der Datenflußplan bezieht sich mehr auf die Hardware, während der P r o g r a m m a b l a u f p l a n (PAP) mit der zeichnerischen Darstellung des geplanten Programmablaufes eindeutig softwarebezogen ist. Die Sinnbilder für den PAP sind ebenfalls nach DIN 66001 genormt. Im Datenflußplan wie im PAP gleichbedeutend sind die Sinnbilder für Anschlußpunkt sowie für Bemerkung. Eine im PAP etwas andere Bedeutung hat das Rechteck (Wertzuweisung) und das Parallelogramm (Eingabe , Ausgabe). Neu im PAP sind die Sinnbilder für die Verzweigung und für das Aufrufen eines Unterprogramms.

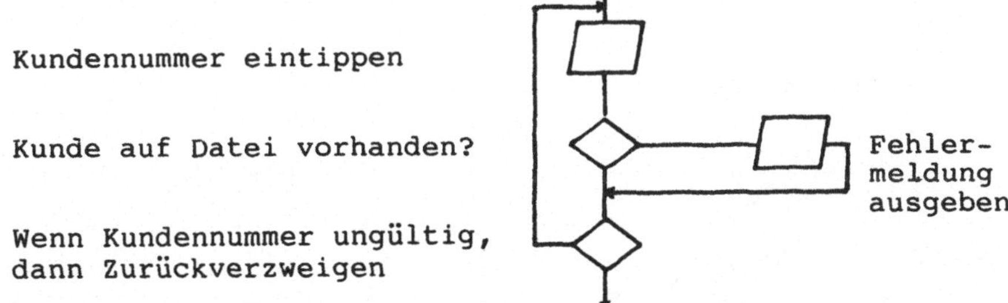

Die zum Teilschritt 'Kunde prüfen' (obiger Schrittplan) zugehörige Anweisungsfolge kann als PAP z.B. so aussehen:

Neben dem PAP wird immer häufiger ein weiteres Hilfsmittel zur zeichnerischen Darstellung von Programmabläufen verwendet: das S t r u k t o g r a m m , auch Strukturdiagramm oder (nach dem Erfinder) Nassi-Shneiderman-Diagramm genannt. Struktogramme haben wir bereits in Abschnitt 1.3.3 verwendet, um damit die grundlegenden Programmstrukturen darzustellen.

Im folgenden Struktogramm wird der Ablauf 'Kunde prüfen' dargestellt:

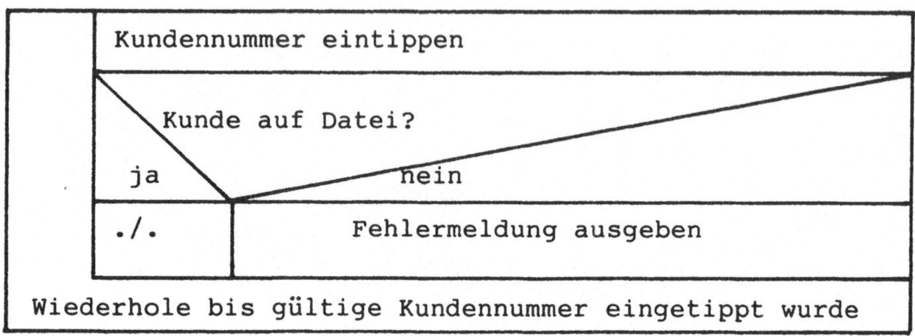

Beim Struktogramm sind die Programmstrukturen deutlich erkenn-
bar: eine nicht-abweisende Schleife, die eine 'Einseitige Auswahl' einschachtelt.

Neben diesen grafischen Darstellungsmöglichkeiten des Lösungsablaufes verwendet man oft eine   E n t w u r f s p r a c h e
als Pseudocode, um den Programmentwurf umgangssprachlich darzustellen (Abschnitt 1.3.3.1). Der oben als PAP sowie Struktogramm dargestellte Ablauf läßt sich in der Entwurfsprache wie
folgt beschreiben:

```
Wiederhole
   Tippe die Kundennummer ein
   wenn die Kundennummer in der Kundendatei gefunden wurde
      dann tue nichts
      sonst zeige eine Fehlermeldung am Bildschirm
   Ende-wenn
bis eine Kundennummer als gültig erkannt wurde
```

Der algorithmische Entwurf stellt häufig die unmittelbare Vor-
stufe zur Programmierung dar.

1.3.7.3 Programmierung

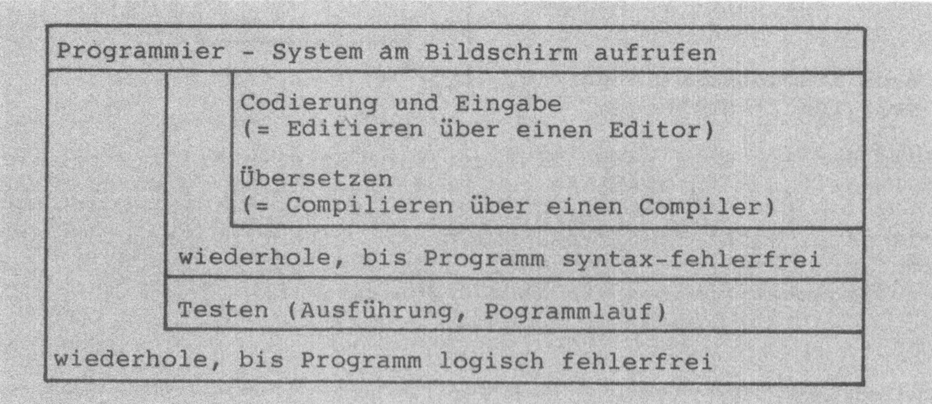

Programmieren im engeren Sinne als Struktogramm

Programmieren heißt, den zeichnerisch und/oder verbal dargestellten Algorithmus in eine Programmiersprache umzusetzen und
auszutesten. Dabei werden die Schritte 'Codierung', 'Eingabe',
'Übersetzung' und 'Testen' zumeist wiederholt durchlaufen. Der
Übersetzungslauf als gesonderter Schritt ist bei Sprachen mit
Compiler, nicht aber bei solchen mit Interpreter erforderlich
(vgl. Abschnitt 1.3.6.3). Das Austesten erfolgt als Computertest sowie Schreibtischtest.

Abschließend faßt man mit der D o k u m e n t a t i o n alle
Programmunterlagen als Gebrauchsanleitung zusammen: sei es als
Anleitung für den Operator, damit dieser den Computer bei den
Programmläufen auch richtig bedienen kann (Operator-Handbuch),
oder als Anleitung für den Benutzer für die spätere Programm-
pflege und Programmkorrektur (Benutzer-Handbuch). Zusätzlich
zum Benutzer-Handbuch sollte eine Kurzanleitung vorliegen, die
nur die wichtigsten für den Umgang mit dem Programm notwendi-
gen Schritte und Anweisungen für den Interessenten bereithält.

Zentraler Teil der Programmentwicklung ist der Programmentwurf
und nicht -wie es manchem DV-Einsteiger scheinen mag- die Programmierung bzw. Codierung in einer Programmiersprache. Es ist
denkbar, daß die Codierung eines Tages automatisiert durchgeführt werden kann.
Angesichts der steigenden Software - Kosten (Abschnitt 1.1.2)
geht man immer mehr dazu über, die Programmentwicklung und dabei besonders den Programmentwurf industriell und ingenieur-
mäßig vorzunehmen: S o f t w a r e - E n g i n e e r i n g
lautet die darauf verweisende Begriffsbildung. Auf einige der
im Rahmen des Software-Engineering eingesetzten Programmiertechniken sowie Entwurfsprinzipien gehen wir nachfolgend ein.

1.3.7.4 Programmiertechniken und Entwurfprinzipien

Die M o d u l a r i s i e r u n g von Software berücksichtigt, daß ein in kleine Teile bzw. Moduln gegliedertes Problem
bzw. Programm einfacher zu bearbeiten ist. 'Klein' heißt, daß
ein Modul maximal 200 Anweisungen umfassen darf. Ein Modul ist
ein Programmteil mit einem Eingang und einem Ausgang und kann
selbständig übersetzt und ausgeführt werden. Moduln verkehren
nur über Schnittstellen miteinander, über die Werte (Parameter
genannt) vom rufenden an das aufgerufene Modul übergeben werden; ein Modul darf als Black Box nichts vom Innenleben eines
anderen Moduls wissen.

Die N o r m i e r u n g von Programmabläufen als Vereinheit-
lichung durch eine standardisierte Ablaufsteuerung wird bei
der Entwicklung komplexer kommerzieller Software-Pakete vorgenommen, an der zumeist mehrere Mitarbeiter beteiligt sind. Jedes Softwarehaus hat seine eigenen Normen.

Die J a c k s o n - M e t h o d e geht bei der Pogrammment-
wicklung von der exakten Analyse der Datenstrukturen aus, um
dann die entsprechenden Pogramm- bzw. Ablaufstrukturen zu ent-

werfen. Warum? In der kommerziellen DV sind die Daten zumeist
bis in die Details vorgegeben, während die Abläufe den Daten
gemäß formuliert werden müssen. Anders ausgedrückt: die Datenstruktur prägt die Programmstruktur.

Dem T o p - D o w n - E n t w u r f   als Von-oben-nach-
unten-Entwurf entspricht die Technik der schrittweisen Verfeinerung: vom Gesamtproblem ausgehend bildet man Teilprobleme,
um diese dann schrittweise weiter zu unterteilen und zu ver-
feinern bis hin zum lauffähigen Programm. Der Top-Down-Entwurf
führt immer zu einem hierarchisch gegliederten Programmaufbau.

Der B o t t o m - U p - E n t w u r f   als Gegenstück zum
Top-Down-Entwurf geht als Von-unten-nach-oben-Entwurf von den
oft verwendeten Teilproblemen der untersten Ebene aus, um suk-
zessive solche Teilprobleme zu integrieren. Beide Entwurfsprinzipien werden in der Praxis zumeist kombiniert angewendet.

Die U n t e r p r o g r a m m t e c h n i k wird in diesen
drei Fällen genutzt:Ein Ablauf wird mehrfach benötigt; mehrere
Personen kooperieren und liefern ihre Teilproblemlösungen als
Unterprogramme ab; menügesteuerter Dialog (Menütechnik). Der
Begriff des Unterprogramms bzw. der Prozedur entspricht dabei
dem des Moduls. Die bekannteste Schnittstelle ist der Unterprogrammaufruf mit Parameterübergabe.

Die M e n ü t e c h n i k erleichtert den benutzergesteuer-
ten Dialog. Über das Menü als Auswahlübersicht steuert der Benutzer den Ablauf des Programms, ohne zuerst alle Befehle lernen zu müssen.
Das Menü als Gedächtnisstütze bei der Eingabe kann in Tabel-
lenform alternativ zum Bildschirm, auf dem sonst der Dialog
protokolliert wird, angeboten werden. Dies setzt den schnellen
Wechsel zwischen den Bildschirmseiten voraus. Oder das Menü
wird als (Prompt-)Zeile ausgegeben, die zusätzlich zum Dialog
ständig am oberen Bildschirmrand stehen bleibt.
Bei der Split-Screen-Technik werden Rechteckbereiche des Bildschirms wie eigenständige Bildschirme bzw. Fenster behandelt.
Über ein solches Fenstersystem kann der Benutzer Menüs an jeder Stelle des Bildschirms erscheinen lassen.
Die Menütechnik kann sich auf das Arbeiten i n n e r h a l b
eines Programms wie auch auf das Verbinden mehrerer Programme
beziehen. Im letzteren Fall wird beim Einschalten des Computers bzw. beim Beenden eines Programms automatisch ein Menüprogramm geladen, das am Monitor alle verfügbaren Programme
anzeigt; der Benutzer kann durch Tippen z.B. eines Buchstabens
dann das gewünschte Programm laden, ohne sich um den Speicherort auf Diskette kümmern zu müssen. H i e r a r c h i s c h e
Menüs teilen eine Aufgabe in übergeordnete Menü-Ebenen auf.
Im Hauptmenü stehen häufig verwendete Funktionen und nach der
Wahl erscheint das nächste Menü mit weiter detaillierten Funktionen.
Pop-up-Menüs erscheinen auf Tastendruck, bieten mehrere Möglichkeiten zur Auswahl an und verschwinden, sobald eine Wahl
getroffen wurde. Pop-up-Menüs halten also nicht auf und lenken
auch nicht ab: sie erscheinen nur, wenn sie auch benötigt werden.
Die Menüwahl erfolgt durch Klartexteingabe (Fehlerrisiko groß)

bzw. durch Tasten eines Zeichens oder dadurch, daß der Cursor
auf die gewünschte Position gesetzt wird und dann die RETURN-
Taste gedrückt wird. Die Menüwahl vereinfacht sich weiter bei
Einsatz von Lichtgriffel oder Maus.

Bei der O v e r l a y t e c h n i k werden Moduln überlagert
(=overlay) - z.B. wenn der Hauptspeicherplatz nicht ausreicht,
um alle Moduln gleichzeitig aufzunehmen. Das im Hauptspeicher
stehende Modul ruft ein anderes Modul auf, das dann von einem
Externspeicher geladen und dem rufenden Modul überlagert wird.

Der s t r u k t u r i e r t e E n t w u r f bedeutet, daß
ein Programm unabhängig von seiner Größe nur aus den vier (in
Abschnitt 1.3.3 erklärten) grundlegenden Programmstrukturen
aufgebaut sein darf: aus Folge-, Auswahl-, Wiederholungs- sowie Unterprogrammstrukturen. Dabei soll auf unbedingtes Verzweigen mittels GOTO verzichtet werden. Jede Programmstruktur
bildet einen Strukturblock. Blöcke sind entweder hintereinander angeordnet oder vollständig geschachtelt - die teilweise
Einschachtelung (Überlappung) ist nicht zulässig.
Sogenannte 'blockorientierte Sprachen' wie PASCAL, MODULA-2,
ELAN und ADA unterstützen das Prinzip des strukturierten Ent-
wurfs weit mehr als die 'unstrukturierten Sprachen' wie BASIC
und APL.

Diese nur stichwortartig dargestellten Prinzipien dürfen nicht
getrennt betrachtet werden; unter dem Informatik-Sammelbegriff
s t r u k t u r i e r t e P r o g r a m m i e r u n g faßt
man sie zu einem heute allgemein anerkannten Vorgehen zusammen. Die tragenden Prinzipien sind dabei der Top-Down-Entwurf
mit der schrittweisen Verfeinerung einerseits und der strukturierte Entwurf mit der Blockbildung andererseits.

1.3.7.5 Programmgeneratoren

Ein P r o g r a m m g e n e r a t o r hat als Zwischenlösung
seinen Standort zwischen der Programmierung in einer höheren
Programmiersprache (BASIC, PASCAL) einerseits und dem Anpassen
eines gekauften Anwenderprogramms durch Änderung der dafür angegebenen Parameter andererseits.
So können im Dialog Benutzer-Computer Masken (Formulare) sowie
Programmbeschreibungen erstellt werden, aus denen später z.B.
BASIC-Anweisungen generiert, d.h. erzeugt werden. Die so er-
zeugten BASIC-Programme sind über einen Interpreter lauffähig,
können ggf. aber auch noch compiliert werden.

Entsprechend spezialisiert werden Programmgeneratoren als Maskengenerator, Listengenerator, Grafikgenerator usw. bezeichnet
und vor allem im Rahmen von Standard-Software bereitgestellt.
Zum Maskengenerator ein Beispiel: Soll eine Maske für die Kundendatei erstellt werden, dann wird nach Aufruf des Generators
auf dem Bildschirm eine Grundeinteilung vorgenommen. Der Benutzer setzt den Cursor dann auf die Stelle, an der ein Datenfeld angelegt werden soll, gibt die Bezeichnung ein (NAME) sowie die Feldlänge (mit Cursor 20 Stellen nach rechts fahren).
Auf diese Weise wird eine Bildschirmmaske aufgebaut. Der Gene-
rator kann dann eine der Maske (als Blankoformular vorzustel-
len) entsprechende Datei erzeugen bzw. einrichten.

1.3.8 Anwender-Software einsetzen

Der Anwender hat drei Möglichkeiten, seinen Personalcomputer
mit Software zu versorgen: Er kann selbst Programme entwickeln
und den Computer als frei programmierbares Gerät nutzen - darauf sind wir im vorangehenden Abschnitt 1.3.7 eingegangen. Er
kann aber auch fremde Software-Produkte kaufen: sei es in Form
von i n d i v i d u e l l e r   S o f t w a r e , die (entsprechend teuer) genau nach seinen Vorgaben entwickelt wird,
sei es in Form von S t a n d a r d - S o f t w a r e , die
zwar preisgünstiger ist, aber das Risiko birgt, die eigenen
Organisationsstrukturen anpassen zu müssen. Als Kompromiß zwischen der kompletten Individuallösung und der standardisierten
Allgemeinlösung versucht man, individuelle Software auf Stan-
dardbasis zu entwickeln; dabei wird entweder über Programmgeneratoren bzw. Kommandosprachen programmiert oder über zwei
logische Variablenebenen.

1.3.8.1 Menügesteuerter oder kommandogesteuerter Dialog

Beim Einsatz fremder Software muß der Benutzer sicher und komfortabel durchs Programm geführt werden, es kommt also auf die
B e n u t z e r f ü h r u n g an. Dabei bieten sich menü- und
kommandogesteuerte Anwendungen an.

Der Anfänger wird die M e n ü s t e u e r u n g schätzen; er
wird über die ihm gerade zur Verfügung stehenden Eingabemög-
lichkeiten - zum Menü zusammengefaßt - am Bildschirm jederzeit
informiert, mehr noch: diese Möglichkeiten sind eingegrenzt,
um den Benutzer relativ eng zu führen. Der Anfänger kann sich
so ohne langes Handbuch-Studium an den Programmeinsatz wagen.
Kennt er sich einmal im Programm aus, so wird der Weg durch
Menüs und Menü-Ebenen allerdings auch als Hemmnis empfunden.

Dann bietet sich die K o m m a n d o s t e u e r u n g über
Kommandos an, die in einem Handbuch aufgelistet sind und vom
Benutzer wahlfrei eingetippt werden können - mit dem Risiko
entsprechender Fehlermeldungen natürlich.

Gute Anwenderprogramme können beide Arten der Benutzerführung
vorsehen: arbeitet der Benutzer fehlerlos, dann läuft das Pro-
gramm kommandogesteuert ab, um bei häufiger auftretenden Feh-
lern in einen menügesteuerten Ablauf zu wechseln.
Oft werden auch zwei Bildschirm s e i t e n vorgesehen: eine
Hauptseite mit dem eigentlichen Dialog sowie eine zusätzliche
Hilfsseite mit Kommentaren und Texthilfen, zwischen denen der
Benutzer jederzeit hin und her springen kann.

Die Dialogsteuerung über Menü und Kommando ist bei der System-
Software natürlich ebenso zu finden wie bei der Anwender-Soft-
ware. So ist z.B. das Betriebssystem UCSD rein menügesteuert.
Dies steht im Gegensatz zur Kommandosteuerung bei CP/M.

1.3.8.2 Einige Programm-Qualitätsmerkmale

Es soll hier kein Merkmalskatalog formuliert werden (dies auch

im Hinblick darauf, daß solche Merkmale für Software äußerst
schwer meßbar sind), sondern einige praktikable Einzeltips:

Wird Anwendersoftware zu einem T u r n - K e y - P a k e t
geschnürt verkauft, so startet das (Menü-)Programm automatisch
sofort nach dem Einschalten des Computers (Programmladen sowie
Betriebssystem-Kenntnisse sind dann nicht erforderlich).

Beim S c r o l l i n g rutscht der Bildschirminhalt um eine
Zeile hoch, wenn der Cursor unten den Bildrand erreicht hat.
Zum schnellen Durchblättern zusammenhängender Texte kann dieses Durchrollen von Information vorteilhaft sein. Andernfalls
wird man den Bildschirm abschnittsweise total löschen und oben
am Bildschirm neu beginnen.

Beim S c r e e n E d i t i n g kann der Benutzer den Cursor an jede beliebige Bildschirmposition bewegen, um dort dann
etwas zu korrigieren oder neu einzugeben. Der Bildschirm dient
als Arbeitsblatt, -seite bzw. Formular. Sehr häufig bleibt am
Bildschirmrand eine Menüzeile (auch Prompt- oder Systemzeile
genannt) permanent stehen, um den Benutzer über Steuerungsmög-
lichkeiten (Kommandos) und aktuelle Parameter (wie Zeilenlänge
oder freien Speicherplatz) zu informieren.

Die Zeichendarstellung darf nicht zu verwirrend sein. Häufige
I n v e r s - F e l d e r (dunklere Schrift auf hellem Hintergrund) führen z.B. zu erhöhter Augenbelastung und sollten
sparsam verwendet werden.

Eine benutzerfreundliche F e h l e r b e h a n d l u n g muß
a l l e möglichen Fehler abfangen (Plausibilitätskontrollen).

Zur S i c h e r h e i t   müssen Tasten, die zum Absturz führen (z.B. ESC-Taste), gesperrt sein. Keine Eingabe, auch nicht
die 'berühmte' Division durch Null, darf dabei zum Aussteigen
führen (Deadlock-Situation), die ein Abschalten und Neustarten
erforderlich macht. Zur Sicherheit zählt auch die Datenschutz-
fähigkeit eines Programms.

Die Z u v e r l ä s s i g k e i t   nimmt den sicher höchsten
Rang ein: das raffinierteste Programm ist wertlos, wenn es die
Aufgaben nicht zuverlässig löst.

Der Software-Qualitätssicherung wird heute im Rahmen des Software-Engineering mehr und mehr Beachtung geschenkt.

1.3.8.3 Vier kaufmännische Standard-Programmpakete

Die vier Programme Tabellenkalulation, Textverarbeitung, Datei
bzw. Datenbank und Grafik sind fast auf jedem Personalcomputer
Standard - voneinander isoliert oder auch integriert.

T a b e l l e n k a l k u l a t i o n s p r o g r a m m e als
'Spread Sheets' bzw. 'Ausgebreitete Papierbogen' übertragen
alles das, was bislang mit Bleistift, Papier und Taschenrech-
ner vorgenommen wurde, in den Hauptspeicher (abgelegt) und auf

den Bildschirm (gezeigt). Der Benutzer baut jedes Arbeitsblatt als Tabelle auf, kann in die Tabellenzeilen und -spalten numerische oder auch Textwerte eintragen und durch eine Vielzahl von Formeln verknüpfen. Bei 'Visicalc' als dem ersten größeren Kalkulationsprogramm werden die Tabellenelemente ähnlich dem Schachbrett (Namen A1,A2,A3,...) angesprochen; 'Multiplan' als jüngeres Konkurrenzprogramm von Microsoft ermöglicht dies mittels einfacher Cursor-Positionierung am Bildschirm. Arbeitsblätter können auf einem externen Speicher aufbewahrt werden. Tabellenkalkulationsprogramme lassen sich 'zweckendfremden': Trägt man Text anstelle von Zahlen in die Tabelle ein, so kann leicht eine kleines Informationssystem realisiert werden. Genauso sind Anwendungen zur Fakturierung, zum Bestellwesen, zur Bilanzierung usw. denkbar. Das Beiwort 'Kalkulation' verweist also eher auf die Ursprünge der Tabellenkalkulationsprogramme als auf deren heutige universellen Nutzungsmöglichkeiten.

T e x t v e r a r b e i t u n g s p r o g r a m m e für Personalcomputer sind aus den Editoren entstanden, also aus den Programmhilfen zum Eingeben und Aufbereiten von Programmen am Bildschirm. Man hat sie zur Verarbeitung anderer Dokumente wie Briefen, Rechnungen, Manuskripten, Formularen usw. weiterentwickelt. Damit treten sie in Konkurrenz zur Schreibmaschine, zum Text-Automaten sowie zur Großrechner-Textverarbeitung. Die Textverarbeitung umfaßt die Teilprogramme Editor, Ausgabeformatierer und Verarbeitung; diese Programme können zu einem Paket integriert oder getrennt sein.
- Editor als Eingabe- und Bearbeitungsprogramm:
  Der Bildschirm wird ähnlich wie eine Lupe über den Text bewegt bis zu einem Bildschirmausschnitt, der cursorgesteuert zu bearbeiten ist (verschieben, einfügen, kopieren, Rand ausgleichen usw.).
- Formatierer zur Aufbereitung der Druckausgabe:
  Man unterscheidet die folgenden zwei Arten von Formatierern. Bei der ersten Art erscheint der Text am Bildschirm so, wie er später ausgedruckt wird. Bei der zweiten Art sind in den Bildschirmtext Befehle zur Steuerung des Druckformates eingefügt. Bei der ersten Art wird 'gedruckt wie gezeigt'. Oft ist dies aber kaum exakt einzuhalten (Beispiel: 120 Zeichen je Druckzeile; Bildschirmzeile 80 Zeichen; Ausgabe-Text aus mehreren Dateien).
- Eigentliches Verarbeitungsprogramm:
  Dieses richtet sich nach den Anforderungen der unterschiedlichen Benutzer wie Sekretärin, Abteilungsleiter, Schriftsteller, Schriftsetzer. Textbausteine als häufig vorkommende Textteile speichern, Serien- sowie Ganzbriefe erstellen, Formulararbeiten, Textdateien anlegen, Autorenkorrektur usw.

Nach den Programmen zur Tabellenkalkulation und Textverarbeitung nun zur D a t e i / D a t e n b a n k , deren Grundlagen bereits in Abschnitt 1.3.5 dargestellt wurden.
Die kommerziellen Programm-Pakete hierzu werden unter den unterschiedlichsten Bezeichnungen angeboten, z.B. als Dateiverwaltung, Datenmanager, Datenbankmeister, Datenbank-System oder schlicht als Datei-System. Da solche Begriffe kaum etwas aussagen, ist es sinnvoll, einzelne Eigenschaften dieser oft als "Wir-können-alles-Programme" angepriesenen Software-Produkte

wie folgt zu überprüfen:
- Dateiaufbau:
  Anzahl der gleichzeitig geöffneten Dateien? Satzanzahl einer
  Datei? Anzahl der Datenfelder je Satz? Feste Satzlänge? Da-
  tentypen? Maximale Feldlänge? Maximale Dateigröße? Eine Datei auf mehreren Disketten?
- Systemverwaltung:
  Schnittstelle zu höheren Programmiersprachen? In Mehrplatz-
  Umgebung einsetzbar? Abfragesprachen, Listen- bzw. Programm-
  generatoren? Dynamische Dateiverwaltung? Kompatibilität zu
  anderen Dateien (z.B. aus Textverarbeitung)? Datensatzaufbau
  nachträglich änderbar? Implementierungen für welche Mikros?
  Datei-Sicherheitskopien leicht erstellbar? Daten nach Lösch-
  en wiederherstellbar? Datenschutz durch Datei- bzw. Satzpaß-
  wort? Realisierung als Datenbankmaschine?
- Speicherung:
  Aufwand zum Neueinrichten der Datenbank? Cursorsteuerung?
  Datenprüfung bei Eingabe? Daten aus anderen Dateien kopier-
  bar? Speicherung satz-, block- oder dateiweise? Eingabefeh-
  lerkorrektur möglich? Ablegen als Binärdatei oder Textdatei?
- Zugriff:
  Zugriffsmodus direkt oder indirekt? Anzahl der Suchbegriffe?
  Schlüssel aus einem oder mehreren Datenfeldern bestehend?
  Sortierbegriffe für wieviele Datenfelder? Sortierprogramme?
  Index intern als Tabelle? Möglichkeiten zur Datenausgabe?
  Ausgabeeinheiten für Listen? Zwischensummenbildung in Lis-
  ten möglich?

Zum G r a f i k p r o g r a m m als viertem Standard-Paket:
Programme dieser Kategorie erlauben es, Kuchen-, Säulen- sowie
Liniengrafiken menügesteuert über einen hochauflösenden Bild-
schirm und z.B. einen Matrixdrucker mit Einzelpunktansteuerung
zu erstellen und auszugeben. Die Skalierung der Bilder kann im
Dialog festgelegt werden. Oft können dreidimensionale Grafiken
bzw. räumliche Formen erzeugt werden. Gerade für kommerzielle
Veranschaulichungen sind Grafikprogramme mit den statistischen
Grundfunktionen von Vorteil.
Ein Grafikprogramm kann nur dann sinnvoll genutzt werden, wenn
man Daten aus anderen Programmen übergeben kann. Wir kommen so
zur Frage der Verbindung bzw. Kompatibilität dieser Programme.

Sollen Tabellenkalkulation, Textverarbeitung, Datenbank sowie
Grafik nicht isoliert, sondern als eine Einheit genutzt werden,
müssen entsprechende Schnittstellen zu den Programmen gegeben
sein. Zur Verbindung dieser Programme ein Beispiel:
In einem Tabellenkalkulationsprogramm verknüpft man Zahlen, um
diese dann an ein Grafikprogramm zwecks Diagrammdarstellung zu
übergeben. Anschließend wird über das Textverarbeitungsprogramm ein Bericht verfaßt, in den diese Zahlen als Tabelle wie
auch als Diagramm bildlich eingebunden sind. Schließlich kann
man die Teile dieser Arbeit über das Dateiprogramm extern und
langfristig speichern.
Wie können die vier Programme nun verbunden werden? Zum Beispiel über Textdateien (alle Zeichen als Text im ASCII-Code
dargestellt) als gemeinsamer Schnittstelle. Die Steuerung kann
über ein übergeordnetes Menüprogramm erfolgen, das die einzelnen Programme aufruft und den Datenaustausch überwacht.

1.3.8.4 Teillösung und Gesamtlösung im Betrieb

Wird ein Personalcomputer im kleineren Betrieb als Allzweck-
System eingesetzt, dann sicher mit dem (Fern-)Ziel, sämtliche
betrieblichen Funktionen wie Materialwirtschaft, Betriebsab-
rechnung, Finanzbuchhaltung, Personalwesen sowie Auftragsbearbeitung über e i n Software-Paket zu bearbeiten: man spricht
dabei von 'integrierter DV' (vgl. Abschnitt 1.3.5.5). Auf dem
weiten Weg zu einer solchen G e s a m t l ö s u n g wird man
zunächst als T e i l l ö s u n g einzelne Funktionen auf die
DV übernehmen: So die Fakturierung der Ausgangsrechnungen mit
Kunden-, Artikelstamm- und Offene-Posten-Datei, die später in
die Auftragsbearbeitung integriert werden kann. Oder als weitere Teillösung das Personalwesen mit Lohn- und Gehaltsabrechnung mit der späteren Anbindung zur Finanzbuchhaltung mit Kre-
ditoren-, Debitoren- und Sachbuchhaltung.

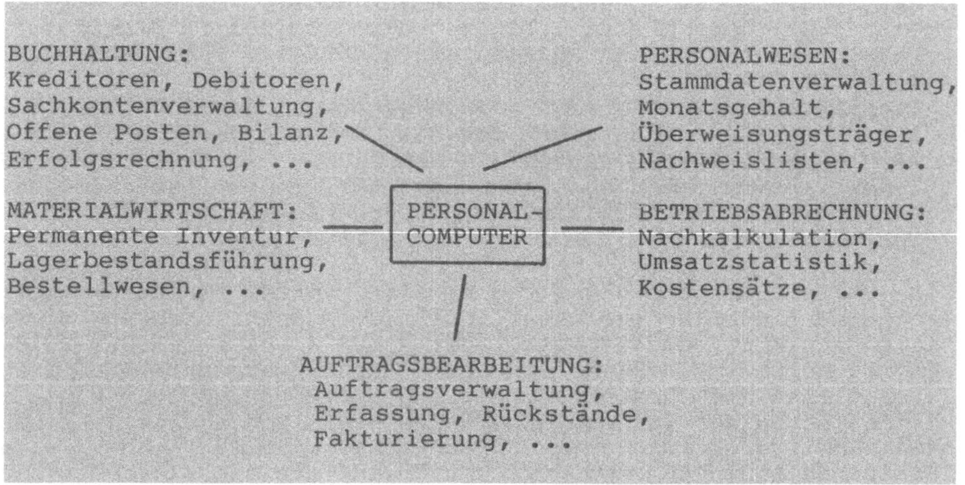

Integrierte Datenverarbeitung als Ziel

Anwender-Software, die eine integrierte Bearbeitung aller in-
nerbetrieblichen Vorgänge ermöglichen soll, wird immer häufiger als B r a n c h e n l ö s u n g angeboten. Diese ist auf
eine bestimmte Branche gerichtet. Beispiele: Handwerksbetrieb,
Rechtsanwaltskanzlei, Immobilienfirma, Großhandel, Versicher-
ung, Zahnarztpraxis, Einzelhandel, Leasing oder Vertreter.

1.3.8.5 Nicht nur am Rande: Spielprogramme

"Immerhin noch besser als das n u r passive Fernsehen" - so
wird das Vordringen der 'Arcade-Games' genannten, computerge-
steuerten Spiele von der Spielhalle ins Wohnzimmer sehr häufig
kommentiert.
Gespielt wird mit reinen Spielautomaten ('rein', weil sie ausschließlich zum Spielen da sind; 'Automat', da sie nicht frei

programmierbar sind und deswegen strenggenommen auch nicht als
Computer bezeichnet werden dürfen) oder mit Personalcomputern,
die auch hardwaremäßig durch Steuerknüppel (Joystick), Auslö-
setaste, Lichtgriffel usw. entsprechend ausgestattet sind. Gerätehersteller und spezialisierte Softwareproduzenten teilen
sich den Markt. Angeboten werden die Spielprogramme dabei auf
Einsteckmodul (Firmware) und auf Kassette wie Diskette (Software). Die vom Hersteller programmierten ROM-Moduln sind sehr
einfach zu bedienen (Modul in den Schacht stecken und Programm
starten) und vom Benutzer nicht zu kopieren. Da immer häufiger
kommerziell genutzte Personalcomputer zum Spielen benutzt werden, wird das Spielangebot auf Kassette und Diskette bestimmt
nicht abnehmen.

Gemeinsam mit und gegen den Computer kann auf unterschiedliche
Weise gespielt werden:
- Geschicklichkeitsspiele:
  Übernahme altbekannter Spiele auf den Computer.
- Neue Spielarten:
  Spiele wie Pac Man und Pillenfresser sind erst durch den
  Computer möglich geworden (Bewegung, hochauflösende Grafik).
- Abenteuerspiele:
  Von der Wirklichkeit in die Phantasiewelt am Bildschirm.
- Simulations- und Rollenspiele:
  Modellbildung der Wirklichkeit; Planspieltechnik.
- Spezielle Kinderspiele:
  ... auch Mickey Mouse und Sesamstrasse.
- Schachspielprogramme:
  Schon weniger als 'Spielzeug' abzutun.
- Lehr- und Lernspiele:
  Fremdsprachen erlernen, naturwissenschaftliche Experimente,
  Computer-Unterstützter Unterricht (CUU), ...

Bleiben die Unterhaltungsspiele, die weder die Kreativität an-
regen noch das Denkvermögen fordern, weiter d i e Verkaufs-
schlager?
Werden in Zukunft auch die Lehr/Lernspiele nachgefragt?
Wird der Computer als "perfekter Gespiele" den Menschen als
"menschlich nicht-perfekten Spielpartner" noch mehr verdrängen
können?
In jedem Falle positiv: ganz im Gegensatz zum Konsumieren ist
das Entwerfen und Programmieren neuer Spielprogramme ein sehr
anregendes und kreatives Unterfangen.

1.4 Firmware = halb Hardware + halb Software

Als F i r m w a r e (feste Ware) hatten wir alle Information
bezeichnet, die an der Nahtstelle zwischen Hardware und Software in computerverständlicher Form gespeichert vorliegt (vgl.
Abschnitt 1.1.1). Speichermedium für Firmware ist der ROM als
Festwert-Speicher. Für den ROM-Hersteller, der Information in

den ROM speichert, handelt es sich dabei um Software; für den
Benutzer dagegen, der den ROM z.B. als Steck-Modul kauft, sind
die Daten und Programme wie Hardware, da er sie nur anwenden
(=lesen), nicht aber verändern (=beschreiben) kann.

1.4.1 IC als Integrierter Schaltkreis

Beim Öffnen des Gehäuses eines Personalcomputers entdeckt man
in jedem Fall vier Teile:

- Ein   Netzteil bzw. Transformator als großes Teil zur Strom-
  versorgung.
- Platinen als Leiterplatten, auf denen Schaltkreise (Chips)
  montiert sind.
- Verbindungsleitungen
- Stecker als Schnittstellen zum Kontakt mit der 'Außenwelt'

Wichtig sind die Chips. Ein C h i p ist ein kleines Plätt-
chen aus Silizium, auf das im Zuge der Herstellung bestimmte
Schaltelemente zu einer untrennbaren Einheit eingeschmolzen
bzw. integriert werden. Deshalb bezeichnet man den Chip auch
als I n t e g r i e r t e n   S c h a l t k r e i s   mit der
Abkürzung IC für 'Integrated Circuit'. Genaugenommen schmelzt
man auf einen Chip mehrere Schichten aus jeweils verschiedenen
Stoffen ein, deren Strukturen dann ein Verhalten ergeben, das
einem Transistor, Kondensator, Widerstand usw. entspricht.

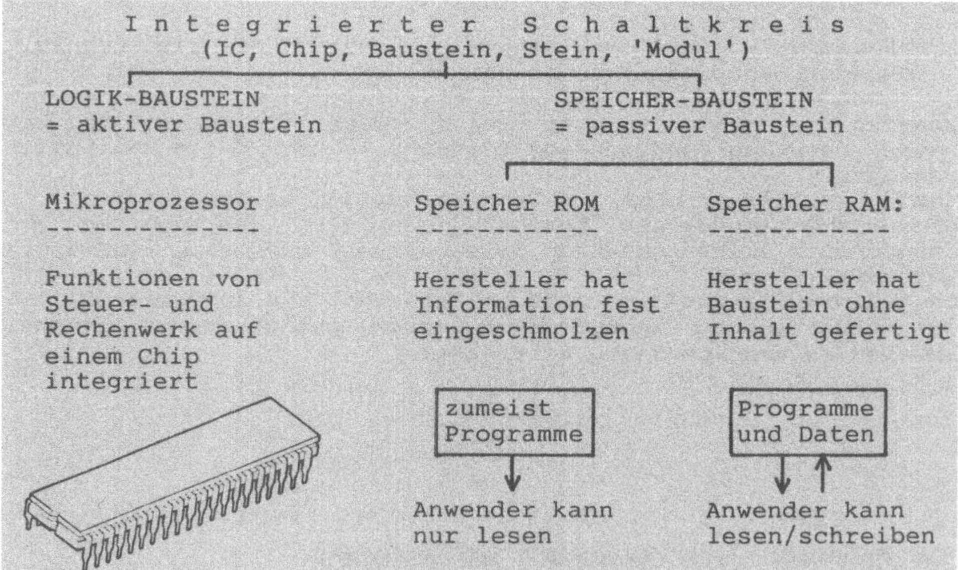

Zwei grundsätzliche Verwendungsmöglickeiten von ICs

Das Siliziumplättchen als Trägerkristall ist stets in ein Ge-
häuse mit z.B. 16 Füßen (Pins) als Anschlüsse eingebaut.
Je nach Anordnung der Bauelemente kann man einen Chip als Lo-

gikbaustein oder als Speicherbaustein verwenden:
Wird ein Chip als aktiver Baustein zur Ausführung von Befehlen
verwendet, dann nennt man den Chip L o g i k b a u s t e i n
(weil nach einer bestimmten Ablauflogik vorgegangen wird) oder
kurz M i k r o p r o z e s s o r . Der erste Mikroprozessor
wurde 1970 auf den Markt gebracht.
Der Chip als S p e i c h e r b a u s t e i n zur Speicherung
von Daten und Programmen wurde erst später entwickelt. Zwei
Speicherarten unterscheidet man: Bei dem mehrfach erwähnten
Speicher ROM (Read Only Memory) als Nur-Lese-Speicher kann der
Benutzer nur lesen, da die Programme als Firmware fest im ROM
gespeichert sind. Im Gegensatz dazu ist der Speicher RAM (Ran-
dom-Access-Memory) ein Schreib-Lese-Speicher, d.h. ein Direkt-
Zugriff-Speicher. Hauptspeicher von Personalcomputern sind als
RAM-Speicher ausgebildet und nehmen das Anwenderprogramm sowie
die zu verarbeitenden Daten auf.

1.4.2 Prinzipieller Aufbau eines Mikrocomputers

Ein Mikro- bzw. Personalcomputer ist im Prinzip genauso aufgebaut wie jeder andere Computer (vgl. Abschnitt 1.2.2.1),   nur
sind die Internspeicher als Speicher RAM bzw. ROM ausgebildet
und die CPU als Mikroprozessor (der Prozessor besteht aus der
ALU (Arithmetic Logic Unit bzw. Rechenwerk), dem Leitwerk und
Registern als Speichereinheiten). Ein I/O - Baustein regelt
den Datenaustausch mit den jeweiligen Ein-/Ausgabegeräten,
ein Datenbus die Übertragung von Daten (Ziffern, Buchstaben
ben und Befehlen) und ein Adreßbus die Übertragung von Spei-
cherplatzadressen.
Der Mikrocomputer hat Interne Speicher RAM und ROM (als Hauptspeicher, Arbeitsspeicher, Memory oder Kurzzeitgedächtnis bezeichnet) einerseits und Externe Speicher wie z.B. eine Disketteneinheit andererseits. Deshalb unterscheidet man zwischen
dem internen und dem externen Datenbus: Über den internen
Datenbus werden Daten zwischen der ALU, dem Leitwerk, den Registern und den Speichern RAM und ROM transportiert, während
der externe Datenbus die Datenübertragung zu den Externspei-
chern übernimmt, also zu einer Diskette oder einer Hard Disk.
Entsprechend gibt es auch einen internen und einen externen
Adreßbus.

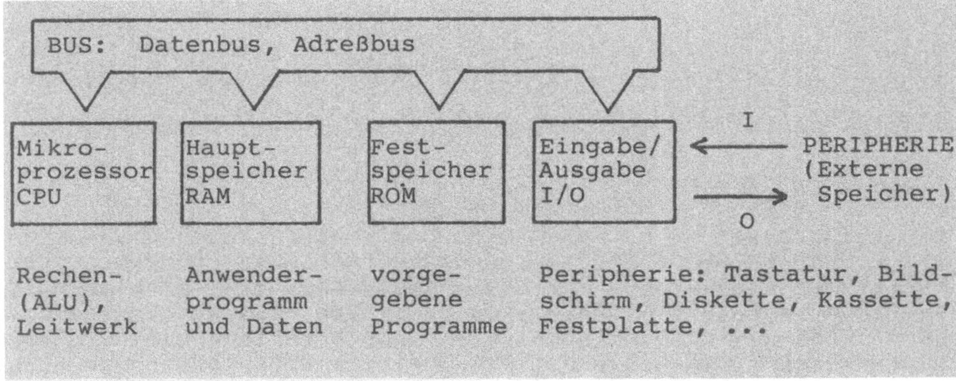

Aufbaumodell eines Mikro- bzw. Personalcomputers

Wie läuft nun ein Programm ab? Nach dem Start schickt der Mikroprozessor über den Adreßbus die Adresse des 1. Programmbefehls an den Speicher, in dem sich das Programm befindet. Dann transportiert der Speicher den unter dieser Adresse gefundenen Befehl über den Datenbus an den Mikroprozessor. Nach Ausführung des Befehls schickt dieser wiederum die Adresse des 2. Programmbefehls an den Speicher usw.

1.4.3 Typen von Mikrocomputern

Es gibt Mikroprozesoren mit 8-, 16- und 32-Bit-Struktur. Da der Mikroprozessor als "Herz des Computers" die Computereigenschaften entscheidend prägt, unterscheidet man auch für Mikrocomputer diese drei Typen.

1.4.3.1 8-Bit-Mikrocomputer

"Das ist ein 8 - B i t - C o m p u t e r ". Damit ist ein Computer mit einem 8-Bit-Mikroprozessor bzw. einer 8-Bit-CPU gemeint. Die 8 Bit als Wortbreite des Prozessors kann als elementarer Denkinhalt des Computers aufgefaßt werden. Warum? Der Datenbus transportiert Daten und Befehle und besteht aus 8 parallelen Leitungen. Übertragen wird zeichenweise: der Buchstabe "K" wird im ASCII-Code als 01001011 (1. Leitung 1, 2. Leitung 1, 3. Leitung 0, ...) durch den Datenbus gesendet. Mit den 8 Bits bzw. den 8 Leitungen des 8-Bit-Datenbus können also genau 256 (gleich 2 hoch 8) Zeichen vom Computer unterschieden werden. Für die Verarbeitung im ASCII-Code ist diese Zahl von 256 gerade passend. Es genügt, 256 verschiedene Zeichen unterscheiden zu können.

Beim Adreßbus sieht dies anders aus: Durch diesen Bus gelangen nicht die Daten selbst, sondern deren Hausnummern bzw. Adressen, unter denen sie im Speicher abgelegt sind (jeder Speicher ist fortlaufend durchnumeriert mit Speicherplatz 1, Speicherplatz 2, Speicherplatz 3, ...). Damit bestimmt die Anzahl der Adreßbus-Leitungen die Anzahl der Speicherplätze, die der Computer unterscheiden bzw. adressieren kann. Ein 8-Bit-Adreßbus kann nur 256 Speicherplätze direkt adressieren. Da dies viel zu wenig ist, verwenden die gängigen 8-Bit-Mikroprozessoren in der Regel einen Trick: Sie bauen Adressen aus zwei Bytes auf, die nacheinander über den Adreßbus zum Hauptspeicher geschickt werden. Damit können diese 8-Bit-Computer dann genau 65536 (2 hoch 16) Zeichen bzw. Bytes anwählen und auch adressieren (65536 Bytes = 64 mal 2 hoch 10 = 64 KBytes = kurz 64 K). Dies gilt für die beiden weitverbreiteten 8-Bit-CPUs Z80 und 6502.

1.4.3.2 16-Bit-Mikrocomputer

Die Wortbreite des externen Datenbus bestimmt, ob man einen 8-Bit-Computer oder aber einen 16-Bit-Computer vor sich hat, nicht aber die interne Länge von Registern, die Wortbreite des Rechenwerks oder die Befehlslänge. Danach verfügt ein 'echter' 16 - B i t - C o m p u t e r über einen internen wie auch einen externen 16-Bit-Bus.

Wenn Personalcomputer wie Sirius 1 oder IBM-PC häufig als 16-
Bit-Computer bezeichnet werden, dann muß man sich darüber im
klaren sein, daß die dabei verwendete CPU 8088 zwar 16-Bit-Re-
gister und Operationen zur Verarbeitung von 16-Bit-Worten auf-
weist, also einen internen 16-Bit-Bus hat, aber nur einen externen 8-Bit-Bus. Dies bedeutet, daß die 16 Bits der Register
zum Ausgeben wie zum Laden durch den Datenbus stets halbiert
bzw. zusammengefügt werden müssen.
Geräte mit externem 8-Bit-Bus und internem 16-Bit-Bus bezeich-
nen wir als 8/16 - B i t - C o m p u t e r . Aufgrund ihrer Stellung zwischen der echten 8-Bit-Struktur und der echten
16-Bit-Struktur bezeichnet man sie häufig als 'Zwitter'.

Warum kann ein 16-Bit-Computer nun schneller arbeiten als ein
8-Bit-Computer?
Der Bus eines 8-Bit-Computers hat 8 parallele Leitungen. Damit
können die (2 hoch 8 gleich) 256 Zahlenwerte 0,1,2,...,255 in
e i n e m Schritt bzw. Zeittakt übermittelt werden. Will man
größere Zahlen übertragen, müssen diese aufgeteilt und in zwei
oder mehreren Schritten transportiert werden. Dieses Aufteilen
kostet natürlich Zeit.
Dies erübrigt sich beim 16-Bit-Computer, wenn die Zahlenwerte
0,1,2,...,65535 übermittelt werden sollen. Der 16-Bit-Bus mit
16 Leitungen erlaubt (2 hoch 16 gleich) 65536 Kombinationen
bzw. Zahlenwerte, die in e i n e m Schritt übermittelt werden.
Der Unterschied zwischen 8-Bit-Computern und 16-Bit-Computern
ist also viel größer als es der Zahlenvergleich "8 zu 16 Bit"
nahelegt: die Hochrechnungen und damit verbunden der Zahlenvergleich "256 zu 65536 Kombinationen" zeigen den wahren Unterschied zwischen diesen Computertypen.

1.4.3.3 32-Bit-Mikrocomputer

Das Leistungsvermögen eines Computers hängt im wesentlichen
von zwei Größen ab: von der Anzahl der Bits (Wortbreite) und
von der Schnelligkeit. 32-Bit-Computer weisen bei beiden Größen günstige Werte auf. Zunächst zur Bitanzahl:
Bei den echten 32-Bit-Computern sind 32 parallele Leitungen im
Bus zusammengefaßt. Damit vergrößert sich ihr Adreßraum theo-
retisch auf vier Milliarden Zeichen (vier Gigabytes). Außerdem
können Computer mit 32-Bit-Struktur binäre Zahlen anstatt auf
acht Stellen (beim 8-Bit-Mikro) auf 32 Binärstellen genau bearbeiten. Der Befehlsvorrat nimmt ebenfalls zu: die 8-Bit-CPU
des 6502 versteht 56 Befehle gegenüber den 134 Befehlen des
16-Bit-Prozessors 8086 und den 230 Befehlen des 32-Bit-Compu-
ters HP Focus von Hewlett-Packard.

Die Schnelligkeit eines Computers gibt man in "Millionen Instruktionen je Sekunde" (Mips) an. Sie hängt von der Taktfre-
quenz und von den Abmessungen des Prozessor-Chips ab (je kleiner die Abstände der Leiterbahnen auf der Prozessor-Platine,
desto höhere Taktfrequenzen und damit Instruktionen je Sekunde
sind möglich). Die 32-Bit-CPU 32032 soll 1,1 Mips ermöglichen.

1.4.4 Generationen von Mikroprozessoren

Die bislang angeführten Mikroprozessor-Kürzel Z80, 6502 sowie
8088 können leicht in eine etwas übersichtlichere Ordnung gebracht werden, da es im Grunde nur zwei "Familien" von 8-Bit-
Prozessoren gibt: die 80-Familie und die 65xx- bzw. 68xx-Fami-
lie. 1970 erfand Dr. Ted Hoff bei Intel mit dem 4004 den 4-Bit
Mikroprozessor, 1973 folgte der 8080 als 8-Bit-CPU. Seit 1976
gelten der Z80 von Zilog und der 6502 von Motorola als haupt-
sächliche Vertreter der nach ihnen benannten Familien. Bereits
1979 war der 6502 der weltweit meistverkaufte Mikroprozessor.
Sein Nachfolger 68000 weist als 16-Bit-Mikroprozessor bereits
einen 16-Bit-Datenbus bei intern 32-Bit-breiten Registern auf,
er zählt also zu den 'Zwittern' mit 16/32-Struktur.

Prozessor:	Bits:	Adressen:	Befehle:	Hersteller:	Seit:
Z80	8	256 B	158	Zilog	1976
6502	8	256 B	56	MOS-Tech.	1977
Z800	8/16	16 MB	183	Zilog	1983
8088	8/16	64 KB	134	Intel	1979
iAPX 188	8/16	1 MB	95	Intel	1982
8086	16	1 MB	134	Intel	1978
Z8000	16	64 KB	110	Zilog	1981
iAPX 286	16	16 MB	111	Intel	1982
iAPX 186	16	1 MB	95	Intel	1982
MC 68000	16/32	16 KB	56	Motorola	1979
NS 16032	16/32	16 MB	86	Nat.Semi.	1982
MC 68010	16/32	16 MB	58	Motorola	1982
HP Focus	32	500 MB	230	Hewlett-P.	1981
NS 32032	32	16 MB	190	Nat.Semi.	1983
iAPX 386	32	32 MB	111	Intel	1984
MC 68020	32	256 MB	200	Motorola	1984

```
8/16 = externer 8-Bit-Bus und interner 16-Bit-Bus (Zwitter)
16   = externer wie interner 16-Bit-Bus (echte 16 Bit-Struktur)
```

Einige weitverbreitete Mikroprozessoren

Es gibt Personalcomputer, die zwei Mikroprozessoren aufweisen,
um sowohl auf 8-Bit-Software als auch auf 16-Bit-Software zugreifen zu können. Ein Beispiel: ein Z80 als 8-Bit-CPU führt
Programme für das Betriebssystem CP/M-80 aus und ein 8088 als
16-Bit-CPU verarbeitet Programme unter CP/M-86.

1.4.5 Mikrocomputer und ihre Mikroprozessoren

Im Jahr 1984 verteilen sich die auf dem Markt verwendeten Prozessoren wie folgt:
60 Prozent 8-Bit-Prozessoren, 20 Prozent 16-Bit-Prozessoren,
ein Prozent 32-Bit-Prozessoren und ungefähr je 10 Prozent als
Zwitter mit 8/16-Bit-Prozessoren bzw. 16/32-Bit-Prozessoren.

Bit-Struktur:	Prozessor:	Mikrocomputer z.B.:
8	6502	Apple IIe, CBM 8032
8/16	8088	IBM-PC/XT, IBM PCjr, Sirius 1,
16	8086	Sirius Vicki, ITT 3030, Duet16
16	Z8000-8001	Olivetti M20, Zilog 8000
16/32	MC68000	Apple Lisa, Fortune 32:16
16/32	NS 16032	Nat.Semi.DB16000, ACORN-BBC
32	HP Focus	Hewlett Packard 9000

Einige Mikrocomputer und ihre Prozesoren

1984 besteht eine 32-Bit-Softwarelücke. Entscheidend ist, daß
32-Bit-Software abwärts-kompatibel gestaltet wird, um auch auf
Computern mit externem 16-Bit-Bus oder 8-Bit-Bus eingesetzt
werden zu können.

1.4.6 EPROM als löschbarer Speicher

Benutzer von Mikrocomputern werden zuweilen in 'Löter' und in
'Tipper' eingeteilt: Bauen sich die 'Löter' ihr DV-System aus
elektronischen Bausteinen hardwaremäßig individuell zusammen,
so erwerben sich die 'Tipper' einen Computer, um diesen selbst
zu programmieren (Programm-Tipper) oder gekaufte Software auf
die eigenen Daten anzuwenden (Daten-Tipper). Die zwei folgenden Entwicklungen verwischen diese Einteilung in 'Löter' sowie
in 'Tipper' immer mehr:

Zum einen werden EPROMs als löschbare Speicher immer einfacher
in der Handhabung, wodurch es auch für die 'Tipper' leichter
wird, die bislang dem 'Löter' vorbehaltene Arbeiten durchzu-
führen.
Ein EPROM (Erasable Programmable Read-Only-Memory) als lösch-
barer und sodann wieder programmierbarer Festwertspeicher ROM
ist zwischen den RAM und den ROM einzuordnen. Legt man ihn unter UV-Licht und bestrahlt den unter einem kleinen Fenster an-
gebrachten IC, so wird die gespeicherte Information gelöscht.
Aus diesem Grunde muß ein EPROM stets mit einem undurchsichti-
gen Fensteraufkleber versehen sein. Umgekehrt können über ein
Programmiergerät neue Daten und Programme in den EPROM gespeichert werden. Da EPROMs direkt bus-kompatibel sind, d.h. die
Ausgänge sich direkt an den Datenbus legen lassen, ist dieses
Vorhaben nicht nur für die 'Löter' interessant. Auch der 'Tipper' kann so seine eigenen Programmentwicklungen leicht in einen Festwertspeicher laden.

Zum anderen können kommerzielle Programme ebenfalls über ein
EPROM kopiert werden. Ein Beispiel: Der 'Tipper' geht mit seiner Romox-EPROM-Kartusche in einen Software-Laden, sucht ein
Programm aus, läßt sich eine Kopie dieses Programms über ein
im Software-Laden befindliches Gerät in seine EPROM-Kartusche
laden (Gebühr 5-10 DM), geht nach Hause, steckt die Kartusche
in seinen Computer und läßt das Programm laufen. Später kann
er bei Bedarf dann immer wieder ein anderes Programm in den
EPROM hineinkopieren.

2
Einstieg in die BASIC-Programmierung des Commodore 16, Commodore 116 und Commodore plus/4

Zum vorliegenden Kapitel 2:

P r o g r a m m i e r s p r a c h e n :
Auf Commodore-Computern laufen zahlreiche Programmiersprachen
wie z.B. Assembler, BASIC, Pascal und LOGO.
In diesem Buch wenden wir uns ausschließlich der Programmiersprache BASIC zu.

B A S I C - V e r s i o n e n :
BASIC stellt keine einheitlich vereinbarte bzw. normierte Programmiersprache dar, sondern ist in zahlreichen Versionen verbreitet.
Die für Commodore-Computer wichtigsten BASIC-Versionen tragen
die Bezeichnungen 2.0, 4.0 und 3.5:

   - BASIC 2.0   Exakte Bezeichnung "Commodore 64 BASIC V2";
                        BASIC des Commodore 64 sowie der Commodore-
                        Serie 2000 (z.B. des 'guten alten PET').

   - BASIC 4.0   BASIC der Commodore-Serien 4000, 8000 und
                        deren Nachfolger x00.

   - BASIC 3.5   BASIC des Commodore 16, Commodore 116 und
                        des Commodore plus/4.

B A S I C 2.0 :
Die Standardsprache des Commodore 64 ist das BASIC 2.0, das
in einem Festwertspeicher ROM untergebracht ist und deshalb
auch als ROM-BASIC bezeichnet wird.

B A S I C 4.0 :
Bei dieser Programmiersprache handelt es sich um die Sprache,
die auf den größeren Computern von Commodore standardmäßig ab-
gerufen werden kann: insbesondere auf den Computern der Serien
4000 und 8000.
Der wichtigste Unterschied zum BASIC 2.0 besteht darin, daß in
BASIC 4.0 der Zugriff auf Disketten-Dateien sehr komfortabel
unterstützt wird.
BASIC 4.0 ist auch für andere Mikrocomputer als Zusatz verfügbar - zumeist softwaremäßig, also nicht als ROM-BASIC, sondern
als Disketten-BASIC. Das bedeutet, daß BASIC 4.0 nicht sofort
nach dem Einschalten dieser Computer da ist, sondern erst von
einer Systemdiskette in den RAM bzw. Arbeitsspeicher geladen
werden muß.

B A S I C   3.5 :
Nach BASIC 2.0 und BASIC 4.0 kam die Version BASIC 3.5 heraus.
BASIC 3.5 ist als S t a n d a r d s p r a c h e der Computer

- Commodore 16
- Commodore 116
- Commodore plus/4

in einem Festwertspeicher ROM gespeichert. Deshalb steht uns
das BASIC 3.5 unmittelbar nach dem Einschalten dieser Computer
zur Verfügung.
In zahlreichen Punkten geht BASIC 3.5 über den Befehlsvorrat
von BASIC 4.0 hinaus: insbesondere bei Strings, Musik, Grafik
und der Ablaufsteuerung.

I n   d i e s e m   B u c h :   " B A S I C = B A S I C   3.5 "
In diesem Buch programmieren wir ausschließlich in BASIC 3.5.
Mit BASIC (ohne weiteren Zusatz) bzw. Commodore-BASIC ist der
Befehlsvorrat von BASIC 3.5 als der Standardsprache des Commo-
dore 16, Commodore 116 und Commodore plus/4 gemeint.

B e z e i c h n u n g   d e r   C o m p u t e r :
Wenn im folgenden von 'Commodore' gesprochen wird, dann sind
damit die drei Computertypen Commodore 16, Commodore 116 und
Commodore plus/4 gemeint.

V o r g e h e n s w e i s e :
Das vorliegende Kapitel 2 des Buches ist in die Abschnitte 2.1
bis 2.4 untergliedert.
In Abschnitt 2.1 wollen wir uns mit Tastatur und Bildschirm
unseres Commodore vertraut machen. Über die Tastatureingabe
können wir dem Personalcomputer (kurz: PC) etwas mitteilen,
worauf der PC über die Bildschirmausgabe antwortet. Auf diese
Weise wird ein d i r e k t e r D i a l o g zwischen uns und
dem PC möglich.
In Abschnitt 2.2 erstellen wir das e r s t e P r o g r a m m
auf dem Commodore. Als Programmierspache werden wir BASIC verwenden, genauer: "COMMODORE BASIC V3.5". Das Programm wird auf
Diskette bzw. Floppy abgespeichert.
In Abschnitt 2.3 beschreiben wir die Anweisungen und Daten der
Sprache BASIC, wie sie auf dem Commodore 16, 116 sowie plus/4
erfügbar ist.
In Abschnitt 2.4 gehen wir auf die Lauffähigkeit dieser Programme auf den anderen Computertypen von Commodore ein.

In Abschnitt 2.5 erklären wir, wie man von BASIC aus die im
Commodore plus/4 fest eingebauten Programme (häufig auch als
Built-In-Software bezeichnet) zur Ausführung bringen kann.

2.1 Direkter Dialog über Tastatur und Bildschirm (Direkt-Modus)

Nach dem Einschalten des Commodore (genauer: des Commodore 16,
Commodore 116 oder des Commodore plus/4) und des Bildschirmes
(normales Fernsehgerät oder spezieller Monitor) erscheint am
Bildschirm die folgende Meldung:

```
COMMODORE BASIC V3.5 12277 BYTES FREE
READY.
C
```

Im Hauptspeicher RAM (Random Access Memory für Direktzugriff-
Speicher) mit insgesamt ca. 16000 Zeichen (K für Kilo = 1000)
Speicherplatz stehen uns genau 12277 Zeichen Speicherplatz zur
Verfügung (für jedes Zeichen ein Byte wie z.B. Byte "01001101"
für das Zeichen "M"). Wir können also Daten und Programme bis
zu einer Größe von 12277 Zeichen im Hauptspeicher ablegen. Mit
dem READY. als dem Bereitschaftszeichen (Prompt-Zeichen) des
Commodore wird uns gemeldet, daß der Computer für weitere Eingaben bereit ist (ready für bereit). Unter dem READY. blinkt
der C u r s o r (oben mit "C" abgekürzt): an der Stelle des
Cursors erscheint das Zeichen, das wir als nächstes eintippen.

Zu den "12277 BYTES FREE":
Diese Angabe bezieht sich auf die Computertypen Commodore 16
und Commodore 116. Beim größeren Commodore plus/4 erscheint
60671BYTES FREE; im RAM sind also ca. 60 KBytes frei.

2.1.1 Rechnen im direkten Dialog

Wir wollen den Commodore zunächst als Tischrechner nutzen und
100+3 ausrechnen lassen. Dazu tippen wir ein:

```
PRINT 100+3   /RET/
```

Nach dem Tippen von 100+3 drücken wir die RETURN-Taste. Die
Schreibweise /RET/ steht also für "RETURN-Taste einmal kurz
drücken". Der Commodore antwortet mit 103 als Ergebnis und
meldet sich wiederum mit READY. , daß er für weitere Eingaben
bereit ist. Am Bildschirm erscheint der folgende Dialog:

```
PRINT 100+3   /RET/        (=Eingabe von uns)
103                        (=Ausgabe des Computers)
READY.                     (=Ausgabe: Bereitschaftszeichen)
C                          (=Ausgabe: C für 'Cursor blinkt')
```

Die PRINT-Anweisung dient hier der Ausgabe von Rechenergebnis-
sen (print für drucken, ausgeben bzw. am Bildschirm zeigen).
Probieren wir einige Rechenoperationen aus:

```
PRINT 100.5*-3   /RET/     (=Eingabe: 100.5 mal -3)
-301.5                     (=Ausgabe einer negativen Zahl)
READY.
```

```
PRINT 100/3                  (=Eingabe: 100 dividiert durch 3)
33.3333333                   (=Ausgabe mit 7 Dezimalstellen)
READY.
PRINT 4↑3                    (=Eingabe: 4 hoch 3)
64                           (=Ausgabe: 4 mal 4 mal 4)
READY.
PRINT 300+3*4                (=Eingabe: 300 plus (3 mal 4))
312                          (=Ausgabe: Punkt- vor Strich)
READY.
PRINT (300+3)*4             (=Eingabe: 303 mal 4)
1212                         (=Ausgabe: Klammern zuerst)
READY.
```

Zahlen werden auf 7 Dezimalstellen genau ausgegeben, also z.B.
als 33.3333333. Bei Dezimalzahlen wie z.B. bei 100.5 steht der
Dezimalpunkt, nicht aber das Komma. Geben wir mehrere Rechen-
zeichen in einer Zeile ein, dann werden die Rechenoperationen
+ (plus), - (minus), * (mal), / (geteilt), ↑ (hoch) sowie ( )
(Setzen von Klammern) in der in der Mathematik üblichen Rangfolge ausgeführt. * und / sowie + und - sind gleichrangig.

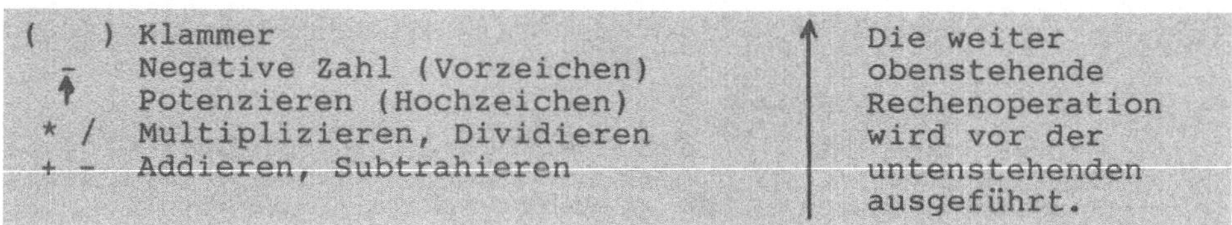

Rangfolge bei der Ausführung von Rechenoperationen

Zahlen bis zu 9 Stellen gibt der Computer in normaler Darstellung aus. Große Zahlen über 10 Stellen und sehr kleine Zahlen
werden in der Exponentialdarstellung ausgegeben. Hierzu drei
Beispiele:

```
PRINT 300000000  /RET/  (=Eingabe: Zahl mit 9 Stellen)
300000000               (=Ausgabe unverändert)
READY.
PRINT 3000000000  /RET/ (=Eingabe: Zahl mit 10 Stellen)
3E+09                   (=Ausgabe: 3 mal 10 hoch 9)
READY
PRINT 0.0000000003 /RET/(=Eingabe einer kleinen Zahl)
3E-10                   (=Ausgabe: 3 mal 10 hoch -10)
READY.
```

Das "E" steht jeweils für Exponent bzw. Hochzahl wie z.B.:
- 3E+09 gleich "3 mal 10 hoch 9"
         gleich "eine 3 gefolgt von 9 Nullen".
- 3E-10 gleich "3 mal 10 hoch -10"
         gleich "3 mal 1 dividiert durch 3 hoch 10"
         gleich "3 mal 0.0000000001".

Zum nachfolgend wiedergegebenen Dialog:
Das Anweisungswort PRINT läßt sich durch das Fragezeichen ab-
kürzen. "PRINT 3/6" können wir damit kürzer als "? 3/6" eingeben.
Auch der Commodore kürzt ab: so gibt er die Zahl 0.5 kurz als
".5" aus.
Ein Tip: Geben wir "O (Oh)" anstelle von "0 (Null)" ein, dann
verarbeitet der Commodore diesen Buchstaben (Oh) getrennt.

```
? 3/6               (=Eingabe mit ? für PRINT)
.5                  (=Ausgabe: .5 gleich 0.5)
READY.
? 30                (=Eingabe: keine Null, sondern O)
3 O                 (=Ausgabe: Zeichen 3 und Zeichen O)
READY.
```

2.1.2 Besondere Tasten zur Cursorsteuerung

Wir haben bereits eine besondere Taste kennengelernt: Mit der
Taste /RET/ schließen wir die jeweilige Eingabezeile ab. Wir
wollen als weitere besondere Tasten /CLEAR-HOME/, die Pfeiltasten und /INST-DEL/ testen.

Bildschirm löschen mit /CLEAR-HOME/:
Drücken wir die Taste /CLEAR-HOME/ rechts oben auf der Tastatur, bringen wir den Cursor in die linke obere Ecke des Bildschirms. Drücken wir die Tasten /SHIFT/ und /CLEAR-HOME/ zusammen (wir stellen dies mit /SHIFT/+/CLEAR-HOME/ dar), wird
zusätzlich noch der Bildschirm gelöscht, d.h. sauber gemacht.
Die Cursorposition 'links oben' nennt man 'Home-Position'.

Cursorsteuerung mit Pfeiltasten:
Beim Commodore 116 und beim Commodore plus/4 sind rechts vier
Pfeiltasten sternförmig angeordnet. Beim Commodore 16 finden
wir diese Pfeiltasten in der oberen Tastenreihe. Durch Drücken
der Tasten

```
/↓/        Cursor nach unten
/↑/        Cursor nach oben
/→/        Cursor nach rechts
/←/        Cursor nach links
```

können wir mit dem Cursor jede Stelle auf dem Bildschirm ansteuern. Halten wir die Taste länger gedrückt, dann wiederholt
sich das Weiterrücken des Cursors automatisch (Auto-Repeat).
Damit können eine auf dem Bildschirm stehende Eingabe wiederholt zur Ausführung bringen oder korrigieren. Wir geben ein:

```
/SHIFT/+/CLEAR-HOME/    (=Eingabe: Bildschirm sauber)
? 100+3  /RET/          (=Eingabe)
103                     (=Ausgabe des Commodore)
READY.                  (=Ausgabe)
```

Angenommen, wir haben uns vertippt und wünschen 900 statt 100.
Mit der Pfeiltaste /↑/ gehen wir mit dem Cursor hoch bis zum
"?". Dann bewegen wir den Cursor mittels /→/ nach rechts bis
auf die "1". Abschließend tippen wir 9 /RET/ ; auf dem Bild-
Bildschirm steht nun:

```
? 900+3  /RET/            (=korrigierte Eingabe)
903                       (=Ausgabe)
READY.
```

Wichtig ist, daß beim Betätigen der /RET/-Taste a l l e in
der jeweiligen Zeile stehenden Zeichen an den Commodore 'abgesandt' werden - auch die ggf. rechts von /RET/ stehenden Zeichen (im obigen Beispiel also die vier Zeichen "00+3".

Bildschirm löschen mit /INST-DEL/:
Wir drücken die Taste /INST-DEL/ rechts oben auf der Tastatur:
der Bildschirm wird 'von hinten aufgerollt' und Zeichen für
Zeichen bzw. Zeile für Zeile gelöscht (DELete heißt löschen).
Unser Bildschirm ist leer und der Cursor in der HOME-Position
links oben.

Korrigieren des letzten Zeichens mit /INST-DEL/:
Wir tippen 100+3 ein und drücken dann einmal kurz /INST-DEL/:

```
? 100+3  /INST-DEL/
```

Die zuletzt eingetippte 3 wird gelöscht; wir können 4 /RET/
eingeben und erhalten dann 104 als Ergebnis der Korrektur.
Auf diese Weise kann man mit /INST-DEL/ auch die letzten 2, 3,
4, ... Zeichen korrigieren.

Löschen eines Zeichens inmitten einer Zeile mit /INST-DEL/:
Wir geben die PRINT-Anweisung (PRINT durch das "?" abgekürzt)

```
? 1234556789   (ohne /RET/ !)
```

ein. Der Cursor steht hinter der 9 . Wir wollen die versehent-
lich doppelt getippte 5 löschen. Durch die Taste /←/ steuern
wir den Cursor nach links auf die zweite 5 , um dann diese 5
durch einmaliges Drücken von /INST-DEL/ zu löschen. Die Zeichen 6789 werden dadurch um eine Stelle nach links verscho-
ben.

Einfügen eines mittleren Zeichens mit /SHIFT/+/INST-DEL/:
Nach dem Eintippen von

```
? 124567890   (ohne /RET/)
```

steht der Cursor hinter der 0 . Wir wollen die 3 einfügen. Dazu steuern wir den Cursor mit der Pfeiltaste /←/ links bis auf
die 4 . Mit /SHIFT/+/INST-DEL/ schieben wir die Zeichenkette
4567890 um eine Stelle nach rechts, um dann in die so ent-
standene Lücke 3 /RET/ einzutippen: Am Bildschirm erscheint
1234567890 als Antwort.

Verschieben wir die Zeichenkette durch /SHIFT/+/INST-DEL/ weiter nach rechts, können entsprechend mehrere Zeichen eingefügt
werden (INSerT heißt einfügen).

2.1.3 Text im direkten Dialog

Bislang haben wir nur Zahlen - bestehend aus Ziffern, ggf. mit
Dezimalpunkt und Vorzeichen - eingegeben. Zahlen werden häufig
als n u m e r i s c h e D a t e n bezeichnet.
Neben den numerischen Daten kann der Commodore auch Daten wie
"BASIC-WEGWEISER", "LENA IST HIER." und "!!RABATT 3%!!" verar-
beiten. Sie heißen T e x t d a t e n . Der Commodore erkennt
Textdaten daran, daß sie stets zwischen zwei Gänsefüßchen

     "   " (das Gänsefüßchen steht über der 2: /SHIFT/+2 tippen)

stehen. Welche Buchstaben, Ziffern und/oder Sonderzeichen dabei zwischen "   " stehen, spielt keine Rolle. Dazu   folgende
Beispiele:

```
    ? "WEGWEISER"                (=Eingabe: Text mit 9 Zeichen)
    WEGWEISER                    (=Ausgabe ohne die Gänsefüßchen)
    READY.
    ? "        WEGWEISER"        (=Eingabe: Text mit 15 Zeichen)
            WEGWEISER            (=Ausgabe: zuerst die 6 Blanks)
    READY.
    ?        "WEGWEISER"         (=Eingabe: Text mit 9 Zeichen)
    WEGWEISER                    (=Ausgabe: Nur Blanks in " " zählen)
    READY.
    ? "BASIC"+"-WEGWEISER"       (=Eingabe: "+" verknüpft zwei Texte)
    BASIC-WEGWEISER              (=Ausgabe: Ein Text mit 15 Zeichen)
    READY.
    ? "3" + "100"                (=Eingabe: "+" verknüpft zwei Texte)
    3100                         (=Ausgabe: Text mit 4 Zeichen)
    READY.
    ? "3" / "100"                (=Eingabe: Division / unzulässig)
    ?TYPE MISMATCH ERROR         (=Ausgabe: Fehlermeldung)
    READY.
    ? LEFT$("WEGWEISER",3)       (=Eingabe: Links 3 Zeichen nehmen)
    WEG                          (=Ausgabe: Text mit 3 Zeichen)
    READY.
```

Erklärung zu Leerstelle, Zahl und Zeichen "+" der Beispiele:
- Leerstellen (Blanks, Space) gelten auch als Zeichen und werden nur berücksichtigt, wenn sie innerhalb der " " stehen.
- "100" ist ein Textdatum, kein numerisches Datum. Der Versuch
  der Anwendung der Division mit "/" weist der Commodore mit
  der Fehlermeldung 'Falscher Datentyp' ab.
- "+" bei Text verknüpft, "+" bei numerischen Daten addiert.
- LEFT$ ist eine spezielle Anweisung zur Textverarbeitung.

Textdaten werden häufig als Zeichendaten, Zeichenkettendaten
oder S t r i n g s bezeichnet.

2.1.4 Besondere Tasten zur Farbsteuerung

2.1.4.1 Schwarzweiß-Bildschirm

Wird der Commodore mit einem Schwarzweiß-Bildschirm betrieben,
erscheint die Ausgabe in schwarzer Schrift auf hellgrauem Hintergrund. Durch Eingabe von /CTRL/+2 (also die /CTRL/-Taste
gedrückt halten und kurz die 2 tippen) verschwindet der Cursor
am Bildschirm, da wir mit dieser Tastenkombination die weiße
Farbe eingestellt haben. Geben wir /CTRL/+1 ein, erscheint der
schwarze Cursor wieder. Die in der Abbildung wiedergegebenen
16 Zeichenfarben können wir beim Schwarzweiß-Bildschirm nur
insofern ausnutzen, als z.B. /CTRL/+6 für die grüne Farbe eine
Grautönung der Ausgabezeichen ergibt.

Neben den Farben hell und dunkel stehen uns zwei spezielle Arten der Ausgabe zur Verfügung: die Revers- und Flash-Schrift.

Taste:	Tastenaufdruck ( ):	Bedeutung:
/CTRL/+9	Reverse Schrift an (RVS ON)	Helle Zeichen in dunkler Umrahmung
/CTRL/+0	Reverse schrift aus (RVS OFF)	Wieder normal: dunkle Zeichen
/CTRL/+,	Flash-Schrift an (FLASH ON)	Zeichen gehen ständig an und aus (wie der Cursor)
/CTRL/+.	Flash-Schrift aus (FLASH OFF)	Wieder normal: Zeichen bleiben stehen

(In Klammern gesetzt: Tastenbezeichnungen)

Reverse Schrift und Flash-Schrift

2.1.4.2 Farb-Bildschirm

Benutzen wir den Commodore mit einem Farb-Bildschirm, so wird
nach dem Einschalten in schwarzer Schrift auf hellgrauem Hintergrund ausgegeben (der Rahmen ist hellblau). Mit der Tastenkombination /CTRL/+6 wählen wir z.B. die grüne Farbe. Sechzehn
Farben stehen zur Verfügung (siehe Abbildung). Durch /CTRL/ in
Verbindung mit einer der Ziffern 1-8 erhalten wir die ersten 8
Farben. Drücken wir die auf der Tastatur links unten befindliche 'Commodore-Taste" (hier als /C</ dargestellt), werden weitere 8 Farben angesteuert.

```
Taste:         Tastenaufdruck:      Taste:      Tastenaufdruck:
-----          ---------------      -----       ---------------
/CTRL/+1       Schwarz (BLK)        /C</+1      Orange (ORNG)
/CTRL/+2       Weiß (WHT)           /C</+2      Braun (BRN)
/CTRL/+3       Rot (RED)            /C</+3      Hellrot (YL GRN)
/CTRL/+4       Türkis (CYN)         /C</+4      Grau 1 (PINK)
/CTRL/+5       Violett (PUR)        /C</+5      Grau 2 (BL GRN)
/CTRL/+6       Grün (GRN)           /C</+6      Hellgrün (L BLU)
/CTRL/+7       Blau (BLU)           /C</+7      Hellblau (D BLU)
/CTRL/+8       Gelb (YEL)           /C</+8      Grau 3 (L GRN)
```

Sechzehn Zeichenfarben des Bildschirmes

Die Möglichkeiten der Revers- und Flash-Darstellung stehen uns
beim Farb-Bildschirm natürlich ebenfalls offen. Wie die folgenden Beispiele zeigen, können die Revers-, Flash- und Farb-
Darstellungen kombiniert werden:

- Einen roten Balken ziehen:
  /CTRL/+3   /CTRL/+9 Leertaste gedrückt halten /RET/
     (RED)   (RVS ON)

- Buchstaben "A" in rotem Balken 'flackern' lassen:
  /CTRL/+9 /CTRL/+, Taste A gedrückt halten /RET/
  (RVS ON) (FLASH ON)

- 4 Zeichen des Wortes "PLUS" in der Farbfolge schwarz,
  rot, türkis und orange ausgeben lassen:
  /CTRL/+1 P /CTRL/+3 L /CTRL/+4 U /C</+1 S /RET/
   (BLK)   (RED)   (CYN)   (ORNG)

2.1.5 Text-Modus und Grafik-Modus

In den obigen Beispielen haben wir die Texteingabe nicht zwischen Gänsefüßchen gesetzt. Aus diesem Grunde erscheint nach
der Ausführung jeweils die Meldung SYNTAX ERROR . Verwenden
wir Gänsefüßchen (vgl. Abschnitt 2.1.3) und geben wir z.B.

    PRINT "■P ▆L ▙U ▚S"

ein, wird der Text P L U S in den 4 Farben schwarz (P), rot
(L), türkis (U) und orange (S) ausgegeben, ohne daß eine Fehlermeldung erfolgt. Das Beispiel zeigt, daß Farbsteuerzeichen
auf Bildschirm und Drucker als G r a f i k z e i c h e n erscheinen. Das Farbsteuerzeichen /C</+1 (für orange) erscheint
z.B. als 'reverses Pik'.

Wie die Farbsteuerzeichen erscheinen auch die Zeichen zur Cursorsteuerung als Grafikzeichen. Durch die Eingabe von

    PRINT "TEXT UNTEN ▯ TEXT OBEN"

wird folgendes bewirkt: TEXT UNTEN erscheint, dann wird der

Bildschirm gelöscht und TEXT OBEN steht oben links am leeren
Bildschirm. Zwischen TEXT UNTEN und TEXT OBEN wurde das Zei-
chen /CTRL/+/CLEAR-HOME/ getippt; dieses Zeichen steuert den
Cursor in die linke obere Ecke und löscht den Bildschirm (vgl.
Abschnitt 2.1.2). Es wird am Bildschirm durch das Grafikzei-
chen 'inverses Herz' dargestellt.

Durch Drücken der Tasten /SHIFT/+/C</ gelangen wir in den sogenannten T e x t - M o d u s , in dem Zeichen entweder als
Klein- oder Großbuchstaben erscheinen. Drücken wir nochmals

    /SHIFT/+/C</   (Umschaltung von Grafik- in Text-Modus
                          und umgekehrt),

gelangen wir wieder in den G r a f i k - M o d u s zurück,
in dem sich der Commodore nach jedem Einschalten automatisch
befindet. Mit /SHIFT/+S erscheint das 'dunkle Herz' als Grafikzeichen und mit S wird der Großbuchstabe S ausgegeben. Auf
diese beiden Zeichensätze gehen wir später noch genauer ein.

Tippen wir /SHIFT/+/CLEAR-HOME/ , dann wird der Bildschirm gelöscht. Schalten wir den Strom aus, dann ist auch der Hauptspeicher des Commodore gelöscht. .... alle Arbeit umsonst, da
nichts dauerhaft (z.B. auf einer Diskette) gespeichert wurde.
Sollen D a t e n (z.B. Adreßdaten) oder ein P r o g r a m m
(z.B. ein Programm zur Ermittlung des Benzinpreises) über eine
längere Zeit aufbewahrt werden, wird man sie außerhalb des RAM
z.B. auf Kassette (Datasette) oder Diskette (Floppy) abspeichern. Dem Abspeichern eines Programmes auf Diskette wenden
wir uns im folgenden Abschnitt 2.2 zu. Wir werden ein kleines
Programm am Bildschirm eingeben, testen und dann auf Diskette
abspeichern.

2.2 Unser erstes Programm in BASIC 3.5 (Programm-Modus)

Als erstes eigenes Programm wollen wir ein Programm mit dem
Namen VERBRAUCH1 erstellen, d.h. über Tastatur eintippen und
auf Diskette abspeichern.
Das Programm VERBRAUCH1 löst das folgende Problem:
    "Benzinverbrauch beim Pkw: Ermittlung des Verbrauchs
     in Liter/100 km für eine Tankfüllung von 60 Litern".

2.2.1 Schritt 1: Leeren Hauptspeicher bereitstellen

Der Hauptspeicher (Arbeitsspeicher RAM) des Commodore befindet
sich unter der Tastatur. In dieses 'Gedächtnis' des PCs können
wir -ohne Tricks- immer nur e i n Programm abspeichern bzw.
eingeben.

Wir verbinden den Commodore mit der Floppy bzw. Disketteneinheit (Steckeranschluß "SERIAL" am Commodore). Dann schauen wir
nach, ob sich in der Floppy eine Diskette befindet. Falls ja -
bitte entnehmen, da das Einschalten des Commodore bei eingelegter Diskette zur Z e r s t ö r u n g des gesamten Disket-
teninhaltes führen kann.
Nun wird z u e r s t die Floppy und dann der Commodore eingeschaltet. Am Bildschirm erscheint die folgende Meldung:

    COMMODORE BASIC V3.5 12277 BYTES FREE
    READY.

Das heißt, daß ein leerer RAM mit einer Speicherkapazität von
12277 Zeichen bzw. Bytes bereitgestellt ist. Diese 12277 Bytes
gelten für den Commodore 16 und 116; beim Commodore plus/4 dagegen erscheinen 60671 BYTES FREE.

Wurde bereits zuvor mit dem Commodore gearbeitet und befinden sich sich ein Programm oder Daten im Hauptspeicher, müssen
wir diese Information aus seinem Gedächtnis löschen. Dies erreichen wir durch die Anweisung NEW. Der Dialog

    NEW /RET/   (=Unsere Eingabe: Speicherinhalt löschen)
    READY.   (=Ausgabe: Hauptspeicher gelöscht)

stellt uns ebenfalls einen leeren Hauptspeicher bereit. Die
Anwendung der Anweisung NEW will wohlüberlegt sein: Daten und
Programme, die zuvor nicht auf Diskette oder Kassette gespei-
chert wurden, werden gelöscht und sind endgültig verloren.

2.2.2 Schritt 2: Programm Zeile für Zeile eintippen

Der Hauptspeicher des Commodore ist jetzt leer ohne Inhalt.
Wir wollen das in Abschnitt 3.1.1.1 dargestellte Programm mit
dem Namen VERBRAUCH1 eintippen: Zeile für Zeile, wobei am Ende
jeder Zeile die RETURN-Taste gedrückt wird (abgekürzt: /RET/).
Wir tippen ein:

    10 LET T = 60 /RET/
    20 PRINT "EINGABE: GEFAHRENE KM" /RET/
    30 INPUT K /RET/

Nach diesen ersten drei Programmzeilen tippen wir ein:

    LIST /RET/

Der Commodore LISTet jetzt die drei Programmzeilen 10-30 auf,
wie er sie im Hauptspeicher abgespeichert hat. Der LIST-Befehl
dient uns so zur Kontrolle. Sind die drei Programmanweisungen
wie gewünscht abgespeichert? Falls nein: bitte nochmals tippen
10 LET T = ... usw. Falls ja: Wir tippen die anderen vier Programmzeilen 40-70 ein:

```
40 LET D = 100 * T / K /RET/
50 PRINT "AUSGABE: LITER/100 KM" /RET/
60 PRINT D /RET/
70 END /RET/
```

Wird nun erneut der Befehl

```
LIST /RET/
```

eingetippt,so müßte die komplette Anweisungsfolge Zeile 10-70
am Bildschirm erscheinen und dann wieder das READY.-Zeichen
als das Bereitschaftszeichen des Commodore-BASIC.

2.2.3 Schritt 3: Programm mit RUN ausführen lassen

Zur A u s f ü h r u n g des nun im Hauptspeicher RAM befindlichen Programmes tippen wir den Befehl

```
RUN /RET/                        (=Eingabe von uns)
```

ein. Das Programm wird jetzt so ausgeführt, wie es dem Commodore durch die Anweisungen in den Zeilen 10-70 befohlen wird.
Tippen wir z.B. 600 km ein, so zeigt sich uns folgender Dialog
(auch Ausführung, Dialogprotokoll oder Programmlauf genannt):

```
RUN /RET/                   (=Eingabe von uns)
EINGABE: GEFAHRENE KM       (=Ausgabe des Computers)
? 600  /RET/                (=Eingabe von uns)
AUSGABE: LITER/100 KM       (=Ausgabe des Computers)
10                          (=Ausgabe des Computers)
READY.                      (=Ausgabe des Computers)
```

Wenn wir mit einer Tankfüllung von 60 Litern genau 600 km weit
kommen (es wird beim Proramm VERBRAUCH1 also stets angenommen,
daß der Tank vollständig leer gefahren wurde), dann entspricht
dies einem Durchschnittsverbrauch von exakt 10 Litern/100 km.

Codierung mit LIST und Ausführung mit RUN:
Die Gegenüberstellung von Codierung und Ausführung zu unserem
Programm zeigt, daß die Zeilennummern 10 - 70, die Anweisungs-
worte LET (berechne), PRINT (gib aus), INPUT (gib ein) und
END, die Gänsefüßchen "" und die gesamten LET-Anweisungen beim
Ausführungsprotokoll nicht am Bildschirm erscheinen.
Wir können das im RAM gespeicherte Programm jetzt wiederholt
mittels RUN /RET/ laufen lassen: mit jeweils anderen Zahlen,
aber stets in der gleichen Anweisungsfolge Zeile 10,20,30, ...
Ein Hinweis: Der exakte Programmablauf wird in Abschnitt 3.1.1
erklärt.

Im RAM befinden sich e i n Programm namens VERBRAUCH1 sowie
die drei Variablen namens T, K und D. Das Programm stellen wir
uns als große Schachtel vor mit einer Anweisungsfolge als Wert
bzw. Inhalt (hier 7 Anweisungen), die Variablen als Schachteln
mit Zahlen als Inhalt. Die Abbildung zeigt die drei Speicher-
zustände, in die wir den RAM nach und nach versetzt haben. Dabei ist festzuhalten: in den RAM können wir jeweils nur e i n
Programm speichern, aber m e h r e r e Variablen.

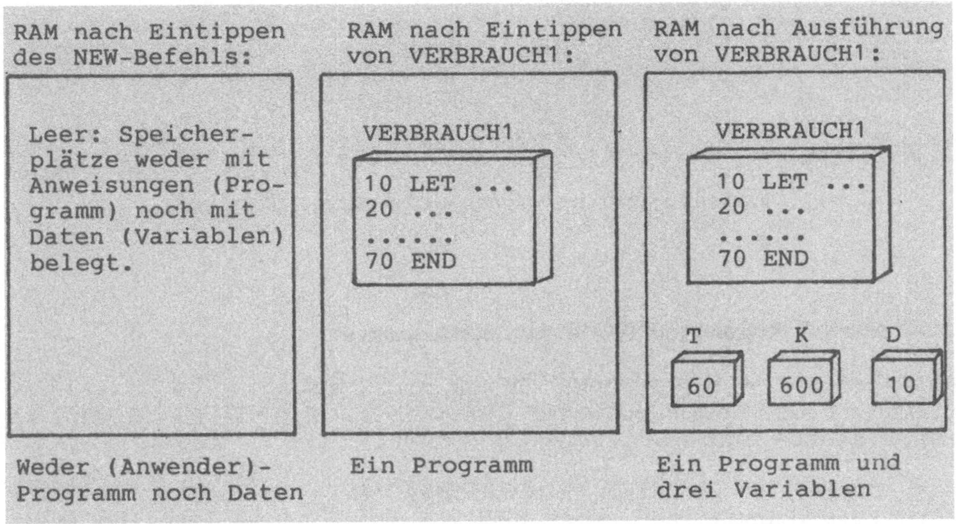

Speicherbelegung des Hauptspeichers (RAM) zu drei Zeitpunkten

Über die PRINT-Anweisung können wir uns die derzeitigen Werte
der Variablen im direkten Dialog (o h n e Zeilennummer: statt
z.B. 100 PRINT T also PRINT T) zeigen lassen:

```
PRINT T /RET/             (=Eingabe von uns)
60                        (=Ausgabe des Computers)
READY.                    (=Ausgabe des Computers)
PRINT K,D  /RET/          (=Eingabe von uns)
600        10             (=Ausgabe des Computers)
READY.                    (=Ausgabe des Computers)
```

In T ist 60 gespeichert und in K bzw. in D genau 600 bzw. 10.
Dabei geben wir PRINT ohne vorhergehende Zeilennummern ein, um
uns die Variablenwerte direkt PRINTen bzw. ausgeben zu lassen.
Da die PRINT-Anweisung nun direkt ausgeführt wird, spricht man
von der d i r e k t e n B e t r i e b s a r t oder (wie im
vorhergehenden Abschnitt) vom d i r e k t e n D i a l o g .
Geben wir am Zeilenanfang eine Zeilennummer ein, dann wählen
wir damit die i n d i r e k t e B e t r i e b s a r t bzw.
den p r o g r a m m g e s t e u e r t e n D i a l o g . Die
Anweisungen hinter den Zeilennummern werden gespeichert und
später nach dem Eintippen von RUN gemäß dieser Numerierung zur
Ausführung gebracht.

```
                         Betriebsart
              ┌──────────────┴──────────────┐
DIREKTER DIALOG                    PROGRAMMGESTEUERTER DIALOG
(Direktausführung,                (Programmausführung,
 direkte Betriebsart,              indirekte Betriebsart,
 Direkt-Modus,                     Programm-Modus,
 Direktanweisung)                  Programmanweisung)


Eingabe von Anweisungen           Eingabe von Anweisungen mit
direkt.                           vorangestellten Zeilennummern.
Ausführung   s o f o r t .        Ausführung erst   s p ä t e r
                                  mittels RUN.


Beispiel: PRINT D                 Beispiel:  60 PRINT D
```

Direkter und programmgesteuerter Dialog

2.2.4 Schritt 4: Programm mit DSAVE auf Diskette speichern

Bei Abschalten des Stromes (bitte nicht tun!) wäre unser Programm verloren. Wir speichern deshalb eine Kopie des Programms
auf Diskette ab.

Das Diskettenlaufwerk (z.B. Floppy "VC1540, VC 1541") sollte
bereits eingeschaltet sein und die grüne Lampe leuchten (vgl.
Abschnitt 2.2.1). Falls noch nicht geschehen: bei l e e r e r
Floppy einschalten und erst dann eine Diskette einlegen. Das
Einschalten bei eingelegter Diskette kann u.U. zur Zerstörung
aller bereits auf Diskette gespeicherter Programme führen.

Wir legen eine bereits beschriebene Diskette ein. Der Einfachheit benutzen wir die zur Floppy 1541 gehörige Diskette namens
TEST/DEMO, die noch genügend Speicherplatz frei hat (den auf-
geklebten Schreibschutz (Silberpapierstreifen) vor dem Einlegen entfernen).
Jetzt geben wir die folgende DSAVE-Anweisung zum Speichern des
Programmes VERBRAUCH1 ein:

```
DSAVE "VERBRAUCH1"  /RET/      (=Eingabe von uns)
SAVING 0:VERBRAUCH1            (=Ausgabe: es wird gespeichert)
READY.                        (=Ausgabe: Bestätigung)
```

Nach Erlöschen der Hinweis-Lampe am Diskettenlaufwerk ist eine
Kopie des im Internspeicher RAM befindlichen Programms unter
dem Namen VERBRAUCH1 auf der Diskette als Externspeicher dauerhaft gespeichert. Schalten wir nun den Strom ab, so geht nur
das im RAM befindliche Programmoriginal verloren, nicht jedoch
die Kopie auf der Diskette (die ja geSAVEd bzw. gerettet ist).
Unser Programm ist auf dem Laufwerk mit der Nummer 0 abgelegt
worden - deshalb die Ausgabe 0:VERBRAUCH1.

Hinter dem Befehlswort DSAVE wird der Programmname (maximal 16
Zeichen lang) in Gänsefüßchen angegeben. Das letzte " kann man
auch weglassen und DSAVE "VERBRAUCH1 tippen. DSAVE bedeutet
"Disk SAVE", d.h. auf Diskette speichern. Geben wir nur SAVE
ein, dann wird die Datasette zur Speicherung angesprochen und
die Meldung "Press Play & Record on Tape" ausgegeben. Mit der
Eingabe von /RUN-STOP/ (Taste links unten) können wir diesen
Vorgang abbrechen.

Durch Eingabe des Befehls DIRECTORY gibt der Commodore ein Inhaltsverzeichnis aller gerade auf der eingelegten Diskette gespeicherten Programme aus:

DIRECTORY /RET/   (=Eingabe: Directory auflisten)

```
 0 "1541 TEST/DEMO   "  2X  2A        Inhaltsverzeichnis für:
13    "HOW TO USE"          PRG       - Diskettenlaufwerk 1541
 5    "HOW PART TWO"        PRG       - Diskette TEST/DEMO
 4    "VIC-20 WEDGE"        PRG       - Mehrere Programme
 .    ...                   ...          (PRG für Programm)
 .    weitere Programme     ...
 .    ...                   ...
13    "RANDOM FILE"         PRG
 1    "VERBRAUCH1"          PRG
557 BLOCKS FREE
READY.
```

Die erste Zeile des Inhaltsverzeichnisses gibt in negativer
Schrift (invers) den Namen der Diskette mit TEST/DEMO und ihre
Identifikation (ID) mit 2X an.
Nach den Programmen "HOW TO USE", "HOW PART TWO", ... ist das
Programm "VERBRAUCH1" jetzt als letztes auf der Diskette ge-
speichert. Es belegt nur einen Block Speicherplatz (ist also
sehr klein). Auf der Diskette sind noch 557 Blöcke zur Spei-
cherung weiterer Programme frei (PRG für PRoGramm).

Anstelle von DIRECTORY können wir auch verkürzt DI- eingeben,
wobei das "-" als Grafikzeichen für /SHIFT/+R (groß R) steht.

2.2.5 Schritt 5: Programm mit DLOAD von Diskette laden

Wir tun nun so, als ob wir erst morgen mit der Arbeit fortfah-
ren wollten und schalten den Commodore aus:

    1) Diskette entnehmen und in die Hülle stecken.
    2) Commodore auschalten.
    3) Floppy ausschalten.

Beim anschließenden Einschalten gehen wir in genau entgegen-
gesetzter Reihenfolge vor:

    1) Floppy einschalten
    2) Commodore einschalten
    3) Diskette einlegen   (wichtig: Diskette zuletzt!)

Der Hauptspeicher ist nun wieder leer. Um mit unserem Programm
VERBRAUCH1 weiter arbeiten zu können, müssen wir es von der
Diskette in den Hauptspeicher laden. Dazu tippen wir die fol-
gende DLOAD-Anweisung ein (to load bedeutet laden bzw. holen):

```
DLOAD "VERBRAUCH1"   /RET/        (=Eingabe von uns)
SEARCHING FOR 0:VERBRAUCH1        (=Ausgabe des Commodore)
LOADING                          (=Ausgabe)
READY.
```

Diese Anweisung sucht das Programm VERBRAUCH1 auf der Diskette
und lädt eine K o p i e davon in den RAM. Das Programmoriginal auf der Diskette bleibt somit unverändert erhalten. Die 0
vor dem Programmnamen steht wieder für "Diskettenlaufwerk 0".

Jedes Gerät hat eine Gerätenummer. Mit DLOAD wird automatisch
die Gerätenummer 8 der Disketteneinheit angesprochen (D steht
für Diskette). Gibt man aus Versehen statt DLOAD nur LOAD ein,
dann zeigt sich dieser Dialog:

```
LOAD "VERBRAUCH1"   /RET/         (=Eingabe von uns: D vergessen)
PRESS PLAY ON TAPE ...            (=Ausgabe des Commodore)
/RUN-STOP/                        (=Eingabe von uns: Stoppen)
? BREAK    ERROR                  (=Ausgabe: Fehlermeldung)
READY.                           (=Ausgabe)
```

Beim Fehlen der Gerätenummer nimmt das System automatisch die
Gerätenummer 1 des Bandgerätes (Tape bzw. Datasette) an. Durch
/RUN-STOP/ (Taste links) brechen wir den Ladevorgang ab.

Das Programm VERBRAUCH1 steht uns im RAM wieder zur Verfügung:
mit RUN können wir es laufen und mit LIST auflisten lassen.

2.2.6 Schritt 6: Programm geändert auf Diskette speichern

Wir wollen das Programm VERBRAUCH1 durch eine PRINT-Anweisung
erweitern und das so geänderte Programm unter demselben Namen
erneut auf Diskette speichern.
Wir geben ein:

```
/SHIFT/+/CLEAR-HOME/             (Bildschirm löschen)
LIST  /RET/                      (Listing zeigen lassen)
```

Das Listing von VERBRAUCH1 steht oben am Bildschirm. Nun geben
wir die zusätzliche Anweisung

```
15 PRINT "DURCHSCHNITTSVERBRAUCH ERMITTELN"  /RET/
```

ein. Wir testen den Ablauf mit RUN. Wie aus dem LISTing er-
sichtlich, wurde die Anweisung mit Zeilennummer 15 wie beab-
sichtigt zwischen den Zeilen 10 und 30 angeordnet. Mittels

```
DSAVE "@VERBRAUCH1"       (=Eingabe: Klammeraffe zum Über-
SAVING @0:VERBRAUCH1      (=Ausgabe)            schreiben)
READY.
```

speichern wir das Programm erneut. DSAVE findet auf Diskette

bereits ein Programm namens VERBRAUCH1 vor. Der Klammeraffe @
(Zeichen 'at sign') vor dem Programmnamen sorgt dafür, daß das
Programm überschrieben, d.h. die 'alte' Programmversion zer-
stört und das 'neue' Programm dafür abgespeichert wird.

Zwei wichtige Hinweise: Vergessen wir den Klammeraffen@ , dann
meldet sich der Commodore zwar auch mit READY. ; das Programm
wurde jedoch n i c h t erneut auf Diskette gespeichert. Tippen wir DSAVE "@:VERBRAUCH1" anstatt von "@VERBRAUCH1", wird
der Hauptspeicherinhalt unter dem Namen @VERBRAUCH1 abgelegt.

DSAVE "@VERBRAUCH1"	überschreibt Programm VERBRAUCH1
DSAVE "VERBRAUCH1"	speichert nichts ab, falls bereits ein Programm VERBRAUCH1 auf Diskette abgelegt ist.
DSAVE "@:VERBRAUCH1"	speichert zusätzlich ein Programm namens @VERBRAUCH1 .

Drei Anwendungsbeispiele zur Anweisung DSAVE

2.2.7 Eigentlich Schritt 0: Diskette formatieren

Wir sind bislang in diesen sechs Schritten vorgegangen:

    Schritt 0: Diskette formatieren
    Schritt 1: Leeren Hauptspeicher bereitstellen
    Schritt 2: Programm Zeile für Zeile eintippen
    Schritt 3: Programm mit RUN ausführen lassen
    Schritt 4: Programm mit DSAVE auf Diskette speichern
    Schritt 5: Programm mit DLOAD von Diskette laden.
    Schritt 6: Programm geändert auf Diskette speichern

Bei den Schritten 4 bis 6 haben wir mit einer Diskette gear-
gearbeitet: der Einfachheit halber haben wir die zum Commodore
mitgelieferte TEST/DEMO-Diskette benutzt. Nun wollen wir eine
neue, eigene Diskette verwenden.

Das Laufwerk "Commodore VC 1541" arbeitet mit 5.25"-Disketten,
auf die es 35 Spuren mit einfacher Schreibdichte schreibt. Es
genügen somit Disketten "ss/sd,35 Tracks" oder "ss/dd, 1D, 40
Tracks, 48 TPI" (ss=single sided, sd=single density, dd=double
density).
Solche Disketten können wir kaufen - leer, unbespielt und für
PCs unterschiedlicher Fabrikate einsetzbar. Bevor wir auf diese Disketten unsere Programme speichern können, müssen wir sie
in eine F o r m bringen (Einteilung der Diskettenoberfläche
in 35 Spuren/Tracks mit jeweils 17 bis 21 Sektoren), die genau
dem Betriebssystem des Commodore entspricht. Dieses 'in Form
bringen der Diskette' nennt man F o r m a t i e r e n .

Als Diskettenname wählen wir "COMMODORE UEBEN1". Wir legen eine leere, unbespielte Diskette ein und geben im direkten Dialog den folgenden HEADER-Befehl ein:

    HEADER "COMMODORE UEBEN1",D0,I01 /RET/ (=Unsere Eingabe)
    ARE YOU SURE?   (=Ausgabe)
    Y   (=Unsere Eingabe)
    READY.   (=Ausgabe)

Das Diskettenlaufwerk ist ungefähr 1 1/4 Minuten mit dem For-
matieren beschäftigt. Dabei ist 35 mal ein 'Knacken' zu hören,
da 35 kreisrunde Spuren geschrieben werden und der Schreib-/
Lesekopf 35 mal bewegt wird.
Der HEADER-Befehl formatiert eine Diskette im Laufwerk D0 und
versieht sie mit dem Diskettennamen "COMMODORE UEBEN1" und der
Identifikation I01.
Vergessen wir die Identifikationsnummer, erscheint die Meldung
BAD DISK ERROR. Geben wir die Laufwerksangabe D0 nicht, wird
SYNTAX ERROR ausgegeben.

Wie die Abbildung zeigt, kann der HEADER-Befehl auch verwendet
werden, um 'alte' und bereits benutzte Disketten zur Wiederbe-
nutzung vorzubereiten. Dadurch werden alle Daten und Programme
der Diskette gelöscht.

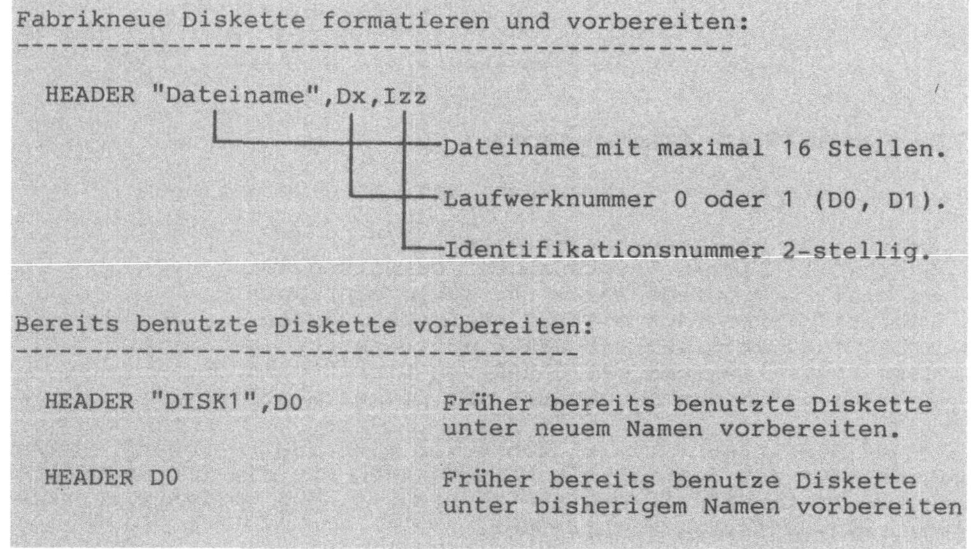

        Formatieren von Disketten mit dem Befehl HEADER

Wir lassen uns nun das Inhaltsverzeichnis der neuen und soeben
formatierten Diskette zeigen:

DIRECTORY   /RET/   (=Eingabe: Directory auflisten)

0 "COMMODORE UEBEN1" 01 2A
664 BLOCKS FREE
READY.

Auf der Diskette "COMMODORE UEBEN1" mit der Identifikation 01
ist noch kein Programm gespeichert. Alle 664 Blöcke sind frei.

Wie können wir das Programm VERBRAUCH1 jetzt von der Diskette
TEST/DEMO auf die Diskette COMMODORE UEBEN1 umspeichern bzw.
kopieren? Wir gehen in fünf Schritten wie folgt vor:

    Schritt 1: Bisherige Diskette TEST/DEMO einlegen.

    Schritt 2: Programm VERBRAUCH1 von Diskette in den RAM laden:
        DLOAD "VERBRAUCH1" /RET/
        SEARCHING FOR 0:VERBRAUCH1
        LOADING
        READY.

    Schritt 3: Diskette COMMODORE UEBEN1 einlegen.

    Schritt 4: Programm VERBRAUCH1 auf neue Diskette speichern:
        DSAVE "VERBRAUCH1" /RET/
        SAVING 0:VERBRAUCH1
        READY.

    Schritt 5: Inhaltsverzeichnis überprüfen:
        DIRECTORY /RET/

        0 "COMMODORE UEBEN1" 01 2A
        1   "VERBRAUCH1   PRG
        663 BLOCKS FREE
        READY.

Unsere Übungsdiskette COMMODORE UEBEN1 enthält somit ein Programm namens VERBRAUCH1.

Durch Eingabe von DIRECTORY oder kurz DIR (D, I und /SHIFT/+R
tippen) erhalten wir das Disketteninhaltsverzeichnis auf dem
Bildschirm. Zur D r u c k a u s g a b e des Inhaltsverzeichnisses geben wir im direkten Dialog ein:

    LOAD "$",0 /RET/   Inhaltsverzeichnis in den RAM laden
    SEARCHING FOR $
    READY.
    OPEN 1,4: CMD1 /RET/   Kanal zum Drucker öffnen
    LIST /RET/   Verzeichnis ausdrucken

Durch das Laden des Inhaltsverzeichnisses geht ein ggf. im RAM
stehendes Programm verloren.

2.3 Alle Befehle der Sprache BASIC 3.5 an Beispielen

Die folgende Kurzbeschreibung orientiert sich an Beispielen.
Dies gilt für die Beschreibung der Daten wie der Anweisungen,
die die Programmiersprache "COMMODORE BASIC V3.5" - kurz als
BASIC 3.5 bezeichnet - dem Benutzer bereitstellt.
Bei der Kurzbeschreibung von BASIC 3.5 beziehen wir uns auf
die allgemeine Darstellung der Daten- und Programmstrukturen
von Abschnitt 1.3.

2.3.1 Konstante und variable Daten

2.3.1.1   Konstanten

BASIC kennt die Datentypen INTEGER (Ganzzahl), REAL (Dezimalzahl) und STRING (Zeichenkette bzw. Text). Entsprechend gibt
es auch drei Typen von K o n s t a n t e n , also drei Typen
von Daten, die während des Programmlaufes unverändert bleiben:
INTEGER-Konstanten, REAL-Konstanten und STRING-Konstanten.

Datentyp:	Kennzeichen:	Speicher- platz:	Beispiele:
INTEGER	-32767 bis 32767	7 Bytes	321, -10000, -1
REAL	Größer als INTEGER oder E (Exponent) oder Punkt mit max. 7 Stellen	7 Bytes	999182 -111111 3.1E8 = 3.1*10°8 5543.11 .752 0.00002 -0.097
STRING	Max. 255 Zeichen; zwischen " "	bis 255 Bytes	"DM-BETRAG" "*" "12" "Ergebnis"

       Numerische (INTEGER,REAL) und Textkonstanten (STRING)

Zahlen vom Datentyp REAL werden mit 7 Dezimalstellen verarbeitet. Vor der Ausführung von Rechenoperationen werden Zahlen
vom Datentyp INTEGER in den Datentyp REAL verwandelt. Oder anders ausgedrückt: INTEGER-Zahlen sind eine Teilmenge der REAL-
Zahlen.

2.3.1.2   Variablen für einfache Datentypen

Jede Variable hat einen Namen, einen Datentyp und einen Wert,
der sich ändern kann und somit variabel ist (Abschnitt 1.3.4).
Wie für die Konstanten unterscheidet BASIC auch für die Variablen die drei Typen INTEGER, REAL und STRING.

Datentyp:	Typzeichen:	Beispiele für Variablennamen:		
INTEGER	%	I%	ZINSTEILER% A33%	SATZNR%
REAL	ohne	DM	SUMME## A.1	B18554 A33
STRING	$	NAME$ A.1$	BEZEICHNUNG$	FILE$

Numerische Variablen (INTEGER,REAL) und Textvariablen (STRING)

Der jeweilige Datentyp wird durch ein Typzeichen festgelegt.
Geben wir keines der beiden Datentypzeichen % und $ am Ende
eines Variablennamens an, dann nimmt BASIC automatisch REAL
als Datentyp an.
Außer dem Typzeichen können wir unsere Variablennamen beliebig
wählen. Dabei müssen sie sich in den ersten zwei Zeichen unterscheiden. Der Name muß natürlich mit einem Buchstaben beginnen. Variablennamen können bis zu 255 Zeichen lang sein.
Die Namen MEHRWERTSTEUER, ME7715, ME7715$, MELDUNG3, MELDUNG%
und MEERESTIEFE werden somit in BASIC als ME, ME, ME$, ME, ME%
und ME unterschieden. Viermal taucht der Variablenname ME auf;
solche Überschneidungen sind in jedem Fall zu vermeiden. Also
beachten: Variablennamen müssen sich in den ersten b e i d e n
Zeichen u n d dem Datentypzeichen unterscheiden.

eingegebener Name:	vom Commodore erkannt:
ZINS1	ZI
ZINS2	ZI
Z1ZINS	Z1
Z2ZINS	Z2
Z1ZINS$	Z1$

Zwei Anfangszeichen und Datentypzeichen kennzeichnen Variablen

BASIC verfügt über r e s e r v i e r t e Worte wie LIST, FN,
GOSUB, TO, ST oder PRINT. In Abschnitt 2.1.3 sind diese Worte
für Anweisungen usw. wiedergegeben. Verwenden wir solche Worte
als Variablennamen, so führt dies zwangsläufig zu Fehlern. Woher soll BASIC auch wissen, wann z.B. LIST als Variablenname
zu gelten hat und wann als Befehl zum Auflisten des Programms?

Das Einrichten von Variablen heißt V e r e i n b a r u n g
(vgl. Abschnitt 1.3.4.2). In BASIC gibt es nur die sogenannte
i m p l i z i t e   V e r e i n b a r u n g . Dabei teilt man
durch Angabe des Typzeichens den Datentyp mit. So soll z.B. M$
STRINGs aufnehmen können (Typzeichen $), M% aber INTEGER-Zah-
len (Typzeichen %).
In den Programmbeispielen von Abschnitt 3 weisen wir über REM-
Anweisungen ausdrücklich auf den gewählten Datentyp hin. Damit
erreichen wir eine fast e x p l i z i t e Vereinbarungsform.

2.3.1.3 Variablen für Datenstrukturen

Bei den Variablen für einfache Datentypen wird jeweils nur
e i n Datum als Variable gespeichert, bei den Variablen für
strukturierte Datentypen bzw. Datenstrukturen sind es mehrere
Daten (vgl. Abschnitt 1.3.2).
In BASIC stehen uns als Datenstrukturen ARRAYs bzw. Tabellen
sowie FILEs bzw. Dateien zur Verfügung.

A r r a y s (oft auch Tabellen, Felder, Bereiche, Listen oder
Vektoren/Matrizen genannt) umfassen mehrere Elemente vom gleichen Datentyp. Entsprechend können INTEGER-ARRAYs, REAL-ARRAYs
und STRING-ARRAYs vereinbart werden. Zur Vereinbarung der Ausdehnung bzw. Dimension dient stets die DIM-Anweisung. In Abschnitt 3.7 gehen wir näher auf Arrays ein.

100 DIM L%(30)	1-dimensionaler INTEGER-ARRAY zur Auf-nahme von 31 Ganzzahlen an den Stellen 0,1,2,3,...,30. Name des Arrays: L%.
100 DIM S(2,6)	2-dimensionaler REAL-ARRAY zu 3 Zeilen und 7 Spalten, d.h. 21 Elementen.
100 DIM B$(2,3,4)	3-dimensionaler STRING-ARRAY mit 3*4*5 =60 Elementen zu je 255 Zeichen max.
100 DIM M(A%)	1-dimensionaler REAL-ARRAY mit A% Ele-menten; Index -hier A%- stets INTEGER.

INTEGER-ARRAY, REAL-ARRAY und STRING-ARRAY

Zum F i l e (Datei) als zweiter Datenstruktur: BASIC unterstützt direkt nur die sequentielle Datei. In Abschnitt 3.9.1
gehen wir auf diesen Dateityp ein. Die Direktzugriff-Datei als
REL-Datei (für RELative Datei) ist in BASIC 3.5 'über Umwege'
ebenfalls verfügbar. Wir zeigen dies in Abschnitt 3.9.2.

2.3.2 Anweisungen, Kommandos, Funktionen und Systemvariablen

Im folgenden werden die Befehle von BASIC 3.5 alphabetisch geordnet zusammengefaßt.

- BASIC-Anweisungen werden zumeist innerhalb eines Programmes
  mit einer Zeilennumer angegeben wie z.B. 100 PRINT "C-16".

- Benutzer-Kommandos werden vom Benutzer getippt und sofort
  ausgeführt wie z.B. LIST.

- Funktionen werden zusammen mit BASIC-Anweisungen angegeben
  wie z.B. 100 PRINT "ZUFALLSZAHL:"; RND(1) .

- Systemvariablen werden ebenfalls zusammen mit BASIC-Anweisungen genannt wie z.B. 100 PRINT "FEHLER:"; ERR$.

Zu jedem Befehl wird ein Beispiel angegeben. Genauere Erläu-
terungen zu den Befehlen finden Sie in Abschnitt 3.

2.3.2.1 Elementare Anweisungen und Kommandos

A U T O
    (Automatische Zeilennumerierung):
    AUTO 100   Programm neu numerieren: 100,110,120,...

C L R
    (Löschen von Variablenwerten):
    CLR   Alle Variablen vom Typ INTEGER, REAL und STRING
             erhalten die Werte 0 bzw. "" (Leerstring).

C O N T
    (Ausführung fortsetzen):
    CONT   Ausführung fortsetzen mit Zeile der Unterbrechung.
              Unterbrechung durch /RUN-STOP/ oder durch Anweisungen
              STOP bzw. END.

D A T A
    (Daten im Programm speichern):
    100 DATA 22,"DM/STD"   Daten programmintern speichern und
    110 READ D,D$ nach D (22) und D$ ("DM/STD") lesen.

D E F   F N ...
    (Definieren einer Funktion):
    100 DEF FNDOPPEL(X)=X*2 Definition der Funktion FNDOPPEL,
    110 PRINT FNDOPPEL(A)   die bei Aufruf Wert A verdoppelt.

D E L E T E
    (Zeilen des im RAM befindlichen Programmes löschen):
    DELETE 100-140   Zeilen von 100 bis 14 löschen.

D I M
    (Dimensionieren von Arrays):
    100 DIM M(3,8)   REAL-Array M mit 4 Zeilen/9 Spalten und
    110 DIM A$(9),B$(9)   zwei STRING-Arrays (10 Stellen).

DO - L O O P - U N T I L
    (Nicht-abweisende Schleife):
    100 DO   Wiederhole die Anweisungen zwischen
    ...   100 und 180, bis (=until) die Be-
    180 LOOP UNTIL X=0   dingung X=0 erfüllt ist.

DO - W H I L E - L O O P
    (Abweisende Schleife):
    100 DO WHILE X<>0   Wiederhole die Anweisungen zwischen
    ...   100 und 180, solange (=while) die
    180 LOOP   Bedingung $X^{2\,3}0$ erfüllt ist.

E N D
    (Beenden der Programmausführung):
    END   Ausführung des Progamms beenden.

F O R - N E X T
    (Zählerschleife):
    100 FOR I=1 TO 10 STEP 2 Zählerschleife gibt Werte 1,3,5,7
    110 PRINT I : NEXT I   und 9 der Laufvariablen I aus.

```
G E T
  (Einzelnes Zeichen von Tastatur lesen):
  100 GET E$: IF E$="" GOTO 100    Bei Drücken einer Taste mit
  110 ...                          Folgezeile 110 fortfahren.

G E T K E Y
  (einzelnes Zeichen von Tastatur lesen):
  100 GETKEY E$                    Wie GET, aber ohne Schleife.

G O S U B  -  R E T U R N
  (Unterprogrammsteuerung):
  100 GOSUB 2000   Unterprogramm ab Zeile 2000 aufrufen, aus-
  110 ...          führen und mit RETURN nach Folgezeile 110.

G O T O
  (Unbedingte Verzweigung):
  100 GOTO 350     Von Zeile 100 (unbedingt) zu 350 verzweigen.

K E Y
  (Belegung der Funktionstasten anzeigen):
  KEY             Belegung der acht Funktionstasten zeigen.
  KEY 5,"TEST"    Funkionstaste 5 mit dem String "TEST" belegen.

I F  -  T H E N
  (Verzweigung nach Entscheidung: einseitige Auswahl):
  100 IF G=3 GOTO 350       Wenn N=3, dann nach 350 verzweigen.
  100 IF G=3 THEN 350       Verzweigung wie mit GOTO.
  100 IF A$="JA" THEN PRINT "Richtig"    Ausgabe im Fall "JA".

I F  -  T H E N  -  E L S E
  (Verzweigung nach Entscheidung: zweiseitige Auswahl):
  100 IF N=9 THEN 600: ELSE 800    Wenn N=9, dann nach 600
                                   verzweigen, sonst nach 800.

I N P U T
  (Eingabe über Tastatur):
  100 INPUT A                  Tastatureingabe nach A zuweisen.
  100 INPUT "Welche Zahl";A    Eingabeaufforderung zusätzlich.
  100 INPUT N,D,W$             Zahlen und ein STRING als Eingabe

L E T
  (Wertzuweisung):
  100 LET K=5              Wert 5 der Variablen K zuweisen.
  100 LET K=K+5           Wert von K um 5 erhöhen.
  100 LET Z=K*P*T/(100*360)   Wert berechnen und Z zuweisen.

L I S T
  (Auflisten der BASIC-Codierung):
  LIST        Alle Zeilen des Programms im RAM auflisten.
  LIST 170    Nur die Zeile 170 auflisten.
  LIST 50-  LIST -50  LIST 50-300    Listen von, bis, von-bis.

M O N I T O R
  (Aufruf des eingebauten Maschinensprache-Monitors):
  MONITOR    Aufruf des Monitors (mit X nach BASIC zurück).

N E W
  (Löschen des Hauptspeichers):
  NEW     Im RAM befindliches Programm und Variablen löschen.
```

```
O N  -  G O S U B
   (Fallabfrage mit Unterprogrammaufruf):
   100 ON W GOSUB 1000,2000,3000    Für W=1 ins Upro nach 1000,
   110 ...  für W=2 nach 2000 und für W=3 nach 3000 verzweigen.

O N  -  G O T O
   (Fallabfrage mit Verzweigung):
   100 ON E GOTO 10,30,70   Für E=1 nach 10 verzweigen, für E=2
   110 ...  nach 30, für E=3 nach 70, für E=0 nach Folgezeile.

P E E K
   (Speicherplatz direkt lesen):
   100 PRINT PEEK(5386)    Inhalt von Speicherplatz 5386 zeigen.

P O K E
   (Speicherplatz direkt beschreiben):
   100 POKE 5386,255  Wert 255 nach Speicherplatz 5386 bringen.

P R I N T
   (Ausgabe auf Bildschirm):
   100 PRINT A,B,C        Werte von Variable A, B und C ausgeben.
   100 PRINT DM,"DM"      Wert der Variablen DM und Text "DM".
   100 PRINT DM,"DM";     Das ";" am Ende unterdrückt das RETURN.

P R I N T   U S I N G
   (Formatierte Ausgabe mittels Formatfeld bzw. -string):
   100 LET M$="####.##"        Formatstring M$ als Druckmaske.
   110 PRINT USING M$;4548.75   Konstante 4548.75 und Wert von
   120 PRINT USING M$;Z         Z formatiert ausgeben.

P U D E F
   (Eines der 4 Zeichen " ,.$" im Formatstring neu definieren):
   100 PUDEF " . "      Anstelle des "," steht der "."

R E A D
   (Lesen von Daten aus DATA-Zeile):
   100 READ T             Nächsten Wert aus DATA nach T einlesen.
   100 READ T,A$,V(I)     Reihenfolge REAL, STRING, REAL in DATA.

R E M
   (Bemerkungen in BASIC-Codierung einfügen):
   100 REM AUTOR: X.HOFFMANN    Bemerkung (Remark) bei LIST zei-
                                gen, nicht aber bei RUN.

R E N U M B E R
   (Zeilennummern des im RAM stehenden Programms numerieren):
   RENUMBER 100        Zeilennummern jetzt: 100, 110, 120, ...

R E S T O R E
   (Lesezeiger auf Position 1 zurücksetzen):
   100 READ X,Y,Z    Lesezeiger der DATA-Zeile durch RESTORE auf
   110 RESTORE       Position 1 zurücksetzen, um erneut mit READ
   120 READ D,E,F    lesen zu können.

R E S U M E
   (Nach Fehlerbehandlung mit TRAP Ausführung fortsetzen):
   100 RESUME NEXT  Ausführung mit der nächsten Zeile aufnehmen
```

R U N
  (Ausführen eines Programms im Hauptspeicher):
  RUN   Das gerade im RAM befindliche Programm ausführen.
  RUN 600   Bei der Ausführung mit Programmzeile 600 beginnen.

S C N C L R
  (Bildschirm löschen und Cursor nach links oben bringen):
  100 SCNCLR   Cursor links oben (SCNCLR = SCreeN CLeaR).

S T O P
  (Abbrechen der Programmausführung):
  100 STOP Abbrechen und die Meldung "BREAK IN 100" ausgeben.

S Y S
  (Sprung in ein Maschinenprogramm)
  SYS(10215)   ruft ein Assembler-Programm auf, dessen Anfangs-
               adresse in Speicherplatz 10215 liegt.

T R A P
  (Zu einer Fehlerbehandlungsroutine verzweigen):
100 TRAP 500   Bei Fehler in die Routine ab Zeile 500 gehen.

T R O N - T R O F F
  (Einen Trace-Lauf beginnen bzw. beenden):
  TRON   Nach RUN das Programm schrittweise ausführen.
  TROFF   Trace-Modus wieder ausschalten.

W A I T   (Warten, bis eine angegebene Speicherstelle einen
              bestimmten Wert hat)

2.3.2.2   Elementare Funktionen und Systemvariablen

ABS(X)
  (Absolutwert von Zahl X):
  100 PRINT ABS(-5)   Absolutwert von -5 ist 5.

ASC(S$)
  (ASCII-Codezahl von String S$):
  100 PRINT ASC("MUELLER")   ASCII-Codezahl von "M" ist 77.

ATN(X)
  (Arcustangens von Zahl X angeben)

CHR$(A)
  (Zeichen (charcter) für ASCII-Codezahl A):
  100 PRINT CHR$(77)   Das Zeichen mit Codezahl 77 ist "M".

COS(X)
  (Cosinus von Winkel X (Eingabe im Bogenmaß) ausgeben)

DEC(H$)
  (Hexstring H$ in einen dezimalen Wert umwandeln):
  100 PRINT DEC("2B")   Dezimalen Wert 43 (2*16 + 11) zeigen.

```
DS
   (Nummer der Fehlermeldung bei Diskettenzugriff):
   100 PRINT DS     Z.B. DS=61 für "FILE NOT OPEN"

DS$
   (Kompletten Fehlerstatus bereitstellen):
   100 PRINT DS$    Ausgabe "61, FILE NOT OPEN, 00,00".

ER, EL und ERR$
   (Systemvariablen mit Fehlernummer, -zeile und -meldung):
   100 PRINT ER     Nummer des letzten Fehlers ausgeben.
   110 PRINT EL     Zeilennummer dieses Fehlers ausgeben.
   120 PRINT ERR$(ER)  Letzte Fehlermeldung ausgeben.

EXP(X)
   (Exponentialfunktion für e):
   100 PRINT EXP(1)    Zahl e hoch 1 ergibt 2.71828183.

FRE(0)
   (Für Anwender verfügbaren Speicherplatz zeigen (0=dummy)):
   100 PRINT FRE(0)    Im RAM frei verfügbar z.B. 12652 Zeichen.

HEX$(Z)
   (Hexadezimalen Wert der dezimalen Zahl Z angeben):
   100 PRINT HEX$(43)    Ausgabe von  002B  als Hex-Wert.

INSTR(G$,T$)
   (Erste Stelle von Teilstring T$ in Gesamtstring G$ nehmen):
   100 PRINT INSTR("WEGE","E")     Ausgabe von 2 für 2. Stelle.
   100 LET Z$=INSTR("WEGE","E",3)  Ausgabe von 4, da erst ab der
                                   3. Stelle gesucht wird.
   100 PRINT INSTR("WEGE","GE")    Ausgabe von 3 für 3. Stelle.
   100 PRINT INSTR("WEGE","B")     Ausgabe von 0 für 'Fehler'.

INT(Z)
   (Ganzzahliger (integer) Teil von Zahl Z):
   100 PRINT INT(54.67)    Ganzzahliger Teil von 54.67 ist 54.

JOY(Z)
   (Joystick Z (1 oder 2) abfragen):
   100 IF JOY(1)=5 THEN 200    Joystick 1 nach unten, dann ...

LEFT$(S$,L)
   (Linker Teilstring der Länge L in S$):
   100 PRINT LEFT$("BASIC",3)  Die 3 linken Stellen sind "BAS".

LEN(S$)
   (Länge, d.h. Anzahl der Zeichen von S$):
   100 PRINT LEN("MWST")    Länge des Strings "MWST" ist 4.

LOG(X)
   (Natürlichen Logarithmusvvon X angeben):
   100 PRINT LOG(10)    Nat. Logarithmus von 10 ist 2.30258509.

MID$(S$,S,L)
   (Mittlerer Teilstring von S$):
   100 PRINT MID$("BASIC",2,3)    Ab 2. Stelle 3 St. lang: "ASI"
```

```
POS(0)
  (Spaltenposition des Cursors;  0 ganz links):
  100 PRINT POS(0)  Derzeitige Cursorposition ist z.B. 14.

RIGHT$(S$,L)
  (Rechter Teilstring der Länge L in S$):
  100 PRINT RIGHT$("MBASIC",2)   Die 2 rechten Zeichen: "IC"

RND(X)
  (Zufallszahl auswählen):
  100 PRINT RND(1) Zufallszahl zwischen 0 und 1  z.B. 0.56223.

SGN(Z)
  (Vorzeichen von Zahl Z):
  100 ON SGN(E)+2 GOSUB 100,200,300  Verzweigung nach 100, 200
              bzw. 300 für E negativ (-1), null (0), positiv (1).

SIN(X)
  (Sinusfunktion)

SQR(X)
  (Quadratwurzel von X):
  100 PRINT SQR(49)   Quadratwurzel von 49 ist 7.

ST
  (Status eines Gerätes wie z.B. der Floppy bereitstellen):
  100 IF ST<>0 THEN PRINT "FEHLER" (z.B. ST=64 für Dateiende).

STR$(Z)
  (Zahl Z in einen String umwandeln):
  100 LET W$=STR$(45)    Zahl 45 als String "45" mit Länge 2.

TAB(X)
  (Tabulator-Funktion zur Ausgabe):
  100 PRINT TAB(8);"A"   "A" wird in Spalte 8 ausgegeben.

TAN(X)
  (Tangensfunktion)

TI
  (Interne Uhr lesen (TI jede 1/60stel Sek. um 1 erhöht)):
  100 PRINT TI   Ausgabe z.B. 18000, wenn das Gerät 18000 mal
                 1/60 Sekunden (5 Minuten) angeschaltet war.

TI$
  (Tageszeit als String "hhmmss" (h=Std., m=Min., s=Sek.)
  100 LET TI$="093000"   Interne Uhr auf 9.30 Uhr stellen.

USR(Z)
  (Maschinenprogramm aufrufen mit Startadresse in 1281,1282)

VAL(S$)
  (String S$ in numerischen Wert umwandeln):
  100 LET N=VAL("347")  "347" wird 347 (VAL("347DM") wird 0).
```

2.3.2.3 Anweisungen und Kommandos für den Zugriff
         auf externe Einheiten

Externe (also außerhalb des Hauptspeichers als Internspeicher
befindliche) Einheiten werden durch Gerätenummern angesprochen
wie:

        GERÄTENUMMER: EXTERNE EINHEIT:
         8 (auch 9-15)   Diskette, Floppy
         4 (auch 5)   Drucker
         3   Bildschirm
         1   Kassette
         0   Tastatur

Diese Nummern müssen in den Befehlen jeweils angegeben werden.
Die folgenden Beispiele beziehen sich in erster Linie auf die
Diskette, also auf die Gerätenummer 8.

B A C K U P
   (Duplizieren einer ganzen Diskette):
   BACKUP D0 TO D1   Diskette in Laufwerk 0 auf die Diskette in
                      Laufwerk 1 kopieren (dabei ggf. anlegen).

C L O S E
   (Schließen einer logischen Datei):
   100 CLOSE 1   Datei mit logischer Dateinummer 1 schließen.
   100 CLOSE   Alle derzeit offenen Dateien schließen.

C M D
   (Datenkanal offenhalten: z.B. Drucken statt zum Monitor):
   OPEN 1,4: CMD1: LIST: PRINT#1: CLOSE   Kanal 1 zum Drucker
          (Gerät 4) öffnen, Programm listen, Kanal schließen).

C O L L E C T
   (Inventur des Disketten-Inhaltsverzeichnisses vornehmen):
   COLLECT D0   "Hausputz" machen: Unbenutzte Sektoren löschen

C O P Y
   (Kopieren einer Datei auf einer Diskette):
   COPY D0,"PROG" TO D1,"PROG"   Von Laufwerk D0 nach D1.
   COPY D0,"PROG" TO D1,"NEU"   Zielprogramm umbenennen.
   COPY D1 TO D0   Alle Dateien von D1 auf D0.

D I R E C T O R Y   (Disketten-Inhaltsverzeichnis zeigen):
   DIRECTORY   Alle Dateien zeigen im Laufwerk D0.
   DIR D1   Alle Dateien im Laufwerk D1 (DIR mit 'groß R').

D L O A D
   (Laden eines Programms von Diskette in den RAM):
   DLOAD "TEST"   RAM löschen und eine Kopie des Programms TEST
                  von Diskette in den RAM bringen.
   DLOAD "TEST",D1   Von Diskettenlaufwerk 1 laden.
   100 DLOAD "TEST"   TEST laden und starten (Verkettung).

D S A V E
(Speichern bzw. Retten eines Programms auf Diskette):
DSAVE "TEST"   Eine Kopie des gesamten RAM-Inhaltes unter dem
                Namen TEST auf Diskette erstmalig abspeichern.
DSAVE "@TEST"   Wie oben, aber das bereits auf Diskette unter
                gleichem Namen abgelegtes Programm überschrei-
                ben (Zeichen "@" zum Überschreiben).
DSAVE (F$)   Programmname ist in F$ gespeichert.

G E T #
(Ein einzelnes Zeichen von einer Datei lesen):
100 OPEN 2,8,3,"DATEI,S,R"
110 GET#2,E$: IFE$="" THEN 110   Zeichen nach E$ einlesen.
120 CLOSE 2

H E A D E R
(Anlegen einer neuen Diskette):
HEADER "UEB",D0,I01   Diskette UEB in D0 (Identifikation 01).
HEADER D0   Name und Identifikation beibehalten.

I N P U T #
(Daten von einer sequentiellen Datei lesen):
100 OPEN 2,8,3,"DATEI,S,R"
110 INPUT#2,B$,U Die nächsten beiden Daten (Trennungszei-
120 CLOSE 2   chen dazwischen) nach B$ und U einlesen.

L O A D
(Laden eines Programms von Datasette in den RAM):
LOAD "TEST4"   Hauptspeicher RAM löschen und eine Kopie
                von Programm TEST4 in den RAM bringen.

O P E N
(Öffnen einer logischen Datei zur Vorbereitung des
Datenverkehrs mit einem externen Gerät):
100 OPEN 1,4   Drucker mit Gerätenummer 8.
100 OPEN 1,8,15   Öffnen des Befehls- und Fehler-
        kanals (Sekundäradresse 15 eigens für diesen Kanal).
100 OPEN 2,8,3,"DATEI,S,R" Seq. Datei (S) namens DATEI auf
100 OPEN 2,8,3,"DATEI,S,W" Diskette (8) zum Lesen (R),
100 OPEN 2,8,3,"DATEI,S,A" Schreiben (W) bzw. Anhängen (A).

P R I N T #
(Schreiben auf eine sequentielle Datei):
100 OPEN 2,8,3,"DATEI,S,W" Datei zum Schreiben öffnen und
110 PRINT#2,B$;",";U   als nächste Daten B$ und U in
120 CLOSE 2   die UmsatzDATEI speichern.

R U N
(Programm in den RAM laden und ausführen):
RUN "RECH"   Derzeitigen RAM-Inhalt löschen, Programm RECH
              von Diskette laden und RECH dann ausführen.

R E N A M E
(Umbenennen einer Datei auf Diskette):
RENAME "ALT" TO "NEU"   Programm ALT in NEU umbenennen.

S A V E
   (Speichern bzw. Retten eines Progamms auf Kassette):
   SAVE "RECH"   Inhalt des RAM unter dem Programmnamen RECH
                      auf Datasette speichern.
   SAVE "RECH",1   Gleichbedeutend mit: SAVE "RECH"

S C R A T C H
   (Löschen einer Datei auf Diskette):
   CLOSE   Alle Dateien schließen und Programm PROG1
   SCRATCH "PROG1"   im Laufwerk D0 löschen (ARE YOU SURE?)

V E R I F Y
   (Vergleichen eines Progammes im RAM und auf Diskette):
   VERIFY "RECH",8   Kontrollvergleich des Programms RECH.

2.3.2.4 Anweisungen und Funktionen für Grafik und Musik

B O X
   (Rechteckige Figuren zeichnen):
   100 BOX (Zonen-#),X1,Y1,X2,Y2,(,Drehwinkel)(,Farbe)

           Farbzonen-# 0-3 (0=Hintergrund, 1=Vordergrund,
                       2=Mehrfarben1, 3=Mehrfarben2, 4=Rand).
           X1,Y1   Ecke oben links (Zeile,Spalte).
           X2,Y2   Ecke unten rechts.
           Drehwinkel Im Uhrzeigersinn um den Rechteckmittel-
                       punkt (Standard=0 Grad).
           Farbe   1=mit Farbe füllen, 0=aus (Standard=0).

   100 BOX 1,0,0,50,50   Rechteck (Cursor steht in 50,50).
   100 BOX ,0,0,319,199   Gesamter Bildschirm aussen eingerahmt.
   100 BOX ,0,0,50,50,,1   Rechteckfläche eingefärbt.
   100 BOX ,0,0,50,50,135   Rechteck um 135 gedreht (Rhombus).

C H A R
   (Einsetzen eines Strings in den Grafik-Bereich):
   100 CHAR (Zonen-#),X,Y(,(String)(,REVERS))

           Farbzonen-# 0-3
           X   Spalte 0-39 von links nach rechts.
           Y   Zeile 0-24 von oben nach unten.
           String   Falls zu lang: vorne weiterschreiben.
           REVERS   1=Blinken an, 0=Blinken aus.

   100 CHAR 1,"TIP",2,3   String "TIP" in 3. Spalte/4. Zeile.
   100 CHAR ,"TIP",2,3   Wie oben, da 1=Default=Standard.
   100 CHAR 0,"TIP",2,3   "Tip" löschen, da Hintergrund.

C I R C L E
(Kreise, Ellipsen, Kreisausschnitte bzw. Vielecke zeichnen):
100 CIRCLE (Z-#),(X,Y),RX,(RY),(Bogen1),(Bogen2),(Dreh),(Wi)

Zonen-#	Farbzonen 0-3.
X,Y	Mittelpunkt (Cursorposition=Standard).
RX	Radius in Richtung X-Achse (waagerecht).
RY	Radius in Richtung Y-Achse (RX=Standard)
Bogen1	Bogen zeichnen von ... Grad (0=Standard)
Bogen2	Bogen bis ... (360=Standard=Vollkreis).
Dreh	Drehung im Uhrzeigersinn (0 Grad=Standard, d.h. oben 'bei 12 Uhr' beginnend).
Wi	Winkel zwischen 2 Kreispunkten (2 Grad=Standard; 120 ergibt ein Dreieck).

```
100 CIRCLE ,160,100,100  Größter Kreis in Bildschirmmitte.
100 CIRCLE 1,160,100,80,50   Angepaßter Zeilenradius von 50.
100 CIRCLE ,160,100,40,,,,,90  Um 90 Grad gedreht (=Raute).
100 CIRCLE ,160,100,80,90,270  Halbkreis (wie 'Schüssel').
```


C O L O R
(Einfärben von geschlossenen Flächen):
100 COLOR Farbzonen-#, Farb-#,(,Helligkeit)

Farbzonen-#	
0	= Hintergrund des Bildschirmes
1	= Vordergrund (Zeichen)
2	= Mehrfarben 1
3	= Mehrfarben 2
4	= Rahmen bzw. Rand des Bildschirmes

Farb-#			
1	= Schwarz	9	= Orange
2	= Weiß	10	= Braun
3	= Rot	11	= Gelbgrün
4	= Zyan	12	= Rosarot
5	= Violett	13	= Blaugrün
6	= Grün	14	= Hellblau
7	= Blau	15	= Dunkelblau
8	= Gelb	16	= Hellgrün

Helligkeit Von 0=dunkel bis 7=strahlend hell.

```
100 COLOR 4,8,7    Rahmen hellgelb (Standard=4,15,6).
100 COLOR 1,2      Zeichen weiß (ggf. unsichtbar).
```


D R A W
(Linien und Punkte zeichnen):
100 DRAW (Farbzonen-#),(X1,Y1,)(TO X2,Y2)

Zonen-#	Farbzonen 0-3
X1,Y1	Anfangspunkt (Standard=Cursorposition).
X2,Y2	Endpunkt (Standard=X1,Y1, d.h. Punkt).

```
100 DRAW ,0,20 TO 319,120  Linie von 0,20 bis 319,120 ziehen
100 DRAW 0,0,20 TO 319,120 Linie wieder löschen.
100 DRAW , TO 319,120       Linie von Cursorposition an.
100 DRAW , 160,100          Punkt 160,100 zeichnen.
100 DRAW ,0,20 TO 319,120 TO 160,100   Zwei Linien ziehen.
100 DRAW ,+40,60 TO ...     Linie beginnt 40 Pixel rechts und
                            60 Pixel unter der Cursorposition
```

G R A P H I C
  (Einstellen eines Grafik-Modus):
  100 GRAPHIC 0   Text-Grafik (X:0-39, Y:0-24)
  100 GRAPHIC 1   Hochauflösende Grafik (X:0-319, Y:0-199).
  100 GRAPHIC 2   HGR und Text gemischt auf Bildschirm:
                       Grafik-Bereich oben (X:0-319, Y:0-159),
                       Text-Bereich unten (5 Zeilen, 5*8 Pixel).
  100 GRAPHIC 3   Mehrfarben-Grafik (X:0-159, Y:0-199).
  100 GRAPHIC 4   Mehrfarben-Grafik und Text:
                       Grafik-Bereich oben (X:0-159, Y:0-159),
                       Text-Bereich unten (5 Zeilen je 8 Pixel).

  100 GRAPHIC 1,1   HGR-Grafik ein und Bildschirm löschen.
  100 GRAPHIC 1,0   HGR-Grafik ein, Bildschirm nicht gelöscht.
  100 GRAPHIC CLR   Grafik-Bereich gelöscht: für BASIC frei.

L O C A T E
  (Positionieren des Pixel-Cursors):
  100 LOCATE 319,199   Cursor ganz rechts unten (bei Modus 1)
                       bewegen (Absolut-Positionierung).
  100 LOCATE -50,+30   Cursor um 50 Pixel nach links und um 30
                       Pixel nach unten (Relativ-Positionierung).
  100 LOCATE 100;135   Cursor um 100 Pixel in einem Winkel von
                       135 Grad (Relativ-Winkel-Positionierung).

P A I N T
  (Einfärben von geschlossenen Flächen):
  100 PAINT (Farbzonen-#),(,(X,Y)(Modus)

              Farbzone-#   0-3 (1=Standard=Vordergrund).
              X,Y   Startpunkt innerhalb der Fläche.
              Modus   1=Nicht-Hintergrundfarbe, 0=Zonenfarbe.

  100 CIRCLE ,160,100,80   Einfärben eines Kreises mit Kreis-
  110 PAINT ,160,100   mitte als Startpunkt.
  120 PAINT ,0,0   Umgebung des Kreises einfärben.

R C L R (N)
  (Aktuelle Farbnummer einer Farbzone (0-4) angeben):
  100 PRINT RCLR(0)   Ausgabe von z.B. 3=rot für Hintergrund.

R D O T (N)
  (Aktuelle Koordinaten des Pixel-Cursors (X=0, Y=1, Farb=2):
  100 PRINT RDOT(1)   Ausgabe z.B. 35 für Y-Position.

R G R (Z)
  (Aktuellen Grafik-Modus angeben):
  100 PRINT RGR(1)   Ausgabe z.B. 1 für HGR-Grafik (1=dummy).

R L U M (N)
  (aktuelle Helligkeit der Farbzone N angeben):
  100 PRINT RLUM(1)   Ausgabe z.B. 7 für hellen Vordergrund.

S C A L E
  (Ändern der Skalierung in den Grafik-Modi 1,2,3 und 4):
  100 SCALE 1   Werte 0-1023 für X- und Y-Richtung anstelle
                       der Werte 0-159, 0-199 bzw. 0-319.
  100 SCALE 0   Skalierung 0-1023 wieder abschalten.

S O U N D
  (Erzeugen von Tönen und Geräuschen):
  100 SOUND (Stimme-#, Notenwert, Spieldauer)

            Stimme-#:   1 = Tongenerator 1 erzeugt Töne.
                         2 = Tongenerator 2 erzeugt Töne wie 1.
                         3 = Tongenerator 2 erzeugt Geräusche.
           Notenwert   Von 0-1023 (=Frequenzen ca. 0-1700).
           Spieldauer   Von 0 bis 65535 (mal 1/50 Sekunen).

  100 SOUND 1,345,25   Note "tiefes E" ca. 1/2 Sekunde lang.
  100 SOUND 3,800,100   Hohes Geräusch.
  100 SOUND 0   Gerade gespielten Ton ausschalten.

S S H A P E / G S H A P E
  (Grafik-Rechteckflächen als Strings abspeichern und laden)
V O L
  (Einstellen der Lautstärke):
  100 VOL 8   (Maximale der Lautstärken 0 bis 8).

2.3.3 Operatoren für Rechnen, Vergleich und Logik

Die BASIC-Anweisung

  100 PRINT 444*2+3000 /RET/

enthält hinter dem Anweisungswort PRINT einen Ausdruck mit den
beiden O p e r a t o r e n "*" (mal) und "+" (plus). In der
Programmiersprache BASIC sind neben solchen 'Rechenoperatoren'
auch 'Vergleichsoperatoren' und 'logische Operatoren' möglich.
In der Abbildung sind diese Operatoren zusammengestellt. Der
senkrechte Pfeil verweist auf die Rangfolge, in der diese Operatoren ausgeführt werden.

Operator-Typ:	Operator in BASIC:	Bedeutung:	Rangfolge der der Ausführung: hoch, zuerst
	( )	Klammer	
	↑	Potenzieren	
Rechen-Operatoren	−	Negative Zahl	
	* /	Multiplizieren, Dividieren	
	+ −	Addieren, Subtrahieren	
	=	gleich	
	<>	ungleich	
Vergleichs-Operatoren	>	größer als	
	<	kleiner als	
	> =	größer oder gleich	
	< =	kleiner oder gleich	
	AND	logisch UND	
Logische	OR	logisch ODER	niedrig,
Operatoren	NOT	logisch NICHT	zuletzt

            Operatoren in BASIC und Rangfolge ihrer Ausführung

Operatoren "+" und "=":
Ein und derselbe Operator kann verschiedene Bedeutungen haben.
So kann "+" addieren (3+4 ergibt 7) oder verknüpfen ("LE"+"NA"
ergibt "LENA").
"=" kann vergleichen (20 IF X=3 GOTO 90: ist 'X gleich 3'?)
oder einer Variablen einen Wert zuweisen (40 LET X=3: weise X
den Wert 3 zu).
Auf die Operatoren und deren Bedeutungen gehen wir ausführlich
in Abschnitt 3 anhand von Programmbeispielen ein.

Stehen in einem Ausdruck mehrere Operatoren, dann werden diese
entsprechend der in der Übersicht wiedergegebenen Rangfolge
ausgeführt: In Klammern gesetzte Operationen werden zuerst zur
Ausführung gebracht (höchster Rang), die logische Verneinung
dagegen zuletzt (niedrigster Rang). Im obigen Beispiel der Anweisung 100 PRINT 444*2+3000 wird zuerst mit "*" verdoppelt,
um dann mit "+" zur Zahl 888 die Zahl 3000 zu addieren (Operator "*" mit höherem Rang als Operator "+". Durch Klammern können wir die Rangfolge ändern.

2.4 Unterschiede von BASIC 3.5 gegenüber BASIC 2.0 und BASIC 4.0

2.4.1 Gemeinsamer Anweisungsvorrat

Die drei Commodore-Sprachversionen BASIC 2.0, BASIC 4.0 und
BASIC 3.5 (in dieser Reihenfolge sind sie erschienen) verfügen
über den folgenden übereinstimmenden Vorrat an Anweisungen:

Elementare Anweisungen:

CLR, DATA, DEF FN, DIM, END, FOR-NEXT, GET, GOTO-RETURN,
GOSUB-RETURN, IF-THEN, INPUT, LET, ON-GOSUB, ON-GOTO,
POKE, PRINT, READ, RESTORE, REM, STOP, SYS, WAIT

Anweisungen zum Zugriff auf externe Einheiten:

CLOSE, CMD, GET#, INPUT#, OPEN, PRINT#

Funktionen:

ABS(Z), ATN(Z), ASC(S$), CHR$(Z), COS(Z), EXP(Z), FN...(Z),
INT(Z), LEFT$(S$,Z), LEN(S$), LOG(Z), MID$(S$,Z1,Z2), PEEK(Z),
RIGHT$(S$,Z), RND(Z), SGN(Z), SIN(Z), SQR(Z), STR$(Z), TAN(Z),
USR(Z), VAL(S$)

Benutzer-Kommandos:

CONT, COPY, DELETE, LIST, LOAD, NEW, RENAME, RUN,
SAVE, SCRATCH, VERIFY

In BASIC 2.0 und 3.5 müssen die Kommandos COPY, DELETE, RENAME
und SCRATCH über den Befehlskanal 15 und PRINT# abgesandt werden.

2.4.2 Erweiterte elementare Anweisungen von BASIC 3.5

Gegenüber BASIC 2.0 und BASIC 4.0 ist der Anweisungsvorrat von
BASIC 3.5 um folgende Anweisungen und Funktionen erweitert:

```
    - GETKEY                 Tastaturabfrage
    - KEY                    Funktionstasten-Belegung
    - SCNCLR                 Bildschirm löschen
    - PRINT USING/PUDEF      Ausgabeformatierung
    - TRAP/RESUME            Fehlerbehandlung

    - IF-THEN-ELSE           Verzweigung: Zweiseitige Auswahl
    - DO-LOOP UNTIL          Nicht-abweisende Schleife
    - DO WHILE-LOOP          Abweisende Schleife
    - DO-LOOP-EXIT           Schleife mit Abfrage in der Mitte

    - DEC(H$)                Dezimalen Wert von Hex-String H$.
    - INSTR(S$,T$,B)         Stringfunktion: In S$ ab der B. Stelle
                             nach Teilstring T$ suchen
    - HEX$(Z)                Hexadezimalen Wert von Z ermitteln
    - JOY(Z)                 Joystick Z (1 oder 2) abfragen
```

2.4.3 Anweisungen für den Zugriff auf Diskette

Das standardmäßig im ROM bereitgestellte BASIC meldet sich mit
"COMMODORE BASIC V3.5 ....". Dieses BASIC 3.5 umfaßt alle Dis-
ketten-Anweisungen des BASIC 4.0 mit Ausnahme der Anweisungen
DOPEN# und DCLOSE# (Datei öffnen und schließen) sowie RECORD#
(Satzzeiger stellen bei Direktzugriff-Datei). In der Abbildung
werden die Anweisungen für den Zugriff auf Diskette genannt.

```
Übersicht der Anweisungsworte:
--------------------------------------

      BASIC 2.0            BASIC 3.5:            BASIC 4.0:

        -                  COLLECT               COLLECT
    *  COPY                COPY                  COPY
       CLOSE               CLOSE                 DCLOSE#
    *  DUPLICATE           BACKUP                BACKUP
    *  INITIALIZE          entfällt              entfällt
       LOAD                LOAD                  LOAD
       LOAD "..",8         DLOAD                 DLOAD
       LOAD "$",8          DIRECTORY             DIRECTORY
       GET#                GET#                  GET#
    *  NEW                 HEADER                HEADER
       INPUT#              INPUT#                INPUT#
       OPEN                OPEN                  DOPEN#
       PRINT#              PRINT#                PRINT#
    *  simuliert        *  simuliert            RECORD#
    *  RENAME              RENAME                RENAME
       SAVE                SAVE                  SAVE
       SAVE "..",8         DSAVE                 DSAVE
    *  SCRATCH             SCRATCH               SCRATCH
```

```
Mit * gekennzeichnete Anweisungen: Befehlskanal öffnen
-------------------------------------------------------
  Der Befehlskanal  wird in BASIC 4.0 immer  und in  BASIC 3.5
  mit Ausnahme der RECORD#-Anweisung automatisch eröffnet. Bei
  den mit  * gekennzeichneten Anweisungen  muß der Befehlska-
  nal 15 dagegen mittels OPEN eröffnet werden, um dann mittels
  PRINT# z.B. die Anweisung RENAME  wie folgt zu  übermitteln:

    BASIC 2.0:                       BASIC 3.5 und BASIC 4.0:
    - - - -                          - - - - - - - - - - - -
    OPEN 1,8,15
    PRINT#1,"RENAME: NEU=ALT"        RENAME "ALT" TO "NEU"
    CLOSE 1

  Der Dreischritt "OPEN-PRINT#-CLOSE" reduziert sich zu einer
  einzigen Anweisung.
```

Diskettenzugriff in BASIC 3.5 sowie BASIC 2.0 und BASIC 4.0

2.4.4 Anweisungen, die nur BASIC 3.5 kennt

Neben den in Abschnitt 2.4.2 bereits genannten Anweisungen
GETKEY, KEY, TRAP-RESUME, PRINT USING, IF-THEN-ELSE, SCNCLR,
DO-UNTIL LOOP, DO WHILE-LOOP, DO-LOOP-EXIT und den Funktionen
DEC, HEX$, INSTR und JOY sind die folgenden Grafik- und Musik-
anweisungen sowie Programmierhilfen weder in BASIC 2.0 noch in
BASIC 4.0 vorgesehen.

Anweisungen für Grafik und Musik (nur in BASIC 3.5):

```
- BOX            Rechtecke zeichnen
- CHAR           Text in Hires-Grafik einfügen
- CIRCLE         Kreise und Ellipsen zeichnen
- COLOR          Farbe einstellen für Rahmen und Hintergrund
- DRAW           Punkte und Linien zeichnen
- GRAPHIC        Grafik-Modus einstellen (Text bzw. Hires)
- LOCATE         Cursor positionieren
- PAINT          Mit Farbe füllen
- RCLR(N)        Farbe der Bildschirmzone N (0-4) zuordnen
- RDOT(N)        Position des Grafik-Cursors angeben
- RGR(N)         Augenblicklichen Grafik-Modus nennen
- RLUM(N)        Farbintensität der Farbzone N nennen
- SCALE          Skalierung der Bitmuster von Hires- und Multi-
                 color-Grafik ändern
- SSHAPE         Teil der Hires-Grafik auf Diskette speichern
- GSHAPE         Hires-Grafik von Diskette auf den Bildschirm
                 bringen
- SOUND          Musik einstellen
- VOL            Lautstärke einstellen
```

Benutzer-Kommandos als Programmierhilfen (nur in BASIC 3.5):

- AUTO   Automatische Numerierung von Programmzeilen
- RENUMBER   Zeilennumerierung selbst ändern
- TRON-TROFF   Trace-Lauf (Ausführung in Einzelschritten)
- DELETE   Programmbereiche löschen
- HELP   Fehlerbereich aufzeigen
- MONITOR   Maschinensprache-Monitor von BASIC aufrufbar

Maschinensprache-Monitor TEDMON mit 11 Befehlen:

- Assembler und Disassembler
- Speicherauszug mit ASCII-Anzeige
- Register-Anzeige
- Speicher oder Register ändern
- Datentransfer
- Datenvergleich
- Suchfunktion
- Speicher mit Bytes füllen
- LOAD, SAVE und VERIFY Speicher
- Maschinenprogramm ausführen
- Monitor verlassen und in BASIC zurückkehren

2.4.5 Programmausführung auf anderen Commodore-Computern

2.4.5.1 Ausführung auf CBM-Serien 4000 und 8000

BASIC 3.5 und BASIC 4.0:
Commodore-Computer der Serien 4000/8000 laufen mit BASIC 4.0.
BASIC 3.5 ist aufwärtskompatibel zu BASIC 4.0 . Das bedeutet,
daß ein "reines" BASIC-Programm, das auf einem C-16, C-116
oder plus/4 in der ROM-Sprache BASIC 3.5 geschrieben wurde,
auch auf größeren PCs von Commodore läuft, die in BASIC 4.0
programmierbar sind. "Rein" beinhaltet, daß das jeweilige Programm ohne Tricks, die auf die spezielle Rechnerstruktur abhe-
ben, arbeiten muß (PEEK, POKE, ...) und keine Zusatzanweisun-
gen (z.B. Grafik, Musik, Schleifensteuerung mit WHILE) enthalten darf.

Anfangsadressen der BASIC-Programmspeicher:
Wollen wir ein auf dem C-16, C-116 oder plus/4 erstelltes Programm auf einem CBM-Computer der Serien 2000, 3000, 4000 oder
8000 (z.B. auf einem CBM 8032) laufen lassen, so geht das von
den BASIC-Versionen her betrachtet in jedem Falle (Aufwärts-
kompatibilität).
Dennoch kann das C-16-Programm nicht gestartet werden, da es
an der 'falschen' RAM-Adresse gesucht wird.

Commodore-Computer der Serien 2000/3000/4000 und 8000 suchen
den Anfang eines BASIC-Programms bei Adresse 1025 im RAM. Beim
C-16/plus/4 hingegen liegt diese Anfangsadresse bei 4097. Laden wir ein auf dem C-16 bzw. plus/4 geschriebenes Programm
auf einem CBM 8032 , so wird es durch LOAD wieder ab Adresse
4097 abgelegt. Der LOAD-Befehl funktioniert also.
Tippen wir RUN ein, dann sucht der BASIC-Interpreter den Programmanfang an Adresse 1025. Da an diesem Speicherplatz nichts
steht, kann das BASIC-Programm nicht zur Ausführung gebracht
werden.
Abhilfe schafft folgende Anweisungsfolge, die wir v o r der
Eingabe des LOAD-Befehls im direkten Dialog eintippen:

```
POKE 40,1      /RET/
POKE 41,16     /RET/
POKE 16*256,0  /RET/
NEW            /RET/
```

Durch diese POKE-Anweisungen setzen wir die Zeiger, die auf
den Anfang eines BASIC-Programms zeigen, von ursprünglich 1025
auf 4097 (der CBM-Computer wird also 'angeschwindelt').   Der
Anfangszeiger steht als 2-Byte-Adresse in den Adressen 40 und
41 (Lowbyte 1 in 40 plus Highbyte 16*256=4096 in 41 ergibt die
Anfangsadresse 4097). Auf 2-Byte-Adressen gehen wir später in
Abschnitt 3.5.5.1 genauer ein.

Laden wir Programme in den C-16 und plus/4, die auf Commodore-
Computern der Serien 2/3/4/8000 geschrieben wurden, so treten
diese Schwierigkeiten mit der Anfangsadresse nicht auf.
Grund: Der C-16 bzw. plus/4 ist etwas intelligenter und lädt
BASIC-Programme automatisch an den Anfang seines Programmspei-
chers, also an Adresse 4097.
Gleichgültig, ob diese Programme zuvor durch den Befehl DSAVE
bzw. SAVE den Adreßvermerk 1025 bzw. 4097 erhielten.

2.4.5.2 Ausführung auf dem Commodore 64

BASIC 2.0 und BASIC 3.5:
Standardsprache des Commodore 64 ist BASIC 2.0. Da BASIC 2.0
aufwärtskompatibel zu BASIC 3.5 ist, können alle auf dem Commodore 16, 116 bzw. plus/4 geschriebenen Programme auch auf
einem Commodore 64 zur Ausführung gebracht werden, sofern sie
'nur' die Sprachelemente von BASIC 2.0 aufweisen. Diese Kompatibilität gilt n i c h t für Grafik und Musik: einerseits
kennt der C-64 die erweiterten Grafik- und Musikanweisungen
des C-16 und plus/4 nicht, andererseits verarbeitet der C-16
und plus/4 z.B. die Sprites des C-64 nicht.
Ist auf dem Commodore 64 das BASIC 4.0 verfügbar (über Modul
oder Software), können natürlich auch die entsprechenden Dis-
kettenbefehle genutzt werden.

Anfangsadressen der BASIC-Programmspeicher:
Der Commodore 64 lädt jedes BASIC-Programm automatisch an den
Anfang seines Programmspeichers, also in die Adresse 2049. Der

Commodore 16, 116 bzw. plus/4 verfährt ebenso, nur liegt seine
Anfangsadresse bei 4097. Aus diesem Grunde hat man bezüglich
des Programmstartes mit RUN keinerlei Schwierigkeiten.

2.4.5.3 Ausführung auf CBM-Serien 2000 und 3000

Auf Commodore-Computern der Serien 2000 und 3000 ist BASIC 2.0
im ROM verfügbar. Was die Sprachvereinbarkeit von BASIC 2.0
und BASIC 3.5 angeht, gilt somit dasselbe wie für den Commodore 64.
Hinsichtlich der Anfangsadresse des BASIC-Programmes sind die
CBM-Serien 2000 und 3000 jedoch nicht so intelligent wie der
Commodore 64. Wir müssen also wieder die Adreßverschiebung

```
POKE 40,1: POKE 41,16: POKE 16*256,0: NEW  /RET/
```

vornehmen (vgl. Abschnitt 2.4.5.1), um ein auf dem C-16, C-116
oder plus/4 geschriebenes Programm laufen zu lassen.

2.4.5.4 Ausführung auf CBM-Systemfamilie 700

Um Programme, welche auf dem Commodore 16, 116 bzw. plus/4 geschrieben und z.B. auf einer Floppy 1541 abgespeichert wurden,
auf einem Computer der Familie CBM 700 ausführen zu können,
sind zwei Punkte zu beachten:

1. Die CBM 700-Geräte arbeiten mit Extended BASIC 4.0, das
   die elementaren Anweisungen von BASIC 3.5 umfaßt. Von daher
   ergeben sich kaum Schwierigkeiten.

2. Das Disketten-Aufzeichnungsformat hingegen ist n i c h t
   mit der Floppy 1541 bzw. CBM 4040 kompatibel. Das bedeutet,
   daß die Programme zunächst überspielt werden müssen. Dazu
   ein Beispiel: An den Computer wird eine Floppy 4040 sowie
   eine Floppy 8050 bzw. 8250 angeschlossen, um dann alle Programme von der Floppy 4040 (kompatibel mit dem Aufzeichnungsformat der Floppy 1541) auf die Floppy 8050 (kompatibel mit dem Format der Familie CBM 700) zu kopieren.

2.5 Built-In-Software des Commodore plus/4

Nach dem Einschalten des Commodore plus/4 erscheint am Bildschirm diese Meldung:

     COMMODORE BASIC V3.5   60671 BYTES FREE
     3-PLUS-1 ON KEY F1

Unter der Mitteilung, daß genau 60671 Bytes an Speicherplatz
für den Benutzer zur freien Verfügung stehen, erscheint die
Einladung, die Funktionstaste /F1/ zu drücken, um mit der eingebauten Software zu arbeiten.
'Eingebaut' heißt, daß die entsprechenden Programme in einem
ROM bzw. Festwertspeicher bereits gespeichert sind - genau wie
der Interpreter der Standardsprache BASIC 3.5. Es handelt sich
dabei also um F i r m w a r e (vgl. Abschnitt 1.4).

Tippen wir /F1/, so erscheint am Bildschirm diese Mitteilung:

     SYS 1521 : 3-plus-1

Nach Drücken der /RET/-Taste befinden wir uns im ersten von
drei eingebauten Programmen, einem Textverarbeitungsprogramm.
Die beiden anderen Programme - eine Tabellenkalkulation sowie
eine Dateiverwaltung - können von der Textverarbeitung heraus
aufgerufen werden.

Durch die Eingabe von

     TC /RET/

(für 'To Calculator') rufen wir von der Textverarbeitung aus
die Tabellenkalkulation auf. Mit der Eingabe von

     GR /RET/

(für 'GRaphic') aktivieren wir das Grafik-Paket. Das 'plus-1'
bezieht sich auf dieses zusätzliche ROM-residente Programm.

Die drei Commodore-Computer C-16, C-116 und plus/4 weisen alle
das BASIC 3.5 aus Standardsprache auf. Aus diesem Grunde lassen sie sich im Hinblick auf die Programmiersprache gleich behandeln.
Im Hinblick auf weitere fest eingebaute Software nimmt der
plus/4 eine Sonderstellung ein: Nur im plus/4 sind solche Programme eingebaut.

3
Programmierkurs mit Commodore-BASIC 3.5

3.1 Grundlegende Programmstrukturen an Beispielen

Wie in Abschnitt 1.3.3 dargestellt, lassen sich aus den vier
g r u n d l e g e n d e n Programmstrukturen

- Folgestrukturen   (linear, geradeaus)
- Auswahlstrukturen   (vorwärts verzweigend)
- Wiederholungsstrukturen   (rückwärts verzweigend, Schleife)
- Unterprogrammstrukturen   (unterteilend)

alle nur denkbaren Programmabläufe konstruieren. Im vorliegenden Abschnitt 3.1 wird zu jeder Programmstruktur ein in sich
abgeschlossenes Demonstrationsbeispiel angegeben und erklärt.
Programmierspache: BASIC 3.5 auf Commodore 16, 116 und plus/4.

3.1.1 Lineare Programme

3.1.1.1 Codierung und Ausführungen zu einem Programm

Den Unterschied zwischen der Codierung eines Programmes und
dessen Ausführungen erklären wir anhand unseres 'ersten Programmes' VERBRAUCH1 (vgl. Abschnitt 2.2).
Jedes Programm hat einen Namen. Ein Programm namens VERBRAUCH1
ermittelt den durchschnittlichen Benzinverbrauch für einen Pkw
mit einem Tankinhalt von 60 Litern. Die Codierung sowie zwei
Ausführungen sehen wie folgt aus:

Codierung zu VERBRAUCH1:   Zwei Ausführungen zu VERBRAUCH1:

```
10 LET T = 60
20 PRINT "EINGABE: GEFAHRENE KM"
30 INPUT K
40 LET D = 100 * T / K
50 PRINT "AUSGABE: LITER/100 KM"
60 PRINT D
70 END
```

```
EINGABE: GEFAHRENE KM
 600
AUSGABE: LITER/100 KM
 10


EINGABE: GEFAHRENE KM
 542
AUSGABE: LITER/100 KM
 11.0701107
```

Tippt man den Befehl RUN ein, so wird das Programm ausgeführt:
Der Computer gibt den Text "EINGABE: GEFAHRENE KM" aus . Der
Benutzer gibt 600 ein, der Computer berechnet 10 L als Durch-
schnittverbrauch, um dann den Text "AUSGABE: LITER/100 KM" und
die Zahl 10 auszugeben. Bei der zweiten Ausführung entwickelt
sich ein ähnlicher Mensch-Computer-Dialog, nur wird dabei von
542 km ausgegangen. Beide Programmausführungen (auch Programm-
läufe oder Dialogprotokolle genannt) werden dem Computer durch
Anweisungen befohlen, die man sich durch Eintippen des Befehls

LIST zeigen lassen kann. Das in der Programmiersprache BASIC codierte Programm VERBRAUCH1 umfaßt sieben Zeilen mit den Zeilennummern 10-70 sowie vier Anweisungsarten LET, PRINT, INPUT und END. Das Programm wird Zeile für Zeile linear ausgeführt:

    10 LET T=60
       Weise die Zahl 60 nach T (wie Tankfüllung) zu.

    20 PRINT "EINGABE: GEFAHRENE KM"
       Gib am Bildschirm den zwischen " " stehenden Text aus.

    30 INPUT K
       Warte auf eine Tastatureingabe und weise diese Eingabe
       dann der Variablen K (für Kilometer) zu.

    40 LET D=100*T/K
       Rechne 100 mal T durch K aus und weise das Ergebnis dann
       der Variablen D (für Durchschnittverbrauch) zu.

    50 PRINT "AUSGABE: LITER/100 km"
       Gib am Bildschirm den zwischen " " stehenden Text aus.

    60 PRINT D
       Gib am Bildschirm den Inhalt der Variablen D aus.

    70 END
       Beende die Ausführung des Programms VERBRAUCH1.

Jede Programmzeile enthält eine Zeilennummer (z.B. 30) mit Anweisungswort (z.B. INPUT) und Anweisungsargument (z.B. K).

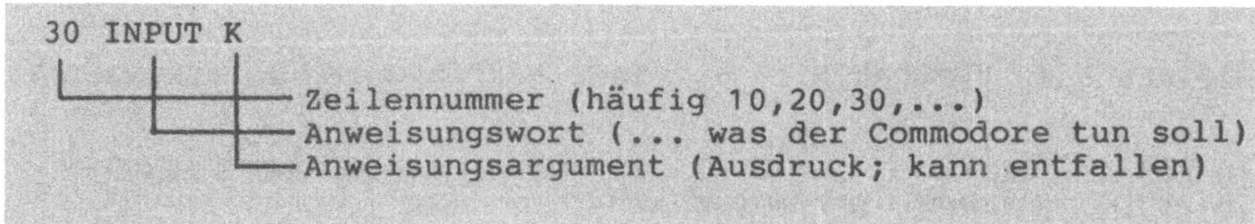

Aufbau der BASIC-Programmzeile an einem Beispiel

Die Codierung (auch Listing oder einfach Programm genannt) besteht aus einer Folge von computerverständlich in BASIC formulierten Anweisungen. Das e i n m a l c o d i e r t e Programm kann dabei m e h r m a l s a u s g e f ü h r t werden, wobei sich die Ausführungen je nach Eingabewerten unterscheiden können, die Codierung aber unverändert zugrundeliegt.

Dies wird ermöglicht durch die Verwendung von Variablen (vgl. Abschnitt 1.3.4.2), hier durch die numerischen Variablen K und D. Während K und D ihren Inhalt (Wert) ändern, bleibt dieser bei T mit 60 Litern fest bzw. konstant: T ist eine Konstante. Daten können als V a r i a b l e n oder K o n s t a n t e n im Programm vorgesehen sein; hier liegen numerische Daten vor.

Zu den Anweisungsarten LET, PRINT, INPUT und END, die im Programm VERBRAUCH1 zur Ausführung kommen:

Die L E T - A n w e i s u n g dient der Berechnung. Sie ermittelt den Wert des rechts neben dem Zuweisungszeichen "=" angebenenen Ausdruckes und weist dieses Ergebnis in die links von "=" stehende Variable zu. Bei LET (für (zu)lassen) darf links vom Zuweisungszeichen "=" immer nur e i n e Variable stehen.

Die P R I N T - A n w e i s u n g dient der Ausgabe von Text oder Variableninhalten. Text wird dabei stets innerhalb von Gänsefüßchen " " angegeben. Programm VERBRAUCH1 gibt in den Zeilen 20 und 50 Texte aus, z.B. "EINGABE: GEFAHRENE KM". In der Zeile 60 wird kein Text, sondern der Wert einer Variablen ausgegeben (deshalb 60 PRINT D und nicht 60 PRINT "D").

Die I N P U T - A n w e i s u n g dient der Eingabe von Werten über die Tastatur und deren Zuweisung in eine Variable. In Zeile 30 wird dem Commodore durch die Anweisung 30 INPUT K folgendes befohlen: "Warte auf unsere Tastatureingabe und weise den eingetippten (Zahlen-)Wert dann der Variablen K zu".

Die E n d - A n w e i s u n g hat kein Argument und beendet die Programmausführung.

LET ...   BERECHNUNG und WERTZUWEISUNG mit dem "="
               als Zuweisungszeichen.

PRINT ...   AUSGABE vom Commodore auf eine Ausgabe-
               einheit (wie z.B. auf den Bildschirm).

INPUT ...   EINGABE von einer Eingabeeinheit (wie z.B.
               von der Tastatur) in den Commodore.

END   BEENDIGUNG der Ausführung eines mit dem
               Befehl RUN gestarteten Programmes.

Vier BASIC-Anweisungen des Programmes VERBRAUCH1

3.1.1.2 Anweisungsfolge Eingabe - Verarbeitung - Ausgabe

Jedes Programm läuft in der Folge Eingabe-Verarbeitung-Ausgabe ab, auch als EVA-Prinzip bezeichnet (vgl. Abschnitt 1.2.2.1). Im folgenden Programm namens PREISSENKUNG1 zeigt sich dieser Dreier-Schritt in den Zeilen 20, 30 und 40.

Die REM-Anweisung (engl. remark für Bemerkung) ermöglicht das Einfügen von Bemerkungen, die n u r bei LIST erscheinen, nicht aber bei RUN. So erscheint der Programmname PREISSENKUNG1 bei den Ausführungen nicht.

Codierung zu Programm PREISSENKUNG1:

```
10 REM ====== PROGRAMM PREISSENKUNG1
20 INPUT "ALTER PREIS";P
30 LET P = P - P * 15 / 100
40 PRINT "NEUER PREIS:";P
50 END
```

Zwei Ausführungen zu PREISSENKUNG1:

```
ALTER PREIS? 300            ALTER PREIS? 4925.65
NEUER PREIS: 255            NEUER PREIS: 4186.8025
```

Die Zeile 20 hätte man auch umständlicher codieren können als

```
    20 PRINT "ALTER PREIS:";        (wichtig: ; am Zeilenende)
    21 INPUT P
```

Da vor jedem INPUT ein PRINT stehen sollte (sonst weiß man ja
nicht, was überhaupt einzutippen ist), kann man mit Anweisung

```
    20 INPUT "ALTER PREIS";P
```

die Eingabeanforderung mit der Eingabe zusammen in   e i n e r
INPUT-Anweisung programmieren.

In der   Abbildung sind fünf typische Beispiele zur   LET-Anweisung wiedergegeben. Insbesondere die als letztes Beispiel dargestellte Anweisung   30 LET P=P-P*15/100   verdeutlicht den Unterschied zwischen dem Zuweisungszeichen ("=": weise zu von
rechts nach links) einerseits und   dem mathematischen Gleich-
heitszeichen ("=": links gleich rechts) andererseits.

```
Allgemeine Form:
----------------
  ... LET Variablenname = Ausdruck

Fünf typische Beispiele:
------------------------

0 100 LET B=6        weist der Variablen B den Wert 6 zu.
5  45 LET G=V+3       addiert den Inhalt von V und 3 und weist das
                      Ergebnis der Variablen V zu.
   180 LET Z=Z+1      erhöht den Wert von Z und 1.
    90 LET X1=X1/2 halbiert den Wert der Variablen X1.

0  30 LET P=P-P*15/100  vermindert P um 15 Prozent.
          |    |  |____ 1. 200*15/100 ergibt 30 (200 in P)
          |    |_______ 2. 200-30 ergibt 170    (200 in P)
          |____________ 3. Weise 170 nach P zu (200 ersetzt
                                                  durch 170)
```

        LET-Anweisung mit "=" als Wertzuweisungszeichen

Die im Programm PREISSENKUNG1 enthaltene Ausgabeanweisung

    40 PRINT "NEUER PREIS";P

zeigt, wie man sich konstanten Text ("NEUER PREIS: ") und Va-
riableninhalt (Variable P) nebeneinander ausgeben lassen kann:
Das ";" trennt beide Größen ohne Leerzeichen (auch Blanks genannt).
Auf die Gänsefüßchen kommt es an: PRINT "P" würde den Buchstaben P am Bildschirm zeigen, PRINT P jedoch gibt den Wert der
Variablen P aus.

3.1.1.3 Übersichtliche Programmgliederung

Jedes Anwenderprogramm gliedert man - unabhängig von Computer-
typ und Programmiersprache (siehe Abschnitt 1.3.4.3) - in die
drei Teile

    Programmname,
    Vereinbarungsteil und
    Anweisungsteil.

In BASIC ist diese explizite Dreiteilung nicht unbedingt erforderlich. Insbesondere bei umfangreichen, langen Programmen
sollte man die Dreiteilung aber mit REM-Anweisungen markieren.
Das Programm PREISSENKUNG2 sieht diese Dreiteilung vor, wobei
die Teile durch Leerzeilen und REMs getrennt werden (der Doppelpunkt ":" dient zur Darstellung von Leerzeilen). Die Zeilen
100-130 und 150-170 dienen allen der Erläuterung der drei Pro-
grammteile; das Programm PREISSENKUNG2 würde auch ohne diese
Zeilen laufen.

Zum Datentyp I N T E G E R :
Im Vereinbarungsteil des Programmes PREISSENKUNG2 wird S% als
G a n z z a h l - K o n s t a n t e vereinbart (INTEGER für
ganzzahlig) und P als Dezimalzahl-Variable (REAL=Kommazahl).

Codierung zu Programm PREISSENKUNG2:


```
100 REM ====== PROGRAMM PREISSENKUNG2
110 :
120 REM ======VEREINBARUNGSTEIL
130 REM S: INTEGER (PREISSENKUNG IN % KONSTANT"
140 LET S%=15
150 REM P: REAL    (PREIS VARIABEL)
160 :
170 REM ======ANWEISUNGSTEIL
180 PRINT "PREISSENKUNG UM 15% ERMITTELN."
190 INPUT "ALTER PREIS?";P
200 LET P=P-P*S%/100
210 PRINT "NEUER PREIS:"; P
220 PRINT "ENDE.": END
```

Zur Trennung von Anweisungen durch ":":
In BASIC ist es möglich, mehrere Anweisungen durch einen ":"
getrennt in e i n e Zeile zu schreiben. Aber: lange Zeilen
sind unübersichtlich und schwer korrigierbar, das Zeichen ":"
sollte möglichst vermieden werden. In der letzten Zeile von
PREISSENKUNG2 werden mit dem ":" die Anweisungen PRINT sowie
END in einer Zeile programmiert.

Zwei Ausführungen zu Programm PREISSENKUNG2:


```
PREISSENKUNG UM 15% ERMITTELN.     PREISSENKUNG UM 15% ERMITTELN.
ALTER PREIS? 200                   ALTER PREIS? 10000
NEUER PREIS: 170                   NEUER PREIS: 8500
ENDE.                              ENDE.
```


Gleiche Ausführungen - verschiedene Codierungen:
PREISSENKUNG1 und PREISSENKUNG2 lösen beide dasselbe Problem.
Die Codierungen unterscheiden sich wesentlich, die Ausführungen dagegen kaum. Ein und d a s s e l b e Problem kann oft-
mals v e r s c h i e d e n in BASIC codiert werden.

3.1.1.4 Programmeingabe und Programmspeicherung

Soll das Programm PREISSENKUNG2 erstmalig in den Computer eingegeben werden, geht man zweckmäßigerweise in sieben Schritten
vor:

1. Hauptspeicher frei machen:
   Befehl NEW tippen. Ein ggf. im Hauptspeicher RAM befindliches Programm wird gelöscht.
2. Programmeingabe:
   Programm Zeile für Zeile eintippen und am Ende jeder Zeile
   dabei die RETURN-Taste drücken.
3. Testläufe:
   Befehl RUN tippen, um das Programm auszuführen und so zu
   testen. Falls fehlerhaft: Korrektur, weiter mit 2.
4. Codierung überprüfen:
   Befehl LIST tippen und Codierung überprüfen (im Hinblick
   auf Logik und Lesbarkeit).
5. Programm sicherstellen:
   Befehl DSAVE "PREISSENKUNG2" tippen: Das namenlos im RAM
   stehende Programm wird unter dem Namen PREISSENKUNG2 auf
   Diskette abgespeichert.
   Programm PREISSENKUNG2 befindet sich auf Diskette wie auch
   im RAM. Beide Programmkopien stimmen vollkommen überein.
6. Speicherungs-Kontrolle:
   NEW tippen, RUN tippen: kein Programm ist mehr ausführbar.
   DLOAD "PREISSENKUNG2" tippen: das Programm PREISSENKUNG2
   wird auf Diskette gesucht und eine Kopie in den RAM geladen. Das Programm kann nun mit RUN ausgeführt werden.
7. Inhaltsverzeichnis der Diskette prüfen:
   Den Befehl DIRECTORY eintippen: alle auf Diskette abgelegten Programme werden angezeigt, so auch PREISSENKUNG2.

Hinweis: Ist mit DSAVE ein auf Diskette unter demselben Namen
schon vorhandenes Programm zu überschreiben, so ist der Befehl
DSAVE " PREISSENKUNG2" einzugeben (mit Klammeraffe " " für das
Überschreiben).
Im RAM ist normalerweise nur e i n einziges Programm gespei-
chert, auf der Diskette aber stets m e h r e r e Programme.

3.1.1.5 Arbeitsschritte zur Programmentwicklung

Je umfangreicher ein Programm, um so sinnvoller erscheint ein
geplantes und schrittweises Vorgehen zur Programmentwicklung.
In Abschnitt 1.3.7 nannten wir als allgemeine Arbeitsschritte:
Problemstellung, Programmentwurf, Programmierung, Dokumentation und Anwendung.
'Allgemein' heißt, daß diese Fünf-Arbeitsschritte-Folge auch
zur Entwicklung komplexer Programm-Pakete geeignet ist. Für
die in diesem Buch angeführten k u r z e n Demonstrationspro-
gramme genügt eine vereinfachte Arbeitsschrittfolge:

   1. Problemstellung
   2. Problemanalyse
   3. Darstellungen des Algorithmus
   4. Codierung in BASIC
   5. Anwendung/Ausführung
   6. Dokumentation

Am Beispiel des wiederum linearen Programmes KALKULATION1 wollen wir die Arbeitsschritte 1, 2, 4 und 5 darstellen.

Problemstellung zu Programm KALKULATION1:
Es ist ein Dialogprogramm zu erstellen, das ausgehend vom Ein-
standspreis den Nettoverkaufspreis und den Zuschlagsatz kalku-
liert.

Problemanalyse zu Programm KALKULATION1 mit Variablenliste und
Schrittplan:
In einer V a r i a b l e n l i s t e lassen sich die im Pro-
gramm verwendeten Variablen so zusammenfassen:

   Ausgabedaten (Resultate):
      NET   Nettoverkaufspreis in DM
      KALK   Kalkulationszuschlag in %
   Eingabedaten (von Tastatur):
      EINST   Einstandspreis in DM
      P1   Gemeinkostenzuschlag in % (von Hundert)
      P2   Gewinnzuschlag in % (von Hundert)
      P3   Skontosatz in % (im Hundert)
      P4:   Rabattsatz in % (im Hundert)
   Verarbeitung (Formeln):
      GEMEIN Gemeinkosten in DM (GEMEIN=EINST*P1/100)
      SELBST Selbstkosten in DM (SELBST=EINST+GEMEIN)
      SPANNE Gewinnspanne in DM (SPANNE=SELBST*P2/100)

```
BAR      Barverkaufspreis in DM (BAR=SELBST+SPANNE)
SKO      Skontobetrag in DM (SKO=BAR*P3/(100-P3)
ZIEL     Zielverkaufspreis in DM (ZIEL=BAR+SKO)
RAB      Rabattbetrag in DM (RAB=ZIEL*P4/(100-P4))
NET      Nettoverkaufspreis in DM (NET=ZIEL+RAB)
KALK     Kalkulationszuschlag (KALK=(NET-EINST)*100/EINST)
```

Der folgende S c h r i t t p l a n zeigt eine grobe Darstellung des Lösungsablaufes vom Programm KALKULATION1:

```
Schritt 1: Vier Zuschlagsätze P1-P4 eintippen
Schritt 2: Einstandspreis EINST eintippen
Schritt 3: NET und KALK berechnen
Schritt 4: NET und KALK als Resultat ausgeben
```

Codierung zu Programm KALKULATION1:

```
100 REM ======PROGRAMM KALKULATION1
110 PRINT "WARENKALKULATION: AUS DEM EINSTANDS-"
120 PRINT "PREIS DEN NETTOVERKAUFSPREIS ERMITTELN.": PRINT
130 :
140 REM ======VEREINBARUNGSTEIL
150 REM P1,P2,P3,P4,P5: REAL (ZUSCHLAGSAETZE IN %)
160 REM EINST, GEMEIN, SELBST, GEWINN, BAR, SKO, ZIEL,
170 REM RAB, NET:        REAL (EINZELBETRAEGE IN DM)
180 REM KALK:            REAL (KALKULATIONSZUSCHLAG IN %)
190 :
200 REM ======ANWEISUNGSTEIL
210 REM *** EINGABETEIL (VON TASTATUR) ***********
220 INPUT "GEMEINKOSTEN IN % V.H.   ";P1
230 INPUT "GEWINNZUSCHLAG IN % V.H.";P2
240 INPUT "SKONTO IN % I.H.         ";P3
250 INPUT "RABATT IN % I.H.         ";P4
260 INPUT "EINSTANDSPREIS IN DM     ";EINST
270 REM *** VERARBEITUNGSTEIL (WERTYUWEISUNGEN)****
280 LET GEMEIN = EINST* P1 / 100
290 LET SELBST = EINST + GEMEIN
300 LET SPANNE = SELBST * P2 / 100
310 LET BAR = SELBST + SPANNE
320 LET SKO = BAR * P3 / (100-P3)
330 LET ZIEL = BAR + SKO
340 LET RAB = ZIEL * P4 / (100-P4)
350 LET NET = ZIEL + RAB
360 LET KALK = (NET - EINST) * 100 / EINST
370 REM *** AUSGABETEIL (AUF BILDSCHIRM) **********
380 PRINT : PRINT "VORWAERTSKALKULATION DURCHGEFUEHRT:"
390 PRINT "NETTOVERKAUFSPREIS IN DM: ";NET
400 PRINT "KALKULATIONSZUSCHLAG IN %:";KALK
410 END
```

Ihre Aufgabe: Erweitern Sie das Programm KALKULATION1 so, daß nicht nur das Ergebnis, sondern auch alle Zwischenschritte als Übersichtsichtstabelle ausgegeben werden (PRINTs einfügen).

Anwendung bzw. Ausführung zu Programm KALKULATION1:

```
WARENKALKULATION: AUS DEM EINSTANDS-
PREIS DEN NETTOVERKAUFSPREIS ERMITTELN.

GEMEINKOSTEN IN % V.H.     23
GEWINNZUSCHLAG IN % V.H.   14
SKONTO IN % I.H.            2
RABATT IN % I.H.           25
EINSTANDSPREIS IN DM      100

VORWAERTSKALKULATION DURCHGEFUEHRT:
NETTOVERKAUFSPREIS IN DM:   190.77551
KALKULATIONSZUSCHLAG IN %:  90.7755103
```

3.1.2 Programme mit Verzweigungen

Programmabläufe, die nach vorwärts verzweigen, werden als Auswahlstrukturen bezeichnet. Je nach der Anzahl der ausgewählten Fälle spricht man von der zweiseitigen, einseitigen oder mehrseitigen Auswahl(-struktur). Diese in Abschnitt 1.3.3.2 allgemein beschriebenen Abläufe wollen jetzt in BASIC beispielhaft an kleinen Programmen darstellen.

3.1.2.1 Zweiseitige Auswahl mit IF-THEN-ELSE

Das Programm SKONTOZWEISEIT1 hat folgende Aufgabe:

"Erwarte den Rechnungsbetrag R und die Tage T als Tastatureingabe und ermittle den Skontobetrag S. Dabei gelten diese Zahlungsbedingungen: Bei Zahlung nach 8 Tagen (T>8) 1.5 Prozent Skonto, sonst (T<=8) jedoch 4 Prozent Skonto".

Die Codierung, die Ausführung und der Programmablaufplan (PAP) zu Programm SKONTOZWEISEIT1 zeigen uns eine zweiseitige Auswahl(-struktur) auf; diese kann in der "Wenn-dann-Form" oder in der "Entweder-oder-Form" formuliert werden. In BASIC steht uns die Anweisung IF-THEN-ELSE zur Verfügung.

```
100 REM ======PROGRAMM SKONTOZWEISEIT1
110 PRINT "SKONTO ALS ZWEISEITIGE AUSWAHLSTRUKTUR."
120 INPUT "RECHNUNGSBETRAG IN DM";R
130 INPUT "TAGE NACH ERHALT      ";T
140 IF T > 8 THEN LET P=1.5:
                ELSE LET P=4
150 LET S=R*P/100 : LET R=R-S
160 PRINT S;"DM SKONTO UND";R;"DM ZAHLUNG."
170 PRINT "ENDE." : END
```

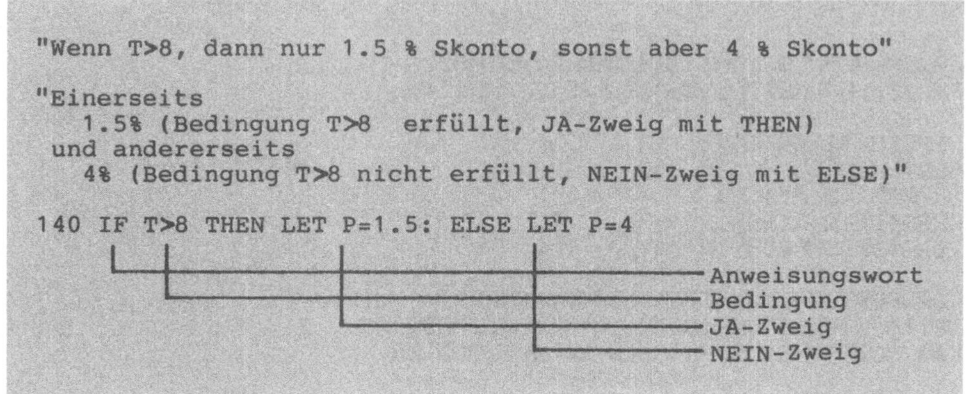

Zweiseitige Auswahlstruktur mit der Anweisung IF-THEN-ELSE

Bei der IF-THEN-ELSE-Anweisung muß vor dem Anweisungswort ELSE
i m m e r ein Doppelpunkt ":" stehen. Der Übersichtlichkeit
halber rückt man den ELSE-Teil in der Codierung häufig ein.
Auf die Programmausführung hat dies keinen Einfluß. So sind
die folgenden beiden Codierungen identisch:

```
140 IF T>8 THEN LET P=1.5: ELSE LET P=4

140 IF T>8 THEN LET P=1.5:
        ELSE LET P=4
```

Betrachten wir einige Beispiele zur IF-THEN-ELSE-Anweisung:

```
500 IF A<>2 THEN PRINT "UNGLEICH": ELSE PRINT "GLEICH"
600 IF B1<999 THEN PRINT "UNGUELTIG": ELSE LET C=4
700 IF E>E1 THEN GOTO 750: ELSE GOTO 790
800 IF X=9 THEN GOTO 860: ELSE IF X=15 THEN GOTO 900:
                            ELSE GOTO 950
```

Zwei Ausführungen zu SKONTOZWEISEIT1:   PAP zu SKONTOZWEISEIT1:

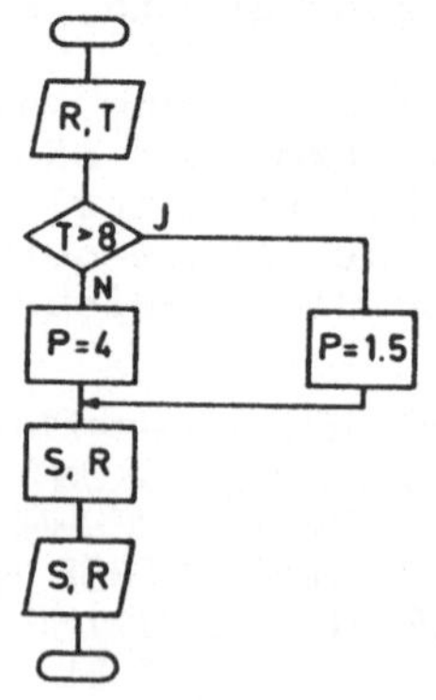

```
SKONTO ALS ZWEISEITIGE AUSWAHLSTRUKTUR.
RECHNUNGSBETRAG IN DM? 200
TAGE NACH ERHALT?        3
 8 DM SKONTO UND 192 DM ZAHLUNG.
ENDE.
```

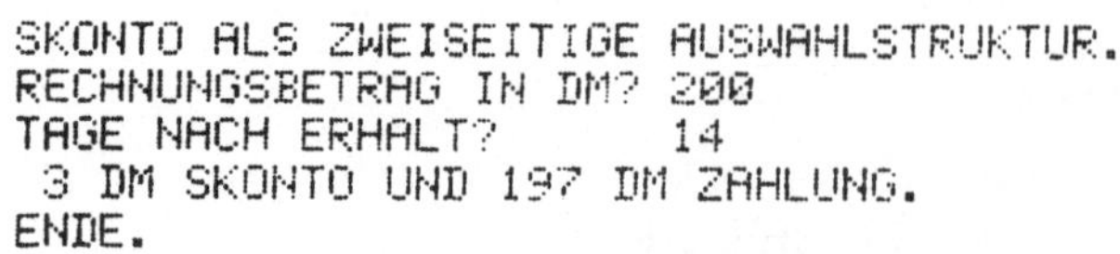

```
SKONTO ALS ZWEISEITIGE AUSWAHLSTRUKTUR.
RECHNUNGSBETRAG IN DM? 200
TAGE NACH ERHALT?       14
 3 DM SKONTO UND 197 DM ZAHLUNG.
ENDE.
```

Hinter THEN kann also jedes beliebige Anweisungswort stehen.
Das bedeutet, daß auch m e h r e r e Bedingungen hinter THEN
g e s c h a c h t e l t werden können. Dann liegt eine mehrseitige Auswahl vor, auf die wir in Abschnitt 3.1.2.3 (anhand
von Programm DREIFAELLE2) näher eingehen werden.

Unser nächstes Programm namens SKONTOZWEISEIT2 zeigt, daß die
zweiseitige Auswahl auch ohne Verwendung von IF-THEN-ELSE mit
den Anweisungen IF (bedingte Verzweigung) und GOTO (unbedingte
Verzweigung) programmiert werden kann. Dies hat den Nachteil,
im Programm mehrmals verzweigen zu müssen.

Codierung zu Programm SKONTOZWEISEIT2:

```
100 REM ======PROGRAMM SKONTOZWEISEIT2
110 PRINT "SKONTO ALS ZWEISEITIGE AUSWAHLSTRUKTUR."
120 INPUT "RECHNUNGSBETRAG IN DM?";R
130 INPUT "TAGE NACH ERHALT?        ";T
140    IF T > 8 THEN 190
150 LET P = 4
160 LET S=R*P/100  : LET R=R-S
170 PRINT S;"DM SKONTO UND";R;"DM ZAHLUNG."
180 PRINT "ENDE." : END
190    LET P = 1.5
200    GOTO 160
```

Zur b e d i n g t e n V e r z w e i g u n g verwenden wir
in Programm SKONTOZWEISEIT2 die IF-Anweisung in ihrer einfach-
sten Form:

Wenn (IF) T größer als 8 ist (T>8), dann verzweige nach
Zeile 190 . Wenn nicht, also wenn T kleiner oder gleich 8
ist (T<=8), dann fahre wie normal mit der Folgezeile 150 fort.
Anstelle von THEN kann man auch THEN GOTO oder GOTO schreiben.

Zur u n b e d i n g t e n V e r z w e i g u n g dient die
diese GOTO-Anweisung

    200 GOTO 160

Kommt die Ausführung zu Zeile 200, so wird bedingungslos nach
Zeile 160 verzweigt.

Hier eine weitere Codierung zu Programm SKONTOZWEISEIT2, die
genauso abläuft wie die obige Codierungsform:

```
140  IF T>8 THEN 152
150  LET P=4                 (Anweisungen 151 und 152 neu,
151  GOTO 160                Anweisungen 190 und 200 löschen,
152  LET P=1.5               sonst unverändert wie Programm
160  LET S=...               SKONTOZWEISEIT2).
```

Die END-Anweisung steht zwar als letzte Anweisung im Programm,
aber das Zwischenspringen mit GOTO ist nicht gerade übersichtlich.
Programme müssen einfach, übersichtlich und gut lesbar aufgebaut sein. Aus diesem Grunde sollten "wilde Sprünge mit GOTOs"
vermieden und IF-THEN-ELSE-Konstruktionen verwendet werden.

3.1.2.2   Einseitige Auswahl als Sonderfall

Die einseitige Auswahl

   "Wenn .., dann tue dies, sonst aber tue nichts"

kann als Sonderfall der zweiseitigen Auswahl

   "Wenn .., dann tue dies, sonst aber tue das"

aufgefaßt werden. Das Programm SKONTOEINSEIT1 zeigt dies anhand von Codierung, Ausführungen, PAP und Struktogramm. In den
Ausführungen stimmen die Programme SKONTOEINSEIT1 und SKONTO-
ZWEISEIT1 (von Abschnitt 3.1.2.1) überein, die Codierung dagegen zeigt eine einseitige Auswahlstruktur . Dies wurde durch
folgenden Trick erreicht: P wird in 140 auf 4% gesetzt und nur
im Falle von T>8 um 2.5 auf 1.5% vermindert (190 LET P=P-2.5).

PAP zu SKONTOEINSEIT1:   Struktogramm zu SKONTOEINSEIT1:

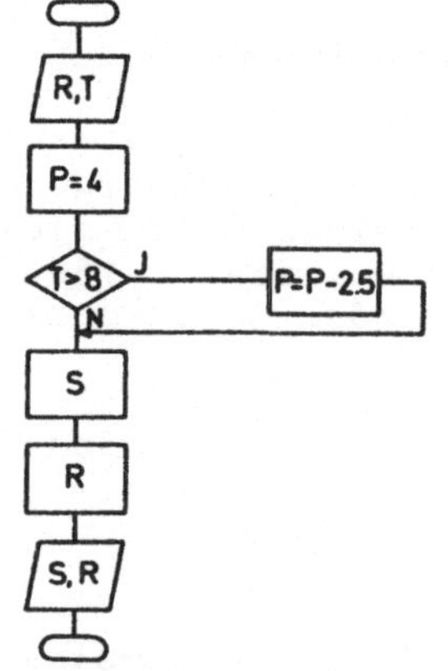

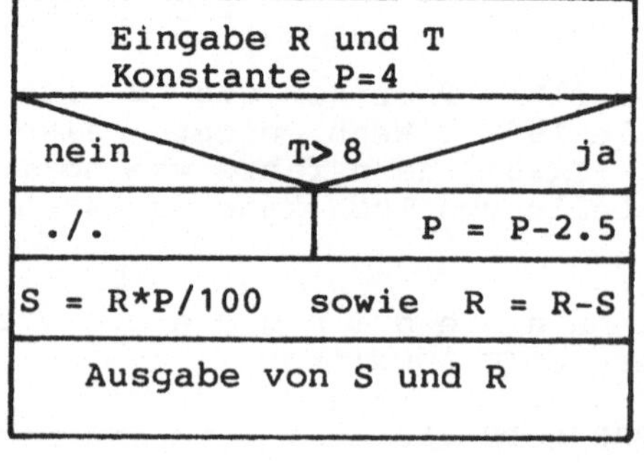

Codierung zu SKONTOEINSEIT1:

```
100 REM ======PROGRAMM SKONTOEINSEIT1
110 PRINT "SKONTO ALS EINSEITIGE AUSWAHLSTRUKTUR."
120 INPUT "RECHNUNGSBETRAG IN DM";R
130 INPUT "TAGE NACH ERHALT       ";T
140 LET P=4
150    IF T>8 THEN 190
160 LET S=R*P/100 : LET R=R-S
170 PRINT S;"DM SKONTO UND";R;"DM ZAHLUNG."
180 PRINT "ENDE." : END
190    LET P=P-2.5
200    GOTO 160
```

Ausführungen zu SKONTOEINSEIT1:

```
SKONTO ALS EINSEITIGE AUSWAHLSTRUKTUR.
RECHNUNGSBETRAG IN DM? 200
TAGE NACH ERHALT?        3
 8 DM SKONTO UND 192 DM ZAHLUNG.
ENDE.


SKONTO ALS EINSEITIGE AUSWAHLSTRUKTUR.
RECHNUNGSBETRAG IN DM? 200
TAGE NACH ERHALT?        14
 3 DM SKONTO UND 197 DM ZAHLUNG.
ENDE.
```

Betrachten wir nun das Programm SKONTOEINSEIT2:
Die Programme SKONTOEINSEIT2 und SKONTOEINSEIT1 weichen nur
in den Codierungen ab. Für die Verzweigungsanweisung IF-THEN
wird in SKONTOEINSEIT2 die Anweisung IF..THEN LET.. verwendet. LET wird aber nur dann ausgeführt, wenn die Verzweigungsbedingung erfüllt ist. IF-Anweisungen wie IF..THEN PRINT.. und
IF..THEN INPUT.. sind entsprechend möglich. Soll in Abhängigkeit der Verzweigungsbedingung aber eineAnweisungsfolge durchlaufen werden, so ist die einfache Form IF..THEN.. immer vor-
zuziehen, da sie eine besser lesbare Codierung gewährleistet.
Anmerkung: Für IF..THEN.. kann auch IF..THEN GOTO.. stehen.

Codierung zu Programm SKONTOEINSEIT2:

```
100 REM ======PROGRAMM SKONTOEINSEIT2
110 PRINT "SKONTO ALS EINSEITIGE AUSWAHLSTRUKTUR."
120 INPUT "RECHNUNGSBETRAG IN DM";R
130 INPUT "TAGE NACH ERHALT       ";T
140 LET P=4
150    IF T>8 THEN LET P=P-2.5
160 LET S=R*P/100 : LET R=R-S
170 PRINT S;"DM SKONTO UND";R;"DM ZAHLUNG."
180 PRINT "ENDE.": END
```

3.1.2.3 Mehrseitige Auswahl als Sonderfall

Bei der mehrseitigen Auswahl werden mehrere Fälle unterschieden: im Programm DREIFAELLE1 sind es die drei Fälle 'gleich', 'vor' und 'nach'. Der PAP und das Struktogramm zeigen uns, daß die mehrseitige Auswahl eine S c h a c h t e l u n g von zwei zweiseitigen Auswahlstrukturen darstellt.
Wie die einseitige Auswahl kann also auch die mehrseitige Auswahl als Sonderfall der zweiseitigen Auswahl aufgefaßt werden.

Struktogramm zu DREIFAELLE1:   PAP zu DREIFAELLE1:

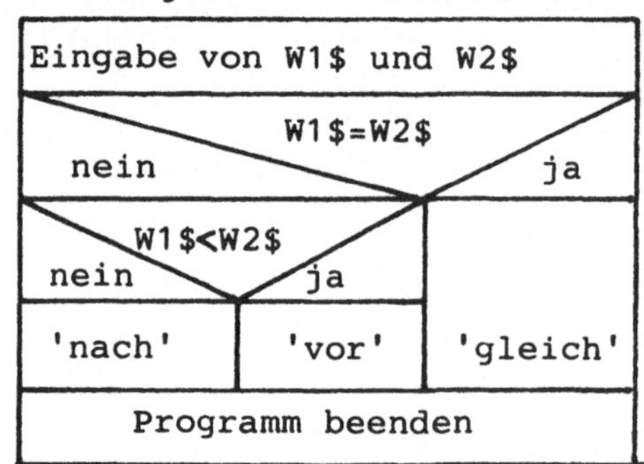

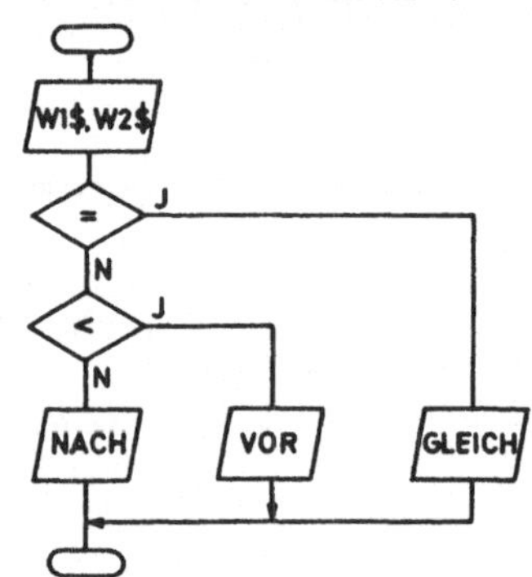

Codierung zu Programm DREIFAELLE1:

```
100 REM ======PROGRAMM DREIFAELLE1
110 PRINT "MEHRSEITIGE AUSWAHLSTRUKTUR: DREI FAELLE."
120 INPUT "ZWEI WOERTER"; W1$,W2$
130 IF W1$=W2$ THEN PRINT W1$;" IST GLEICH ";W2$ : GOTO 160
140 IF W1$<W2$ THEN PRINT W1$;" KOMMT VOR ";W2$ : GOTO 160
150 PRINT W1$;" KOMMT NACH ";W2$
160 PRINT "ENDE." : END
```

Zwei Ausführungen zu Programm DREIFAELLE1:

```
MEHRSEITIGE AUSWAHLSTRUKTUR: DREI FAELLE.
ZWEI WOERTER?12%, HUNDERT
12% KOMMT VOR HUNDERT
ENDE.

MEHRSEITIGE AUSWAHLSTRUKTUR: DREI FAELLE.
ZWEI WOERTER?PREIS, DM-BETRAG
PREIS KOMMT NACH DM-BETRAG
ENDE.
```

Numerischer Vergleich und Textvergleich:
In den IF-Anweisungen dieses Programms findet kein numerischer Vergleich statt, sondern ein T e x t v e r g l e i c h : Die Verzweigungsbedingung W1$=W2$ (ist der Wert von Variable W1$ gleich dem von Variable W2$) vergleicht die derzeitigen Werte zweier Textvariablen. Textvariablen enden immer mit einem Dollarzeichen "$", wie z.B.:

A$, B$, C$, ..., A1$, A2$, ...   (Textvariablen mit $)

Wie stellt man fest, ob mit dem Textvergleich W1$<W2$ in Zeile 140 nun der Text "PREIS" kleiner ist (im Sinne von alphabetisch weiter vorne stehend) als der Text "DM-BETRAG"? Wie Ziffern werden auch Buchstaben und Sonderzeichen intern im ASCII
dargestellt (Abschnitt 1.2.3.1). Sie erhalten so je eine Code-
nummer als Ordnungsnummer. Mit den ASCII-Codenummern 80 für P
und 68 für D wird W1$<W2$ bzw. "PREIS"<"DM-BETRAG" bzw. 80<68
vom Computer als 'unwahr' erkannt; der Textvergleich führt somit nicht zur Programmverzweigung.

Text ist all' das, 'was zwischen Gänsefüßchen steht' . Andere
Bezeichnungen sind S t r i n g , Zeichenkette, Zeichendaten.
Beim Commodore kann ein String maximal 255 Zeichen lang sein.
Beim Textvergleich kann wie beim numerischen Vergleich mit den
Vergleichs-Operatoren =, <> (ungleich), >, <, >= (größer oder
gleich) und < = gearbeitet werden.

Zeichen ":" zur Trennung von Anweisungen:
In den Zeilen 130, 140 und 160 von Programm DREIFAELLE1   sind
mehrere Anweisungen in e i n e r Zeile angeführt (":" dient
als Trennungszeichen). Mit dem ":" sollte sparsam umgegangen
werden, weil sich lange Programmzeilen schlecht lesen und korrigieren lassen.

Mehrseitige Auswahl(-Struktur) mit IF-THEN-ELSE:
Das folgende Programm DREIFAELLE2 demonstriert, wie zur mehr-
seitigen Auswahl m e h r e r e Bedingungen in nur e i n e r
IF-THEN-ELSE-Anweisung angegeben werden können. Die Anweisung

```
   150 IF W1$=W2$ THEN GOTO 170:
                ELSE IF W1$<W2$ THEN GOTO 180:
                ELSE GOTO 190
```

sieht dabei hinter THEN ausschließlich nur Verzweigungen vor.

Codierung und Ausführung zu Programm DREIFAELLE2:

```
100 REM ======PROGRAMM DREIFAELLE2
110 PRINT "MEHRSEITIGE AUSWAHLSTRUKTUR: DREI FAELLE"
120 PRINT "(VERSION MIT IF-THEN-ELSE)."
130 INPUT "ZWEI WOERTER"; W1$,W2$
140 :
150 IF W1$=W2$ THEN GOTO 170: ELSE IF W1$<W2$ THEN GOTO 18 0:
160 :                                     ELSE GOTO 190
170 PRINT W1$;" IST GLEICH ";W2$: GOTO 200
180 PRINT W1$;" KOMMT NACH ";W2$: GOTO 200
190 PRINT W1$;" KOMMT VOR ";W2$
200 PRINT "ENDE." : END
```

```
MEHRSEITIGE AUSWAHLSTRUKTUR: DREI FAELLE.
ZWEI WOERTER?C16, C116
C16 KOMMT NACH C116
ENDE.
```

3.1.2.4 Fallabfrage mit ON-GOTO

Die Schachtelung von mehr als zwei Auswahlstrukturen wird allzuleicht unübersichtlich. Zur Vereinfachung der mehrseitigen
Auswahl bietet BASIC deshalb die F a l l a b f r a g e mit
der Anweisung ON..GOTO an. Das Programm MWST1 zeigt, daß über
die e i n e Anweisung

```
   240 ON WAHL GOTO 250,260,270
```
                                              (Fallabfrage)

d r e i Verzweigungen ausgeführt werden: Für WAHL=1 wird nach
Zeile 250 verzweigt, für WAHL=2 nach Zeile 260 und für WAHL=3
nach Zeile 270.
Da die Anweisung ON..GOTO in WAHL ganzzahlige Werte erwartet,
müssen entsprechende Eingabefehler zuvor in den Zeilen 220 und
230 abgewiesen werden. INT(WAHL) liefert den ganzzahligen Teil
von WAHL (INT(3.45) ergibt 3; INT(2.9) ergibt 2).

Struktogramm zu MWST1:   Zwei Ausführungen zu MWST1:

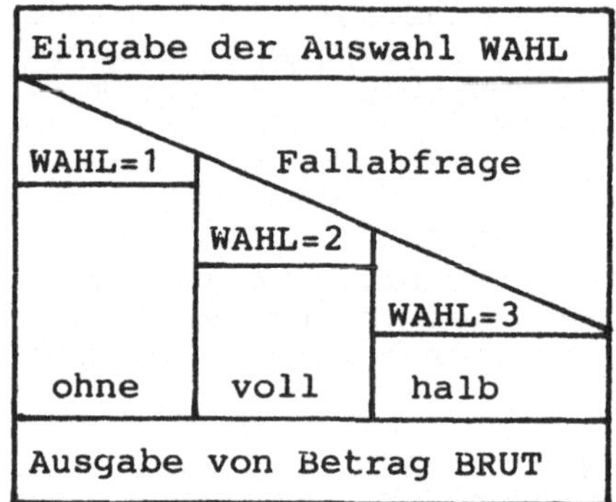

```
FALLABFRAGE: NETTO - BRUTTO - MWST.
NETTOBETRAG TIPPEN? 1500
OHNE   MWST   1
VOLLE MWST   2
HALBE MWST   3
WAHL 1 - 3 TIPPEN?  2
BRUTTOBETRAG:  1710 DM.

FALLABFRAGE: NETTO - BRUTTO - MWST.
NETTOBETRAG TIPPEN? 1500
OHNE   MWST   1
VOLLE MWST   2
HALBE MWST   3
WAHL 1 - 3 TIPPEN?  3
BRUTTOBETRAG:  1605 DM.
```

Codierung zu Programm MWST1:


```
100 REM ======PROGRAMM MWST1
110 PRINT "FALLABFRAGE: NETTO - BRUTTO - MWST."
120 REM ======VEREINBARUNGSTEIL
130 REM NET, MWST, BRUT:REAL
140 REM WAHL:           INTEGER
150 :
160 REM ======ANWEISUNGSTEIL
170 INPUT "NETTOBETRAG TIPPEN";NET
180 PRINT "OHNE   MWST   1"
190 PRINT "VOLLE MWST   2"
200 PRINT "HALBE MWST   3"
210 INPUT "WAHL 1 - 3 TIPPEN"; WAHL
220 IF WAHL<1 OR WAHL>3 THEN PRINT "INTERVALL." : GOTO 180
230 IF WAHL <> INT(WAHL) THEN PRINT "GANZZAHLIG." : GOTO 180
240    ON WAHL GOTO 250,260,270
250    LET MWST=1 : GOTO 280
260    LET MWST = 1.14 : GOTO 280
270    LET MWST =1.07
280 LET BRUT = NET * MWST
290 LET BRUT = INT(BRUT * 100 + 0.5)/100
300 PRINT "BRUTTOBETRAG: ";BRUT; "DM."
310 END
```

3.1.3 Programme mit Schleifen

Programme mit Schleifen enthalten Abläufe, die sich mehrmals
wiederholen. Man spricht deshalb von Wiederholungsstrukturen.
In Abschnitt 1.3.3.3 wurden diese Strukturen allgemein dargestellt. Im folgenden werden wir sie in Commodore-BASIC an Beispielen veranschaulichen.

3.1.3.1 Abweisende Schleife mit DO-WHILE-LOOP

Programm KAPITAL10 ermittelt für ein Kapital K bei einem Zins-
satz P das verzinste Kapital zum Ende des 1., 2., 3. .. Jahres
und endet, sobald sich das Anfangskapital verdoppelt hat. Die
Schleife finden wir in den Programmzeilen 220 bis 250:

```
220 DO WHILE K<KE            Wiederhole, solange K<KE ist

230    LET K=K+K*P/100       Kapital K um Zinsen K*P/100 er-
240    PRINT "    "+K        höhen und dann ausgeben

250 LOOP                     Überprüfe auf Schleifenende
```

Die Anweisungen DO-WHILE-LOOP dienen der Schleifensteuerung;
sie sorgen dafür, daß die Zeilen 220,230,240,250,220,230,240,
250,220,......,250,220,260 nur durchlaufen werden, solange das
Kapital K kleiner als das Endkapital KE ist.

Wie jede Wiederholungsstruktur besteht auch diese Schleife aus
einem V o r b e r e i t u n g s t e i l (einmal durchlaufen:
Zeilen 180-200) und einem W i e d e r h o l u n g s t e i l
(mehrmals durchlaufen: Zeilen 220-250); im ersten Ausführungsbeispiel wird dieser 9mal durchlaufen und im zweiten 5mal.

Die Schleife in Programm KAPITAL10 ist a b w e i s e n d, da
die Schleifenabfrage 220 DO WHILE K<KE am Anfang des Wiederholungsteils steht und damit eine versuchte Wiederholung ggf.
abweisen kann. Andere Bezeichnungen für diesen Schleifentyp
sind: Solange-tue-Schleife, Schleife mit vorheriger Abfrage
und Schleife mit Eintrittsbedingung am Anfang.


```
180                  Vorbereitungsteil (nur einmal durchlaufen):
                     ------------------------------------------
190 ...              Anfangswerte setzen
200 ...
210 ...              Wiederholungsteil (mehrmals durchlaufen):
                     ------------------------------------------
220 DO WHILE ...     Schleifensteuerung
230    ...               Schleifenkörper
240    ...               bzw. Block
250 LOOP             Schleifensteuerung
```

Abweisende Schleife mit Vorbereitungs- und Wiederholungsteil

Das Struktogramm und der PAP zu Programm KAPITAL10 zeigen, wie
eine abweisende Schleife grafisch dargestellt werden kann.

Codierung zu Programm KAPITAL10:

```
100 REM ======PROGRAMM KAPITAL10
110 PRINT "KAPITALIEN BIS ZUR VERDOPPLUNG ERMITTELN."
120 REM ======VEREINBARUNGSTEIL
130 REM K:     REAL (KAPITAL IN DM)
140 REM KE:    REAL (ENDKAPITAL IN DM)
150 REM P:     REAL (ZINSSATZ IN DM)
160 :
170 REM ======ANWEISUNGSTEIL
180 INPUT "EINGESETZTES KAPITAL";K
190 INPUT "JAHRESZINSSATZ        ";P
200 LET KE = 2 * K
210 REM ***BEGINN DER ABWEISENDEN SCHLEIFE MIT WHILE********
220 DO WHILE K<KE
230    LET K=K+K*P/100
240    PRINT "     ";K
250 LOOP
260 REM ***SCHLEIFENENDE*********************************
270 PRINT "ENDE NACH VERDOPPLUNG." : END
```

Struktogramm zu KAPITAL10:   PAP zu KAPITAL10:

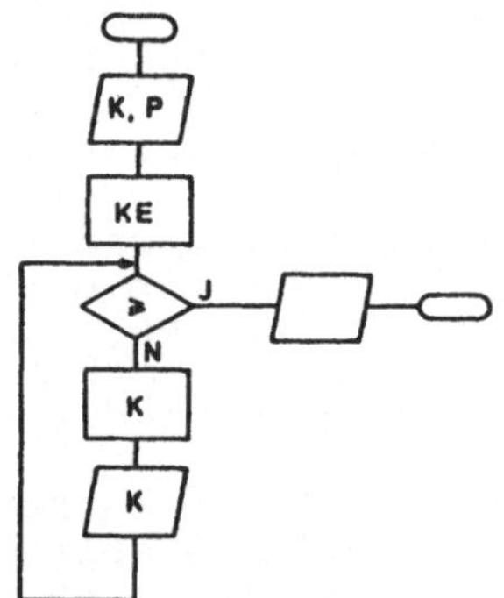

Schleife vorbereiten: K, P und KE festlegen
Solange K<KE ist, wiederhole
verzinstes Kapital K aus: K = K + (K * P / 100)
Wert von K ausgeben
Programmende mitteilen

Ausführungen zu Programm KAPITAL10:

```
KAPITALIEN BIS ZUR VERDOPPLUNG       KAPITALIEN BIS ZUR VERDOPPLUNG
EINGESETZTES KAPITAL? 50000          EINGESETZTES KAPITAL? 300
JAHRESZINSSATZ?        9             JAHRESZINSSATZ?        15
     54500                                345
     59405                                396.75
     64751.45                             456.2625
     70579.0805                           524.701875
     76931.1978                           603.407156
     83855.0056                      ENDE NACH VERDOPPLUNG.
     91401.9561
     99628.1321
     108594.664
ENDE NACH VERDOPPLUNG.
```

Das folgende Programm KAPITAL11 läuft genauso ab wie das Programm KAPITAL10. Die Codierungen hingegen unterscheiden sich,
da die Schleifensteuerung nicht mit DO-WHILE-LOOP, sondern mit
IF-GOTO vorgenommen wird.

Codierung zu Programm KAPITAL11:

```
100 REM ======PROGRAMM KAPITAL11
110 PRINT "KAPITALIEN BIS ZUR VERDOPPLUNG ERMITTELN."
120 REM ======VEREINBARUNGSTEIL
130 REM K:    REAL (KAPITAL IN DM)
140 REM KE:   REAL (ENDKAPITAL IN DM)
150 REM P:    REAL (ZINSSATZ IN DM)
160 :
170 REM ======ANWEISUNGSTEIL
180 INPUT "EINGESETZTES KAPITAL";K
190 INPUT "JAHRESZINSSATZ      ";P
200 LET KE = 2 * K
210 REM ***BEGINN DER ABWEISENDEN SCHLEIFE MIT IF *******
220    IF K >= KE THEN 270
230    LET K=K+K*P/100
240    PRINT "     ";K
250    GOTO 220
260 REM ***SCHLEIFENENDE**************************************
270 PRINT "ENDE NACH VERDOPPLUNG." : END
```

3.1.3.2 Nicht-abweisende Schleife mit DO-LOOP UNTIL

Programm KAPITAL20 verwendet die Anweisungen DO-LOOP-UNTIL zur
Steuerung einer n i c h t - a b w e i s e n d e n Schleife. Dabei steht die Schleifenabfrage LOOP UNTIL K>=KE am Ende
des Wiederholungsteils in der Zeile 250.
Die nicht-abweisende Schleife wird häufig als Wiederhole-bis-
Schleife, Schleife mit nachheriger Abfrage oder mit Austritts-
bedingung am Ende bezeichnet.

In den Ausführungen stimmen alle KAPITAL10 und KAPITAL20 überein. Zu beachten ist, daß sich die Abfrage DO WHILE K<KE von
KAPITAL10 zu LOOP UNTIL K>=KE in KAPITAL20 umkehrt (">=" anstelle von "<").

PAP zu KAPITAL20:

Struktogramm zu KAPITAL20:

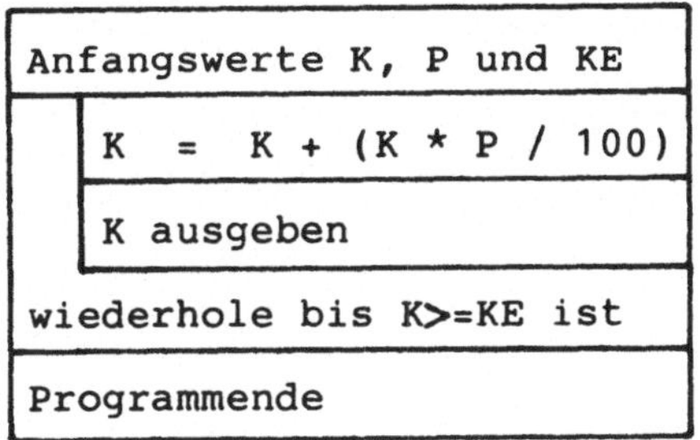

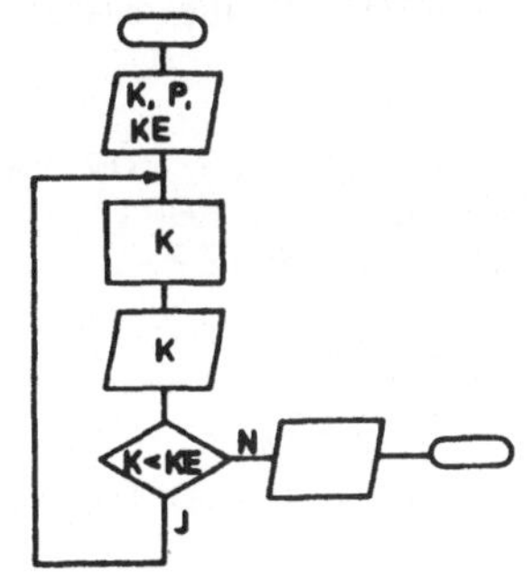

Codierung zu Programm KAPITAL20:

```
100 REM ======PROGRAMM KAPITAL20
110 PRINT "KAPITALIEN BIS ZUR VERDOPPLUNG ERMITTELN."
120 REM ======VEREINBARUNGSTEIL
130 REM K:    REAL (KAPITAL IN DM)
140 REM KE:   REAL (ENDKAPITAL IN DM)
150 REM P:    REAL (ZINSSATZ IN DM)
160 :
170 REM ======ANWEISUNGSTEIL
180 INPUT "EINGESETZTES KAPITAL";K
190 INPUT "JAHRESZINSSATZ        ";P
200 LET KE = 2 * K
210 REM ***BEGINN DER NICHT-ABWEISENDEN SCHLEIFE***
220 DO
230    LET K=K+K*P/100
240    PRINT "    ";K
250 LOOP UNTIL K>=KE
260 REM ***SCHLEIFENENDE*******************************
270 PRINT "ENDE NACH VERDOPPLUNG." : END
```

Wie Programm KAPITAL20 weist auch das Programm KAPITAL21 eine
nicht-abweisende Schleife auf. Zur Steuerung dieser Schleife
wird jedoch eine IF-THEN-Anweisung anstelle der DO-LOOP-UNTIL-
Anweisung verwendet. In den Ausführungen stimmen beide Programme überein.

Codierung und Ausführung zu Programm KAPITAL21:

```
100 REM ======PROGRAMM KAPITAL21
110 PRINT "KAPITALIEN BIS ZUR VERDOPPLUNG ERMITTELN."
120 REM ======VEREINBARUNGSTEIL
130 REM K:    REAL (KAPITAL IN DM)
140 REM KE:   REAL (ENDKAPITAL IN DM)
150 REM P:    REAL (ZINSSATZ IN DM)
160 :
170 REM ======ANWEISUNGSTEIL
180 INPUT "EINGESETZTES KAPITAL";K
190 INPUT "JAHRESZINSSATZ        ";P
200 LET KE = 2 * K
210 REM ***BEGINN DER NICHT-ABWEISENDEN SCHLEIFE MIT IF***
220    LET K=K+K*P/100
230    PRINT "    ";K
240    IF K<KE THEN 220
250 REM ***SCHLEIFENENDE*******************************
260 PRINT "ENDE NACH VERDOPPLUNG." : END
```

```
KAPITALIEN BIS ZUR VERDOPPLUNG ERMITTELN.
EINGESETZTES KAPITAL? 100000
JAHRESZINSSATZ?         22
    122000
    148840
    181584.8
    221533.456
ENDE NACH VERDOPPLUNG.
```

3.1.3.3 Schleife mit Abfrage in der Mitte mit DO-LOOP-EXIT

Oft befindet sich die Schleifenabfrage nicht am Beginn (abweisende Schleife) oder Ende (nicht-abweisende Schleife), sondern
irgendwo inmitten des Wiederholungsteils. Dieser Schleifentyp
kann in Commodore-BASIC mit den Anweisungen DO-LOOP-EXIT programmiert werden. Das Programm DEMO-EXIT demonstriert diesen
Schleifentyp: die Anweisung 150 IF ZAHL=5 THEN EXIT bewirkt,
daß die Schleife verlassen wird (EXIT), wenn ZAHL=5 ist. EXIT
verzweigt zu der auf LOOP folgenden Anweisungszeile, d.h. zur
Zeile 180.

Codierung zu Programm DEMO-EXIT:

```
100 REM ======PROGRAMM DEMO-EXIT
110 PRINT "DEMONSTRATION ZUR SCHLEIFE MIT DO-LOOP-EXIT."
120 :
130 DO
140    LET ZAHL=INT(10*RND(1)+1)
150    IF ZAHL=5 THEN EXIT
160    PRINT ZAHL;
170 LOOP
```

Ausführungen zu Programm DEMO-EXIT:

```
DEMONSTRATION ZUR SCHLEIFE MIT DO-LOOP-EXIT.
 10  4  2  4


DEMONSTRATION ZUR SCHLEIFE MIT DO-LOOP-EXIT.
  1  1  10  2  9  6  7  7

DEMONSTRATION ZUR SCHLEIFE MIT DO-LOOP-EXIT.
  2  4  1
```

```
130 DO                     Schleifensteuerung

140 ...
150 IF ... THEN EXIT       Schleifenausgang hinter LOOP
160 ...

170 LOOP                   Schleifensteuerung
```

'Schleife mit Abfrage in der Mitte' mittels DO-LOOP-EXIT

Auch das Spielprogramm ZUFALL1 weist den Schleifentyp 'Abfrage
in der Mitte des Wiederholungsteils' auf: Die Schleifenabfrage
290 IF Z=D THEN EXIT befindet sich i n m i t t e n des Wiederholungsteils (Zeile 260 bis Zeile 310). Aus dem Struktogramm
sehen wir deutlich, daß innerhalb der Schleife noch eine zweiseitige Auswahlstruktur eingeschachtelt ist: Wenn Z>D, dann zu
groß, sonst zu klein. Unser Programm ZUFALL1 ist also bereits

recht komplex mit drei Programmstrukturen:

   Ablaufstruktur: Steuerung in BASIC:

   Folge (200-250)   Anweisungsfolge
   Schleife (260-310)   DO-LOOP-EXIT
   Zweiseitige Auswahl (300)   IF-THEN-ELSE

Zu den zwei F u n k t i o n e n RND() und INT in Zeile 230:
RND() (von RaNDom=Zufall) erzeugt eine Zufallszahl zwischen 0
und 1. Dabei kommt es auf den in Klammern gesetzten Wert an:

- RND(negative Zahl) erzeugt eine Startzahl für eine Zufalls-
  folge.
- RND(-TI) setzt die Startzahl in Abhängigkeit des internen
  Zeittaktes TI (vgl. Abschnitt 2.3).
- RND(positive Zahl) liest eine Zahl aus einer mit RND(negati-
  ve Zahl) gewählten Zufallsfolge. Beispiele: RND(1), RND(A).

Die zusätzliche Anweisung 195 LET D=RND(-TI) würde sicherstellen, daß bei jedem Programmlauf von ZUFALL1 eine 'andere'
Zufallszahl gewählt wird.

Die Funktion INT (von INTeger=ganzzahlig) schneidet eventuell
vorhandene Kommastellen ab. Die hier im Ausführungsbeispiel zu
Programm ZUFALL1 vom Computer erzeugte Zahl 108 kann in Zeile

   230 LET D = INT(A*RND(A)+N)

zum Beispiel wie folgt nach D zugewiesen worden sein:

- RND(A) ergibt 0.88249
- A bzw. 10 mal 0.88249 ergibt 8.8249
- N bzw. 100 plus 8.8249 ergibt 108.8249
- INT(108.8249) ergibt schließlich die zu erratende Zahl 108

Struktogramm zu ZUFALL1:   Ausführung   zu ZUFALL1:

```
┌─────────────────────────────────┐
│ Anfangswerte A,N,D und V         │
├──┬──────────────────────────────┤
│  │ Zahl Z eintippen             │
│  ├──────────────────────────────┤
│  │ Versuche V = V+1             │
│  ├──────────────────────────────┤
│  │ wenn D=Z Schleifenende       │
│  ├──────────────────────────────┤
│  │          Z>D                 │
│  │  nein           ja           │
│  ├───────────────┬──────────────┤
│  │ zu klein      │ zu groß      │
├──┴───────────────┴──────────────┤
│ Treffer D und Versuche V         │
└─────────────────────────────────┘
```

```
RATEN EINER ZAHL ALS SPIELPROGRAMM.
EINE ZAHL WIRD ZUFAELLIG AUS DEN A
AUF N FOLGENDEN ZAHLEN ERZEUGT.
BITTE A,N EINTIPPEN? 10 , 100

SPIELBEGINN COMPUTER - BENUTZER:
IHRE ZAHL BITTE? 105
... ZU GROSS.
IHRE ZAHL BITTE? 103
... ZU GROSS.
IHRE ZAHL BITTE? 101
TREFFER 101  NACH  3  VERSUCH(EN).
ENDE DES SPIELES.
```

Codierung zu Programm ZUFALL1 mit Funktion RND():

```
100 REM ======PROGRAMM ZUFALL1
110 PRINT "RATEN EINER ZAHL ALS SPIELPROGRAMM."
120 :
130 REM ======VEREINBARUNGSTEIL
140 REM Z:     REAL (JEWEILIGE BENUTZEREINGABE)
150 REM D:     INTEGER (ZUFALLSZAHL DES COMPUTERS)
160 REM A, N:  INTEGER (GRENZEN FUER ZUFALLSAUSWAHL)
170 REM V:     INTEGER (VERSUCHSZAEHLER)
180 :
190 REM ======ANWEISUNGSTEIL
200 PRINT "EINE ZAHL WIRD ZUFAELLIG AUS DEN A"
210 PRINT "AUF N FOLGENDEN ZAHLEN ERZEUGT."
220 INPUT "BITTE A,N EINTIPPEN"; A,N
230 LET D=INT(A*RND(A)+N) : LET V=0
240 PRINT : PRINT "SPIELBEGINN COMPUTER - BENUTZER:"
250 REM ***BEGINN DER RATESCHLEIFE*********************
260 DO
270    INPUT "IHRE ZAHL BITTE"; Z
280    LET V=V+1
290    IF Z=D THEN EXIT: REM SCHLEIFENABFRAGE
300 IF Z>D THEN PRINT "... ZU GROSS.":
              ELSE PRINT "... ZU KLEIN."
310 LOOP
320 REM ***ENDE DER SCHLEIFE**************************
330 PRINT "TREFFER";D;" NACH ";V;" VERSUCH(EN)."
340 PRINT "ENDE DES SPIELES."
350 END
```

3.1.3.4 Zählerschleife mit FOR-NEXT

Läßt man ein Testprogramm auf verschiedenen Computern laufen,
um über den Vergleich der Ergebnisse deren Leistungen zu beur-
teilen, spricht man von einem B e n c h m a r k - T e s t .
Ein einfacher Test besteht darin, 2000 mal 10 durch 3 zu teilen, um über die hierfür benötigte Zeit dann auf die Verarbei-
tungsgeschwindigkeit des Computers bzw. der CPU zu schließen.
Das Programm BENCHMARK-TEST1 enthält dieses Testverfahren.
Der Programmlauf auf einem Commodore benötigte ungefähr 15 Se-
kunden.

In der Zeile 130 von Programm BENCHMARK-TEST1   ist eine Zählerschleife

```
   130 FOR Z=1 TO 2000: LET T=10/3 : NEXT Z
```

programmiert, die sich genau 2000 mal wiederholt: die Variable
Z durchläuft die Werte 1,2,3,...,2000 und heißt deswegen
auch L a u f v a r i a b l e. Da Z dabei jeweils um 1 hochge-
zählt wird, nennt man sie zählervariable bzw. Z ä h l e r .
Zur Kontrolle der Z ä h l e r s c h l e i f e stellt Commodore-BASIC die beiden Anweisungen FOR sowie NEXT zur Verfügung.

Statt in einer Zeile kann man die Zählerschleife von Programm
BENCHMARK-TEST1 auch wie folgt in drei Zeilen schreiben:

```
130 FOR Z=1 TO 2000 -Für Z, das von 1 bis 2000 laufen soll
131 LET T=10/3        -Bei jedem Durchlauf 10/3 nach T bringen
132 NEXT Z            -Z um 1 erhöhen und ggf. nach 130 gehen
```

Da die Überprüfung der Schleife am Ende in der NEXT-Anweisung
stattfindet, wird eine Schleife mit FOR X=5 TO 5 ... NEXT X
genau e i n m a l durchlaufen.

Der PAP zu BENCHMARK-TEST1 zeigt, welche Sinnbilder für die
grafische Darstellung der Zählerschleife vorgesehen sind: Zwei
'abgeschrägte' Rechtecke für den Schleifenanfang (FOR) und für
das Schleifenende (NEXT).

PAP zu BENCHMARK-TEST1:

Zu den Eintragungen im PAP:
- A für "Ausgabe".
- TEST als Schleifenname.
- AW: Anfangswert für Laufvariable.
- EW: Endwert für Laufvariable Z.
- Z: Laufvariable
- T=10/3: Wertzuweisung

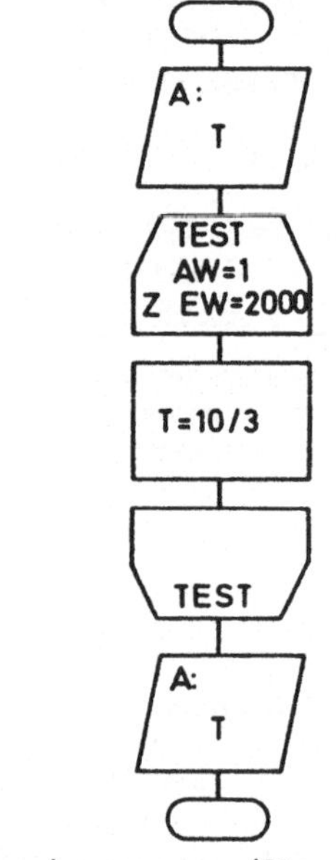

Struktogramm zu BENCHMARK-TEST1:

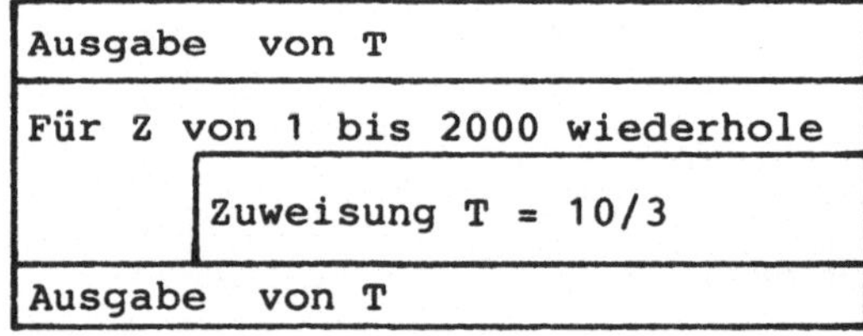

Hier einige Beispiele für gültige FOR-Anweisungen (Werte der
Laufvariablen jeweils in Klammern):

```
- FOR I=100 TO 102            (100,101,102)
- FOR S1=3 TO EWER            (3,4 bei EWER=4)
- FOR D=0 TO 6 STEP 2         (0,2,4,6)
- DOR D=0 TO 7 STEP 2         (0,2,4,6)
- FOR A=9 TO 13 STEP 3        (9,12)
- FOR I=8 TO 6 STEP -1        (8,7,6)
- FOR Z9=1 TO 1.5 STEP 0.1    (1,1.1,1.2,1.3,1.4,1.5)
- FOR A=1 TO 1                (1)
- FOR TT=T1 TO 300 STEP 50    (251 für T1=251)
- FOR X%=AW TO EW STEP SW     (30,40,50 bei AW=30, EW=50, SW=10)
```

Mit STEP kann man dabei für die Laufvariable eine von 1 abwei-
chende S c h r i t t w e i t e angeben. Ist STEP negativ, so
muß der Anfangswert natürlich größer sein als der Endwert; ist
dies nicht der Fall, wird die Zählerschleife überhaupt nicht
durchlaufen.

Codierung zu BENCHMARK-TEST1:

```
100 REM ======PROGRAMM BENCHMARK-TEST1
110 PRINT "TEST ZUR VERARBEITUNGSGESCHWINDIGKEIT."
120 PRINT T;" -> TESTBEGINN (BITTE WARTEN)."
130   FOR Z=1 TO 2000: LET T=10/3 : NEXT Z
140 PRINT T;" -> TESTENDE."
150 END
```

Ausführung zu Programm BENCHMARK-TEST1:

```
TEST ZUR VERARBEITUNGSGESCHWINDIGKEIT.
 0  -> TESTBEGINN (BITTE WARTEN).
 3.33333333  -> TESTENDE.
```

3.1.3.5 Unechte Zählerschleife

Eine u n e c h t e Zählerschleife liegt vor, wenn mit den
Anweisungen FOR-NEXT überhaupt nicht gezählt werden soll, d.h.
wenn diese beiden so bequem verwendbaren Anweisungen 'nur' zum
Zwecke der Schleifensteuerung programmiert werden. Das folgende Programm FAHRTENBUCH1 zeigt dies anhand einer Kfz-Benzin-
abrechnung.
In der Zählerschleife (Zeilen 260 - 360) wird in der Anweisung

```
   260 FOR Z = 1 TO 999          (Endwert 999 sehr groß)
```

mit 999 ein normalerweise nicht erreichbarer Endwert angegeben
(Schleife nicht 999 mal durchlaufen). Der eigentliche Schleifenausgang ist in Zeile 290: Bei Eingabe von Null (K1=0?) wird
die Laufvariable auf 999 gesetzt (LET Z=999) und nach 360 zur
NEXT-Anweisung verzweigt. Dann wird nach Zeile 260 gegangen,
wo die FOR-Anweisung feststellt daß die Laufvariabe Z den Endwert 999 erreicht hat. FOR beendet die Schleife und das Programm fährt mit Zeile 370 fort. Durch die Anweisung

```
   290 IF K1=0 THEN LET Z=999: GOTO 360      (Schleifenausgang)
```

wird der Commodore also 'angeschwindelt', die Schleife bereits
999 mal wiederholt zu haben.

Schleife mit z w e i Ausgängen: Die Schleife könnte durch eine Verzweigung 290 IF K1=0 THEN 370 direkt verlassen werden.
Diese Möglichkeit widerspricht dem Prinzip der strukturierten
Programmierung, für jede Programmstruktur je e i n e n Eingang und Ausgang vorzusehen (vgl. Abschnitt 1.3.7.4).

Ausführung und Codierung zu FAHRTENBUCH1

```
KFZ-BENZINVERBRAUCHSWERTE ERMITTELN
AUS EINTRAGUNGEN IM FAHRTENBUCH.

ANFANGSKILOMETERSTAND (TANK=VOLL)? 60000
 1 . TANKEN: KM-STAND,LITER,DM (0=ENDE)?
 0 , 0 , 0
             VERBRAUCH IN LITER/100 KM: 10
BENZINPREIS IN DM/LITER:    1.4

 2 . TANKEN: KM-STAND,LITER,DM (0=ENDE)?
 100 , 10 , 14
             VERBRAUCH IN LITER/100 KM: 12.5
BENZINPREIS IN DM/LITER:    1.45

 3 . TANKEN: KM-STAND,LITER,DM (0=ENDE)?
 160 , 20 , 29


KILOMETER GESAMT:     260  DM
AUSGABEN GESAMT:      43  DM
VERBRAUCH MITTEL:     11.5384615  LITER/100 KM
BENZINPREIS MITTEL: 1.43333333  DM/LITER


100 REM ======PROGRAMM FAHRTENBUCH1
110 PRINT "KFZ-BENZINVERBRAUCHSWERTE ERMITTELN"
120 PRINT "AUS EINTRAGUNGEN IM FAHRTENBUCH." : PRINT
130 :
140 REM ======VEREINBARUNGSTEIL
150 REM K1: REAL (KM-STAND AUS FAHRTENBUCH)
160 REM L1: REAL (LITERVERBRAUCH AUS F.)
170 REM D1: REAL (DM-BETRAG FUER TANKEN AUS F.)
180 REM V1: REAL (VERBRAUCH IN LITER/100 KM)
190 REM B1: REAL (BENZINPREIS IN DM/LITER)
200 REM K,L,D,V,B: REAL (ENTSPRECHENDE GESAMTWERTE)
210 REM Z:   INTEGER (LAUFVARIABLE)
220 :
230 REM ======ANWEISUNGSTEIL
240 INPUT "ANFANGSKILOMETERSTAND (TANK=VOLL)"; K0
250 LET K=0 : LET L=0 : LET D=0
260 FOR Z = 1 TO 999
270    PRINT Z;". TANKEN: KM-STAND,LITER,DM (0=ENDE)"
280    INPUT "             "; K1,L1,D1
290    IF K1=0 THEN LET Z=999 : GOTO 360
300    LET K1=K1-K0 : K=K+K1 : L=L+L1 : D=D+D1
310    LET V1=100 * L1 / K1
320    PRINT "VERBRAUCH IN LITER/100 KM:";V1
330    LET B1=D1/L1
340    PRINT "BENZINPREIS IN DM/LITER:   ";B1
350    LET K0=K0+K1 : PRINT
360 NEXT Z
370 LET V=100*L/K : LET B=D/L : PRINT
380 PRINT "KILOMETER GESAMT:   ";K;" DM"
390 PRINT "AUSGABEN GESAMT:    ";D;" DM"
400 PRINT "VERBRAUCH MITTEL:   ";V;" LITER/100 KM"
410 PRINT "BENZINPREIS MITTEL:";B;" DM/LITER"
420 END
```

```
Ein Ausgang (Zeile 360):          Zwei Ausgänge (290, 360):

260 FOR Z = 1 TO 999              260 FOR Z = 1 TO 999
...                               ...
...                               ...
290 IF K1=0 THEN Z=999: GOTO 360┐ 290 IF K1=0 THEN 370 ┐
...                             │ ...                  │
...                             │ ...                  │
360 NEXT Z ◄─────────────────────┘ 360 NEXT Z           │
370 ...                           370 ... ◄─────────────┘

gut: ein Eingang, ein Ausgang     schlecht: unklare Struktur
```

Unechte Zählerschleife auf zwei Arten programmiert

Struktogramm zu FAHRTENBUCH1:   PAP zu FAHRTENBUCH1:

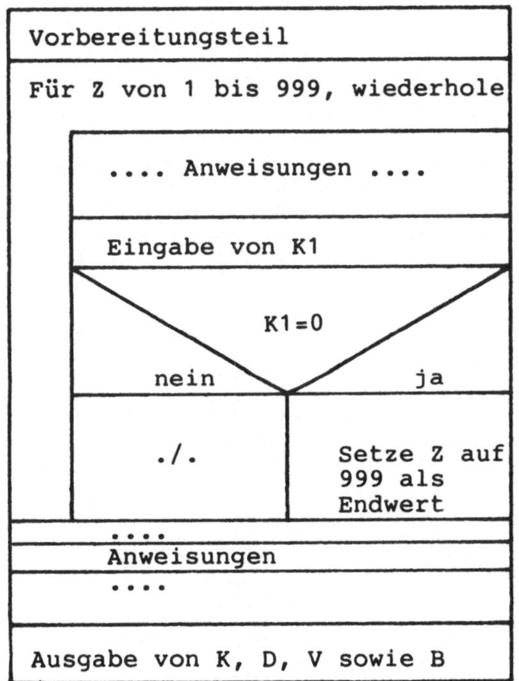

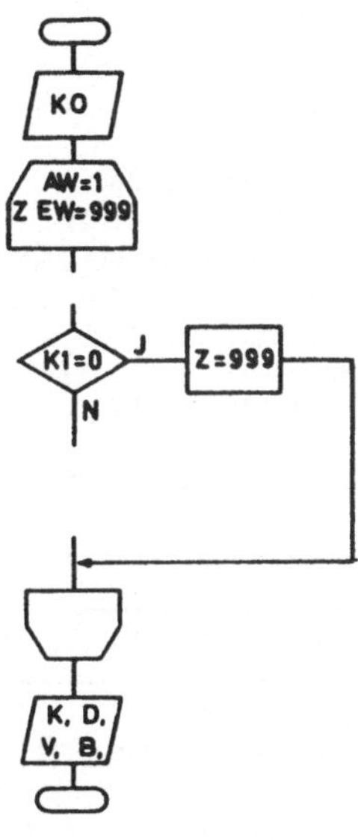

mit einer Schleife in 260-370:

Offene und geschlossene Schleife:
Zu Beginn jeder Ausführung von Programm FAHRTENBUCH1 ist vollkommen offen, wie oft die Schleife durchlaufen wird. Man nennt
diese Schleife deshalb auch eine o f f e n e Schleife. Dem-
gegenüber wurde BENCHMARK-TEXT1 als g e s c h l o s s e n e
Schleife jeweils immer 2000 mal durchlaufen. Der Typenbildung
von 'offenen und geschlossenen Schleifen' liegt also die Fest-
legung der Schleifendurchläufe als Unterscheidungskriterium
zugrunde.

3.1.3.6 Schachtelung von Zählerschleifen

Mehrere Programmstrukturen können entweder hintereinander oder geschachtelt in e i n e m Programm angeordnet sein (vgl. Abschnitt 1.3.3.5). Bei der Schachtelung von Zählerschleifen ist zu beachten, daß die zuerst begonnene äußere Schleife zuletzt beendet wird, daß die innere Schleife somit vollständig eingeschachtelt ist. Im Beispiel mit X-Schleife außen und Y-Schleife innen wird in 400 das Wort TEST 12 mal (3*4=12) ausgegeben.

```
 ┌300  FOR  X=1  TO  3              ┌300  FOR  X=1  TO  3
 │┌310  FOR  Y=1  TO  4            │┌310  FOR  Y=1  TO  4
 ││ ...                           ││ ...
 ││400  PRINT  "TEST"             ││400  PRINT  "TEST"
 ││ ...                           ││ ...                  läuft nicht
 │└590  NEXT  Y                   │└590  NEXT  X
 └600  NEXT  X                    └600  NEXT  Y

 vollständige Schachtelung         falsch: teilweise Schachtelung
```

Schachtelung mit innerer Y-Schleife und äußerer X-Schleife

Auch im Programm RATENSPARTABELLE sind zwei Zählerschleifen geschachtelt angeordnet: Die innere Schleife mit I als Laufvariable für die Jahre (im Ausführungsbeispiel I=1,2,3,4) und die äußere Schleife mit J für die Anzahl der Jahreszahlungen (im Beispiel J=1,2). Die Beispieltabelle weist damit 8 Druckzeilen auf, da die PRINT-Anweisung in Zeile 340 genau 8 mal (4*2=8) durchlaufen wird.

Struktogramm zu RATENSPARTABELLE: PAP zu RATENSPARTABELLE:

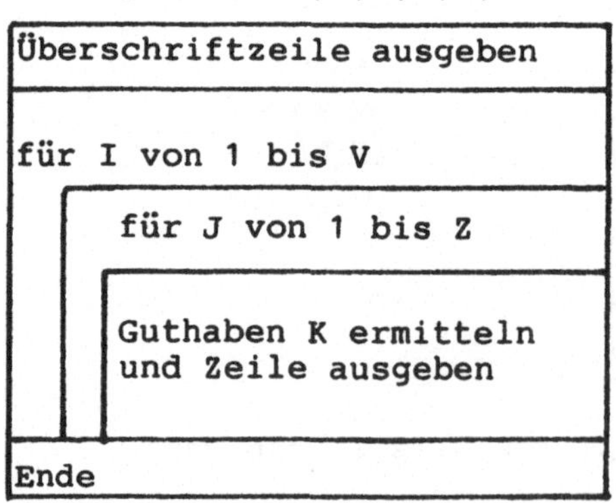

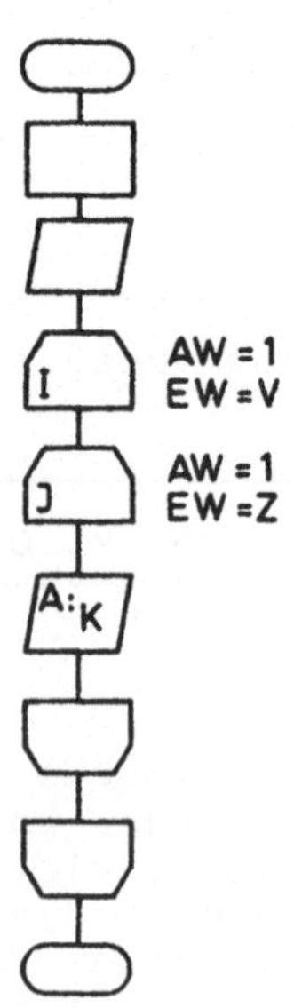

Codierung zu RATENSPARTABELLE (Schleifen in Zeilen 310-360):

```
100 REM ======PROGRAMM RATENSPARTABELLE
110 PRINT "GUTHABENENTWICKLUNG BEIM RATENSPAREN"
120 PRINT "ALS UEBERSICHTSTABELLE."
130 :
140 REM ======VEREINBARUNGSTEIL
150 REM S: REAL (SPARRATE GLEICHBLEIBEND)
160 REM Z: INTEGER (ANZAHL DER ZAHLUNGEN PRO JAHR)
170 REM V: INTEGER (VERTRAGSLAUFZEIT DES RATENSPARENS)
180 REM P: REAL (JAHRESZINSSATZ)
190 REM F: REAL (ZINSFAKTOR AUS ZINSFORMEL)
200 REM K: REAL (KAPITAL ALS NEUES ENDGUTHABEN)
210 REM I: INTEGER (LAUFVARIABLE AEUSSERE JAHRESSCHLEIFE)
220 REM J: INTEGER (LAUFVARIABLE INNERE MONATSSCHLEIFE)
230 :
240 REM ======ANWEISUNGSTEIL
250 INPUT "SPARRATE, ZAHLUNGEN/JAHR "; S,Z
260 INPUT "VERTRAGSLAUFZEIT (JAHRE) "; V
270 INPUT "ZINSSATZ (%/JAHR)        "; P
280 LET K=0 : LET F=1+P/Z/100
290 PRINT : PRINT " JAHR MONAT  GUTHABEN"
300 REM ***BEGINN DER SCHLEIFENSCHACHTELUNG****************
310 FOR I = 1 TO V : REM BEGINN DER SCHLEIFE 'AUSSEN'
320    FOR J =1 TO Z : REM BEGINN DER SCHLEIFE 'INNEN'
330       LET K = (K + S) * F
340       PRINT TAB(2);I;TAB(7);J;TAB(13);INT(K*100+0.5)/100
350    NEXT J : REM ENDE DER SCHLEIFE 'INNEN'
360 NEXT I : REM ENDE DER SCHLEIFE 'AUSSEN'
370 REM ***ENDE DER SCHACHTELUNG*************************
380 PRINT "ENDE." : END
```

Zwei Ausführungen zu Programm RATENSPARTABELLE:

```
GUTHABENENTWICKLUNG BEIM RATENSPAREN
ALS UEBERSICHTSTABELLE.
SPARRATE, ZAHLUNGEN/JAHR? 200 , 2
VERTRAGSLAUFZEIT (JAHRE)? 4
ZINSSATZ (%/JAHR)?
GUTHABENENTWICKLUNG BEIM RATENSPAREN
ALS UEBERSICHTSTABELLE.
SPARRATE, ZAHLUNGEN/JAHR? 200 , 2
VERTRAGSLAUFZEIT (JAHRE)? 4
ZINSSATZ (%/JAHR)?          12

 JAHR MONAT  GUTHABEN
   1       1           212
   1       2           436.72
   2       1           674.92
   2       2           927.42
   3       1          1195.06
   3       2          1478.77
   4       1          1779.49
   4       2          2098.26
ENDE.
```

3.1.3.7 Warteschleife bei Zeitverzögerung und GET

Die Programmschleife

```
100 FOR ZEIT=1 TO 1000
110 NEXT ZEIT
```

wird 1000 mal durchlaufen, was seine Zeit braucht. Deshalb
sieht man diese Schleife oft als Warteschleife zur Zeitverzö-
gerung vor. Man kann die Warteschleife auch einzeilig als

```
100 FOR ZEIT=1 TO 1000 : NEXT .
```

Statt FOR NEXT haben wir verkürzt NEXT geschrieben (diese
Möglichkeit sollte bei umfangreichen Programmen nicht angewendet werden (schlechte Lesbarkeit).

Einem ganz anderen Zweck dient die folgende Warteschleife:

```
300 PRINT "ERKLAERUNG (JA/NEIN)?"
310    GET E$
320    IF E$="J" THEN 350
330    IF E$="N" THEN 500
340    GOTO 310
350 PRINT "ERKLAERUNG: ...."
...
500 PRINT "BEGINN DES EIGENTLICHEN PROGRAMMS:"
...
```

Die GET-Anweisung erwartet e i n Zeichen als Tastatureingabe, ohne daß die /RET/-Taste gedrückt werden muß. Sobald ein
Zeichen eingetippt wurde, wird es mittels 310 GET E$ nach E$
zugewiesen. GET verlangt stets eine Warteschleife (hier: Zeile
310,320,330,340,310, ...), da immer wieder die Tastatur nach
einer Eingabe abgefragt wird. Die Warteschleife können wir in
einer Zeile wie folgt schreiben:

```
310 GET E$: IF E$="" THEN 310
320 IF E$="J" THEN 350
330 GOTO 500
...
```

Die Ablauflogik ist dabei jedoch weniger streng, da für alle
Eingaben außer "J" keine Erklärung gegeben wird. Hier die Unterschiede zwischen den Eingabeanweisungen INPUT und GET:

Anweisung INPUT: Anweisung GET:
Eingabe mit /RET/ abschließen   ... ohne /RET/
Ein oder mehrere Zeichen eingeben   ... nur ein Zeichen
PRINT ohne Warteschleife   ... in Warteschleife
Eingabe erscheint am Bildschirm   ... erscheint nicht

3.1.4 Programm mit Unterprogramm

Die Verwendung von U n t e r p r o g r a m m e n bietet ent-
scheidende Vorteile:

- Ein in Unterprogramme gegliedertes Programm ist stets besser
  l e s b a r als ein ungegliedertes Gesamtprogramm.

- Einen an mehreren Stellen im Programm benötigten Ablauf muß
  man nur e i n m a l als Unterprogramm codieren.

- Oft benötigte Verfahren können gesammelt und bei Bedarf im
  neuen Programm wie B a u s t e i n e eingesetzt werden.

- Bei größeren Vorhaben können Teilabläufe von verschiedenen
  Personen g e t r e n n t entwickelt und dann zu einem Pro-
  grammkomplex zusammengesetzt werden.

In BASIC kann man Unterprogramme durch die Anweisungen GOSUB
und RETURN oder durch Funktionen verwirklichen. Wir wenden uns
zunächst den Anweisungen GOSUB und RETURN zu.

3.1.4.1 Unterprogramme mit GOSUB und RETURN

Programm DEMO-UPRO1 demonstriert, wie ein e i n m a l codiertes Unterprogramm (Zeilen 1000, 1010) z w e i m a l aufgerufen wird (Zeilen 140 und 180). Zu trennen ist also die Unter-
programmcodierung (ein oder mehrere Zeilen mit RETURN am Ende)
einerseits und der Unterprogrammaufruf (durch GOSUB) andererseits. In BASIC ist das Unterprogramm immer Teil des Hauptpro-
gramms.
Zweck des Unterprogramms ist es, die jeweilige Tastatureingabe
um 10 zu erhöhen. Da sich die Eingabe im Hauptprogramm zuerst
in X und dann in Y befindet, ist vor jedem Unterprogrammaufruf
die Eingabe einer Variablen namens PAR (Parameter) zuzuweisen,
um dann das Unterprogramm mit GOSUB 1000 aufzurufen, die Er-
höhung mit 1000 LET PAR=PAR+10 auszuführen, mit 1010 RETURN
in die jeweilige Folgezeile 150 bzw. 190 zurückzukehren und im
Hauptprogramm fortzufahren. Die etwas umständliche Anweisungsfolge '140 LET PAR=X: GOSUB 1000: LET X=PAR' ist erforderlich,
da ein Unterprogrammaufruf wie etwa 'GOSUB(X) 1000' mit einer
tatsächlichen Parameterübergabe in BASIC nicht Standard ist.

Ausführung zu Programm DEMO-UPRO1:

```
EIN UNTERPROGRAMM ZWEIMAL AUFRUFEN.
EINGABE VON X? 28
AUSGABE VON X+10: 38

EINGABE VON Y? 77777
AUSGABE VON Y+10: 77787
ENDE.
```

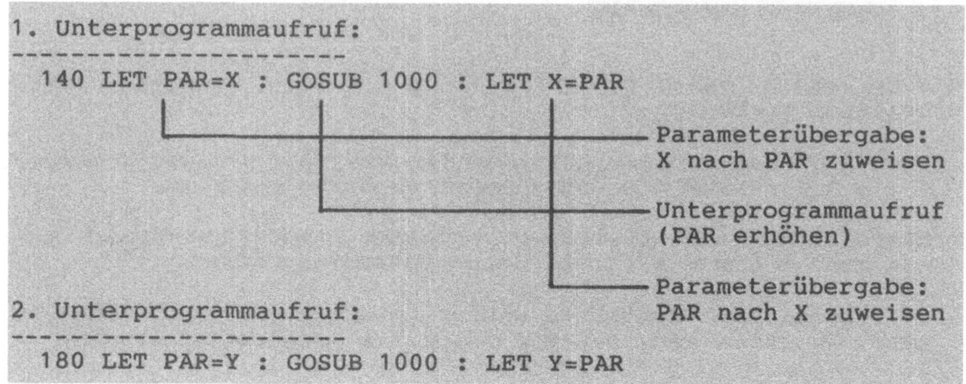

Unterprogrammaufruf mit Parameterübergabe (Beispiel)

Codierung zu Programm DEMO-UPRO1:   PAP zu DEMO-UPRO1:

```
100 REM ======PROGRAMM DEMO-UPRO1
110 PRINT "EIN UNTERPROGRAMM ZWEIMAL AUFRUFEN."
120 REM ***ERSTER UNTERPROGRAMM-AUFRUF*********
130 INPUT "EINGABE VON X";X
140 LET PAR=X : GOSUB 1000 : LET X=PAR
150 PRINT "AUSGABE VON X+10:";X
160 REM ***ZWEITER UNTERPROGRAMM-AUFRUF********
170 PRINT: INPUT "EINGABE VON Y";Y
180 LET PAR=Y : GOSUB 1000 : LET Y=PAR
190 PRINT "AUSGABE VON Y+10:";Y
200 PRINT "ENDE." : END
210 :
220 :
230 REM ===UNTERPROGRAMM ´ERHOEHEN´===========
1000 LET PAR = PAR + 10
1010 RETURN
1030 REM ===ENDE DES UNTERPROGRAMMS===========
```

Die Anweisung 140 GOSUB 1000 merkt sich die Folgezeile 150 als
Rückkehradresse und verzweigt zu Zeile 1000 zum dort anfangen-
den Unterprogramm. Die Anweisung 1010 RETURN beendet das Unterprogramm und verzweigt zu der (zuletzt) gemerkten Rückkehradresse. Beispiele für Anweisungen zum Unterprogrammaufruf:

- 140 GOSUB 1000   unbedingter Aufruf
- 140 IF A=3 THEN GOSUB 1000   numerisch bedingter Aufruf
- 140 IF B$="JA" THEN GOSUB 1000   Text-bedingter Aufruf
- 140 ON C GOSUB 1000,2000,3000   Fallabfrage mit Aufruf

3.1.4.2 Standardfunktionen und selbstdefinierte Funktionen

Funktionen sind besondere Unterprogramme, die stets mit ihrem
Namen aufgerufen werden. Für häufig wiederkehrende Probleme
sind Funktionen standardmäßig vorgegeben und für spezielle Be-
nutzerprobleme können sie vom Benutzer selbst definiert werden.

```
VORGEGEBENE STANDARDFUNKTIONEN AUFRUFEN:
- Numerische Funktionen:
  Ganzzahl:      INT(3.8) ergibt 3, INT(2.1111) ergibt 2
  Betrag:        ABS(-2) ergibt 2, ABS(2) ergibt 2
  Vorzeichen:  SGN(-2) ergibt -1, SGN(2) ergibt +1
  Zufallszahl: RND(1) ergibt z.B. 0.8724
  Weitere:       ATN, COS, EXP, LOG, SIN, SQR, TAN
  (vgl. Abschnitt 2.3.2.2)

- String-Funktionen bzw. Text-Funktionen:
  ASC, CHR$, INSTR, LEFT$, LEN, MID$, STR$, RIGHT$ und VAL
  (vgl. Abschnitte 2.3.2.2 und 3.3)

- System-Funktionen:
  FRE(), PEEK und POKE (vgl. Abschnitt 3.5)


FUNKTIONEN SELBST DEFINIEREN UND AUFRUFEN:
- Definition der Funktion mit Anweisung DEF FN ...
- Aufruf der Funktion durch FN ...
```

Zwei Arten von Funktionen

Das in Klammern hinter der Funktion geschriebene Argument kann
eine Konstante (INT(9.7)), eine Variable (INT(Z)) oder ein beliebiger Ausdruck sein (INT(9.7+Z)).

Das folgende Programm DEMO-FUNKTION1 demonstriert, wie eine
vom Benutzer selbst definierte Funktion in ein BASIC-Programmm
eingebaut werden kann.
Programm DEMO-FUNKTION1 stimmt in der Ausführung mit Programm
DEMO-UPRO1 überein, nicht aber in der BASIC-Codierung: Das in
DEMO-UPRO1 mittels GOSUB und RETURN geschriebene Unterprogramm
wird in DEMO-FUNKTION1 über eine benutzerdefinierte Funktion
mit DEF FN programmiert. In der hierfür vorgesehenen Anweisung

    140 DEF FN ERHOEH(PAR)=PAR+10   (Funktion definieren)

schreiben wir hinter FN den Funktionsnamen ERHOEH, gefolgt
von einem Parameter PAR, dem das Ergebnis von PAR+10 zugewiesen wird.
Als f o r m a l e r Parameter vertritt PAR beim Unterprogamm-
aufruf den entsprechenden a k t u e l l e n Parameter X (für
1. Aufruf: FN ERHOEH(X)) bzw. Y (für 2. Aufruf: FN ERHOEH(Y)).

Codierung zu Programm DEMO-FUNKTION1:

```
100 REM ======PROGRAMM DEMO-FUNKTION1
110 PRINT "EINE FUNKTION SELBST DEFINIEREN"
120 PRINT "UND DANN ZWEIMAL AUFRUFEN."
121 :
130 REM ***FUNKTION DEFINIEREN********************
140    DEF FN ERHOEH(PAR) = PAR + 10
150 :
160 REM ***ERSTER FUNKTIONS-AUFRUF****************
170 INPUT "EINGABE VON X";X
180 PRINT "AUSGABE VON X+10:"; FN ERHOEH(X)
190 REM ***ZWEITER FUNKTIONS-AUFRUF**************
200 INPUT "EINGABE VON Y"; Y
210 PRINT "AUSGABE VON Y+10:"; FN ERHOEH(Y)
220 PRINT "ENDE." : END
```

Ausführung zu Programm DEMO-FUNKTION1:

```
EINE FUNKTION SELBST DEFINIEREN
UND DANN ZWEIMAL AUFRUFEN.
EINGABE VON X? 28
AUSGABE VON X+10: 38
EINGABE VON Y? 77777
AUSGABE VON Y+10: 77787
ENDE.
```

Aktuelle Parameter
werte X=28 und X=77777
werden jeweils dem
formalen Parameter
übergeben.

3.2 Drei Beispiele zur Programmiertechnik

Zu den in Abschnitt 1.3.7.4 dargestellten Programmiertechniken
betrachten wir drei Beispiele: Menütechnik, Standardisierung
und Verzweigungstechnik mit Wahrheitswerten.

3.2.1 Strukturiert programmieren: Menütechnik

Bei der Ausführung des Programms MENUE1 werden dem Benutzer
sieben Wahlmöglichkeiten am Bildschirm angeboten - vergleichbar mit den Gängen eines Menüs auf der Speisekarte. Aus diesem
Grunde spricht man in der DV von der M e n ü t e c h n i k .

Folgende Punkte kennzeichnen die Menütechnik:

(1) Auswahl einer Tätigkeit aus dem Menü:
    Das Menü wird am Bildschirm gezeigt, bis der Benutzer eine
    gültige Auswahl getroffen hat (Unterprogramme 'GOSUB 1000'
    und 'GOSUB 2000' in Programm MENUE1).

(2) Ausführung dieser Tätigkeit in einem Unterprogramm:
    Über eine mehrseitige Auswahl als Fallabfrage wird ein Un-
    terprogramm aufgerufen (Anweisung 150 ON M GOSUB ...), um
    die gewählte Tätigkeit dann auszuführen.

(3) Wiederholtes Menüangebot mit Programmende über das Menü:
    Nach dieser Ausführung wird das Menü erneut gezeigt. Die
    Schleife wird mit DO-LOOP-EXIT gesteuert. Abgebrochen wird
    der Programmlauf stets über das Menü selbst (Menüwahl 7)
    bzw. über das Steuerprogramm (hier Zeile 160), nicht aber
    über ein Unterprogramm.

Die sieben Tätigkeiten KONTOSTAND, EINZAHLUNG,.. werden in den
Zeilen 1030-1040 unter DATA gespeichert. Soll das Menüprogramm
für andere Zwecke verwendet werden, müssen ausschließlich diese Zeilen geändert werden.

Zu den Anweisungen READ-DATA:
Die Anweisungen READ mit DATA dienen der Speicherung programm-
interner Daten. Jede READ-Anweisung rückt dabei einen Lesezeiger um 1 weiter. Die Anweisung RESTORE setzt den Lesezeiger
auf die Ausgangsposition 1 zurück. Daten können auf beliebig
viele DATA-Anweisungen verteilt werden; wesentlich ist allein
die Reihenfolge: so sind die folgenden Anweisungen identisch:

    10 DATA 4,7   entspricht   10 DATA 4
                                             11 DATA 7

Die Abbildung zeigt an einem Beispiel, wie über eine FOR-NEXT-
Schleife als L e s e s c h l e i f e Daten aus sieben DATA-
Zeilen in einen Array namens M$() eingelesen werden. Da unter
DATA auch eine größere Sammlung von Daten programmintern abge-
speichert werden kann, bezeichnet man diese Daten häufig auch
als i n t e r n e D a t e i .

```
1000 READ N              Nach N wird die Ziffer 7 eingelesen.

1010 FOR I=1 TO N        Nach M$ werden 7 Textworte eingelesen
1011    READ M$(I)       (M$ ist ein String-Array).
1012 NEXT I
                                            Inhalt von M$:
1030 DATA 7, KONTOSTAND                     KONTOSTAND
1031 DATA EINZAHLUNG,AUSZAHLUNG             EINZAHLUNG
1032 DATA NEUES KONTO, KONTO LOESCHEN       AUSZAHLUNG
1033 DATA GESAMTLISTE, PROGRAMMENDE         NEUES KONTO
                                            KONTO LOESCHEN
READ weist einer oder mehreren Variablen       GESAMTLISTE
Werte zu, die unter DATA gespeichert sind.     PROGRAMMENDE
```

Anweisungen READ und DATA zur Datenspeicherung im Programm

Die Anweisung

    150 ON M GOSUB 3000,4000,5000,6000,7000,8000,9000

ruft für M=1 das Unterprogramm ab Zeile 3000 auf, für M=2 das
Unterprogramm ab Zeile 4000 usw, wobei als Rückkehradresse für
die RETURNs die Zeile 140 gespeichert wird. Durch die Fehler-
abfragen in Zeile 2040-2050 wird sichergestellt, daß in M tatsächlich nur einer der ganzzahligen Werte 1,2,....,7 vorliegt.

In Zeile 2030 wird die Menü-Auswahl des Benutzers bewußt nicht
einer numerischen Variablen W, sondern einer Textvariablen W$
zugewiesen. Damit soll ein 'Aussteigen' des Computers bei feh-
lerhafter Eingabe verhindert werden. Mit dem Funktions-Aufruf
VAL(W$) wird der Text in W$ in einen Zahlenwert umgewandelt.

Codierung zu Programm MENUE1:

```
100  REM ======PROGRAMM MENUE1
110  PRINT "MENUE-DEMOPROGRAMM MIT WAHL IN DATA." : PRINT
120  GOSUB 1000 : REM MENUE-ANGEBOT EINLESEN
130  DO
140     GOSUB 2000 : REM MENUE-WAHL BEREITSTELLEN
150     ON M GOSUB 3000,4000,5000,6000,7000,8000,9000
160     IF M=7 THEN EXIT
170     INPUT "WEITER MIT RETURN";W$: PRINT CHR$(147)
180  LOOP
190  PRINT "ENDE." : END
200  :
210  :.
220  REM ***MENUE-ANGEBOT NACH M$ EINLESEN********************
1000 READ N : DIM M$(N)
1010 FOR I=1 TO N : READ M$(I) : NEXT I
1020 RETURN
1030 DATA 7,KONTOSTAND,EINZAHLUNG,AUSZAHLUNG,"NEUES KONTO"
1040 DATA KONTO LOESCHEN ,GESAMTLISTE, PROGRAMMENDE
1050 :
1060 REM ***MENUE-AUSWAHL IN M BEREITSTELLEN**************
2000 PRINT "--------MENUE-ANGEBOT------"
2010 FOR I=1 TO N : PRINT " ";I;" ";M$(I): NEXT I
2020 PRINT "--------------------------"
2030 INPUT "MENUE-AUSWAHL TIPPEN";W$ : LET M=VAL(W$)
2040 IF M <> INT(M) THEN PRINT "... GANZZAHLIG": GOTO 2000
2050 IF M<1 OR M>N THEN PRINT "... NUR 1 - 7": GOTO 2000
2060 RETURN
2070 :
3000 PRINT "UNTERPROGRAMM ";M$(M) : RETURN
4000 PRINT "UNTERPROGRAMM ";M$(M) : RETURN
5000 PRINT "UNTERPROGRAMM ";M$(M) : RETURN
6000 PRINT "UNTERPROGRAMM ";M$(M) : RETURN
7000 PRINT "UNTERPROGRAMM ";M$(M) : RETURN
8000 PRINT "UNTERPROGRAMM ";M$(M) : RETURN
9000 PRINT "UNTERPROGRAMM ";M$(M) : RETURN
```

Ausführung zu Programm MENUE1:   PAP zu MENUE1:

```
MENUE-DEMOPROGRAMM MIT WAHL IN DATA.

---------MENUE-ANGEBOT-------
   1   KONTOSTAND
   2   EINZAHLUNG
   3   AUSZAHLUNG
   4   NEUES KONTO
   5   KONTO LOESCHEN
   6   GESAMTLISTE
   7   PROGRAMMENDE
-----------------------------
MENUE-AUSWAHL TIPPEN:4
UNTERPROGRAMM NEUES KONTO
WEITER MIT RETURN
---------MENUE-ANGEBOT-------
   1   KONTOSTAND
   2   EINZAHLUNG
   3   AUSZAHLUNG
   4   NEUES KONTO
   5   KONTO LOESCHEN
   6   GESAMTLISTE
   7   PROGRAMMENDE
-----------------------------
MENUE-AUSWAHL TIPPEN:7
UNTERPROGRAMM PROGRAMMENDE
ENDE.
```

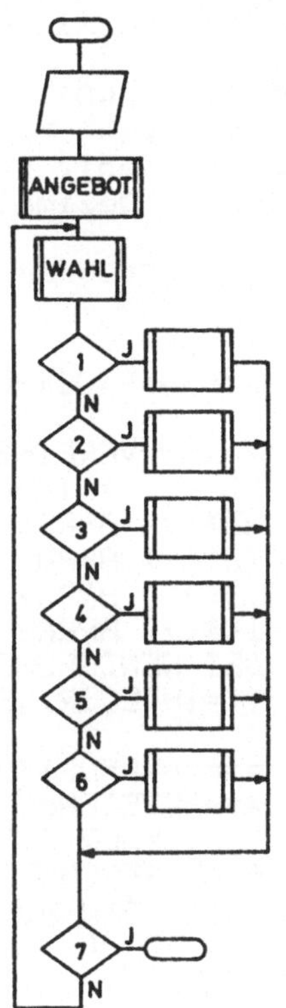

3.2.2 Wirtschaftlich programmieren: Standardisierung

In einer Kundendatei soll für jeden Kunden die NUMMER, der NA-
ME und der UMSATZ gespeichert werden; in einer Artikeldatei zu
jedem Artikel die BEZEICHNUNG, der PREIS und die MENGE; ... Je
nach Dateiart ist das Eingabeproblem ähnlich. Unwirtschaftlich
wäre es, für jedes Problem je ein neues Programm schreiben zu
müssen. Programm STANDARD1 zeigt die Problemlösung über e i n
Programm auf. Z w e i V a r i a b l e n e b e n e n   werden
dabei unterschieden: eine Ebene nimmt Beschreibungen über die
Daten auf, während die andere Ebene die Daten selbst betrifft.

- Variablen mit beschreibenden Daten:
  Die Variablen ND$(), TD$() und LD() nehmen Angaben zu Namen,
  Datentypen und Längen der Daten auf. Diese Daten sind in der
  DATA-Zeile gespeichert. Bei Änderung ist somit nur die DATA-
  Zeile zu überprüfen.

- Variablen mit den eigentlichen Daten:
  Die Variable ID$() steht für den eigentlichen 'Inhalt der zu
  verarbeitenden Daten', z.B. für die drei Artikelangaben '101
  WILLIAMS BIRNE 3470.50'.

Die Anweisung
  250 DIM ND$(AD)
richtet für die Variable ND$ drei 'Fächer' (da AD=3) zur spä-
teren Speicherung von drei Strings ein. Diese Dimensionierung
mittels DIM erklären wir in Abschnitt 3.6 ausführlich.

Programm STANDARD1 verdeutlicht das prinzipielle Vorgehen beim
Arbeiten mit zwei Variablenebenen und ist je nach Anwendung zu
ergänzen: so fehlt z.B. die Prüfung für das UMSATZ-Format 6.2
(6 Stellen, 2 Dezimalstellen).

Codierung zu Programm STANDARD1:

```
100 REM ======PROGRAMM STANDARD1
110 :
120 REM ======VEREINBARUNGSTEIL
130 REM AD:      INTEGER (ANZAHL DER DATEN)
140 REM ND$():  ARRAY (BESCHREIEBENDE EBENE: DATENNAMEN)
150 REM TD$():  ARRAY (BESCHREIBENDE EBENE: DATENTYPEN)
160 REM LD():   ARRAY (BESCHREIBENDE EBENE: DATENLAENGEN)
170 REM ID$():  ARRAY (INHALTLICHE EBENE: DATEN SELBST)
180 REM BEI AENDERUNG NUR ZEILE 230 AENDERN
190 REM (I=INTEGER, S=STRING UND R=REALZAHL)
200 :
210 REM ======ANWEISUNGSTEIL
220 REM ***BEZEICHNUNGEN SPEICHERN*******************
230 DATA 3,NUMMER,I,3,NAME,S,10,UMSATZ,R,6.2
240 REM ***LESESCHLEIFE*********************************
250 READ AD : DIM ND$(AD),TD$(AD),LD(AD),ID$(AD)
260 FOR Z=1 TO AD
270    READ ND$(Z),TD$(Z),LD(Z)
280 NEXT Z
290 REM ***EINGABESCHLEIFE***************************
300 FOR Z=1 TO AD
310    PRINT ND$(Z);" ";: INPUT ID$(Z)
320 NEXT Z
330 REM ***STRING-LAENGE PRUEFEN ALS BEISPIEL******
340 FOR Z=1 TO AD
350 IF TD$(Z)="S" AND LEN(ID$(Z))>LD(Z) THEN 370
360 PRINT "FEHLERFREI: ";ID$(Z): GOTO 380
370    PRINT "FEHLERHAFT: ";ID$(Z);" UEBER ";LD(Z);" STELLEN."
380 NEXT Z
390 PRINT "ENDE." : END
```

Ausführung zu Programm STANDARD1:

```
NUMMER?  101
NAME?  WILLIAMS BIRNE
UMSATZ?  3470.50
FEHLERFREI: 101
FEHLERHAFT: WILLIAMS BIRNE UEBER  10  STELLEN.
FEHLERFREI: 3470.50
ENDE.
```

3.2.3 Einfach programmieren: Verzweigungstechnik

Das Programm BOOLEAN1 verwendet das Zeichen "=" zur Zuweisung
und auch zum Vergleich:

```
120 LET B1 = X=Y
```

Das erste "=" in Zeile 120 ist eine W e r t z u w e i s u n g
nach B1: Das Ergebnis von X=Y wird nach B1 zugewiesen.
Das zweite "=" dagegen bewirkt einen V e r g l e i c h: Dabei
ist X=Y ein Vergleichsausdruck mit dem "=" als Vergleichszeichen und dem Ergebnis WAHR oder UNWAHR, das dann der Variablen B1 zugewiesen wird. B1 steht für 'Bedingung 1'. Der THEN-
Zweig in Zeile 130 wird nur ausgeführt, wenn B1 den Wert WAHR
hat.
Variablen, die nur die Werte WAHR (bzw. TRUE) und UNWAHR (bzw.
FALSE) annehmen können, nennt man boolesche Variablen. Damit
wird der Mathematiker George Boole geehrt, der um 1850 die Logik erforscht hat. Commodore-BASIC sieht den Datentyp BOOLEAN
(vgl. Abschnitt 1.3.2.1) explizit nicht vor. Gleichwohl können
wir diesen Typ wie in Programm BOOLEAN1 gezeigt verwenden.

Codierung zu Programm BOOLEAN1:

```
100 REM ======PROGRAMM BOOLEAN1
110 INPUT "ZWEI ZAHLEN EINGEBEN"; X,Y
120 LET B1 = X=Y
130    IF B1 THEN PRINT "BEIDE ZAHLEN GLEICH."
140 PRINT "ENDE." : END
```

Zwei Ausführungen zu Programm BOOLEAN1:

```
ZWEI ZAHLEN EINGEBEN? 4 , 4       ZWEI ZAHLEN EINGEBEN? 16 , 166
BEIDE ZAHLEN GLEICH.              ENDE.
ENDE.
```

Vergleichsoperatoren =, >, >=, <, <= und <>:
Vergleichen wir z.B. zwei Zahlen, so werden die Vergleicher-
gebnisse WAHR bzw. UNWAHR in Commodore-BASIC durch die Zahlen
-1 (für WAHR) bzw. 0 (für UNWAHR) dargestellt.
Das Programm BOOLEAN2 demonstriert dies. Neben =   lassen sich
auch die Vergleichszeichen >, >=, <, <= und <> einsetzen. 10>6
z.B. ergibt den Wert WAHR bzw. -1 und 2<>2 den Wert 0.

Codierung zu Programm BOOLEAN2:

```
100 REM ======PROGRAMM BOOLEAN2
110 PRINT "DARSTELLUNG DES DATENTYPS 'BOOLEAN' IN BASIC 3.5."
120 PRINT "WAHR BZW. TRUE    -> "; 3=3
130 PRINT "UNWAHR BZW. FALSE -> "; 3=4
140 PRINT "ENDE." : END
```

Ausführung zu Programm BOOLEAN2:

```
DARSTELLUNG DES DATENTYPS 'BOOLEAN' IN BASIC 3.5.
WAHR BZW. TRUE      -> -1
UNWAHR BZW. FALSE -> 0
ENDE.
```

Logische Operatoren A N D ,   O R und N O T :
Das Programm BOOLEAN3 zeigt, wie mehrere Vergleichsbedingungen
durch logische Operatoren (auch boolesche Operatoren genannt)
verknüpft werden können: so durch AND (und), OR (oder) und NOT
(nicht). AND, OR und NOT werden in der Booleschen Algebra zur
Erklärung logischer Zusammenhänge verwendet. Die Grundlage dazu bilden die sogenannten Wahrheitstafeln.

```
1 AND  1 =  1        1 OR  1 =  1          NOT  1 =  0
1 AND  0 =  0        1 OR  0 =  1          NOT  0 =  1
0 AND  1 =  0        0 OR  1 =  1
0 AND  0 =  0        0 OR  0 =  0
```

        Wahrheitstafeln für logisch 'und', 'oder' sowie 'nicht'

Für X=1 und Y=0 ergibt der boolesche Ausdruck X AND Y den
Wert FALSE bzw. 0 und X OR Y den Wert TRUE bzw. 1. Mehrere
boolesche Operatoren können in einem Ausdruck auftreten. Zwei
Beispiele hierzu: NOT(X OR Y) ergibt den Wert FALSE, während
(X>-100)AND(X<100) den Wert TRUE ergibt.
Logische Operatoren arbeiten stets nur mit den Zahlen 0 und 1.

Codierung zu Programm BOOLEAN3:

```
100 REM ======PROGRAMM BOOLEAN3
110 INPUT "DREI 'WOERTER' EINTIPPEN"; A$,B$,C$
120 LET B1 = A$=B$
130 LET B2 = B$=C$
140   IF B1 AND B2 THEN PRINT "ALLE DREI GLEICH."
150   IF B1 OR B2 THEN PRINT "DIE ERSTEN ODER LETZTEN BEIDEN GLEIC
160   IF NOT B2 THEN PRINT "DIE LETZTEN BEIDEN UNGLEICH."
170 PRINT "ENDE." : END
```

Ausführungen zu Programm BOOLEAN3:

```
DREI 'WOERTER' EINTIPPEN
C16,C116,C16
DIE LETZTEN BEIDEN UNGLEICH.
ENDE.

DREI 'WOERTER' EINTIPPEN
CBM,CBM,CBM
ALLE DREI GLEICH.
DIE ERSTEN ODER LETZTEN BEIDEN GLEICH.
ENDE.
```

In Verzweigungen mittels IF werden oft Vergleichsoperatoren
u n d logische Operatoren gemeinsam benutzt. In der Anweisung

     570 IF (BETRAG>1000) AND (TAGE<8) THEN 700

z.B. werden zuerst die Vergleichsoperatoren " > größer" sowie
"< kleiner" ausgeführt, die -1 bzw. 0 als Ergebnisse liefern.
Auf diese Vergleichsergebnisse wird sodann der logische Operator "AND bzw. und" angewandt. Betrachten wir dazu das folgende Zahlenbeispiel mit BETRAG=3000 und TAGE=2 bzw. TAGE=9:

- Für BETRAG=3000 und TAGE=2 erhalten wir IF (-1) AND (-1)...
  und dann IF (1111) AND (1111)... mit -1 als Binärzahl 1111;
  IF 1 THEN 700 wird in Commodore-BASIC als Vergleichsausdruck
  IF 1<>0 THEN 700 behandelt; wir erhalten IF -1 THEN 700 und
  es wird also nach Zeile 700 verzweigt.

- Für BETRAG=3000 und TAGE=9 erhalten wir IF (-1) AND (0)...,
  dann IF (1111) AND (0000)..., dann IF 0 THEN 700. Mit der
  Anweisung IF 0<>0 THEN 700 wird nicht verzweigt, sondern
  mit der Folgezeile fortgefahren.

Wichtig ist, daß in Commodore-BASIC die beiden Anweisungen
100 IF B THEN ... und 100 IF B<>0 THEN ... die gleiche Bedeutung haben (siehe Abbildung). Das bedeutet, daß für B=0 nicht
verzweigt wird, während für alle anderen Werte von B (z.B. 1,
2,3...,-1,-2,-3,...,0.1,0.2,...) die Verzweigung durchgeführt
wird. In Commodore-BASIC stellen somit nicht nur -1, sondern
alle Zahlen ungleich null den Wert WAHR bzw. TRUE dar. Gleichwohl ordnen wir (wie bei allen Computern üblich, die logische
Variablen explizit vorsehen) den Zahlenwert -1 dem Wert WAHR
zu.

```
100 IF B THEN ...           1. Für B=0 wird nicht verzweigt.
                               B=0 bedeutet UNWAHR bzw. FALSE.
gleichbedeutend mit
                            2. Für B<>0 wird verzweigt. Alle Werte
100 IF B<>0 THEN ...           B<>0 bedeuten WAHR bzw. TRUE.
```

        Anweisung ... IF B THEN ... zur bedingten Verzweigung

Commodore-BASIC stellt die Vergleichsergebnisse -1 bzw. 0 als
Binärzahlen 1111 bzw. 0000 dar und führt jede Verknüpfung mit
logisch AND b i t w e i s e durch. In Abschnitt 3.5.3 gehen
wir auf die bitweise Verarbeitung genauer ein.

Die drei Programmbeispiele BOOLEAN1 - BOOLEAN3 zeigen, daß in
BASIC neben den Datentypen INTEGER (Ganzzahl), REAL (Dezimalzahl) sowie STRING (Text, Zeichenkette) auch der Typ BOOLEAN
(Wahrheitswert) verwendet werden kann. Dabei sind zwei Punkte
festzuhalten:
Das Anweisungswort LET sollte stets beibehalten werden. Sicher
ist 20 LET B1 = X=Y besser lesbar als 20 B1=X=Y . Dennoch
bewirken die Anweisungen dasselbe: vergleiche X mit Y und weise das Ergebnis WAHR bzw. UNWAHR als -1 bzw. 0 der booleschen
Variablen B1 zu.

3.3 Textverarbeitung

Mit T e x t v e r a r b e i t u n g ist hier nicht das kaufmännische Standard-Programmpaket gemeint (siehe dazu Abschnitt
1.3.8.3), sondern das Zerlegen und Zusammenfügen einzelner Daten vom Typ 'Text' bzw. 'String'. Man spricht dabei häufig von
S t r i n g v e r a r b e i t u n g.

3.3.1 Stringoperationen im Überblick

BASIC stellt die Standardfunktionen INSTR, LEN, LEFT$, RIGHT$,
MID$, VAL, STR$, CHR$ sowie ASC bereit.

```
-  Verkettung von Strings: +                LET X$="6900"
   X$ + " " + Z$ ergibt 6900 HEIDELBERG     LET Y$="HEIDELBERG"
                                            LET Z = 6900
-  Länge eines Strings: LEN(Y$)
   LEN(X$) ergibt 4;    LEN(Y$) ergibt 10


-  Linker Teilstring: LEFT$(Y$,L)
   LEFT$(Y$,5) ergibt HEIDE;    LEFT$(Y$,2) ergibt HE


-  Rechter Teilstring: RIGHT$(Y$,L)
   RIGHT$(Y$,4) ergibt BERG;    RIGHT$(X$,2) ergibt 00

-  Teilstring von V bis zum Ende: MID$(Y$,V)
   MID$(Y$,7) ergibt BERG;    MID$(X$,2) ergibt 900


-  Erste Stelle von S$ in Y$: INSTR(Y$,S$):
   INSTR(Y$,"DEL") ergibt 4; INSTR(Y$,"C") ergibt 0


-  Teilstring von V mit Länge L: MID$(Y$,V,L)
   MID$(Y$,2,3) ergibt EID;    MID$(Y$,6,1) ergibt L


-  Umwandlung von Zahl in String: STR$(Z)
   STR$(Z) + Y$ ergibt 6900HEIDELBERG;   Z + Y$ ergibt Fehler


-  Umwandlung von String in Zahl: VAL(X$)
   VAL(X$) - 400 ergibt 6500;    X$ - 400 ergibt Fehler


-  Umwandlung von Codezahl in Einzelzeichen: CHR$(X)
   CHR$(49) ergibt 1;    CHR$(82) ergibt R          (ASCII-Zeichen)


-  Umwandlung von Einzelzeichen in Codezahl: ASC(A$)
   ASC("R") ergibt 82;    ASC("=") ergibt 61        (ASCII-Zeichen)


-  Umwandlung von Dezimal- in Hexadezimalwert: HEX$(Z)
   HEX$(43) ergibt 002B als Hex-Wert
```

Funktionen zur Verarbeitung von Strings

Diese Stringoperationen wollen wir an Beispielen betrachten.

3.3.2 Zeichen und Strings suchen und umformen

Das Programm ZEICHSUCH1 bezweckt, ein Zeichen Z$ in dem String
bzw. Text E$ zu suchen. S dient als Merker bzw. Flagge (Flag).
Durch MID$(E$,I,1) wird das 1., 2., ... Element des Texts E$
angesprochen und mit Z$ verglichen.
Die Zählerschleife wird in jedem Fall über 320 NEXT I verlassen (Prinzip: nur e i n Schleifenausgang).
Das Programm ZEICHSUCH1 umfaßt zwei Programmstrukturen: eine
Wiederholungsstruktur (Zählerschleife in den Zeilen 270-310)
und eine Auswahlstruktur (zweiseitige Auswahl in 360-370).

Codierung zu Programm ZEICHSUCH1:

```
100 REM ======PROGRAMM ZEICHSUCH1
110 PRINT "EIN ZEICHEN SUCHEN OHNE FUNKTION INSTR."
120 :
130 REM ======VEREINBARUNGSTEIL
140 REM E$: STRING (EINGABETEXT BELIEBIG)
150 REM Z$: STRING (ZU SUCHENDES ZEICHEN)
160 REM S:  INTEGER (STELLE MIT ZEICHEN)
170 REM L:  INTEGER (LAENGE DES TEXTES E$)
180 REM I:  LAUFVARIABLE FUER SCHLEIFE
190 :
200 REM ======ANWEISUNGSTEIL
210 INPUT "TEXT EINTIPPEN: ";E$
220 INPUT "ZU SUCHENDES ZEICHEN EINTIPPEN: ";Z$
230 IF LEN(Z$)<>1 THEN 220 : REM MEHR ALS 1 ZEICHEN
240 LET L=LEN(E$) :           REM LAENGE VON E$
250 LET S=0 :                 REM ANFANGSWERT SETZEN
260 REM ***BEGINN DER SUCHSCHLEIFE*******************
270 FOR I=1 TO L
280   PRINT I;". STELLE VON TEXT ";E$ : REM KONTROLLAUSGABE
290   IF MID$(E$,I,1) <> Z$ THEN 320 : REM FALLS NICHT GEFUNDEN
300   LET S=I : REM STELLE S MERKEN
310   LET I=L : REM LAUFVARIABLE AUF ENDWERT SETZEN
320 NEXT I
330 REM ***ENDE DER SUCHSCHLEIFE*******************
340 :
350 PRINT: PRINT "SUCHERGEBNIS:"
360 IF S=0 THEN PRINT Z$;" NICHT GEFUNDEN." : GOTO 380
370 PRINT Z$;" AN ";S;". STELLE IM STRING ";E$
380 PRINT "PROGRAMMENDE."
```

Ausführung zu Programm ZEICHSUCH1:

```
EIN ZEICHEN SUCHEN OHNE FUNKTION INSTR.
TEXT EINTIPPEN: COMMODORE COMPUTER
ZU SUCHENDES ZEICHEN EINTIPPEN: M
 1 . STELLE VON TEXT COMMODORE COMPUTER
 2 . STELLE VON TEXT COMMODORE COMPUTER
 3 . STELLE VON TEXT COMMODORE COMPUTER

SUCHERGEBNIS:
M AN  3 . STELLE IM STRING COMMODORE COMPUTER
PROGRAMMENDE.
```

Das Programm ZEICHSTRINGSUCH1 demonstriert die Funktion INSTR:
der Suchstring Z$ soll im Gesamtstring E$ gesucht und dann die
erste Stelle ausgegeben werden. Mit INSTR kann ein String (als
Zeichenfolge) oder auch ein einzelnes Zeichen gesucht werden.
Die Ausführungsbeispiele zeigen, daß INSTR mit der Suche ab-
bricht, sobald ein Suchstring (z.B. "O") gefunden wurde.

Codierung zu Programm ZEICHSTRINGSUCH1:

```
100 REM ======PROGRAMM ZEICHSTRINGSUCH1
110 PRINT "EIN ZEICHEN/STRIG IN EINEM TEXT SUCHEN UNTER"
120 PRINT "VERWENDUNG DER FUNKTION INSTR."
130 :
140 REM ======VEREINBARUNGSTEIL
150 REM E$: STRING (EINGABETEXT BELIEBIG)
160 REM Z$: STRING (ZU SUCHENDES ZEICHEN ODER TEILSTRING)
170 REM S:  INTEGER (STELLE IN E$, AN DER Z$ BEGINNT (0=FEHLER))
180 :
190 REM ======ANWEISUNGSTEIL
200 INPUT "WELCHER TEXT";E$
210 INPUT "WELCHEN TEILSTRING SUCHEN";Z$
220 LET S=INSTR(E$,Z$)
230 IFS=0 THEN PRINT "NICHT GEFUNDEN":
             ELSE PRINT "AB STELLE";S
240 PRINT "ENDE.": END
```

Ausführungen zu Programm ZEICHSTRINGSUCH1:

```
EIN ZEICHEN/STRIG IN EINEM TEXT SUCHEN UNTER
VERWENDUNG DER FUNKTION INSTR.
WELCHER TEXT?  COMMODORE PLUS/4
WELCHEN TEILSTRING SUCHEN?  MOD
AB STELLE 4
ENDE.


WELCHER TEXT?  COMMODORE PLUS/4        WELCHER TEXT?  128.25 DM
WELCHEN TEILSTRING SUCHEN?  MODE       WELCHEN TEILSTRING SUCHEN?  2
NICHT GEFUNDEN                         AB STELLE 2
ENDE.                                  ENDE.


WELCHER TEXT?  COMMODORE PLUS/4
WELCHEN TEILSTRING SUCHEN?  O
AB STELLE 2
ENDE.
```

Das Programm STRINGSUCH1 zeigt, wie über die Funktion MID$ ein
String Z$ im Gesamtstring gesucht werden kann. Im Gegensatz zu
INSTR wird bei MID$ die Suche nicht bereits beim ersten Auf-
treten des Suchstrings abgebrochen. Sucht man "WE" im String
"WEGWEISER", erhält man die 4 als Anfangsstelle von "WE" (sie-
he Ausführungsbeispiel).

Codierung zu Programm STRINGSUCH1:

```
100 REM ======PROGRAMM STRINGSUCH1
110 PRINT "EINEN STRING IN EINEM TEXT SUCHEN (MIT MID$)."
120 INPUT "TEXT EINTIPPEN"; E$
130 INPUT "ZU SUCHENDEN STRING EINTIPPEN"; Z$
140 FOR I=1 TO (LEN(E$)-LEN(Z$)+1)
150    IF MID$(E$,I,LEN(Z$)) =Z$ THEN LET S=I
160 NEXT I
170 IF S>0 THEN PRINT Z$;" BEGINNT MIT STELLE ";S
180 PRINT "ENDE." : END
```

Ausführungsbeispiele zu Programm STRINGSUCH1:

```
EINEN STRING IN EINEM TEXT SUCHEN (MIT MID$).
TEXT EINTIPPEN?  COMMODORE C16
ZU SUCHENDEN STRING EINTIPPEN?  ORE
ORE BEGINNT MIT STELLE  7
ENDE.

EINEN STRING IN EINEM TEXT SUCHEN (MIT MID$).
TEXT EINTIPPEN?  WEGWEISER
ZU SUCHENDEN STRING EINTIPPEN?  WE
WE BEGINNT MIT STELLE  4
ENDE.
```

Das Programm TEXTUMKEHREN1 kehrt den Text T1$ zu T2$ um. Dabei
wird in einer Zählerschleife mit Schrittweite -1 das letzte,
vorletzte, ... Element von T1$ entnommen und an den String T2$
angehängt. Dazu wird vor dem Schleifeneintritt ein Leerstring
T2$ erzeugt (Zeile 210), an den dann wiederholt Zeichen ange-
hängt werden.

Codierung zu Programm TEXTUMKEHREN1:

```
100 REM ======PROGRAMM TEXTUMKEHREN1
110 PRINT "UMKEHREN VON TEXT MIT FUNKTION MID$."
120 REM ======VEREINBARUNGSTEIL
130 REM T1$: TEXT (AUSGANGSTEXT)
140 REM T2$: TEXT (UMKEHRTEXT)
150 REM L:   INTEGER (LAENGE VON T1$)
160 REM I:   INTEGER (LAUFVARIABLE)
170 :
180 REM ======ANWEISUNGSTEIL
190 INPUT "WELCHEN TEXT UMKEHREN"; T1$
200 LET L=LEN(T1$) : REM LAENGE DES STRINGS T1$
210 LET T2$="" : REM STRING T2$ ALS LEERSTRING MIT LAENGE 0
220 FOR I=L TO 1 STEP -1 : REM ZAEHLEN VON L BIS 1 HINUNTER
230    LET T2$=T2$+MID$(T1$,I,1) : REM I. ZEICHEN AN T2$ ANHAENGEN
240    PRINT L-I+1;". SCHLEIFENDURCHLAUF: ";T2$ : REM KONTROLLAUSGABE
250 NEXT I  :   REM NAECHSTES ZEICHEN NEHMEN
260 PRINT : PRINT T1$;" WURDE UMGEKEHRT ZU ";T2$
270 PRINT "ENDE.": END
```

Ausführung   zu Programm TEXTUMKEHREN1:

```
UMKEHREN VON TEXT MIT FUNKTION MID$.
WELCHEN TEXT UMKEHREN?  C 16
  1 . SCHLEIFENDURCHLAUF: 6
  2 . SCHLEIFENDURCHLAUF: 61
  3 . SCHLEIFENDURCHLAUF: 61
  4 . SCHLEIFENDURCHLAUF: 61 C

C 16 WURDE UMGEKEHRT ZU 61 C
ENDE.
```

Das Programm AUSEINANDER1 wendet die Funktion STR$ zur Umwand-
lung einer Zahl Z in einen String Z$ an, um die einzelnen Zif-
fern auseinanderziehen zu können.

Codierung zu Programm AUSEINANDER1:

```
100 REM ======AUSEINANDER1
110 PRINT "ZIFFERN AUSEINANDERZIEHEN."
120 INPUT "ZAHL EINGEBEN"; Z
130 LET Z$=STR$(Z)    : REM ZAHL IN STRING UMWANDELN
140 FOR I=1 TO LEN(Z$)
150    PRINT MID$(Z$,I,1);" ";
160 NEXT I
170 END
```

```
ZIFFERN AUSEINANDERZIEHEN.          ZIFFERN AUSEINANDERZIEHEN.
ZAHL EINGEBEN? 1.2                  ZAHL EINGEBEN? 3628.75
  1 . 2                              3 6 2 8 . 7 5
```

Durch das Programm RECHTSBUENDIG1 wird Text rechtsbündig ausgegeben. Dazu wird ein String L$ mit Z Blanks bzw. Leerstellen
aufgebaut, an den der Eingabetext E$ angehängt wird. Dann wer-
den mit RIGHT$(G$,Z) die Z rechtsstehenden Zeichen auszugeben.

Codierung zu Programm RECHTSBUENDIG1:

```
100 REM ======PROGRAMM RECHTSBUENDIG1
110 PRINT "TEXT RECHTSBUENDIG AUSGEBEN." : PRINT
120 PRINT "STELLENANZAHL BZW. ZEILENBREITE:"
130 INPUT Z
140    FOR I=1 TO Z: LET L$=L$ + " " : NEXT I
150 PRINT "TEXTEINGABE (UNTER ";Z;" STELLEN)."
160 INPUT E$
170 LET G$=L$+E$
180 LET A$=RIGHT$(G$,Z)
190 PRINT: PRINT "TEXTAUSGABE RECHTSBUENDIG:"
200 PRINT A$
210 END
```

Ausführung zu Programm RECHTSBUENDIG1:

TEXT RECHTSBUENDIG AUSGEBEN.

STELLENANZAHL BZW. ZEILENBREITE:
 30
TEXTEINGABE (UNTER 30 STELLEN).
COMMODORE C16

TEXTAUSGABE RECHTSBUENDIG:
                    COMMODORE C16

Codierung zu Programm FUEHRENDENULL1:

```
100 REM ======PROGRAMM FUEHRENDENULL1
110 PRINT "EINE ZAHL UM FUEHRENDE NULLEN ERWEITERN."
120 INPUT "ANZAHL DER STELLEN INSGESAMT"; A
130 INPUT "POSITIVE GANZZAHL          "; Z
140    LET Z$=STR$(Z)
150    LET Z$=RIGHT$(Z$,LEN(Z$)-1): REM VORZEICHENSTELLE WEG
160    LET Z$=RIGHT$("00000000000000" + Z$,A)
170 PRINT Z$
180 PRINT "ENDE." : END
```

```
EINE ZAHL UM FUEHRENDE NULLEN ERWEITERN.
ANZAHL DER STELLEN INSGESAMT? 20
POSITIVE GANZZAHL?             143
00000000000000000143
ENDE.
```


Das Programm STRINGBLANKS1 demonstriert die Funktion LEFT$, um
Text mit Blanks zu erweitern. Ein solcher Ablauf wird z.B. benötigt, um bei einer Datei eine feste Datensatzlänge zu erreichen.

Codierung zu Programm STRINGBLANKS1:

```
100 REM ======PROGRAMM STRINGBLANKS1
110 PRINT "EINEN STRING MIT BLANCS ERWEITERN."
120 INPUT "ANZAHL DER STELLEN INSGESAMT"; A
130 INPUT "ZU ERWEITERNDER STRING       ";S$
140    FOR I=1 TO A: LET B$=B$+" ": NEXT I
150 LET S$=LEFT$(S$+B$,A)
160 PRINT "-->";S$;"<--"
170 PRINT "ENDE.": END
```

```
EINEN STRING MIT BLANCS ERWEITERN.
ANZAHL DER STELLEN INSGESAMT? 20
ZU ERWEITERNDER STRING?       PLUS/4
-->PLUS/4                <--
ENDE.
```

Das nachfolgende Programm BLANKSZEIGEN1 verwendet die Funktion INSTR, um anzuzeigen, an welchen Stellen (Indices) in einem Text Blanks stehen. Dabei wird die Funktion INSTR mit drei Argumenten programmiert:

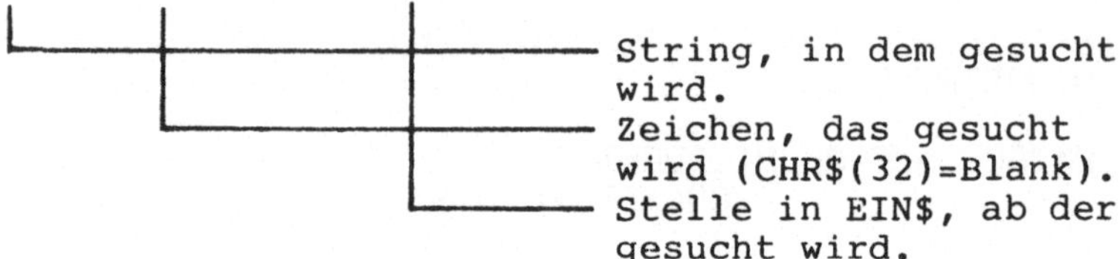

Hat die Variable BEGINNSTELLE den Wert 1, wird im String EIN$ von der 1. Stelle an gesucht. Innerhalb der WHILE-Schleife wird BEGINNSTELLE dann jeweils auf die nächste Stelle hinter dem gerade gefundenen Blank (also auf BLANKSTELLE+1) gesetzt.

Codierung zu Programm BLANKSZEIGEN1:

```
100 REM ======PROGRAMM BLANKSZEIGEN1
110 PRINT "STELLEN UND ANZAHL VON BLANKS IN EINEM TEXT."
120 :
130 REM ======VEREINBARUNGSTEIL
140 REM EIN$:                 EINGABETEXT MIT BLANKS
150 REM BEGINNSTELLE: HIER BEGINNT INSTR ZU SUCHEN
160 REM BLANKSTELLE:  HIER WURDE EIN BLANK GEFUNDEN
170 REM ANZAHL:       ANZAHL DER GEFUNDENEN BLANKS
180 :
190 REM ======ANWEISUNGSTEIL
200 PRINT "WELCHEN TEXT MIT BLANKS DURCHSUCHEN?"
210 INPUT EIN$
220 LET BEGINNSTELLE=1: LET ANZAHL=0
230 LET BLANKSTELLE=INSTR(EIN$,CHR$(32))
240 PRINT: PRINT "STELLEN MIT BLANKS SIND:"
250 :
260 DO WHILE BLANKSTELLE<>0
270    PRINT BLANKSTELLE;
280    LET ANZAHL=ANZAHL+1
290    LET BEGINNSTELLE=BLANKSTELLE+1
300    LET BLANKSTELLE=INSTR(EIN$,CHR$(32),BEGINNSTELLE)
310 LOOP
320 :
330 PRINT:PRINT "ANZAHL DER BLANKS:"; ANZAHL
340 PRINT "ENDE.": END
```

Ausführung zu Programm BLANKSZEIGEN1:

```
STELLEN UND ANZAHL VON BLANKS IN EINEM TEXT.
WELCHEN TEXT MIT BLANKS DURCHSUCHEN?
DER SCHLAUE BUB UND DER DUMME COMPUTER

STELLEN MIT BLANKS SIND:
 4  12  16  20  24  30
ANZAHL DER BLANKS: 6
ENDE.
```

3.3.3 Datumsangaben verarbeiten

Angaben zum Datum werden so oft verarbeitet, daß man fast von
einem eigenen 'Datentyp' sprechen kann. Das folgende Programm
DATUMGANZZAHL1 bereitet ein Datum zum Sortieren auf: Das Ein-
gabeformat 'Tag-Monat-Jahr' wird zum Format 'Jahr-Monat-Tag'
umgekehrt und könnte dann leicht (in eine ganze Zahl umgewandelt) sortiert werden.

Codierung und Ausführungen zu Programm DATUMGANZZAHL1:

```
100 REM ======PROGRAMM DATUMGANZZAHL1
110 PRINT "DATUM ALS GANZZAHL ZWECKS SORTIEREN."
120 INPUT "DATUM IM FORMAT TT.MM.JJ";D$
130 LET T$=LEFT$(D$,2)
140 LET M$=MID$(D$,4,2) : LET J$=RIGHT$(D$,2)
150 LET DI$=J$ + M$ + T$
160 PRINT "GANZZAHL 'UMGEKEHRT': ";DI$
170 PRINT "ENDE." : END


DATUM ALS GANZZAHL ZWECKS SORTIEREN.
DATUM IM FORMAT TT.MM.JJ? 12.06.44
GANZZAHL 'UMGEKEHRT': 440612
ENDE.

DATUM ALS GANZZAHL ZWECKS SORTIEREN.
DATUM IM FORMAT TT.MM.JJ? 31.01.47
GANZZAHL 'UMGEKEHRT': 470131
ENDE.
```

3.3.4 Teilstrings aufbereiten

Aus Gründen der Speicherplatzersparnis speichert man die Sätze
einer Datei oft als Strings ab, wobei die Satzkomponenten z.B.
durch das Zeichen ";" voneinander getrennt werden. Programm
ETIKETTEN1 demonstriert, wie aus dem String S$ die Teilstrings
T$ zu einem Drucketikett aufbereitet werden. Das Beispiel be-
zieht sich also auf eine Artikeldatei mit Sätzen (Strings S$),
die aus jeweils 7 Datenfeldern (Teilstrings T$) bestehen. Die
Abfrage in Zeile 280 vergleicht mit CHR$(59) und somit mit ";"
(59 als Codezahl für das Semikolon im ASCII); man könnte ebenso schreiben: 280 IF (MID$(S$,I,1)=";") OR ...
Die WHILE-Schleife wird solange durchlaufen, bis NS=0 ist.

Codierung zu Programm ETIKETTEN1:

```
100 REM ======PROGRAMM ETIKETTEN1
110 PRINT "TEILSTRINGS AUS EINEM STRING ENTNEHMEN"
120 PRINT "UND ALS DRUCKETIKETT AUSGEBEN."
130 :
140 REM ======VEREINBARUNGSTEIL
150 REM S$: STRING (DATENSATZ MIT ; GETRENNTEN DATENFELDERN)
160 REM NS: INTEGER (LAENGE VON S$)
170 REM T$: STRING (TEILSTRING MIT EINEM DATENFELD)
180 REM NT: INTEGER (LAENGE VON T$)
190 :
200 REM ======ANWEISUNGSTEIL
210 PRINT "STRING MIT ; ALS TRENNUNGSZEICHEN:"
220 INPUT S$ : LET NS=LEN(S$)
230 PRINT : PRINT "AUSGABE ALS ETIKETT:"
240 :
250 DO WHILE NS<>0
260 REM ***TRENNUNGSZEICHEN ; SUCHEN*************************
270    FOR I=1 TO NS
280       IF (MID$(S$,I,1)=CHR$(59)) OR (NS=1) THEN LET NT=I:I=NS
290    NEXT I
300 REM ***TEILSTRING T$ ENTNEHMEN*************************
310    LET T$=LEFT$(S$,NT-1)
320    PRINT "    ";T$
330 REM ***GESAMTSTRING S$ UND T$ KUERZEN*************************
340    LET NS=NS-NT
350    LET S$=RIGHT$(S$,NS)
360 LOOP
370 PRINT "ENDE." : END
```

Ausführung zu Programm ETIKETTEN1:

```
TEILSTRINGS AUS EINEM STRING ENTNEHMEN
UND ALS DRUCKETIKETT AUSGEBEN.
STRING MIT ; ALS TRENNUNGSZEICHEN:
2310;DISKETTE;5.25;SS/DD;48 TPI;10 STK.;49.50 DM;

AUSGABE ALS ETIKETT:
    2310
    DISKETTE
    5.25
    SS/DD
    48 TPI
    10 STK.
    49.50 DM
ENDE.
```

Programm ETIKETTEN1 enthält folgende Ablaufstrukturen:

- Abweisende Schleife (250 DO WHILE ... 360 LOOP)
- Zählerschleife (270 FOR ... 290 NEXT)
- Einseitige Auswahl (280 IF ...)

Die WHILE-Schleife schachtelt die FOR-Schleife ein, und diese
wiederum schachtelt die IF-Auswahl ein.

3.3.5 Stringvergleich mit Joker-Zeichen

Das Programm JOKER1 veranschaulicht vier grundlegende Möglichkeiten, einen String als Ordnungsbegriff mit je einem weiteren
String als Suchbegriff zu vergleichen:

1. Verwendet man als Joker das Zeichen "=" , wird M=, MW= wie
MWS= jeweils als 'gleich' mit MWST erkannt. "=" ersetzt also
eine Zeichenfolge. Insbesondere bei längeren Strings spart man
sich bei Verwendung des Jokers "=" viel Tipparbeit.

2. Das Joker-Zeichen "?" ersetzt genau ein Einzelzeichen. MW?T
wie auch M??T werden so als 'gleich' mit MWST erkannt.

3. Der 'Gesamtvergleich' vergleicht beide Strings Zeichen für
Zeichen in voller Länge.

4. Der 'Teilvergleich' faßt den Suchbegriff als Teilmenge auf.

Dieses Vergleichen vollzieht sich in einer WHILE-Schleife, die
verlassen wird, sobald END eingegeben wurde.

Ausführung zu Programm JOKER1:

```
VIER ARTEN DES STRINGVERGLEICHES ZEIGEN.
--> ZU PRUEFENDER ORDNUNGSBEGRIFF? MWST
--> ERSTER SUCHBEGRIFF (BZW. END)? MW=
VERGLEICH MIR JOKER '=': MW= IN MWST
--> SUCHBEGRIFF (BZW. END)?
TEILVERGLEICH:  LINKS IN MWST
--> SUCHBEGRIFF (BZW. END)? Q
--> SUCHBEGRIFF (BZW. END)?
TEILVERGLEICH:  LINKS IN MWST

VIER ARTEN DES STRINGVERGLEICHES ZEIGEN.
--> ZU PRUEFENDER ORDNUNGSBEGRIFF? MWST
--> ERSTER SUCHBEGRIFF (BZW. END)? MW=
VERGLEICH MIR JOKER '=': MW= IN MWST

--> SUCHBEGRIFF (BZW. END)? MW??
VERGLEICH MIT JOKER '?': MW?? GLEICH MWST

--> SUCHBEGRIFF (BZW. END)? MW?T
VERGLEICH MIT JOKER '?': MW?T GLEICH MWST

--> SUCHBEGRIFF (BZW. END)? MW
TEILVERGLEICH: MW LINKS IN MWST

--> SUCHBEGRIFF (BZW. END)? MWST
GESAMTVERGLEICH: MWST GLEICH MWST
TEILVERGLEICH: MWST LINKS IN MWST
VERGLEICH MIT JOKER '?': MWST GLEICH MWST

--> SUCHBEGRIFF (BZW. END)? =T
VERGLEICH MIR JOKER '=': =T IN MWST

--> SUCHBEGRIFF (BZW. END)? END
ENDE.
```

Codierung zu Programm JOKER1:

```
100 REM ======PROGRAMM JOKER
110 PRINT "VIER ARTEN DES STRINGVERGLEICHES ZEIGEN."
120 :
130 REM ======VEREINBARUNGSTEIL
140 REM O$: STRING (ORDNUNGSBEGRIFF)
150 REM S$: STRING (SUCHBEGRIFF)
160 REM NO: INTEGER (STELLENANZAHL VON O$)
170 REM NS: INTEGER (STELLENANZAHL VON S$)
180 REM S:  INTEGER (STELLE BZW. MERKER)
190 :
200 REM ======ANWEISUNGSTEIL
210 INPUT "--> ZU PRUEFENDER ORDNUNGSBEGRIFF"; O$: LET NO=LEN(O$)
220 INPUT "--> ERSTER SUCHBEGRIFF (BZW. END)"; S$
230 :
240 DO WHILE S$<>"END"
250 LET NS=LEN(S$)
260 LET S=0 : REM STELLE SOWIE FLAGGE
270 IF S$="0" THEN PRINT "ENDE." : END
280 REM *** GESAMTVERGLEICH *************************
290 LET S1$=LEFT$(S$+"                    ",NO)
300 IF S1$=O$ THEN 320
310 GOTO 340
320 PRINT "GESAMTVERGLEICH: ";S$;" GLEICH ";O$
330 REM *** TEILVERGLEICH **************************
340 IF S$<>LEFT$(O$,NS) THEN 370
350 PRINT "TEILVERGLEICH: ";S$;" LINKS IN ";O$
360 REM *** VERGLEICH MIT JOKER = *****************
370 FOR I=1 TO NS
380    IF "=" = MID$(S$,I,1) THEN LET S=I : LET I=NS
390 NEXT I
400 IF S=0 THEN 440
410 IF LEFT$(S$,S-1) <> LEFT$(O$,S-1) THEN 440
420 PRINT "VERGLEICH MIR JOKER '=': ";S$;" IN ";O$
430 REM *** VERGLEICH MIT JOKER ? *****************
440 LET S=1 : REM S ALS FLAGGE
450 FOR I=1 TO NO
460    IF "?" = MID$(S$,I,1) THEN 480
470    IF MID$(S$,I,1) <>MID$(O$,I,1) THEN LET S=0: LET I=NO
480 NEXT I
490 IF S=0 THEN 510
500 PRINT "VERGLEICH MIT JOKER '?': ";S$;" GLEICH ";O$
510 INPUT "--> SUCHBEGRIFF (BZW. END)";S$
520 LOOP
530 :
540 PRINT "ENDE.": END
```

Die FOR-Schleifen in den Zeilen 370 und 450 schachteln jeweils
eine einseitige Auswahl ein, in welcher die Laufvariable I auf
den Endwert NS bzw. NO hochgesetzt wird. Damit werden die beiden Schleifen jeweils über die NEXT-Anweisung verlassen (Prinzip: eine Schleife hat nur e i n e n Ausgang).

3.3.6 Verschlüsselung zwecks Datenschutz

In Klartext gespeicherte Daten kann jeder lesen, verschlüssel-
te Daten hingegen zumindest nicht so leicht. Die Kryptographie
als Lehre von der Textverschlüsselung kennt drei wichtige Verfahren:

- Umcodierung (z.B. Information im ASCII schreiben)
- Versatz-Verfahren
- Ersetzungs-Verfahren

'Versatz' heißt, daß das jeweilige Alphabet versetzt und umge-
stellt wird; ein Beispiel haben wir mit dem 'von hinten nach
vorne schreiben' in TEXTUMKEHREN1 (Abschnitt 3.3.2) schon behandelt. Bei den Ersetzungs-Verfahren wird das zugrundeliegen-
de Alphabet ersetzt; das Programm VERSCHLUESSELUNG zeigt ein
einfaches auf Julius Cäsar zurückgehendes Verfahren. Wie geht
man dabei vor? Jedes Zeichen des Klartextes E$ wird durch das
S-te nachfolgende Zeichen ersetzt. Dabei geben die Codezahlen des ASCII die Reihenfolge vor. Die ASC-Funktion stellt uns
mit dem Aufruf ASC(MID$(E$,I,1)) die Codezahl des I. Zeichens
im Klartext E$ zur Verfügung; addieren wir S hinzu, so kommen
wir zur Codezahl des verschlüsselten Zeichens.
Bei der 1. Ausführung zu Programm VERSCHLUESSELUNG versetzen
wir den Text COMMODORE PLUS/4 um 2 Zeichen: aus dem "C" wird
ein "E", aus dem "O" ein "Q", usw..

Ausführung zu Programm VERSCHLUESSELUNG:

```
TEXTVERSCHLUESSELUNG ´ERSETZUNG CAESAR´.
EINGABETEXT? COMMODORE PLUS/4
SCHLUESSEL? 2

1. VERSCHLUESSELUNG:
AUSGABETEXT:
EQOOQFQTG"RNWU16

2. ENTSCHLUESSELUNG:
EINGABETEXT JETZT:
EQOOQFQTG"RNWU16
AUSGABETEXT JETZT:
COMMODORE PLUS/4
ENDE.

TEXTVERSCHLUESSELUNG ´ERSETZUNG CAESAR´.
EINGABETEXT? 1298560 DM BILANZSUMME
SCHLUESSEL? 10

1. VERSCHLUESSELUNG:
AUSGABETEXT:
;<CB?@:*NW*LSVKX⌐]↩WWO

2. ENTSCHLUESSELUNG:
EINGABETEXT JETZT:
;<CB?@:*NW*LSVKX⌐]↩WWO
AUSGABETEXT JETZT:
1298560 DM BILANZSUMME
ENDE.
```

Codierung zu Programm VERSCHLUESSELUNG:

```
100 REM ======PROGRAMM VERSCHLUESSELUNG
110 PRINT "TEXTVERSCHLUESSELUNG 'ERSETZUNG CAESAR'."
120 :
130 REM ======VEREINBARUNGSTEIL
140 REM E$: STRING (EINGABETEXT)
150 REM A$: STRING (AUSGABETEXT)
160 REM S:  INTEGER (SCHLUESSEL ZUM ERSETZEN)
170 REM H:  INTEGER (ASCII-CODEZAHL)
180 :
190 REM ======ANWEISUNGSTEIL
200 INPUT "EINGABETEXT"; E$
210 INPUT "SCHLUESSEL"; S
220 PRINT: PRINT "1. VERSCHLUESSELUNG:"
230 GOSUB 1000 : REM UPRO 'ERSETZUNG'
240 PRINT "AUSGABETEXT:" : PRINT A$
250 PRINT : PRINT "2. ENTSCHLUESSELUNG:"
260 LET E$=A$ : LET S=-S
270 PRINT "EINGABETEXT JETZT:" : PRINT E$
280 GOSUB 1000 : REM 2. AUFRUF VON UPRO 'ERSETZUNG'
290 PRINT "AUSGABETEXT JETZT:" : PRINT A$
300 PRINT "ENDE." : END
310 :
1000 REM ***UNTERPROGRAMM 'ERSETZUNG'**************
1010 LET A$=""
1020 FOR I=1 TO LEN(E$)
1030    LET H=ASC(MID$(E$,I,1)) + S
1040    IF H>127 THEN LET H=H-127
1050    IF H<0 THEN LET H=H+127
1060    LET A$=A$+CHR$(H)
1070 NEXT I
1080 RETURN
1090 REM ***ENDE UNTERPROGRAMM*********************
```

3.3.7 Ein Spiel zum Erraten von Text

Im WORTSPIEL1 muß ein Wort erraten werden, von dem zuerst nur
die Länge bekannt ist. Wird ein passendes Zeichen getippt, so
setzt das Programm dieses Zeichen an die zugehörige Stelle.
Die bei der Ausführung zum Programm WORTSPIEL1 untereinander-
stehenden Buchstaben E,B,A,R,I ... wurden über Tastatur eingetippt. COMMODORE 16 als zu erratendes Wort haben wir der Einfachheit halber eingetippt. Man könne es z.B. in einer Datei
zusammen mit weiteren Worten speichern und zufällig auswählen.

Zur Codierung von WORTSPIEL1:
Das Spiel wird durch eine WHILE-Schleife (Zeilen 260-370) gesteuert. Diese Schleife wird verlassen, sobald A$=W$ ist, d.h.
sobald der Ausgabestring (A$) mit dem zu erratenden Wort W$
übereinstimmt.
Die Zählerschleife in 230 baut einen Ausgabestring A$ auf mit
zunächst ausschließlich nur Sternchen. In 290 wird eine Eingabe (e i n Zeichen) für E$ erwartet. Je nach Übereinstimmung
dieses Zeichens mit dem ersten, dem letzten oder einem sonsti-
gen Zeichen im Ratewort W$ wird das erste Sternchen (in Zeile
330), das letzte Sternchen (in 340) oder ein mittleres Sternchen (in 350) vom Ausgabetext A$ durch E$ ersetzt, d.h. E$ mit
A$ neu verkettet.
Anstelle von INPUT könnte man auch eine Warteschleife mit GET
programmieren.
Das Programm WORTSPIEL1 umfaßt eine abweisende Schleife (mit
WHILE), die eine Zählerschleife (mit FOR) einschachtelt. In
dieser Zählerschleife wiederum ist eine mehrseitige Auswahlstruktur (mit IF) ebenfalls geschachtelt angeordnet.

Codierung zu Programm WORTSPIEL1:

```
100 REM ======PROGRAMM WORTSPIEL1
110 PRINT "ZEICHEN EINES WORTES ERRATEN."
120 :
130 REM ======VEREINBARUNGSTEIL
140 REM W$:    ZU ERRATENDES WORT
150 REM LW:    LAENGE VON W$
160 REM E$:    EINGEGEBENES RATEZEICHEN
170 REM V:     VERSUCHSZAEHLER
180 :
190 REM ======ANWEISUNGSTEIL
200 PRINT "WELCHES WORT ERRATEN?": INPUT W$
210 LET LW=LEN(W$)
220 LET A$="" : LET V=0
230    FOR I=1 TO LW: LET A$=A$+"*": NEXT I
240 SCNCLR: PRINT "NUN EINZELZEICHEN TIPPEN:" : PRINT
250 :
260 DO WHILE A$<>W$
270    PRINT A$;"     ";
280    IF A$=W$ THEN 390
290    INPUT E$
300    LET V=V+1
310    FOR I=1 TO LW
320       IF MID$(W$,I,1)<>E$ THEN 360
330       IF I=1 THEN LET A$=E$+RIGHT$(A$,LW-1): GOTO 360
340       IF I=LW THEN LET A$=LEFT$(A$,I-1)+E$ : GOTO 360
350       LET A$=LEFT$(A$,I-1) + E$ + RIGHT$(A$,LW-I)
360    NEXT I
370 LOOP
380 PRINT W$: PRINT
390 PRINT "SPIELENDE NACH";V;"VERSUCHEN."
400 END
```

Zwei Ausführungen zu Programm WORTSPIEL1:

```
ZEICHEN EINES WORTES ERRATEN.        ZEICHEN EINES WORTES ERRATEN.
WELCHES WORT ERRATEN?                WELCHES WORT ERRATEN?
PLUS/4                               COMMODORE16
NUN EINZELZEICHEN TIPPEN:            NUN EINZELZEICHEN TIPPEN:

******      L                        ************       O
*L****      S                        *O**O*O****        M
*L*S**      E                        *OMMO*O****        D
*L*S**      4                        *OMMODO****        A
*L*S*4      U                        *OMMODO****        6
*LUS*4      W                        *OMMODO***6
*LUS*4      /                        *OMMODO***6        F
*LUS/4      P                        *OMMODO***6        R
PLUS/4                               *OMMODOR**6        C
                                     COMMODOR**6        Q
SPIELENDE NACH 8 VERSUCHEN.          COMMODOR**6        E
                                     COMMODORE*6        1
                                     COMMODORE16

                                     SPIELENDE NACH 12 VERSUCHEN.
```

3.4 Bildschirmausgabe und Druckausgabe

3.4.1 Steuerung des Cursors am Bildschirm

Programm CURSORPOSITION1 zeigt, wie der Cursor als blinkendes Zeichen am Bildschirm frei positioniert werden kann. Das Ausführungsbeispiel positioniert das Zeichen "+" in Zeile 2 und Spalte 37.

Codierung zu Programm CURSORPOSITION1:

```
100 REM ======PROGRAMM CURSORPOSITION1
110 PRINT "CURSOR UEBER STEUERZEICHEN POSITIONIEREN."
120 :
130 REM ======VEREINBARUNGSTEIL
140 LET CU$=CHR$(17): REM CURSOR NACH UNTEN
150 LET CR$=CHR$(29): REM CURSOR NACH RECHTS
160 FOR I=1 TO 6 : REM STRINGS FUER CURSORSCHRITTE
170    LET CU$=CU$+CU$ : LET CR$=CR$+CR$
180 NEXT I
190 :
200 REM ======ANWEISUNGSTEIL
210 INPUT "ZEILE (0-24 OBEN -> UNTEN)    "; Z
220 INPUT "SPALTE (0-39 LINKS -> RECHTS)"; S
230 SCNCLR     : REM BILDSCHIRM LOESCHEN
240 PRINT LEFT$(CU$,Z);LEFT$(CR$,S);"+"
250 END
```

Bei einer Unterteilung des Bildschirms in 25 waagerechte Zeilen und 40 senkrechte Spalten kann dieser maximal 1000 Zeichen
darstellen. Dementsprechend gibt es 1000 verschiedene Cursor-
positionen.

Die Zeilen werden von
0 bis 24 und die Spal-
ten von 0 bis 39 ge-
zählt.
Den Cursor können wir
durch Steuerzeichen an
jede beliebige Position
bringen.

```
  00 01 02 03      ......      37 38 39
  01
  02                              +
  .
  .           Cursorposition:
  .           Zeile 2, Spalte 37
  23
  24
```

Druckbare und nicht-druckbare Zeichen:
Es gibt druckbare Zeichen und solche Zeichen, die eine ganz
bestimmte Funktion zur Steuerung eines Ausgabegerätes auslösen
(Zeichen CHR$(13) mit ASCII-Codezahl 13 löst RETURN aus), oder
der internen Kontrolle dienen (vgl. Abschnitt 2.1.4).

```
              D r u c k b a r e   Z e i c h e n
                             |
         ________________________________________
        |                                        |
Ziffer, Buchstabe, Sonderzeichen:         Grafik-Zeichen:

z.B. CHR$(77) für Buchstabe M        z.B. CHR$(151) für grau
     CHR$(63) für Fragezeichen            CHR$(149) für braun
     CHR$(32) für Leerstelle              CHR$(129) für orange


      N i c h t - d r u c k b a r e   Z e i c h e n
                             |
     ___________________________________________________
    |                      |                            |
Cursor-                Drucker-        Sonst. Ausgabesteuerung,
steuerung:             steuerung:      Musik,interne Kontrolle:


CHR$(19)  Home         abhängig        CHR$(142)  Großbuchst.
CHR$(17)  Cursor runter vom            CHR$(14)   Kleinbuch-
CHR$(145) Cursor hoch   jeweiligen                stabe um-
CHR$(29)  Cursor rechts Drucker                   schalten
```

        Druckbare Zeichen und Steuerzeichen mit Beispielen

Jedem Steuerzeichen ist im ASCII-Code eine Zahl zugeordnet.
Durch die Anweisung PRINT CHR$(Codezahl) können wir ein be-
stimmtes Steuerzeichen absenden bzw. 'ausgeben'. Geben wir an
der Tastatur PRINT CHR$(19) ein, wird der Cursor in die obe-
re linke Bildschirmecke gebracht. Mit PRINT CHR$(147) können
wir zusätzlich noch den Bildschirm löschen.

Nun zu Programm CURSORPOSITION1 im einzelnen:
140 LET CU$=CHR$(17) weist das Steuerzeichen 'Cursor um eine
Stelle nach unten' der Variablen CU$ zu. Wir können nun ver-
einfacht durch PRINT CU$ vom Programm aus den Cursor um eine
Stellen nach unten rücken. Entsprechend wird das Steuerzeichen
CR$ (Cursor um eine Stelle nach rechts) vereinbart.

PRINT CR$;CR$;CR$;CR$; rückt den Cursor um vier Stellen nach
rechts. Da dieses Vorgehen sehr umständlich ist, verketten wir
in Zeile 170 die Variable CR$ zu einem 64-Zeichen-String. Mit
PRINT LEFT$(CR$,4); bringen wir jetzt den Cursor um vier Stellen und mit PRINT LEFT$(CR$,37); um 37 Stellen nach rechts.
";" am Ende der PRINT-Anweisung unterdrückt den anschließenden
Wagenrücklauf bzw. RETURN: der Cursor verbleibt an der Position 37.
Die FOR-NEXT-Schleife hat die Aufgabe, die Strings CU$ und CR$
zur Cursorsteuerung aufzubauen. Die Strings erhalten dabei 64
Steuerzeichen CHR$(17) bzw. CHR$(29): beim 1. Schleifendurchlauf 2 Zeichen, beim 2. Durchlauf 4, beim 3. Durchlauf 8, ...
Für eine Bildschirmbreite von 40 Zeichen genügt dies.
Die Anweisung SCNCLR löscht den Bildschirm und bringt den Cursor in die 'Home-Position' links oben. SCNCLR (SCreen CLeaR)
bewirkt dasselbe wie PRINT CHR$(147) .

Die Zeichen zur Cursorsteuerung sind in gewissem Sinne auch
'druckbar', da sie als Grafikzeichen erscheinen. Darauf gehen
gehen wir in Abschnitt 3.4.5 (Druckersteuerung) ein.

3.4.2 Ausgabezeile mit PRINT

Programm DEMO-PRINT1 demonstriert die Wirkung der Trennungszeichen "," und ";" sowie der Funktionen TAB (Tabulator) und
SPC (Space, Leerschritt) auf die am Bildschirm gerade ausgege-
bene Zeile.
Das ";" bewirkt eine Ausgabe auf der nächsten Zeilenposition,
während das "," eine 10-spaltige Ausgabe vornimmt und zur Position 1, 11, 21 bzw. 31 vorrückt.
Die Zahl 196.25 wird in Zeile 160 'erst' in Position 18 ausgegeben, da in Position 17 die Vorzeichenstelle steht (unsichtbar, da positiv).
Die PRINT-Anweisungen in den Zeilen 150 und 220 dienen dem Anzeigen der Druckposition der Ausgabestrings PLUS/4 und des numerischen Wertes 196.25.

Codierung und Ausführung zu Programm DEMO-PRINT1:

```
100 REM ======PROGRAMM DEMO-PRINT1
110 SCNCLR
120 PRINT "DEMONSTRATION ZUR ZEILENWEISEN AUSGABE MIT PRINT."
130 INPUT "ZAHL EINTIPPEN";R
140 INPUT "TEXT EINTIPPEN"; R$
150 PRINT "12345678901234567890123456789012345678901234567890"
160 PRINT R$, R
170 PRINT R$,,R
180 PRINT R$;R
190 PRINT R$;" ";R
200 PRINT TAB(5); R$; TAB(20); R
210 PRINT SPC(5); R$; SPC(20); R
220 PRINT "12345678901234567890123456789012345678901234567890"
230 END
```

```
DEMONSTRATION ZUR ZEILENWEISEN AUSGABE MIT PRINT.
ZAHL EINTIPPEN? 196.25
TEXT EINTIPPEN? PLUS/4
12345678901234567890123456789012345678 90
PLUS/4               196.25
PLUS/4                           196.25
PLUS/4 196.25
PLUS/4   196.25
        PLUS/4                         196.25
        PLUS/4                         196.25
12345678901234567890123456789012345678 90
```

3.4.3 Verwendung des Füllstrings

Mit einem Füllstring können wir die Druckzeile mit Leerstellen
bzw. Blanks auf eine gewünschte Länge bringen. Bei der Ausführung zu Programm FUELLSTRING1 hat die Zeile 30 Zeichen. In der
Programmzeile 160 wird ein Füllstring B$ mit Länge R aufge-
baut, der mit T1$ und T2$ auf 30 Stellen Länge verkettet wird.

Codierung zu Programm FUELLSTRING1:

```
100 REM ======PROGRAMM FUELLSTRING1
110 PRINT "TEXT DURCH VERWENDUNG EINES FUELLSTRINGS"
120 PRINT "RECHTEBUENDIG FORMATIEREN."
130 INPUT "1. TEXTZEILE"; T1$
140 INPUT "2. TEXTZEILE"; T2$
150 INPUT "STELLE BEGRENZUNG RECHTS"; R
160    FOR I=1 TO R: LET B$=B$+" ": NEXT I
170 LET T1$=RIGHT$(B$+T1$,R)
180 LET T2$=RIGHT$(B$+T2$,R)
190 PRINT T1$ : PRINT T2$
200 PRINT "ENDE." : END
```

Ausführung zu Programm FUELLSTRING1:

```
TEXT DURCH VERWENDUNG EINES FUELLSTRINGS
RECHTEBUENDIG FORMATIEREN.
1. TEXTZEILE? COMMODORE PLUS/4
2. TEXTZEILE? GANZ NEU
STELLE BEGRENZUNG RECHTS? 30
              COMMODORE PLUS/4
                      GANZ NEU
ENDE.
```

3.4.4 Ausgabe runden

Der Kaufmann fordert eine gerundete und formatierte Zahlenausgabe. Das Runden einer Zahl Z auf S Dezimalstellen genau kann in e i n e r Anweisung als

    100 LET Z = (Z*10↑S+0.5)/(10↑S)   (auf S Stellen runden)

geschrieben werden (10↑S für '10 hoch S'). Daraus erhalten wir für das Runden auf 2 Stellen:

    100 LET Z = (Z*100+0.5)/100   (auf 2 Stellen runden)

Programm RUNDENZAHL1 löst den Rundungsablauf in vier Einzelschritte auf und gibt diese zur Veranschaulichung aus.

Codierung zu Programm RUNDENZAHL1:

```
100 REM ======PROGRAMM RUNDENZAHL1
110 PRINT "EINE ZAHL ZUR DRUCKAUSGABE RUNDEN."
120 INPUT "ZU RUNDENDE ZAHL"; Z
130 INPUT "KOMMASTELLEN    "; S
140 LET Z =Z*10↑S    : PRINT Z
150 LET Z = Z+0.5    : PRINT Z
160 LET Z = INT(Z)   : PRINT Z
170 LET Z = Z/(10↑S) : PRINT Z
180 PRINT "ENDE." : END
```

Ausführung zu Programm RUNDENZAHL1:

```
EINE ZAHL ZUR DRUCKAUSGABE RUNDEN.
ZU RUNDENDE ZAHL? 23.745
KOMMASTELLEN?      2
  2374.5
  2375
  2375
  23.75
ENDE.
```

Das Programm KOMMERZZAHL1 stellt Zahlen als Übersicht formgerecht untereinander, ergänzt fehlende Dezimalstellen, ersetzt Dezimalpunkte durch Kommata und setzt 1000er-Punkte.
Zur Umformung wird die Zahl Z in einen String Z$ umgewandelt.

```
EINE ZAHL BIS ZU 7 VORKOMMASTELLEN
ZUR KOMMERZIELLEN AUSGABE AUFBEREITEN.
BELIEBIGE ZAHL? 6125005
ZAHL AUFBEREITET: 6.125.005,00

EINE ZAHL BIS ZU 7 VORKOMMASTELLEN
ZUR KOMMERZIELLEN AUSGABE AUFBEREITEN.
BELIEBIGE ZAHL? 100238.4
ZAHL AUFBEREITET:  100.238,40
```

Codierung zu Programm KOMMERZZAHL1:

```
100 REM ======PROGRAMM KOMMERZZAHL1
110 PRINT "EINE ZAHL BIS ZU 7 VORKOMMASTELLEN"
120 PRINT "ZUR KOMMERZIELLEN AUSGABE AUFBEREITEN."
130 :
140 INPUT "BELIEBIGE ZAHL"; Z : LET Z$=STR$(Z) : LET N=LEN(Z$)
150 IF LEN(STR$(INT(Z)))>8 THEN PRINT "MAXIMAL 7 VORKOMMASTELLEN":
160 REM *** NACHKOMMA-NULLEN ANFUEGEN ************           GOTO 140
170 IF MID$(Z$,N-1,1)="." THEN LET Z$=Z$+"0": GOTO 200
180 IF MID$(Z$,N-2,1)<>"." THEN LET Z$=Z$+".00"
190 REM *** AUF LAENGE 7+3=10 BRINGEN *************
200 LET Z$=RIGHT$("          "+Z$,10)
210 REM *** DEZIMALPUNKT DURCH KOMMA ERSETZEN *****
220 LET Z$=LEFT$(Z$,7)+","+RIGHT$(Z$,2)
230 REM *** TAUSENDER-PUNKTE SETZEN ***************
240 IF Z>=1000 THEN LET Z$=LEFT$(Z$,4)+"."+RIGHT$(Z$,6)
250 IF Z>=1000000 THEN LET Z$=LEFT$(Z$,1)+"."+RIGHT$(Z$,10)
260 PRINT "ZAHL AUFBEREITET: ";Z$
270 END
```

3.4.5 Ausgabeformatierung mit PRINT USING

Das Programm DEMO-USING1 demonstriert die Möglichkeiten, die
Ausgabe durch einen F o r m a t s t r i n g (auch als Maske
bezeichnet) in der PRINT USING-Anweisung zu ordnen.

```
100 REM ======PROGRAMM DEMO-USING1
110 SCNCLR
120 PRINT "DEMONSTRATION ZUR AUSGABE-FORMATIERUNG."
130 PRINT "1. EINE ZAHL AUSGEBEN:"
140 PRINT USING "####"; 12
150 PRINT USING "####"; 123
160 PRINT USING "$###"; 123
170 PRINT USING "+###"; 123
180 PRINT USING "####"; -123
190 PRINT USING "-###"; 123            (# reserviert eine Stelle)
200 PRINT USING "-###"; -123
210 PRINT USING "####"; -1234
220 PRINT USING "####"; 1000.50
230 PRINT USING "####"; 12345
240 PRINT USING "####.##"; 750.45
250 PRINT USING "####.##";-843.745
260 PRINT USING "###,###,###.##"; 1234567.99
270 :
280 PRINT: PRINT "2. MEHRERE ZAHLEN AUSGEBEN:"
290 PRINT USING "###.##"; 222.8, 10, 432.571, 12345,-12.44
300 PRINT USING "###.## "; 222.8, 10, 432.571, 12345,-12.44
310 PRINT USING "# #.# ##.# #.   "; 7,7,7,7
320 PRINT USING "####.## DM FUER ### KG"; 6370.5, 210
330 :
340 PRINT: PRINT "3. VARIABLEN VERWENDEN:"
350 LET M$="##.### % RABATT AB ### STUECK"
360 LET R=20:LET M=450
370 PRINT USING M$; 5.125, 10
380 PRINT USING M$; R,M
390 PRINT USING M$; R,M*2
400 PRINT USING M$+" JETZT"; R,M*2
```

Codierung zu Programm DEMO-USING1 (Fortsetzung):

```
410 PRINT: PRINT"4. STRINGS AUSGEBEN:"
420 PRINT USING "25=######=BITTE"; "FRANCS"
430 PRINT USING "25=######=BITTE"; "DM"
440 PRINT USING "25=######=BITTE"; "DEUTSCHE MARK"
450 PRINT USING "25 ####># BITTE"; "DM"
460 PRINT USING "25 >##### BITTE"; "DM"
470 PRINT USING "25 ####># BITTE"; "DEUTSCHE MARK"
480 PRINT USING "#####"; "DM","FRANCS"
490 PRINT: PRINT "5. ZAHLEN UND STRINGS:"
500 LET M1$="###.## #### GLEICH ###.## ####"
510 PRINT USING M1$; 180,"LIRE",0.9,"DM"
520 PRINT USING M1$; 1,"DM",180,"LIRE"
530 PRINT USING "####"; 10,"DM",M,"LIRE"
540 PRINT "ENDE.": END
```

             (= zentriert)

             (> justiert)

```
DEMONSTRATION ZUR AUSGABE-FORMATIERUNG.
1. EINE ZAHL AUSGEBEN:
  12
 123
$123
+123
-123
 123
-123
****
1001
****
 750.45
-843.75
  1,234,567.99

2. MEHRERE ZAHLEN AUSGEBEN:
222.80 10.00432.57******-12.44
222.80   10.00 432.57 ****** -12.44
7 7.0    7.0  7.
6370.50 DM FUER 210 KG

3. VARIABLEN VERWENDEN:
 5.125 % RABATT AB  10 STUECK
20.000 % RABATT AB 450 STUECK
20.000 % RABATT AB 900 STUECK
20.000 % RABATT AB 900 STUECK JETZT

4. STRINGS AUSGEBEN:
25 FRANCS BITTE
25   DM   BITTE
25DEUTSCHEBITTE
25      DM BITTE
25      DM BITTE
25 DEUTSC BITTE
DM   FRANC

5. ZAHLEN UND STRINGS:
180.00 LIRE GLEICH   0.90 DM
  1.00 DM    GLEICH 180.00 LIRE
  10DM    450LIRE
ENDE.
```

         Ausführung zu Programm DEMO-USING1

3.4.6 Druckausgabe

3.4.6.1 Gesamte Ausgabe auf den Drucker leiten

Die CMD-Anweisung leitet alle Ausgaben des Commodore vom Bildschirm zum Drucker um. Wir geben im direkten Dialog ein:

```
OPEN 1,4  /RET/        Kanal 1 zum Gerät 4 (Drucker) öffnen
CMD 1  /RET/           Alle Daten  über Kanal 1 zum Drucker
```

Damit werden alle nachfolgend getippten Daten auf dem Drucker ausgegeben. Mit der Befehlsfolge

```
OPEN 1,4: CMD 1: /RET/
LIST  /RET/
...
...
PRINT#1 /RET/
CLOSE 1
```

wird das gerade im RAM befindliche Programm auf dem Drucker aufgelistet. Vor dem Schließen von Kanal 1 (als sog. logischer Datei 1) muß zumindest ein PRINT#1 gesendet werden.
Für die Informationsverbindung zwischen Commodore und Drukker haben wir die Kanalnummer 1 gewählt. Ebenso können wir eine andere Nummer 1,2,...,14 wählen.

Die Anweisung CMD kann auch innerhalb eines Programmes stehen. So gibt z.B. das Programm

```
100 OPEN 2,4 : CMD 2
110 PRINT "DRUCK"
120 PRINT #2 : CLOSE 2
```

bei Eintippen von RUN das eine Wort DRUCK auf dem Drucker aus. Die Direktanweisung

```
OPEN 1,4: PRINT#1,"DRUCK": CLOSE 2
```

gibt ebenfalls das Wort DRUCK aus.

3.4.6.2 Einzelne Zeilen ausdrucken

Die Anweisung CMD übergibt a l l e Daten an den Drucker, die Anweisung PRINT# hingegen jeweils nur e i n e Ausgabezeile. Das Programm

```
100 OPEN 1,4
110 PRINT#1,"COMMODORE 16"
120 PRINT#1
130 PRINT#1,"HAT 64K RAM"
140 CLOSE 1
150 END
```

gibt zwei Druckzeilen getrennt von einer Leerzeile aus. Die
PRINT#1-Anweisung sendet die Ausgabe über den Kanal 1, der zuvor als Informationsverbindung zum Drucker (=Gerätenummer 4)
eröffnet wurde.

Ersetzen wir die Anweisung 100 OPEN 1,4 durch 100 OPEN 1,3,
dann wird die Ausgabe auf dem Bildschirm (=Gerätenummer 3) erscheinen. Auf diese Art können wir Programme, die Druckausga-
ben aufweisen, zunächst am Bildschirm testen.

3.4.6.3 Steuerung des Druckers

Das Programm DRUCKER1 demonstriert die folgenden drei Probleme
der Druckersteuerung:
- Wörter direkt drucken
- Grafik- und Text-Zeichensatz drucken
- Schriftarten drucken

Zu 'Wörter direkt drucken' über Menüwahl 1:
Diese Möglichkeit ist im Unterprogramm mit den 1000er Zeilen
dargestellt. In einer DO-LOOP-EXIT-Schleife wird durch die Anweisung 1040 PRINT#1,DR$ jeder zuvor in die Stringvariable
DR$ eingetippte Text (bis /RETURN/) ausgedruckt. Soll zeichen-
weise anstatt wortweise gedruckt werden, muß die Eingabeanwei-
sung GET anstelle von INPUT verwendet werden.

Zu 'Zeichensätze ausdrucken' über Menüwahl 2:
Geben wir über das Menü von Programm DRUCKER1 die Wahl 2 ein,
müssen zunächst die Steuervariablen GERAET und ADRESSE festgelegt werden. Diese bewirken dann in der OPEN-Anweisung dies:

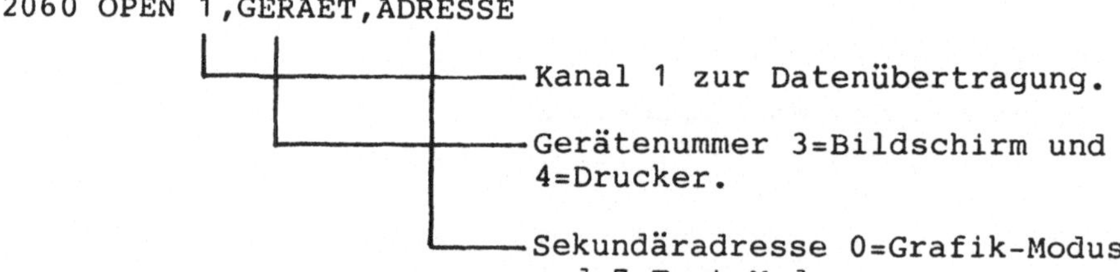

Wie die Ausführung zu Programm DRUCKER1 zeigt, wird bei Eingabe von GERAET=4 und ADRESSE=0 der ASCII-Zeichensatz für den
G r a f i k - M o d u s (Grafikzeichen/Großbuchstaben) in
Form einer Tabelle ausgedruckt. Hier zwei Beispiele zu den
insgesamt 16*16=256 möglichen Zeichen:

- Das Zeichen "0" steht in der Spalte 3 ganz oben. Es hat die
  ASCII-Codezahl 48: CHR$(48) ergibt "0" (Spalte 0 ganz oben
  mit CHR$(0), Spalte 0 ganz unten mit CHR(15), Spalte 1 ganz
  oben mit CHR$(16), Spalte 2 ganz oben mit CHR$(32), usw.).

- Das Grafikzeichen "schwarzes Herz" in Spalte 7/Zeile 3 hat
  dementsprechend die ASCII-Codezahl 115.

```
100 REM ======PROGRAMM DRUCKER1
110 PRINT "ANWENDUNGEN ZUR DRUCKERSTEUERUNG."
120 DO
130    PRINT "0 - BEENDEN"
140 PRINT "1 - WOERTER DIREKT DRUCKEN"
150    PRINT "2 - ZEICHENSAETZE GRAFIK UND TEXT"
160    PRINT "3 - SPERRSCHRIFT UND REVERSE SCHRIFT"
170    INPUT "WAHL 0-3";I
180    IF I=0 THEN EXIT
190 ON I GOSUB 1000,2000,3000
200    INPUT "WEITER";W$: SCNCLR
210 LOOP
220 PRINT "ENDE.": END
230 :
240 :
1000 PRINT "WOERTER DIREKT DRUCKEN BIS ZU 'END':"
1010 OPEN 1,4
1020 DO
1030    INPUT DR$: IF DR$="END" THEN EXIT
1040    PRINT#1,DR$
1050 LOOP
1060 CLOSE 1 : RETURN
1070 :
1080 :
2000 PRINT "ZEICHENSAETZE."
2010 PRINT "ZEICHEN-MODUS (0=GRAFIK, 7=TEXT)?"
2020 INPUT ADRESSE
2030 IF ADRESSE=0 THEN LET MODUS$="GRAFIK":
                     ELSE LET MODUS$="TEXT"
2040 PRINT "GERAETENUMMER (3=MONITOR, 4=DRUCKER)?"
2050 INPUT GERAET
2060 OPEN 1,GERAET,ADRESSE
2070 PRINT#1,"ASCII-ZEICHENSATZ FUER ";MODUS$;"-MODUS:": PRINT#1
2080 FOR SP=1 TO 16
2090    PRINT#1,MID$("0123456789ABCDEF",SP,1);" ";
2100 NEXT SP : PRINT#1
2110 FOR ZE=1 TO 16
2120    FOR SP=(ZE-1) TO 255 STEP 16
2130       IF SP<32 THEN LET DRUCK=0
2140       IF SP>127 AND SP<160 THEN LET DRUCK=0
2150       IF DRUCK THEN PRINT#1,CHR$(SP);" ";:
                        ELSE PRINT#1,"  ";
2160       LET DRUCK=-1
2170    NEXT SP
2180    PRINT#1
2190 NEXT ZE
2200 CLOSE 1
2210 RETURN
2220 :
2230 :
3000 PRINT "WELCHEN TEXT DRUCKEN?"
3010 INPUT EIN$
3020 OPEN 1,4: CMD1
3030    PRINT "SPERR:   ";CHR$(14);EIN$;CHR$(15)
3040    PRINT "REVERS:  ";CHR$(18);EIN$;CHR$(146)
3050    PRINT "NORMAL: ";EIN$
3060    PRINT#1
3070 CLOSE 1
3080 RETURN
```

Legen wir GERAET=4 und ADRESSE=7 fest, wird die Zeichensatz-
Tabelle für den T e x t - M o d u s ausgegeben (Buchstaben in Groß- und Kleinschreibung).

Ohne nähere Angabe gibt der Drucker stets im Grafik-Modus aus
(SekundärADRESSE=0). Soll im Text-Modus gedruckt werden, müssen wir als Benutzer die SekundärADRESSE=7 angeben.

Zu 'Schriftarten drucken' über Menüwahl 3:
Die Schriftarten sind von Drucker zu Drucker verschieden. Die
zugehörigen Kontrollcodes müssen dem jeweiligen Drucker-Hand-
buch entnommen werden. Über die Menüwahl 3 (Unterprogramm mit
den 3000er Zeilen) von Programm DRUCKER1 wird in Sperrschrift
und reverser Schrift gedruckt, wobei sich die Kontrollcodes
auf den Commodore-Drucker MPS-801 beziehen. Diese Kontrollcodes bzw. Steuerzeichen übermitteln wir über die Anweisung
PRINT CHR$(...) an den Drucker. Diese Codes können wir natür-
lich auch direkt übermitteln. Die Anweisung

    OPEN 9,4: PRINT#9,CHR$(14),"PLUS/4": CLOSE 9

z.B. druckt das Wort PLUS/4 gesperrt aus. Statt Kanal 1 haben
wir dabei den Kanal 9 zur Datenübertragung gewählt.

Ausführung zu Programm DRUCKER1 (Menüwahl 1):

```
ANWENDUNGEN ZUR DRUCKERSTEUERUNG.
0 - BEENDEN
1 - WOERTER DIREKT DRUCKEN
2 - ZEICHENSAETZE GRAFIK UND TEXT
3 - SPERRSCHRIFT UND REVERSE SCHRIFT
WAHL 0-3? 1
WOERTER DIREKT DRUCKEN BIS ZU 'END':
BASIC-WEGWEISER
FUER
COMMODORE 16
SOWIE 116 UND PLUS/4
```


Ausführung zu Programm DRUCKER1 (Menüwahl 3):

```
ANWENDUNGEN ZUR DRUCKERSTEUERUNG.
0 - BEENDEN
1 - WOERTER DIREKT DRUCKEN
2 - ZEICHENSAETZE GRAFIK UND TEXT
3 - SPERRSCHRIFT UND REVERSE SCHRIFT
WAHL 0-3? 3
WELCHEN TEXT DRUCKEN?
COMMODORE PLUS/4

SPERR:  C O M M O D O R E   P L U S / 4
REVERS: COMMODORE PLUS/4
NORMAL: COMMODORE PLUS/4
```

```
ANWENDUNGEN ZUR DRUCKERSTEUERUNG.
0 - BEENDEN
1 - WOERTER DIREKT DRUCKEN
2 - ZEICHENSAETZE GRAFIK UND TEXT
3 - SPERRSCHRIFT UND REVERSE SCHRIFT
WAHL 0-3? 2
ZEICHENSAETZE.
ZEICHEN-MODUS (0=GRAFIK, 7=TEXT)?
 0
GERAETENUMMER (3=MONITOR, 4=DRUCKER)?
 4
ASCII-ZEICHENSATZ FUER GRAFIK-MODUS:
```

Ausführung zu Programm
DRUCKER1 (Menüwahl 2):

- Jeweils 16 Zeilen
  (0-F) und 16 Spalten
  (0-F).

- Spalte 0:
  CHR$(0)-CHR$(14)
  Spalte 1:
  CHR$(15)-CHR$(31)
  Spalte 2 oben:
  CHR$(32) für Blank
  Spalte 2/Zeile 1:
  CHR$(33) für "!"
  Spalte 5/Zeile 1):
  CHR$(81) für "Q"
  (33+3*16 ergibt 81)

- Grafik-Zeichen in
  Spalten 6 und 7
  stimmen überein mit
  Spalten 12 und 13


```
ANWENDUNGEN ZUR DRUCKERSTEUERUNG.
0 - BEENDEN
1 - WOERTER DIREKT DRUCKEN
2 - ZEICHENSAETZE GRAFIK UND TEXT
3 - SPERRSCHRIFT UND REVERSE SCHRIFT
WAHL 0-3? 2
ZEICHENSAETZE.
ZEICHEN-MODUS (0=GRAFIK, 7=TEXT)?
 7
GERAETENUMMER (3=MONITOR, 4=DRUCKER)?
 4
ascii-zeichensatz fuer text-modus:
```


- Großbuchstaben im
  Text-Modus zweimal
  erfaßt

3.5 Maschinennahe Programmierung

Arbeiten wir mit der Programmiersprache BASIC , dann bewegen
wir uns auf einer 'mittleren' Sprachebene zwischen unserer Um-
gangssprache einerseits und der "011011001.."-Sprache des Computers andererseits; letztere wird auch als Maschinensprache
bezeichnet.
Wenden wir uns einer Programmiersprache wie Pascal zu, so entfernen wir uns noch mehr vom Computerkern: Pascal ist stärker
strukturiert und hat komplexere Sprachelemente als BASIC. Wenden wir uns umgekehrt der Maschinensprache (Assembler) zu, befinden wir uns auf der 'untersten' Sprachebene des Commodore,
d.h. auf der Ebene seiner aus Bitmustern wie "01101011" beste-
henden 'Muttersprache'.
In diesem Abschnitt wollen wir einen kleinen Schritt in Richtung auf die 'unterste' Sprachebene wagen: wir betrachten die
Zeichendarstellung und -codierung, die bitweise Verarbeitung,
den unmittelbaren Zugriff auf Speicherplatzinhalte und den Umgang mit Maschinenprogrammen. Abschließend wenden wir uns kurz
dem in den Commodore eingebauten Maschinensprache-Monitor namens TEDMON zu.

3.5.1 Zeichendarstellung im ASCII

Alle Zeichen - seien es Ziffern, Buchstaben oder auch Sonderzeichen - werden im ASCII dargestellt, d.h. es wird z.B. nicht
der Buchstabe A gespeichert, sondern dessen ASCII-Codezahl 65.
Die Funktion CHR$ haben wir bereits in Abschnitt 3.3 (Textver-
arbeitung) verwendet; sie gibt uns für eine Codezahl zwischen
0 - 255 das zugehörige ASCII-Zeichen an. Programm CHR$-TEST1
ermöglicht, die Funktion CHR$ zu testen.

```
       0  1  2  3  4  5  6  7  8  9 10 11 12 13 14 15
   0|      von 0-31 Steuerzeichen,
  16|      z.B. CHR$(19) für /CLEAR-HOME/
  32|      !  "  #  $  %  &  '  (  )  *  +  ,  -  .  /
  48| 0  1  2  3  4  5  6  7  8  9  :  ;  <  =  >  ?
  64| §  A  B  C  D  E  F  G  H  I  J  K  L  M  N  O
  80| P  Q  R  S  T  U  V  W  X  Y  Z  ä  ö  ü  ↑  -
  96|      ab 96: Grafik-Zeichen
 112|      z.B. CHR$(122) für 'Karo'

Bsp: Codezahl 64+1=65 für A; Codezahl 48+13=61 für =
```

ASCII-Zeichenvorrat von 0 bis 127

Der Commodore verfügt über zwei Zeichensätze (vgl. Abschnitt
3.4.5.3): den G r a f i k - M o d u s (Grafikzeichen sowie
Großbuchstaben) und den T e x t - M o d u s (Groß-/Klein-
schreibung). Im Hinblick auf Sonder- und Grafikzeichen stimmen
diese Modi nicht exakt mit dem ASCII überein. Die Ausführungs-

beispiele zu Programm beziehen sich auf den Grafik-Modus, der
beim Einschalten des Commodore automatisch zur Verfügung steht
(Sekundäradresse 0: OPEN 1,4 identisch mit OPEN 1,4,0).

Zu den Ausführungsbeispielen von Programm CHR$-TEST1:
Für die ASCII-Codezahlen 32-95 erhalten wir Sonderzeichen und
Großbuchstaben. Für die Codezahlen 161-191 erscheinen Grafikzeichen. Nach Eingabe der Codezahl 14 wird in Sperrschrift gedruckt: mit der Anweisung 140 PRINT CHR$(14) haben wir somit
das S t e u e r z e i c h e n Normal-/Sperrschrift abgesandt.

Codierung und zwei Ausführungen zu Programm CHR$-TEST1:

```
100 REM ======PROGRAMM CHR$-TEST1
110 PRINT "TEST DER FUNKTION CHR$()."
120 PRINT "A,E TIPPEN FUER CHR$(A,...,E):"
130 INPUT A,E
140    FOR I=A TO E: PRINT CHR$(I);: NEXT I
150 END
```

```
TEST DER FUNKTION CHR$().
A,E TIPPEN FUER CHR$(A,...,E):
 32 , 95
 !"#$%&'()*+,-./0123456789:;<=>?@ABCDEFGHIJKLMNOPQRSTUVWXYZ[£]↑←
```

```
TEST DER FUNKTION CHR$().
A,E TIPPEN FUER CHR$(A,...,E):
 161 , 191
```

```
TEST DER FUNKTION CHR$().
A,E TIPPEN FUER CHR$(A,...,E):
 14 , 14


READY.


TEST DER FUNKTION CHR$().
A,E TIPPEN FUER CHR$(A,...,E):
 14 , 15
```

Das Programm ASCII-TEST1 dient zum Testen der Funktion ASC.
Die Funktion ASC liefert als Umkehrung der Funktion CHR$ die
zugehörige Codezahl: Das Zeichen "!" wird als Codezahl 33 und
die Ziffer 0 als Codezahl 48 intern gespeichert. Das "!" kommt
vor der 0, es gilt "!<0". Die Wertigkeiten der Codezahlen be-
stimmen demnach die Sortierfolge; wir werden bei den Sortierverfahren in Abschnitt 3.7 darauf zurückkommen.
Drücken wir die Funktionstaste /F4/, erscheint das Anweisungswort SCNCLR, mit der diese Taste standardmäßig belegt ist, sowie die zugehörige Codezahl 83 (SCNCLR belegt natürlich weitere Stellen; auf diesen 'Zusatzcode' gehen wir hier nicht ein).

Codierung zu Programm ASCII-TEST1:

```
100 REM ======PROGRAMM ASCII-TEST1
110 PRINT "ASCII-WERTE VON ZEICHEN TESTEN:"
120 INPUT "EINGABE EINES ZEICHENS NORMAL <-"; Z$
130 PRINT "DARSTELLUNG IM ASCII INTERN   --->"; ASC(Z$)
140 IF ASC(Z$)<>48 THEN 120
150 PRINT "TEXTENDE." : END
```

Ausführung zu Programm ASCII-TEST1:

```
ASCII-WERTE VON ZEICHEN TESTEN:
EINGABE EINES ZEICHENS NORMAL <-!
DARSTELLUNG IM ASCII INTERN   ---> 33
EINGABE EINES ZEICHENS NORMAL <-1
DARSTELLUNG IM ASCII INTERN   ---> 49
EINGABE EINES ZEICHENS NORMAL <-#
DARSTELLUNG IM ASCII INTERN   ---> 35
EINGABE EINES ZEICHENS NORMAL <-♥
DARSTELLUNG IM ASCII INTERN   ---> 211
EINGABE EINES ZEICHENS NORMAL <-♦
DARSTELLUNG IM ASCII INTERN   ---> 218
EINGABE EINES ZEICHENS NORMAL <-SCNCLR
DARSTELLUNG IM ASCII INTERN   ---> 83
EINGABE EINES ZEICHENS NORMAL <-0
DARSTELLUNG IM ASCII INTERN   ---> 48
TEXTENDE.
```

3.5.2 Umwandlung dezimal, binär und hexadezimal

Programm DEZIMALBINAER1 wandelt eine Dezimalzahl D in eine Binärzahl B um, die als 16-Elemente-Array vereinbart ist (Anweisung 140 DIM B(16) reserviert für B genau 16 Zahlkomponenten).
Zur Umwandlung in der Schleife 170 FOR I ... 200 NEXT I wird
D wiederholt halbiert, um bei Teilbarkeit ohne Rest eine 0 und
sonst eine 1 nach B zu schreiben. Diese Binärzeichen 0 bzw. 1
schreibt DEZIMALBINAER1 in Richtung der höheren Wertigkeit von
rechts nach links nach B; deshalb auch die Schrittweite STEP-1
in der FOR-Anweisung (Stelle 16, 15, 14, ...).

Ausführungen zu Programm DEZIMALBINAER1:

```
UMWANDLUNG DEZIMAL --> BINAER
(BINAERMUSTER ALS 16-ELEMENTE-ARRAY).
GANZZAHL EINGEBEN? 51

UMWANDLUNG ALS 16-STELLIGE BINAERZAHL:
 0 0 0 0 0 0 0 0 0 0 1 1 0 0 1 1
```

```
UMWANDLUNG DEZIMAL --> BINAER
(BINAERMUSTER ALS 16-ELEMENTE-ARRAY).
GANZZAHL EINGEBEN? 65535

UMWANDLUNG ALS 16-STELLIGE BINAERZAHL:
 1  1  1  1  1  1  1  1  1  1  1  1  1  1  1  1
```

Codierung zu Programm DEZIMALBINAER1:

```
100 REM ======PROGRAMM DEZIMALBINAER1
110 PRINT "UMWANDLUNG DEZIMAL --> BINAER"
120 PRINT "(BINAERMUSTER ALS 16-ELEMENTE-ARRAY)."
130 :
140 DIM B(16) : INPUT "GANZZAHL EINGEBEN"; D
150 IF D<>INT(D) THEN PRINT "GANZZAHLIG." : GOTO 140
160 IF D>65536 THEN PRINT "KLEINERE ZAHL." : GOTO 140
170 FOR I=16 TO 1 STEP -1
180    IF D/2=INT(D/2) THEN LET B(I)=0:
                            ELSE LET B(I)=1
190    LET D = INT(D/2)
200 NEXT I
210 PRINT : PRINT "UMWANDLUNG ALS 16-STELLIGE BINAERZAHL:"
220    FOR I=1 TO 16: PRINT B(I);: NEXT I
230 END
```

Programm BINAERDEZIMAL1 unterscheidet sich in zwei Punkten vom
Programm DEZIMALBINAER1: Einserseits wird umgekehrt umgewandelt, andererseits liegt das Binärmuster bzw. die Eingabegröße
als String B$ vor, nicht aber als Array B( ). Mit MID$(B$,I,1)
nimmt man das jeweils nächste Zeichen von B$; da es stets eine
0 oder 1 ist, kann dieses Zeichen mit VAL in einen numerischen
Wert verwandelt und nach S zugewiesen werden (S für Stelleninhalt). Dann wird 'S mal (2 hoch (L-I))' multipliziert und der
so errechnete Stellenwert in Zeile 170 zur Dezimalzahl D hin-
zuaddiert.

Codierung und Ausführungen zu Programm BINAERDEZIMAL1:

```
100 REM ======PROGRAMM BINAERDEZIMAL1
110 PRINT "UMWANDLUNG BINAER --> DEZIMAL"
120 PRINT "(BINAERMUSTER ALS STRING)."
130 PRINT "BINAERMUSTER TIPPEN:": INPUT B$
140 LET D=0 : LET L=LEN(B$)
150 FOR I=1 TO L
160    LET S=VAL(MID$(B$,I,1))
170    LET D=D + S * (2 ↑ (L-I))
180 NEXT I
190 PRINT "UMWANDLUNG DEZIMAL: ";D
200 PRINT "ENDE." : END
```

```
UMWANDLUNG BINAER --> DEZIMAL       UMWANDLUNG BINAER --> DEZIMAL
(BINAERMUSTER ALS STRING).          (BINAERMUSTER ALS STRING).
BINAERMUSTER TIPPEN:                BINAERMUSTER TIPPEN:
110011                              1111111111111111
UMWANDLUNG DEZIMAL:  51             UMWANDLUNG DEZIMAL:  65535
ENDE.                               ENDE.
```

Neben den Dezimalziffern gibt es auch Hexadezimalziffern:

    0,1,2,3,4,5,6,7,8,9,A,B,C,D,E,F   (16 Hexadezimalziffern)

Diese 16 Ziffern werden auch kurz Hex-Ziffern oder Sedezimal-
ziffern genannt (vgl. Abschnitt 1.2.3.2).
Programm HEXDEZIMAL1 demonstriert den Umwandlungsvorgang von
hex nach dez. In Teil 1 des Programms prüfen wir, ob die Eingabe H1$ nur aus den 16 Hex-Zeichen 0123456789ABCDEF besteht.
In Teil 2 geschieht die Umwandlung: Die Hex-Zeichen A-F werden
durch die Dez-Zeichen 10-15 ersetzt und in Z abgelegt. Darauf-
hin wird Z mit den jeweiligen Stellenwerten 1 (=16 hoch 0), 16
(=16 hoch 1), 256 (=16 hoch 2), ... multipliziert und zur Dezimalzahl D hinzuaddiert.

Codierung zu Programm HEXDEZIMAL1:

```
100 REM ======PROGRAMM HEXDEZIMAL1
110 PRINT "UMWANDLUNG HEX --> DEZIMAL."
120 :
130 REM ======VEREINBARUNGSTEIL
140 REM H0$: TEXT (16 HEX-ZEICHEN)
150 REM H1$: TEXT (UMZUWANDELNDER VALINGABETEXT)
160 REM L:   INTEGER (LAENGE VON H1$)
170 REM F:   INTEGER (FLAGGE FUER EINGABEFEHLER)
180 REM D:   INTEGER (ERGEBNIS IM DEZIMALSYSTEM)
190 REM Z$:  TEXT (NAECHSTES ZEICHEN VON H1$)
200 REM I,J: INTEGER (LAUFVARIABLEN)
210 :
220 REM ======ANWEISUNGSTEIL
230 LET H0$="0123456789ABCDEF" : REM 16 HEX-ZEICHEN
240 INPUT "WERT HEX TIPPEN: ";H1$ : PRINT
250 LET L=LEN(H1$)
260 :
270 REM ***TEIL 1: EINGABE AUF GUELTIGKEIT PRUEFEN*
280 PRINT "PRUEFUNG AUF GUELTIGKEIT:"
290 FOR I=1 TO L
300    LET F=1 : REM FLAGGE F AUF F=FEHLER SETZEN
310    FOR J=1 TO 16
320       IF MID$(H0$,J,1)=MID$(H1$,I,1) THEN LET F=0
330    NEXT J
340    IF F=1 THEN 560
350    PRINT I;". ZEICHEN IN ";H1$;" KORREKT."
360 NEXT I
370 :
380 REM ***TEIL 2: UMWANDLUNG HEX --> DEZIMAL******
390 PRINT : PRINT "UMWANDLUNG:"
400 FOR I=1 TO L
410    LET Z$=MID$(H1$,(L-I+1),1)
420    IF Z$<="9" THEN LET Z=VAL(Z$)
430    IF Z$="A" THEN LET Z=10
440    IF Z$="B" THEN LET Z=11
450    IF Z$="C" THEN LET Z=12
460    IF Z$="D" THEN LET Z=13
470    IF Z$="E" THEN LET Z=14
480    IF Z$="F" THEN LET Z=15
490    LET Z=Z*(16↑(I-1))
500    PRINT "FUER ";Z$;": ";D;" UM ";Z;" ERHOEHT."
510    LET D=D+Z
520 NEXT I
```

```
530 PRINT : PRINT "ERGEBNIS:"
540 PRINT H1$;" HEX ERGIBT ";D;" DEZIMAL." : GOTO 570
550 GOTO 570
560 PRINT I;". ZEICHEN IN ";H1$;" FEHLERHAFT."
570 END
```

Ausführungen zu Programm HEXDEZIMAL1:

```
UMWANDLUNG HEX --> DEZIMAL.        UMWANDLUNG HEX --> DEZIMAL.
WERT HEX TIPPEN:                   WERT HEX TIPPEN:
3EA                               FFFF
PRUEFUNG AUF GUELTIGKEIT:          PRUEFUNG AUF GUELTIGKEIT:
  1 . ZEICHEN IN 3EA KORREKT.        1 . ZEICHEN IN FFFF KORREKT.
  2 . ZEICHEN IN 3EA KORREKT.        2 . ZEICHEN IN FFFF KORREKT.
  3 . ZEICHEN IN 3EA KORREKT.        3 . ZEICHEN IN FFFF KORREKT.
                                     4 . ZEICHEN IN FFFF KORREKT.

UMWANDLUNG:                        UMWANDLUNG:
FUER A:   0  UM  10  ERHOEHT.      FUER F:   0  UM  15  ERHOEHT.
FUER E:  10  UM 224  ERHOEHT.      FUER F:  15  UM 240  ERHOEHT.
FUER 3: 234  UM 768  ERHOEHT.      FUER F: 255  UM 3840 ERHOEHT.
                                   FUER F: 4095 UM 61440 ERHOEHT.

ERGEBNIS:                          ERGEBNIS:
3EA HEX ERGIBT  1002  DEZIMAL.     FFFF HEX ERGIBT  65535  DEZIMAL.
```

Mit der Standardfunktion DEC() können wir die Umwandlung überprüfen: Die Eingabe von PRINT DEC("3EA") ergibt 1002 und die
Eingabe von PRINT DEC(H$) ergibt 65535 (Annahme: H$ enthält
den Hex-String "FFFF"). Für Werte über 65535 wird ein ILLEGAL
QUANTITY ERROR ausgegeben.

Programm DEZIMALHEX1 wandelt umgekehrt Dezimalzahlen in Hexa-
dezimalzahlen um und demonstriert dazu zwei Methoden:

1. Die Funktion HEX$(DEZ) wandelt die Dezimalzahl DEZ in das
   16er-Zahlensystem um.

2. Zusätzlich wird die Umwandlung ohne Verwendung von HEX$ an-
   gegeben. Diese läuft entsprechend dem 'Vorgehen 2' der Abbildung "Zwei Vorgehensweisen ..." Schritt für Schritt ab.

Zur Bestimmung der Hexadezimalziffer HZI$ gehen wir dabei wie
folgt vor: Hat HZI einen Wert 0,1,2,...,9, ergibt CHR$(48+HZI)
dann die entsprechende Ziffer 0,1,2,...9. Hat HZI aber einen
Wert zwischen 10 und 15, ermittelt CHR$(55+HZI) die zugehörige
Ziffer A,B,..,F. Dazu zwei Beispiele:

- CHR$(55+11) ergibt CHR$(66) ergibt B.
- CHR$(48+4) ergibt CHR$(52) ergibt 4.

Dabei wird berücksichtigt, daß die Dezimalziffern im ASCII mit
Codezahl 48 beginnen und die Großbuchstaben mit Codezahl 65.
Die Variable CODE enthält deshalb 48 oder aber 55 (55+10 für A
ergibt dann 65).

VORGEHEN1: HEX-ZIFFERN FALLEN IN RICHTIGER FOLGE 5C8F AN

```
                 3          2          1          0
23695 = 5*16     + 12*16    + 8*16     + 15*16       5C8F hex
                                                     abgelesen

      = 5*4096   + 12*256   + 8*16     + 15*1

      = 20480    + 3072     + 128      + 15
```

VORGEHEN 2: HEX-ZIFFERN FALLEN IN UMGEKEHRTER FOLGE F8C5 AN

```
DEZ   = (TEIL=INT(DEZ/16) * 16)   +   HZI=DEZ-(TEIL*16)      HE$

23695 =         (1480         * 16)   +           15          F
 1480 =         (  92         * 16)   +            8          8
   92 =         (   5         * 16)   +           12          C
    5 =         (   0         * 16)   +            5          5
```

Zwei Vorgehensweisen zur Umwandlung von 23695 dez in 5C8F hex
ohne Verwendung der BASIC-Funktion HEX$

Codierung zu Programm DEZIMALHEX1:

```
100 REM ======PROGRAMM DEZIMALHEX1
110 PRINT "UMWANDLUNG DEZIMAL --> HEX."
120 REM ======VEREINBARUNGSTEIL
130 REM DEZ:   INTEGER (DEZIMALZAHL)
140 REM HE$:   STRING (HEXADEZIMALZAHL)
150 REM HZI:   INTEGER (HEXADEZIMALZIFFER)
160 REM HZI$:  STRING (... FUER HZI)
170 REM TEIL:  INTEGER (GANZZAHL-TEIL VON DEZ)
180 REM CODE:  INTEGER (ASCII-CODEZAHL FUER HZI)
190 :
200 REM ======ANWEISUNGSTEIL
210 LET HE$="" : REM LEERSTRING ZUM VERKETTEN MIT +
220 INPUT "WELCHE ZAHL";DEZ
230 PRINT: PRINT "1. PROBE MIT FUNKTION HEX$:"
240 PRINT DEZ;"ERGIBT ";HEX$(DEZ)
250 :
260 PRINT: PRINT "2. UMWANDLUNG SCHRITTWEISE:"
270 DO WHILE DEZ>0
280    LET TEIL=INT(DEZ/16)
290    LET HZI=DEZ-(TEIL*16)
300    IF HZI>9 THEN LET CODE=55:
                 ELSE LET CODE=48
310    LET HZI$=CHR$(CODE+HZI)
320    PRINT " HEX-ZIFFER: ";HZI$
330    LET HE$=HZI$+HE$
340    LET DEZ=TEIL
350 LOOP
360 PRINT "HEXADEZIMALZAHL -> ";HE$ : END
```

Ausführungen zu Programm DEZIMALHEX1:

```
UMWANDLUNG DEZIMAL --> HEX.          UMWANDLUNG DEZIMAL --> HEX.
WELCHE ZAHL? 23973                   WELCHE ZAHL? 266

1. PROBE MIT FUNKTION HEX$:          1. PROBE MIT FUNKTION HEX$:
 23973 ERGIBT 5DA5                    266 ERGIBT 010A

2. UMWANDLUNG SCHRITTWEISE:          2. UMWANDLUNG SCHRITTWEISE:
 HEX-ZIFFER: 5                        HEX-ZIFFER: A
 HEX-ZIFFER: A                        HEX-ZIFFER: 0
 HEX-ZIFFER: D                        HEX-ZIFFER: 1
 HEX-ZIFFER: 5                       HEXADEZIMALZAHL -> 10A
HEXADEZIMALZAHL -> 5DA5
```

3.5.3 Daten Bit für Bit verarbeiten

Ergänzend zu Programm DEZIMALBINAER1 wollen wir zur "Umwand-
lung von Dezimalzahlen in Dualzahlen" die Programme DEZIMAL-
BINAER2 bis DEZIMALBINAER4 betrachten.
Diese drei Programme demonstrieren den Einsatz des logischen
Operators AND zur Verarbeitung e i n z e l n e r   B i t s .
Die logischen Operatoren haben wir bereits in Abschnitt 3.2.3
im Zusammenhang mit der Verzweigungstechnik (Programme BOOLEAN
1 bis BOOLEAN3) kennengelernt.

Im Ausführungsbeispiel zu Programm DEZIMALBINAER2 wird die 200
in die Dualzahl 11001000 umgewandelt. Die Codierung zeigt, daß
die Umwandlung in einer abweisenden Schleife über die Anweisungsfolge

```
180 DO WHILE I<>0
180    LET I=I/2
190    PRINT ABS( (I AND D) = I);
200 LOOP
```

mit den Zahlen D=200 und I=256 als Anfangswerten erfolgt. Anweisung 190 führt mit I AND D eine logische Operation über
"logisch UND" durch. Dabei werden die INTEGER-Zahlen in I und
D binär dargestellt und Bit für Bit mit AND (logisch UND) verknüpft. Für die Anfangswerte I=128 und D=200 wird demnach die
Operation (I AND D) als (128 AND 200) computerintern binär als
(10000000 AND 11001000) bitweise ausgeführt. Nur die 8. Stelle
ergibt 1 als Stellenergebnis (1 AND 1 ergibt 1), während alle
anderen Stellenergebnisse 0 ergeben. (10000000 AND 11001000)
ergibt somit 10000000 bzw. 128 als Ergebnis.
In Zeile 190 wird jetzt der Vergleich (128=128)? ausgeführt
mit dem Ergebnis WAHR bzw. TRUE bzw. -1.
Dann wird in 190 der Absolutbetrag ABS(-1) gleich 1 ermittelt
und mit PRINT 1; ausgegeben.
Diese bitweise Manipulation mittels AND wiederholt sich, bis
I den Wert 1 erreicht hat. Die ersten drei Schleifendurchläufe
gibt die Abbildung wieder.

```
Anweisung  190 PRINT ABS((I AND D)=I);  von Programm
DEZIMALBINAER2 in Einzelschritten:

Schleifendurchlauf:              Bitweise Verknüpfung (I AND D):

1. DURCHLAUF: I=128 und D=200.  1 0 0 0 0 0 0 0      =128
(I AND D) ergibt I              1 1 0 0 1 0 0 0      =200
(I = I) ergibt -1 bzw. TRUE.    ----------------------------
ABS(-1) ergibt 1.               1 0 0 0 0 0 0 0      =128

2. DURCHLAUF: I=64 und D=200.   0 1 0 0 0 0 0 0      = 64
(I AND D) ergibt I.             1 1 0 0 1 0 0 0      =200
(I = I) ergibt -1 bzw. TRUE.    ----------------------------
ABS(-1) ergibt 1.               0 1 0 0 0 0 0 0      = 64

3. DURCHLAUF: I=32 und D=200.   0 0 1 0 0 0 0 0      = 32
(I AND D) ergibt 0.             1 1 0 0 1 0 0 0      =200
(0 AND I) ergibt 0 bzw. FALSE.  ----------------------------
ABS(0) ergibt 0.                0 0 0 0 0 0 0 0      =  0
```

Beispiel zur bitweisen Verknüpfung mittels AND

Variable I als Filter bzw. als Maske:
Die logische Operation (I AND D) wird in einer Schleife wie-
derholt ausgeführt. Dabei bleibt D=200 konstant, während I die
8 Werte 128=10000000, 64=01000000, 32=00100000, 16=00010000,
8=00001000, 4=00000100, 2=00000010 und 00000001 annimmt.
I wirkt wie ein F i l t e r , der mittels UND bei jedem neuen
Schleifendurchlauf eine ggf. vorhandene "1" in einer anderen
Bitposition herausfiltert: in Position 8, 7, 6, ..., 1.
Ebenso kann man I als M a s k e auffassen, die über eine zu
prüfende Variable (hier über D) gelegt wird.

Codierung zu Programm DEZIMALBINAER2:

```
100 REM ======PROGRAMM DEZIMALBINAER2
110 PRINT "UMWANDLUNG EINER DEZIMALZAHL IN EINE DUALZAHL"
120 PRINT "(METHODE: VERGLEICHEN MIT LOGISCH 'UND'."
130 PRINT "ERGEBNIS: BINAERMUSTER AUS 8 EINZELZEICHEN)."
140 :
150 INPUT "GANZZAHL UNTER 256"; D
160 LET I=256
170 PRINT D;" ALS 8-STELLIGE DUALZAHL:"
180 DO WHILE I<>1
190    LET I=I/2
200    PRINT ABS((I AND D)=I);
210 LOOP
220 PRINT : PRINT "ENDE." : END
```


Die WHILE-Schleife wird verlassen, sobald I den Wert 1 erhalten hat. I wird - von 256 ausgehend - bei jeder Wiederholung
halbiert.

Ausführungen zu Programm DEZIMALBINAER2:

```
UMWANDLUNG EINER DEZIMALZAHL IN EINE DUALZAHL
(METHODE: VERGLEICHEN MIT LOGISCH 'UND'.
ERGEBNIS: BINAERMUSTER AUS 8 EINZELZEICHEN).
GANZZAHL UNTER 256 ? 200
 200  ALS 8-STELLIGE DUALZAHL:
 1  1  0  0  1  0  0  0
ENDE.

UMWANDLUNG EINER DEZIMALZAHL IN EINE DUALZAHL
(METHODE: VERGLEICHEN MIT LOGISCH 'UND'.
ERGEBNIS: BINAERMUSTER AUS 8 EINZELZEICHEN).
GANZZAHL UNTER 256 ? 129
 129  ALS 8-STELLIGE DUALZAHL:
 1  0  0  0  0  0  0  1
ENDE.
```

Die Programme DEZIMALBINAER3 und DEZIMALBINAER2 bezwecken dasselbe, nur wird jetzt die AND-Operation als

    170 PRINT SGN(D AND (2 hoch I));

geschrieben. Als Filter bzw. Maske dient wieder 128 (2 hoch
7 ergibt 128), 64 (2 hoch 6 ergibt 64), ...

Codierung und Ausführung zu Programm DEZIMALBINAER3:

```
100 REM ======PROGRAMM DEZIMALBINAER3
110 PRINT "UMWANDLUNG EINER DEZIMALZAHL IN EINE DUALZAHL"
120 PRINT "(METHODE: EXPONENT UND LOGISCH 'UND'."
130 PRINT "ERGEBNIS: BINAERMUSTER AUS 8 EINZELZAHLEN)."
140 :
150 INPUT "GANZZAHL UNTER 256"; D
160 PRINT "8-STELLIGE DUALZAHL:"
170 FOR I=7 TO 0 STEP -1
180    PRINT SGN(D AND 2↑I);
190 NEXT I
200 PRINT : PRINT "ENDE." : END
```

```
UMWANDLUNG EINER DEZIMALZAHL IN EINE DUALZAHL
(METHODE: EXPONENT UND LOGISCH 'UND'.
ERGEBNIS: BINAERMUSTER AUS 8 EINZELZAHLEN).
GANZZAHL UNTER 256 ? 200
8-STELLIGE DUALZAHL:
 1  1  0  0  1  0  0  0
ENDE.
```

DEZIMALBINAER2 sowie DEZIMALBINAER3 können nur Dezimalzahlen bis max. 256 in Binärzahlen umwandeln. Programm DEZIMALBINAER4 hebt die Begrenzung bis 256 (=2 hoch 8) auf und wandelt Zahlen bis maximal 65536 (=2 hoch 16) um.
Dazu wird der Zahlenwert in ein BYTELINKS und ein BYTERECHTS aufgeteilt. Auf solche Z w e i - B y t e - A d r e s s e n mit einem niederwertigen Byte (hier als BYTELINKS benannt) und einem höherwertigen Byte (hier als BYTERECHTS benannt) werden wir in Abschnitt 3.5.5.1 ausführlich eingehen.

Codierung und Ausführungen zu Programm DEZIMALBINAER4:

```
100 REM ======PROGRAMM DEZIMALBINAER4
110 PRINT "UMWANDLUNG EINER DEZIMALZAHL IN EINE DUALZAHL"
120 PRINT "(METHODE: EXPONENT UND LOGISCH 'UND'; ZERLEGEN."
130 PRINT "ERGEBNIS: BINAERMUSTER AUS 16 EINZELZAHLEN)."
140 :
150 INPUT "GANZZAHL UNTER 65536"; ZAHL : PRINT
160 LET BYTELINKS=INT(ZAHL/256)
170 PRINT "HOEHERWERTIGES LINKS BYTE"; BYTELINKS
180 PRINT "ALS DUALZAHL:";
190    LET D=BYTELINKS : GOSUB 1000
200 LET BYTERECHTS = ZAHL-BYTELINKS*256 : PRINT
210 PRINT "NIEDERWERTIGES RECHTES BYTE"; BYTERECHTS
220 PRINT "ALS DUALZAHL:";
230    LET D=BYTERECHTS : GOSUB 1000
240 PRINT "ENDE.": END
250 :
260 :
1000 FOR I=7 TO 0 STEP -1
1010    PRINT SGN(D AND 2↑I);
1020 NEXT I
1030 RETURN
```

```
UMWANDLUNG EINER DEZIMALZAHL IN EINE DUALZAHL
(METHODE: EXPONENT UND LOGISCH 'UND'; ZERLEGEN.
ERGEBNIS: BINAERMUSTER AUS 16 EINZELZAHLEN).
GANZZAHL UNTER 65536 ? 32267

HOEHERWERTIGES LINKS BYTE 126
ALS DUALZAHL: 0 1 1 1 1 1 1 0
NIEDERWERTIGES RECHTES BYTE 11
ALS DUALZAHL: 0 0 0 0 1 0 1 1 ENDE.
```

```
UMWANDLUNG EINER DEZIMALZAHL IN EINE DUALZAHL
(METHODE: EXPONENT UND LOGISCH 'UND'; ZERLEGEN.
ERGEBNIS: BINAERMUSTER AUS 16 EINZELZAHLEN).
GANZZAHL UNTER 65536 ? 320

HOEHERWERTIGES LINKS BYTE 1
ALS DUALZAHL: 0 0 0 0 0 0 0 1
NIEDERWERTIGES RECHTES BYTE 64
ALS DUALZAHL: 0 1 0 0 0 0 0 0 ENDE.
```

3.5.4 Unmittelbarer Zugriff auf Speicherinhalte

3.5.4.1 Stufe 1: Freien Speicherplatz überprüfen

Der wiedergegebene direkte Dialog gibt ein Beispiel, wie durch
Anwendung der Funktion FRE(0) der noch freie Speicherplatz abgefragt werden kann.
Zunächst löschen wir den Hauptspeicher RAM mittels NEW.
Vor dem Laden des Programmes VERBRAUCH1 sind noch 12275 Bytes
frei, das sind die 12277 Bytes RAM nach dem Systemstart abzüg-
lich 2 Bytes für die Direktanweisung PRINT FRE(0). Nach Laden
von VERBRAUCH1 verbleiben noch 12158 Bytes und nach Ausführung
dieses Programmes noch 12137 Bytes.
Die Anweisungen des Programms VERBRAUCH1 beanspruchen demnach
117 Bytes an Speicherplatz (12275-12158=117).

Vor der ersten Ausführung von Programm VERBRAUCH1 sind im RAM
noch keine Speicherplätze für Variablen eingerichtet. Erst   im
Laufe der Programmausführung werden Zahlenwerte in die Variablen T(z.B. 60), K (z.B. 346) und D (z.B. 17.3410405) zugewiesen. Dafür belegt der Computer genau 21 Bytes an Speicherplatz
(12158-12137).
In Abschnitt 3.5.5 gehen wir auf die Speicherung der Daten und
Anweisungen eines BASIC-Programms näher ein.

Direkter Dialog zur Demonstration der Funktion FRE(0):

```
NEW /RET/                      RUN /RET/
READY.                         EINGABE: GEFAHRENE KM
PRINT FRE(0)   /RET/           346 /RET/
12275                          AUSGABE: LITER/100 KM
READY.                         17.3410405
                               READY.

                               PRINT FRE(0)   /RET/
                               12137
DLOAD "VERBRAUCH1"             READY.
SEARCHING FOR 0:VERBRAUCH1
LOADING
READY.                         /RET/ bedeutet "RETURN-Taste
                               drücken".
PRINT FRE(0)   /RET/           Programm VERBRAUCH1: siehe
12158                          Abschnitte 2.2 sowie 3.1.1.
READY.
```

Die Angabe von 12277 freien Benutzerbytes des RAM bezieht sich
auf die Computer Commodore 16 und Commodore 116 . Beim Typ
Commodore plus/4 stehen statt 12277 Bytes genau 60671 Bytes an
Speicherplatz zur Verfügung.

Der Benutzer-RAM des plus/4 ist um 48394 Bytes größer als der
RAM des C-16 bzw. C-116 (60671-12277 ergibt 48394). Addieren
wir zu den C-16-Angaben 48394, so erhalten wir die dem plus/4
entsprechende Speicherplatzangabe.

3.5.4.2   Stufe 2: Speicherplatzinhalte mit PEEK lesen

PEEK(10000) gibt den Inhalt des Speicherplatzes mit der Adresse 10000 wieder. Dabei können wir PEEK als Direktanweisung in der Form PRINT PEEK(10000) schreiben oder aber innerhalb eines Programmes z.B. wie folgt programmieren:

```
20 PRINT "INHALT VON SPEICHERPLATZ 10000: ";PEEK(10000)
```

Die Anweisung 50 LET F=PEEK(10000) ordnet den Wert der Variablen F zu und ie Anweisung 70 IF PEEK(10000)=9 THEN.. fragt, ob in dieser Adresse der Zahlenwert 9 gespeichert ist.

Zum Commodore plus/4:
Negative Werte bzw. Adressen legt das System als komplementäre Zahlen zu 65535 als der größten durch ein Byte (8 Bits) darstellbare Zahl ab. Beim Commodore plus/4 gibt antwortet FRE(0) häufig mit negativen Zahlen. Warum? FRE(0) wird als Ganzzahl (INTEGER-Zahl) gespeichert. Da Daten des Typs "Ganzzahl" nur Zahlen bis maximal 32767 sein können, werden bei größeren Zahlen negative Werte angezeigt. Addieren wir dabei 65535 hinzu, so erhalten wir den 'richtigen' Wert. Ein Beispiel:

```
PRINT FRE(0)   /RET/
-9246                         (Ausgabe eines negativen Wertes)
READY.

PRINT FRE(0)+65535  /RET/  (Komplementäre Zahl zu 65535:
 56289                         56289 Bytes tatsächlich frei)
READY.
```

PEEK stellt man häufig in die FOR-Schleife. Die Zählerschleife

```
FOR I=2048 TO 3071 : PRINT I;": ";PEEK(I); : NEXT I /RET/
```

gibt den Inhalt der Speicherplätze 2048 bis 3071 aus. Dieser dezimalen Adressenangabe entspricht die hexadezimale Angabe von 800 bis BFF, die zur Unterscheidung auch als $800 - $BFF geschrieben wird . Lassen wir die im direkten Dialog eingegebene Schleife ablaufen, dann werden ASCII-Codezahlen zwischen 0 und 255 gezeigt. Warum? 255 dezimal = $FF ist die größte in einem Byte bzw. einem Speicherplatz unterzubringende Zahl. Die Zählerschleife

```
30 FOR Z=1 TO 7: LET A(Z)=PEEK(10767+Z) : NEXT Z
```

speichert die Inhalte der Speicherplätze 10768, 10769, ... in den Array A() ab. Dies ist immer dann sinnvoll, wenn mit Speicherplatzinhalten weiter gearbeitet werden soll.

Arbeitet man mit PEEK (Adreßinhalte direkt lesen) oder mit
POKE (direkt schreiben),sind häufig Umrechnungen von hexadezi-
malen in dezimale Adreßangaben vorzunehmen.
Diese Umrechnungen von HEX nach DEZ können mit der umseitigen
Tabelle wie folgt vorgenommen werden:

   1. Beispiel: $FF69 - dezimal 65385
      FF (Zeile unten, Spalte rechts) ergibt 65280 als unteren
        Tabellenwert, da FF das 1. Ziffernpaar ist.
      69 (Zeile 6 und Spalte 9) ergibt 105 als oberen Wert,
        da 69 das 2. Paar ist.
      65280+105 ergibt dezimal 65385.

   2. Beispiel: $800 - dezimal 2048
      08 (obere Zeile 0 und Spalte 8) ergibt 2048 als unteren
        Tabellenwert, da 08 das 1. Paar ist.
      00 (obere Zeile und linke Spalte) ergibt 0.
      2048+0 ergibt dezimal 2048.

Für Umrechnungen vom dezimalen in das hexadezimale System benutzen wir die HEX$-Funktion: HEX$(65385) ergibt wieder $FF69.

S t a t u s v a r i a b l e ST als Beispiel für PEEK:
Die Statusvariable ST ist in Adresse 144 abgelegt und enthält
einen Wert ungleich null, wenn Ein-/Ausgabefehler auftauchen.
Der direkte Dialog

   DLOAD "XXX" /RET/
   FILE NOT FOUND ERROR
   READY.
   PRINT PEEK (144) /RET/   (Adresse 144 mit PEEK abfragen)
   66
   READY.

zeigt, daß unter dieser Adresse 144 nach dem Versuch, das gar
nicht existierende Programm XXX zu laden, der Wert 66 als Fehlerart gespeichert worden ist. In ST ist der augenblickliche
Status externer Geräte (Datasette, Floppy) abgelegt. Der Gerä-
testatus der Floppy deutet mit 66 auf einen Ein-/Ausgabefehler
hin.
Die Systemvariable ST darf nicht mit den Systemvariablen DS
und DS$ verwechselt werden, in denen Fehlerart und -ort aus-
schließlich beim Diskettenzugriff abgelegt werden:

   DLOAD "XXX" /RET/
   FILE NOT FOUND ERROR
   READY.
   PRINT DS /RET/
   62   (Fehlernummer in DS)
   PRINT DS$ /RET/
   62, FILE NOT FOUND,00,00 (Nummer, Art und Ort des Fehlers)

Auf DS und DS$ gehen wir in Abschnitt 3.8 ausführlich ein.

$	0	1	2	3	4	5	6	7	8	9	A	B	C	D	E	F
0	0	1	2	3	4	5	6	7	8	9	10	11	12	13	14	15
	0	256	512	768	1024	1280	1536	1792	2048	2304	2560	2816	3072	3328	3584	3840
1	16	17	18	19	20	21	22	23	24	25	26	27	28	29	30	31
	4096	4352	4608	4864	5120	5376	5632	5888	6144	6400	6656	6912	7168	7424	7680	7936
2	32	33	34	35	36	37	38	39	40	41	42	43	44	45	46	47
	8192	8448	8704	8960	9216	9472	9728	9984	10240	10496	10752	11008	11264	11520	11776	12032
3	48	49	50	51	52	53	54	55	56	57	58	59	60	61	62	63
	12288	12544	12800	13056	13312	13568	13824	14080	14336	14592	14848	15104	15360	15616	15872	16128
4	64	65	66	67	68	69	70	71	72	73	74	75	76	77	78	79
	16384	16640	16896	17152	17408	17664	17920	18176	18432	18688	18944	19200	19456	19712	19968	20224
5	80	81	82	83	84	85	86	87	88	89	90	91	92	93	94	95
	20480	20736	20992	21248	21504	21760	22016	22272	22528	22784	23040	23296	23552	23808	24064	24320
6	96	97	98	99	100	101	102	103	104	105	106	107	108	109	110	111
	24576	24832	25088	25344	25600	25856	26112	26368	26624	26880	27136	27392	27648	27904	28160	28416
7	112	113	114	115	116	117	118	119	120	121	122	123	124	125	126	127
	28672	28928	29184	29440	29696	29952	30208	30464	30720	30976	31232	31488	31744	32000	32256	32512
8	128	129	130	131	132	133	134	135	136	137	138	139	140	141	142	143
	32768	33024	33280	33536	33792	34048	34304	34560	34816	35072	35328	35584	35840	36096	36352	36608
9	144	145	146	147	148	149	150	151	152	153	154	155	156	157	158	159
	36864	37120	37376	37632	37888	38144	38400	38656	38912	39168	39424	39680	39936	40192	40448	40704
A	160	161	162	163	164	165	166	167	168	169	170	171	172	173	174	175
	40960	41216	41472	41728	41984	42240	42496	42752	43008	43264	43520	43776	44032	44288	44544	44800
B	176	177	178	179	180	181	182	183	184	185	186	187	188	189	190	191
	45056	45312	45568	45824	46080	46336	46592	46848	47104	47360	47616	47872	48128	48384	48640	48896
C	192	193	194	195	196	197	198	199	200	201	202	203	204	205	206	207
	49152	49408	49664	49920	50176	50432	50688	50944	51200	51456	51712	51968	52224	52480	52736	52992
D	208	209	210	211	212	213	214	215	216	217	218	219	220	221	222	223
	53248	53504	53760	54016	54272	54528	54784	55040	55296	55552	55808	56064	56320	56576	56832	57088
E	224	225	226	227	228	229	230	231	232	233	234	235	236	237	238	239
	57344	57600	57856	58112	58368	58624	58880	59136	59392	59648	59904	60160	60416	60672	60928	61184
F	240	241	242	243	244	245	246	247	248	249	250	251	252	253	254	255
	61440	61696	61952	62208	62464	62720	62976	63232	63488	63744	64000	64256	64512	64768	65024	65280

3.5.4.3 Stufe 3: Speicherplatzinhalte mit POKE schreiben

PEEKen können wir Speicherplätze des RAM wie des ROM, während
umgekehrt nur Speicherplätze des RAM gePOKEt und damit neu beschrieben werden können.
POKE 650,0 speichert die 0 in den Speicherplatz mit der Adresse 650 ab. Man sagt: "poke die 0 nach 650" (nicht schön, aber
kurz). Das zweite Argument muß zwischen 0 und 255 liegen. Die
Anweisung POKE PLATZ,ZAHL speichert den Inhalt von ZAHL an die
Adresse von PLATZ ab. Die Ausgabeschleife

```
100 FOR I=1 TO 7 : READ C : POKE (10767+Z),C : NEXT I
110 DATA 101,6,101,6,133,8,96
```

speichert die 7 in der DATA-Zeile angegebenen Zahlen in die
Speicherplätze mit den Adressen 10768, 10769,... ab.

Vor jedem Poken muß überlegt werden, ob nicht Speicherinhalte
verändert werden, die für die Ablaufsteuerung wichtig sind.
Zum "Üben" sei empfohlen, nur den Speicherplatz mit den Adressen

```
4097 - 16373    (für Commodore 16 und Commodore 116)
4097 - 64768    (für Commodore plus/4)
```

zu verwenden, d.h. den für die BASIC-Programme zur Verfügung
stehenden Benutzerspeicher.

3.5.4.4 Stufe 4: Aufruf von Maschinenprogrammen

Beim Commodore plus/4 rufen wir mit der Anweisung

```
SYS 1521
```

ein Maschinenprogramm auf, dessen erster Befehl im Hauptspeicher unter der Adresse 1521 steht.
Unter der Adresse 1521 beginnt beim Commodore plus/4 eine Routine, die das eingebaute T e x t v e r a r b e i t u n g s -
p r o g r a m m aufruft. Dieses Programm ist ROM-resident und
gehört zur eingebauten Software (sog. Built-In-Software).
Das Handbuch nennt mehrere solche vom Betriebssystem bereitgestellte Maschinenprogramme.

Auch der Anwender kann Routinen in Maschinensprache (Assembler
genannt) schreiben, im RAM ablegen und später mit SYS zur Ausführung bringen. Diese Arbeiten werden vom Maschinensprache-
Monitor unterstützt (vgl. Abschnitt 3.5.6).
Die hinter SYS angegebene Ganzzahl muß zwischen 0 und 65535
liegen, um die Startadresse der Maschinensprache-Routine angeben zu können.

Die Funktion USR() unterscheidet sich in zwei Punkten von der
Funktion SYS:

- Sprung in ein Maschinenprogramm, dessen Startadresse stets
  in den Speicherstellen 1281 und 1282 abgelegt ist. Diese Be-
  ginnadresse ist als 2-Bytes-Adresse angegeben (vgl. dazu Abschnitt 3.5.5) und mittels POKE gespeichert worden.

- USR(P) übergibt den Inhalt von P als Parameter an das Maschinenprogramm, um von diesem über den Parameter P dann ein
  bestimmtes Ergebnis zu erhalten.

Auf das Erstellen von Maschinenprogrammen in Assembler können
wir in dieser BASIC-Einführung nicht eingehen.

3.5.5 Speicherung eines BASIC-Programms im RAM

Bei Inbetriebnahme meldet sich der Commodore 16 bzw. 116 mit:

    "COMMODORE BASIC V3.5 12277 BYTES FREE"

Von den ca. 16 KBytes stehen uns als Benutzer 12277 Bytes zur
Verfügung, und zwar in den Adressen 4097 - 16374. In diesem
Benutzerspeicher wird das BASIC-Programm und die zu verarbeitenden Daten (Variablen) zur Ausführungszeit abgelegt. Arbeiten wir mit dem Commodore plus/4, dann lautet die Meldung:

    "COMMODORE BASIC V3.5 60671 BYTES FREE"

Eine detaillierte Erklärung der Speicherorganisation würde den
Umfang dieses Buchs sprengen. Gleichwohl wollen wir anhand des
Beispielprogramms VERBRAUCH1 versuchen, die folgenden Fragen
zu beantworten:

- Wo ist das BASIC-Programm und wo sind die Variablen im RAM
  gespeichert?
- Wie sind die Anweisungen des Programms gespeichert?
- Wie sind die Daten der Variablen gespeichert?

3.5.5.1 Organisation des Benutzerspeichers

In der Übersicht sind wichtige Adressen des Benutzerspeichers
wiedergegeben.
Durch Versetzen der Adreßzeiger lassen sich Größe sowie Lage
der Speicherbereiche verändern.

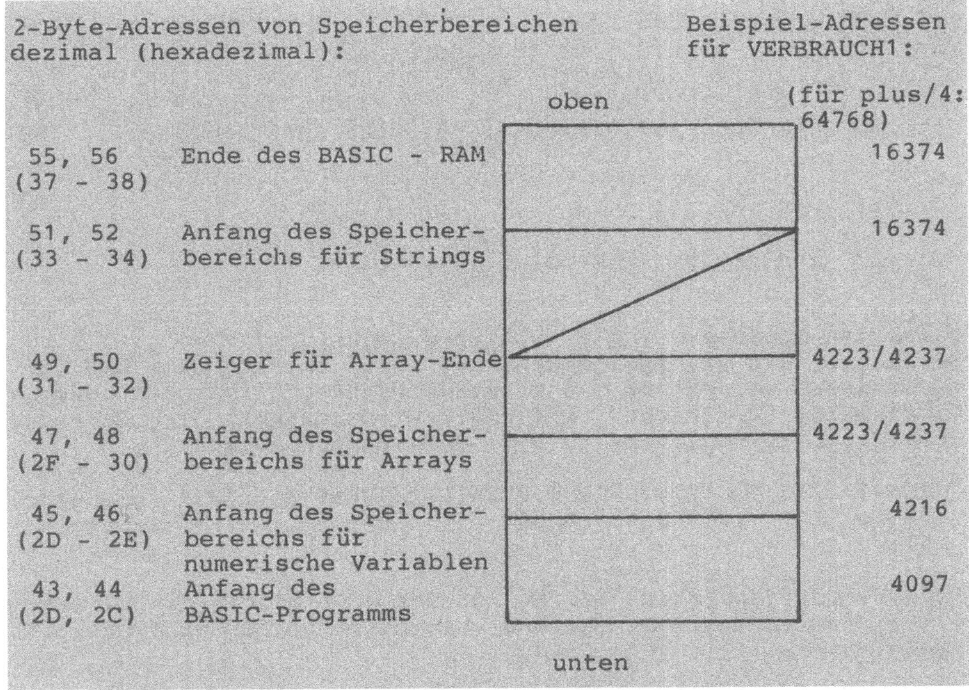

Wichtige Adreßzeiger für den Speicherbereich des Benutzers

Zunächst laden wir das Programm VERBRAUCH1 von der Diskette in
den RAM. Über den direkten Dialog

```
PRINT PEEK(43) + 256*PEEK(44)   /RET/
4097
READY.
```

erfahren wir, daß das Programm VERBRAUCH1 ab Adresse 4097 im
RAM gespeichert ist.
Eine mittels PEEK eingelesene Adresse kann den Zahlenbereich
0-255 nicht übersteigen (Byte mit 8 Bits). Aus diesem Grunde
werden zwei Bytes verwendet, um auch auf höhere Adressen zeigen zu können; man spricht von Zwei-Byte-Adressen.

Begriff der 2 - B y t e - A d r e s s e :
Z e i g e r der Form (Byte1,Byte2) sind 2-Byte-Adressen, die
im Zahlenbereich 0-65535 liegen. (43,44) ist z.B. eine solche
2-Byte-Adresse, bei der in Adresse 43 die niederwertigen Stellen und in Adresse 44 die höherwertigen Stellen abgelegt sind.
Um den dezimalen Wert der Speicheradresse zu erhalten, müssen
wir den Inhalt des höherwertigen Bytes mit 256 multiplizieren.
Grund: 256 (dezimal) entspricht $FF (hexadezimal) und damit
dem binären Maximalwert 11111111 für ein Bytes.

Array- und String-Speicher:
Die Speicherbereiche für Arrays (Felder, Bereiche) sowie für
Strings (Text, Zeichenketten) sind leer; Programm VERBRAUCH1
vereinbart ja auch keine Variablen der Datentypen String sowie
Array. Die Adressen 4223 wie auch 16374 sind zugleich Anfangs-
und Endadressen der betreffenden Speicherbereiche.

Speicheraufbau 'von unten nach oben':
Alle Speicherbereiche werden von 'unten nach oben' aufgebaut,
das heißt in Richtung immer höherer Adressen. Eine Ausnahme
bildet der String-Speicher, der von 'oben nach unten' aufgebaut wird (deshalb im Beispiel die Anfangsadresse 16374, die
mit dem Ende des BASIC-Anwenderspeichers zusammenfällt).

3.5.5.2 Speicherung der Daten (Variablen)

Variablen-Speicher v o r Programmausführung:
Betrachten wir die Speicherung der Daten im RAM, dann muß unterschieden werden, ob das Programm VERBRAUCH1 bereits ausgeführt wurde oder nicht. Wir überprüfen zunächst die Belegung
des Variablen-Speichers v o r der Programmausführung:

```
FOR I=4216 TO 4223: PRINT PEEK(I);: NEXT I  /RET/ (=Eingabe)
73  0  141  224  0  0  0 84                        (=Ausgabe)
(I)
```

Im Variablen-Speicher ist ab Adresse 4216 allein die Variable
I als Laufvariable der gerade eingegebenen FOR-NEXT-Schleife
gespeichert.

Codierung zu Programm VERBRAUCH1:

```
10 LET T = 60
20 PRINT "EINGABE: GEFAHRENE KM"
30 INPUT K
40 LET D = 100 * T / K
50 PRINT "AUSGABE: LITER/100 KM"
60 PRINT D
70 END
```


Variablen-Speicher n a c h Programmausführung:
Jetzt lassen wir mit RUN das Programm VERBRAUCH1 laufen.

```
RUN  /RET/
EINGABE: GEFAHRENE KM
346  /RET/
AUSGABE: LITER/100 KM
17.3410405
```

Im Variablen-Speicher ab Adresse 4097 sind nun die drei REAL-
Variablen T, K und D gespeichert. Im direkten Dialog schauen
wir nach, wie diese Variablen abgelegt sind:

```
FOR I=4216 TO 4237: PRINT PEEK(I);: NEXT I  /RET/
84 0 134 112 0 0 0 75 0 137 45 0 0 0 68 0 133 10 186 115 108
(T)                (K)                 (D)
73 0 141 ...
(I)
```

Die Variablennamen T, K, D, I und N erscheinen nicht; sie wurden nur zur Erklärung eingefügt.
In Adresse 4216 steht die ASCII-Codezahl 84 bzw. der Buchstabe
"T" (CHR$(84) ergibt T). In den Adressen 4224, 4231 sowie 4238
finden wir die Variablennamen K, D und I (I als Laufvariable
der von uns im direkten Dialog getippten FOR-Schleife).

Speicherungsformat von Dezimalzahlen:
Die Variablen T, K und D sind Dezimalzahlen. Jede Zahl vom Typ
'REAL bzw. Dezimalzahl' wird vom Commodore in einem 7-Byte-For-
mat gespeichert:
- Bytes 1 und 2 für die ersten beiden Zeichen des Variablennamens (falls kein zweites Zeichen, dann 0). Der Commodore berücksichtigt also immer nur die ersten beiden Zeichen eines
  Variablennamens (TE und TA sind verschieden, TEST1 und TEST2
  dagegen nicht).
- Bytes 3 bis 7 speichern den Wert in einer normalisierten Exponentialdarstellung als Gleitpunktzahl.

Speicherungsformat von Ganzzahlen:
Zahlen vom Typ 'INTEGER bzw. Ganzzahl' erkennt man daran, daß
am Ende des Variablennamens ein "%" steht (z.B. T%, M1%). Sie
beanspruchen ebenso sieben Bytes:
- Bytes 1 und 2 für die ersten beiden Zeichen des Namens (de-
  ren ASCII-Codezahlen jeweils um 128 erhöht).
- Bytes 3 und 4 enthalten die Ganzzahl in der Darstellungsart
  (LowByte, HighByte).
- Bytes 5 bis 7 unbenutzt bzw. 0.

Mit dem folgenden Programm namens PEEKLESEN1 können wir das
Speicherungsformat einer Real-Variablen namens T ausgeben las-
sen. Da T die erste im Programm VERBRAUCH1 angesprochene Va-
riable ist, wird sie auch unmittelbar am Anfang des Variablen-
Speichers abgelegt.
Bei Programm VERBRAUCH1 lag der Beginn des Variablen-Spei-
chers bei der Adresse 4216, während er bei Programm PEEKLESEN1
nun bei Adresse 4515 liegt. Grund: PEEKLESEN1 als das größere
Programm beansprucht mehr Speicherplatz.
Ausführung zu Programm PEEKLESEN1:

```
DLOAD "PEEKLESEN1"     /RET/
RUN /RET/
SPEICHERUNG EINER REAL-VARIABLEN ZEIGEN.
WERT EINER VARIABLEN T ?   1 /RET/
T AB ADRESSE 4515 GESPEICHERT.
VARIABLENNAME IN 4515 UND 4516:
84 0
ZAHLENWERT IN 4517 BIS 4521:
129 0 0 0 0
ENDE.

RUN /RET/
SPEICHERUNG EINER REAL=VARIABLEN ZEIGEN.
WERT EINER VARIABLEN T ?   60 /RET/
T AB ADRESSE 4515 GESPEICHERT.
VARIABLENNAME IN 4516 UND 4517:
84 0
ZAHLENWERT IN 4517 BIS 4521:
134 112 0 0 0
ENDE.
```

Codierung zu Programm PEEKLESEN1:

```
100 REM ======PROGRAMM PEEKLESEN1
110 PRINT "SPEICHERUNG EINER REAL-VARIABLEN ZEIGEN."
120 INPUT "WERT EINER VARIABLEN T"; T
130 :
140 LET ADR=PEEK(45)+256*PEEK(46)
150 PRINT "T AB ADRESSE";ADR;"GESPEICHERT."
160 PRINT "VARIABLENNAME IN";ADR;"UND";ADR+1;":"
170 PRINT PEEK(ADR);PEEK(ADR+1)
180 PRINT "ZAHLENWERT IN";ADR+2;"BIS";ADR+6;":"       PEEK(ADR+6)
190 PRINT PEEK(ADR+2);PEEK(ADR+3);PEEK(ADR+4);PEEK(ADR+5);
200 PRINT "(WERT IN EXPONENTIALDARSTELLUNG 5 BYTES)"
210 PRINT "ENDE." : END
```

In Zeile 140: Zwei-Byte-Adresse (45,46) wird gelesen und nach
ADR zugewiesen, um dann gezeigt zu werden.

3.5.5.3 Speicherung der Anweisungen (Programm)

Nach der Ablage der Daten von Programm VERBRAUCH1 wenden wir
uns jetzt den Anweisungen dieses BASIC-Programmes zu. Wie wir
bereits wissen, sind die Anweisungen ab Adresse 4097 abgespeichert. Im direkten Dialog erfahren wir, daß die Anweisungen
den Zeilennummern 10, 20, ... entsprechend fortlaufend gespeichert sind:

```
FOR I=4097 TO 4127: PRINT PEEK(I);: NEXT I   /RET/
14 16 10 0 136 32 84 32 178 32 54 48 0 44 16
(       10  LET b T b  =  b 6 0    ,  )          (b=Blank)

20 0 153 32 34 69 73 78 71 65 66 69 58 32 71 69 ...
(20   PRINT b "  E  I  N  G  A  B  E  :  b  G  E ...)
READY.
```

Die Übersetzung der Codezahlen (in Klammern gesetzt) ist ein-
gefügt. Sie zeigt, wie die ersten beiden Anweisungen LET sowie
PRINT im RAM untergebracht sind.
Die Zeilennummern 10 und 20 sind als 2-Byte-Adressen abgelegt
(Zeilennummer 10 in Adressen 4099 (LowByte) sowie 4100 (High-
Byte)).
CHR$(153) steht für PRINT und CHR$(136) für LET, während der
Zuweisungsoperator "=" durch die ASCII-Codezahl 178 verschlüs-
selt ist. Auf diese Art werden alle Schlüsselworte von BASIC-
Anweisungen (=reservierte Worte, Operatoren und Zeichen) abge-
speichert. Man bezeichnet die so verschlüsselten Anweisungen
auch als T o k e n . Alle Anweisungen sind in einer Token-
liste mit den zugehörigen Codezahlen zusammengefaßt.

Ein 0-Byte markiert das Ende einer BASIC-Anweisung (hier steht
unter der Adresse 4110 die 0 für das Ende der LET-Anweisung).

Codierung zu Programm POKESCHREIBEN1:

```
100 REM ======PROGRAMM POKESCHREIBEN1
110 PRINT "DEMONSTRATION: 2-BYTE-ADRESSE SCHREIBEN."
111 :
120 REM ======VEREINBARUNGSTEIL
130 REM LB: LOWBYTE FUER NIEDERWERTIGE STELLEN
140 REM HB: HIGHBYTE FUER HOEHERWERTIGE STELLEN
150 REM DEZ: ZAHLENWERT
160 REM ADR: SPEICHERADRESSE FUER DEZ
161 :
170 REM ======ANWEISUNGSTEIL
180 INPUT "ZAHLENWERT (0-65535)";DEZ
190 LET HB=INT(DEZ/256)
200 LET LB=DEZ-256*HB
210 PRINT DEZ;" IN DER FORM (LOWBYTE,HIGHBYTE):
220 PRINT LB;",";HB
230 INPUT "... AB WELCHER ADRESSE SPEICHERN";ADR
240 POKE ADR,LB : POKE ADR+1,HB
250 PRINT "ZAHL ALS 2-BYTE-ADRESSE GESPEICHERT."
260 :
270 PRINT:PRINT "LESEN ZUR KONTROLLE:"
280 LET LB=PEEK(ADR) : LET HB=PEEK(ADR+1)
290 LET DEZ=LB + 256*HB
300 PRINT "UNTER DER ADRESSE (";ADR;",";ADR+1;")"
310 PRINT "STEHT DER ZAHLENWERT";DEZ
320 PRINT "ENDE." : END
```

Wir sind jetzt in der Lage, über PEEK und POKE unmittelbar die BASIC-Codierung eines im RAM befindlichen Programms zu ändern. Am Beispiel des Programms POKESCHREIBEN1 wollen wir die Zeilennummer 320 (letzte Zeile dieses Programms) in 400 abändern. Dazu geben wir im direkten Dialog ein:

```
DLOAD "POKESCHREIBEN1"   /RET/
READY.
PRINT PEEK(45)+256*PEEK(46)   /RET/
4839
READY.

FOR I=4800 TO 4839: PRINT PEEK(I);: NEXT I   /RET/
(... in Adressen 4821 und 4822 entdecken wir 64 (LowByte)
     und 1 (HighByte) ....)
READY.
```

Der Programmspeicher endet also bei der Adresse 4839. Die Zeilennummer 320
steht als Zwei-Byte-Adresse in der Form (64,1) in den Adressen 4821 und 4822:

```
PRINT PEEK(4821)+256*PEEK(4822)   /RET/
320
READY.
```

Wir führen nun das Programm POKESCHREIBEN1 aus, um dessen Zeilennummer 320 durch die Nummer 400 zu ersetzen:

```
RUN /RET/
DEMONSTRATION: 2-BYTE-ADRESSE SCHREIBEN.
ZAHLENWERT (0-65535)?  400 /RET/
400 IN DER FORM (LOWBYTE,HIGHBYTE):
144,1
... AB WELCHER ADRESSE SPEICHERN?  4821 /RET/
ZAHL ALS 2-BYTE-ADRESSE GESPEICHERT.

LESEN ZUR KONTROLLE:
UNTER DER ADRESSE (4821,4822)
STEHT DER ZAHLENWERT 400
ENDE.
READY.


LIST /RET/
... Auflistung von Programm POKESCHREIBEN1 mit
400 PRINT "ENDE." : END
als letzter Anweisung ....
```

Das Programm POKESCHREIBEN1 hat sich sozusagen 'selbst umprogrammiert': die Zeilennummer 400 hat die Nummer 320 ersetzt.

3.5.6 Maschinensprache-Monitor

Im ROM des Commodore wird ein Maschinensprache-Monitor bereitgestellt, der den Benutzer beim Inspizieren des Hauptspeichers und beim Programmieren in Maschinensprache unterstützt. Dieses Monitorprogramm kann p a r a l l e l zu BASIC arbeiten und umfaßt elf Befehle. Wir benutzen zunächst den Befehl M, um unser Beispielprogramm VERBRAUCH1 zu betrachten.

3.5.6.1 Monitorbefehl M an einem Beispiel

Schritt 1: Anfangsadressen hexadezimal angeben
Über die Funktion HEX$ lassen wir uns die Anfangsadressen des Programmes VERBRAUCH1 in hexadezimaler Schreibweise angeben:

```
PRINT HEX$(4097) /RET/        (=Anfang Programm-Speicher)
$1001
PRINT HEX$(4216) /RET/        (=Anfang Variablen-Speicher)
$1078
PRINT HEX$(4237) /RET/        (=Ende Variablen-Speicher)
$108D
```

Schritt 2: Programm laden und ausführen lassen
Wir laden das Programm VERBRAUCH1 in den RAM und führen es wie
folgt aus:

```
DLOAD "VERBRAUCH1"  /RET/      LIST  /RET/
RUN /RET/                      10 LET T=60
EINGABE: GEFAHRENE KM          20 PRINT "EINGABE: GEFAHRENE KM"
346 /RET/                      30 INPUT K
AUSGABE: LITER/100 KM          40 LET D=100*T/K
17.3410405                     50 PRINT "AUSGABE: LITER/100 KM"
                               60 PRINT D
                               70 END
```

In den Variablen T, K und D befinden sich jetzt die Werte 60,
346 und 17.340405.

Schritt 3: Maschinensprache-Monitor aufrufen
Durch die Anweisung MONITOR rufen wir den eingebauten Maschinensprache-Monitor namens TEDMON auf.

```
MONITOR

   PC  SR AC XR YR SP
; 0000 00 00 00 00 F8
```


Schritt 4: Eingabe des Monitor-Befehls M(emory
Durch den Befehl M (für Memory Dump bzw. Speicherauszug) erhalten wir einen Auszug des Hauptspeichers RAM angezeigt. Geben wir den Befehl M ohne Argument ein, beginnt der Monitor
mit der Ausgabe des RAM-Inhaltes ab Speicheradresse 0. Da uns
der Benutzerspeicher mit dem Programm VERBRAUCH1 interessiert,
tippen wir den Befehl M 1000 ein. Der RAM wird dadurch von
der Adresse $1000 (bzw. dez 4096) an gezeigt:

```
M 1000   /RET/

>1000 00 0E 10 0A 00 88 20 54 :
>1008 20 B2 20 36 30 00 2C 10 :
>1010 14 00 99 20 22 45 49 4E :
>1018 47 41 42 45 3A 20 47 45 :
>1020 46 41 48 52 45 4E 45 20 :
>1028 4B 4D 22 00 34 10 1E 00 :
>1030 85 20 4B 00 4A 10 28 00 :
>1038 88 20 44 20 B2 20 31 30 :
>1040 30 20 AC 20 54 20 AD 20 :
>1048 4B 00 68 10 32 00 99 20 :
>1050 22 41 55 53 47 41 42 45 :
>1058 3A 20 4C 49 54 45 52 2F :
```

Der Befehl M gibt den Inhalt von 96 Speicheradressen (12 Zeilen mit je 8 Adressen) in hexadezimaler Form aus. Jede Adresse gibt die entsprechende ASCII-Codezahl an (ASCII-Display).

In Adresse $1001 steht z.B. $0E, d.h. dez 14. Betrachten wir
die erste Zeile etwas genauer:

```
        1000 1001 1002 1003 1004 1005 1006 1007 (Adresse hex)
        4096 4097 4098 4099 4100 4101 4102 4103 (Adresse dez)
-----------------------------------------------------------------

>1000   00   0E   10   0A   00   88   20   54   (ASCII hex)

>4096    0   14   16   10    0  136   32   84   (ASCII dez)

                   10        LET        T       (Bedeutung)
```

Wir erkennen also unser ab Adresse 4097 gespeichertes Programm VERBRAUCH mit dem Anfang der Anweisung "10 LET T ...".
Als Lesehilfe gibt uns der Monitor jeweils rechts in reverser
Schrift - falls möglich - eine Klarschriftausgabe. In der An-
fangszeile z.B. finden wir das "T".
Mit der erneuten Eingab des Monitor-Befehls M lassen wir uns
den Inhalt der nächsten 96 RAM-Adressen zeigen:

    M /RET/

```
>1060 31 30 30 20 4B 4D 22 00 :
>1068 70 10 3C 00 99 20 44 00 :                   Beispiele:
>1070 76 10 46 00 80 00 00 00 :                   $54 = 4*1 + 5*16
>1078 54 00 86 70 00 00 00 4B :                       =   4  +  80
>1080 00 89 2D 00 00 00 44 00 :                       = 84 dezimal
>1088 85 0A BA 73 6C 4F 45 00 :
>1090 00 00 00 00 4D 31 00 00 :
>1098 00 00 00 4D 4F 00 00 00 :                   $4B = 11*1 + 4*16
>10A0 00 00 FF FF FF FF FF FF :                       =  11  +  64
>10A8 FF FF FF FF FF FF FF FF :                       = 75 dezimal
>10B0 FF FF FF FF FF FF FF FF :
>10B8 FF FF FF FF FF FF FF FF :
```

In der Adresse $1078 (4216) beginnt bereits der Variablen-
Speicher. Die Zahl $54 (dez 84) steht bereits für den Namen
der Variablen T. In der vorangehenden Adresse 1074 finden wir
mit $80 (dez 128) das Anweisungswort END unseres Programmes
VERBRAUCH1. Die drei folgenden 0-Markierungen geben das Ende
des BASIC-Programmspeichers an (vgl. Abschnitt 3.5.5.3).

Schritt 5: Den Monitor mit X verlassen
Wir verlassen den Maschinensprache-Monitor durch Tippen von

    X /RET/   (eXit für verlassen)
    READY.

Mit dem Promptzeichen READY. meldet sich wieder der BASIC-Interpreter zurück.

3.5.6.2 Monitor-Befehl D an einem Beispiel

Durch den Befehl D (für Register Display) können wir uns das
Programm VERBRAUCH1 in etwas anderer Form zeigen lassen:

```
MONITOR                              D
                                     .  102C   34            ???
                                     .  102D   10 1E         BPL $104D
     PC  SR AC XR YR SP              .  102F   00            BRK
; 0000 00 00 00 00 F8                .  1030   85 20         STA $20
-D1000                               .  1032   4B            ???
                                     .  1033   00            BRK
.  1000   00            BRK          .  1034   4A            LSR
.  1001   0E 10 0A     ASL $0A10     .  1035   10 28         BPL $105F
.  1004   00            BRK          .  1037   00            BRK
.  1005   88            DEY          .  1038   88            DEY
.  1006   20 54 20     JSR $2054     .  1039   20 44 20      JSR $2044
.  1009   B2            ???          .  103C   B2            ???
.  100A   20 36 30     JSR $3036     .  103D   20 31 30      JSR $3031
.  100D   00            BRK          .  1040   30 20         BMI $1062
.  100E   2C 10 14     BIT $1410     D1060
.  1011   00            BRK          .  1060   31 30         AND ($30),Y
.  1012   99 20 22     STA $2220,Y   .  1062   30 20         BMI $1084
D                                    .  1064   4B            ???
.  1015   45 49        EOR $49       .  1065   4D 22 00      EOR $0022
.  1017   4E 47 41     LSR $4147     .  1068   70 10         BVS $107A
.  101A   42            ???          .  106A   3C            ???
.  101B   45 3A        EOR $3A       .  106B   00            BRK
.  101D   20 47 45     JSR $4547     .  106C   99 20 44      STA $4420,Y
.  1020   46 41        LSR $41       .  106F   00            BRK
.  1022   48           PHA          .  1070   76 10         ROR $10,X
.  1023   52            ???          .  1072   46 00         LSR $00
.  1024   45 4E        EOR $4E       .  1074   80            ???
.  1026   45 20        EOR $20       D1070
.  1028   4B            ???          .  1070   76 10         ROR $10,X
.  1029   4D 22 00     EOR $0022     .  1072   46 00         LSR $00
                                     .  1074   80            ???
                                     .  1075   00            BRK
Eingabe von "D":                     .  1076   00            BRK
jeweils weiterblättern.              .  1077   00            BRK
                                     .  1078   54            ???
Eingabe von "D Adresse":             .  1079   00            BRK
von der angegebenen Adresse          .  107A   86 70         STX $70
an ausgeben.                         .  107C   00            BRK
                                     .  107D   00            BRK
                                     .  107E   00            BRK
Zur Register-Anzeige:                .  107F   4B            ???
                                     .  1080   00            BRK
- In $1001 steht $0E, also           .  1081   89            ???
  dezimal 14. Dies ist die
  erste Adresse des Pro-
  gramms VERBRAUCH1 in
  Adresse 4097 (vgl. Auszug
  nächste Seite).

- In $1005 steht $88 bzw.
  dezimal 136. Dies ist das
  Befehlswort bzw. das Token
  für LET.
```

Geben wir in BASIC im direkten Dialog die Anweisung

    FOR I=4097 TO 4216: PRINT PEEK (I);: NEXT I

ein, erhalten wir die folgende ASCII-Codezahlen in dezimaler
Angabe (die Zwischenzeilen mit der 'Übersetzung' wurden nachträglich eingefügt):

```
14   16   10    0 136   32   84   32 178   32   54   48    0   44   16   20
          10        LET         T         =                             20
 0 153   32   34   69   73   78   71   65   66   69   58   32   71   69   70
    PRINT          "    E    I    N    G    A    B    E    :         G    E    F
65   72   82   69   78   69   32   75   77   34    0   52   16   30    0 133
 A    H    R    E    N    E         K    M    "                   30    INPUT
32   75    0   74   16   40    0 136   32   68   32 178   32   49   48   48
      K                   40        LET         D         =          1    0    0
32 172   32   84   32 173   32   75    0 104   16   50    0 153   32   34
      *         T         /         K                   50        PRINT        "
65   85   83   71   65   66   69   58   32   76   73   84   69   82   47   49
 A    U    S    G    A    B    E    :         L    I    T    E    R    /    1
48   48   32   75   77   34    0 112   16   60    0 153   32   68    0 118
 0    0         K    M    "                   60        PRINT         D
16   70    0 128    0    0    0   84
      70        END                   T
```

Das Programm VERBRAUCH1 nimmt 119 Speicherplätze ein. Die drei
Nullen am Ende markieren das Ende des BASIC-Programmspeichers.
Die 84 in Adresse 4216 ($1078) gehört bereits zum Variablen-
speicher (CHR$(84) für T als Variablenname).
Die Angaben z w i s c h e n den Anweisungen stellen jeweils
Zwei-Byte-Adressen dar, die auf die Adresse der nächsten Anweisung zeigen. Die Zwei-Byte-Adresse (112,16) vor der letzten
PRINT-Anweisung z.B. zeigt auf den Speicherplatz 4208 (256*16+
112 ergibt 4096+112 ergibt 4208); in Adresse 4208 beginnt die
nach "60 PRINT D" folgende Anweisung "70 END". Die Anweisungen
werden durch diese Zwei-Byte-Adressen als Zeiger somit verkettet. Man bezeichnet ein BASIC-Benutzerprogramm deshalb oft als
v e r k e t t e t e L i s t e (linked list).

Vergleichen wir die obige dezimale Programmwiedergabe mit der
hexadezimalen Wiedergabe, die wir durch den Monitor-Befehl D
erhalten haben, erkennen wir dieselben Anweisungen.

Wir haben vier Darstellungsformen eines BASIC-Programmes kennengelernt:

- Ausgabe über BASIC mittels LIST (Codierung in BASIC direkt).
- Ausgabe über BASIC mittels FOR ... PEEK ... NEXT (ASCII-
  Anzeige dezimal).
- Ausgabe über Monitor mittels M (Speicher-Auszug mit ASCII-
  Anzeige hexadezimal).
- Ausgabe über Monitor mittels D (Register-Anzeige).

Die weitergehende Erläuterung der Register-Anzeige (Maschinensprache, Assembler) würde den Rahmen dieses Buches sprengen.

3.5.7 Schnelle BASIC-Programme

Bei rechenintensiven Programmen wie z.B. Sortierprogrammen ist
die Geschwindigkeit eines Programmlaufs von großer Bedeutung.
Dazu drei Anmerkungen:

1. Das 'normale' BASIC-Programm läuft schneller ab, wenn man
REM-Anweisungen und Leerstellen wegläßt und die am häufigsten
verwendeten Variablen am Programmanfang definiert (da die Va-
riablentabelle immer sequentiell 'von oben nach unten' durch-
sucht wird). Ebenso sollte man die am häufigsten aufgerufenen
Unterprogramme an den Anfang stellen.

2. Läßt man das Programm durch einen C o m p i l e r über-
setzen, kann später bei jedem Programmlauf auf das bereits in
Maschinenbefehle übersetzte Programm zurückgegriffen werden.
Das Programm wird dadurch noch schneller.

3. Ist auch das compilierte Programm zu langsam, kann man in
Maschinensprache programmieren. Der im Commodore bereits eingebaute Monitor TEDMON erleichtert diese Arbeit ganz beträcht-
lich. Häufig kombiniert man 1 und 3 wie folgt: Die rechenintensiven Routinen eines BASIC-Programmes schreibt man in Maschinensprache (Assembler), während die Ein- und Ausgabe in
BASIC programmiert bleibt.

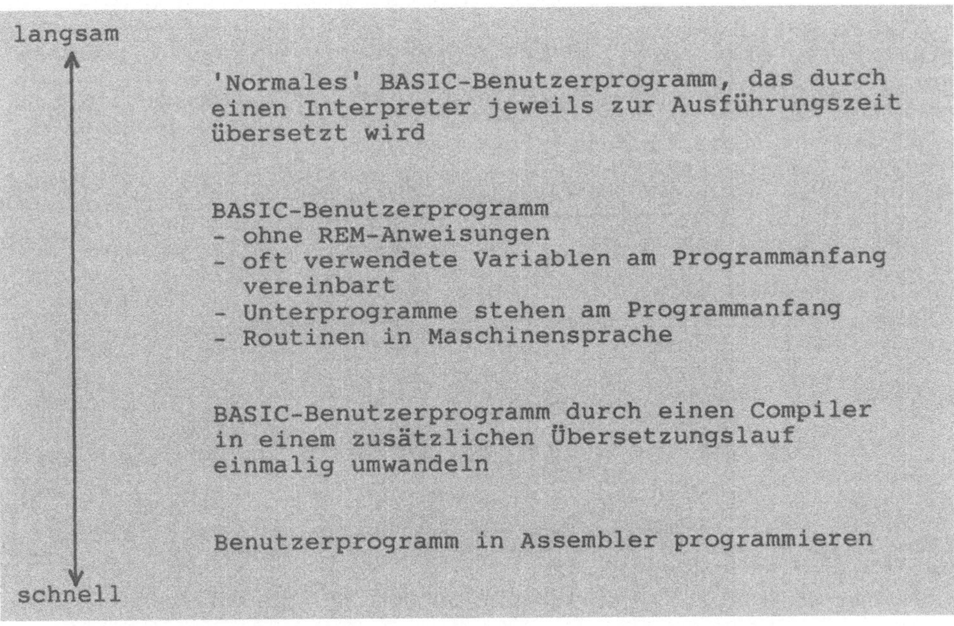

Arbeitsgeschwindigkeit von Benutzerprogrammen

3.6 Tabellenverarbeitung (Felder, Arrays)

Mit der Tabellenverarbeitung wenden wir uns einer komplexeren
Datenstruktur zu, die als Tabelle, Feld, Array, Bereich, Liste
oder Matrix/Vektor bezeichnet wird.

3.6.1 Tabellenverarbeitung im Überblick

In Abschnitt 1.3.2.2 hatten wir als wichtige Datenstruktur den
A r r a y kennengelernt. Den Array kann man sich als Regal mit
mehreren Schubfächern als Elementen vorstellen. Je nach Inhalt
der Fächer sind folgende Typen von Arrays zu unterscheiden:

- Integer-Array: Ganzzahlen als Inhalt; Name endet mit dem "%"
  (Beispiel: M%)
- Real-Array: Dezimalzahlen als Inhalt; Name ohne Typzeichen
  (Beispiel: M)
- String-Array: Text als Inhalt; Name endet mit dem "$"
  (Beispiel: M$).

D I M - Anweisung zum Dimensionieren:
Eine am Programmbeginn stehende DIM-Anweisung legt den Array-
Typ (durch "%", "$" bzw. ohne Typzeichen am Ende des Namens)
sowie die Ausdehnung des Arrays fest. Die Anweisung DIM M(4)
z.B. richtet einen Real-Array namens M mit 5 Elementen zur
späteren Aufnahmen von Dezimalzahlen ein, wobei die Fächer mit
M(0), M(1), M(2), M(3), M(4) durchnumeriert sind. Mit der Anweisung DIM M(N) werden somit N+1 Speicherplätze reserviert.
In der Abbildung wird zu jedem Array-Typ ein Beispiel gegeben.

```
                    Arrays (Felder, Bereiche)
              ┌───────────────────┼───────────────────┐
         Integer-Array M%:      Real-Array M:        String-Array M$:

            DIM M%(4)             DIM M(4)             DIM M$(4)
            ---------             ---------            ---------
           │ 121│M%(0)          │65.01│M(0)          │ZANGE │M$(0)
Eine       │ 105│M%(1)          │ 3.25│M(1)          │HAMMER│M$(1)
Dimen-     │ 199│M%(2)          │12.50│M(2)          │MEISEL│M$(2)
sion:      │  50│M%(3)          │ 7.752│M(3)         │KELLE │M$(3)
           │2508│M%(4)          │99.00│M(4)          │BOHRER│M$(4)

            DIM M%(3,2)           DIM M(3,2)           DIM M$(3,2)
            ---------             ---------            ---------
           │ 1   2   3│         │ 1.4  2.5  1.1│      │HANS   MAX    EMIL │
Zwei       │ 9   9   9│         │17.1  0.7  1.0│      │EVA    KLAUS  CARLA│
Dimen-     │34   5   9│         │ 0.3  7.5  8.75│     │ERNST  MARIA  JULIA│
sionen:    │ 1  11   7│         │11.1  0.1  0.3│      │MAX    LENA   TILL │
```

                    Drei Grundtypen von Arrays

3.6.2 Eindimensionale Tabellen

Eine eindimensionale Tabelle kann man sich waagerecht als Zei-
le o d e r senkrecht als Spalte angeordnet vorstellen, also
immer in einer Richtung ausgedehnt. Man spricht dabei auch von
Feld, Bereich, Vektor, Liste und natürlich Array. Das Programm
LAGERREGAL1 veranschaulicht uns diese Datenstruktur:
Mit der Anweisung

   140 DIM R(7)

vereinbaren wir ein Regal mit 8 Regalfächen und den Regalnum-
mern 0,1,...,7. Das 0. Fach lassen wir unberücksichtigt (man
reserviert es -wie später im Programm ABSATZTABELLE1- zumeist
für ganz besondere Eintragungen). Über die Eingabeschleife von
Zeile 210 bis 240 geben wir mittels 230 INPUT R(I) der Reihe
nach 7 Zahlen in die Fächer 1,2,..,7 ein; dies können z.B. die
Absatzmengen an den Wochentagen sein.
Die Variable I bezeichnet man als indizierende Variable oder
I n d e x variable, da sie das jeweilige Element des Arrays R
anzeigt. R(I) bedeutet: I. Stelle von R, I. Element von R bzw.
R an der Stelle I. I ist zugleich auch Laufvariable der Zäh-
lerschleife 210 FOR I=1 TO 7.
Über die Schleife von Zeile 280 bis 300 wird als Übersicht die
jeweilige Fachnummer (Index) samt der im Fach abgelegten Menge
(Inhalt des Array-Elements) ausgegeben, wobei jeder Fachinhalt
nach M aufsummiert wird.

Codierung zu Programm LAGERREGAL1:

```
100 REM ======PROGRAMM LAGERREGAL1
110 PRINT "LAGERREGAL ALS EINDIMENSIONALER ARRAY."
120 :
130 REM ======VEREINBARUNGSTEIL
140 DIM R(7) : REM 7-ELEMENTE-ARRAY ALS REGAL
150 REM I:      INTEGER (LAUF-/INDEXVARIABLE)
160 REM M:      REAL (SUMME DER 7 FAECHER)
170 :
180 REM ======ANWEISUNGSTEIL
190 REM ***TASTATUREINGABE INS REGAL**************
200 PRINT:PRINT "EINGABE IN REGALFAECHER:"
210 FOR I=1 TO 7
220 PRINT "MENGE FUER FACH";I;": ";
230    INPUT R(I)
240 NEXT I
250 :
260 REM ***VERARBEITUNG UND AUSGABE**************
270 PRINT : PRINT "FACH:    MENGE:"
280 FOR I=1 TO 7
290    PRINT I,R(I) : LET M=M+R(I)
300 NEXT I
310 PRINT "SUMME:",M
320 END
```

```
Index:   R(0)    R(1)    R(2)    R(3)    R(4)    R(5)    R(6)    R(7)

Wert:  |   0  |  12  |  23  |  11  |  88  |  24  |  17  |   5  |

         leer      Fächer 1-7 mit je einer Zahl als Wert (Inhalt)

Beispiele:

- 140 DIM R(7)      Reserviere 8 Fächer für einen Array R.
- 149 LET R(2)=23   Weise die Zahl 23 ins 2. Regalfach zu.
- 159 PRINT R(4)    Gib die 88 als Wert des 4. Faches aus.
- 169 INPUT R(6)    Weise die Tastatureingabe ins 6. Fach zu.
- 230 INPUT R(I)    Weise die Tastatureingabe ins I. Fach zu
                    (wenn I den Wert 3 hat, dann ins 3. Fach).
- 291 LET M=M+R(Z)  Erhöhe M um den Wert des Z. Faches.
```

Eindimensionale Tabelle bzw. Vektor R( ) als Beispiel

Ausführung zu Programm LAGERREGAL1:

```
LAGERREGAL ALS EINDIMENSIONALER ARRAY.

EINGABE IN REGALFAECHER:
MENGE FUER FACH 1 :  12
MENGE FUER FACH 2 :  23
MENGE FUER FACH 3 :  11
MENGE FUER FACH 4 :  88
MENGE FUER FACH 5 :  24
MENGE FUER FACH 6 :  17
MENGE FUER FACH 7 :  5

FACH:      MENGE:
 1            12
 2            23
 3            11
 4            88
 5            24
 6            17
 7            5
SUMME:            180
```


Das folgende Programm VOKABELDRILL1 weist wie LAGERREGAL1 eine
eindimensionale Tabelle auf.
In den Fächern werden keine Zahlen aufbewahrt (Real-Array M),
sondern Vokabeln als Texte (String-Arrays D$ und F$). Außerdem richtet die Anweisung 150 DIM D$(A) keine feste Zahl von
Fächern ein, sondern soviele, wie über die vorausgegangene Anweisung 140 INPUT A durch Tastatureingabe festgelegt wurde.
In der Ausführung sind es A=3 Fächer für je drei deutsche und
französische Vokabeln (Fächer 0 bleiben leer). Man bezeichnet
dies auch als d y n a m i s c h e Dimensionierung.

```
D$ statisch dimensionieren: Anzahl der Elemente ist konstant
-------------------------------------------------------------

 150 DIM D$(12)              Anzahl der Elemente ist bei jeder
                             Programmausführung gleich 13.


D$ dynamisch dimensionieren: Anzahl der Elemente ist variabel
-------------------------------------------------------------

  140 INPUT "ANZAHL";A     1. Anzahl der Elemente über Tastatur
                             während der Programmausführung
                             festgelegt.
  150 DIM D$(A)            2. Array D$ erhält A+1 Elemente.
```

Dimensionieren eines Arrays


```
DRILL FRANZOESISCH-DEUTSCH.
ANZAHL DER VOKABELN? 3
PAARWEISE TIPPEN: D, F
MANN, HOMME
FRAU, FEMME
KIND, ENFANT                    Ausführung zu Programm VOKABELDRILL1


BEGINN DER UEBUNG:
MANN <-HOMME
GUT.
FRAU <-DAMME
FALSCH. FRAU -> FEMME
KIND <-ENFANT
GUT.
ENDE.                           Codierung zu Programm VOKABELDRILL1
```

```
100 REM ======PROGRAMM VOKABELDRILL1
110 PRINT "DRILL FRANZOESISCH-DEUTSCH."
120 :
130 REM ======VEREINBARUNGSTEIL
140 INPUT "ANZAHL DER VOKABELN"; A
150 DIM D$(A) : REM STRING-ARRAY FUER D
160 DIM F$(A) : REM STRING-ARRAY FUER F
170 REM A$:       STRING (JEWEILIGE ANTWORT)
180 :
190 REM ======ANWEISUNGSTEIL
200 PRINT "PAARWEISE TIPPEN: D, F"
210 FOR I=1 TO A
220    INPUT D$(I),F$(I)
230 NEXT I
240 PRINT : PRINT "BEGINN DER UEBUNG:"
250 SCNCLR
260 FOR I=1 TO A
270    PRINT D$(I);" <-"; : INPUT A$
280    IF A$=F$(I) THEN PRINT "GUT." : GOTO 300
290    PRINT "FALSCH. ";D$(I);" -> ";F$(I)
300 NEXT I
310 PRINT "ENDE." : END
```

3.6.3 Zweidimensionale Tabellen

Eine zweidimensionale Tabelle dehnt sich waagerecht in Zeilen
und senkrecht in Spalten aus. Am Beispiel einer durch die Anweisung 170 DIM R(Z,S) dynamisch vereinbarten Tabelle R wollen wir diese Datenstruktur im Programm ABSATZTABELLE1 näher
betrachten.
Den Array R(5,4) kann man sich als Regalschrank zu Ablage der
Absatzmengen von 5 Kunden (=Zeilen 1 bis 5) in den 4 Quartalen
(=Spalten 1 bis 4) vorstellen. Dabei hat Kunde 5 im 1. Jahres-
quartal z.B. 50 Stk. gekauft und Kunde 3 im 3. Quartal 90 Stk.
Die Tastatureingabe der 5*4=20 Absatzmengen vollzieht sich in
den Zeilen 210-270 über zwei geschachtelte Zählerschleifen mit

```
210 FOR I=1 TO Z      Äußere  Schleife 'Kunden 1,2,3,4,5'
230    FOR J=1 TO S    Innere Schleife  'Quartale 1,2,3,4'
250       INPUT R(I,J)    Eingabe nach Fach Zeile I, Spalte J
260    NEXT J          Innere Schleife beenden
270 NEXT I             Äußere  Schleife beenden
```

viermaligem Durchlaufen der inneren Schleife für jeden Kunden.
Das Verarbeiten von zweidimensionalen Tabellen (auch Matrizen
genannt) führt stets zur Schleifenschachtelung .
Die Fächer mit 0 als Index werden häufig zur Ablage besonderer
Werte verwendet. In Programm ABSATZTABELLE1 werden in Zeile 0
die Quartalssummen 150,300,450,600 abgelegt, also die 4 Spal-
tensummen. In Spalte 0 finden wir die Kundenabsatzmengen 100,
200,300,400,500 als die 5 Zeilensummen. Im Fach R(0,0) ist die
Gesamtjahresabsatzmenge 1500 gespeichert. Das zeilen- wie auch
das spaltenweise Summieren läuft wieder über Schleifenschach-
telungen ab.

R(0,0)	R(0,1)	R(0,2)	R(0,3)	R(0,4)	DIM R(5,4) richtet
1500	150	300	450	600	Tabelle mit 6 Zeilen
R(1,0)	R(1,1)	R(1,2)	R(1,3)	R(1,4)	(waagerecht) und 5
100	10	20	30	40	Spalten (senkrecht) ein, also 30 Fächer.
R(2,0)	R(2,1)	R(2,2)	R(2,3)	R(2,4)	R als Regalschrank.
200	20	40	60	80	
R(3,0)	R(3,1)	R(3,2)	R(3,3)	R(3,4)	LET R(4,3)=120 weist dem Fach in Zeile 4
300	30	60	90	120	und Spalte 3 die 120 zu.
R(4,0)	R(4,1)	R(4,2)	R(4,3)	R(4,4)	PRINT R(I,2) gibt
400	40	80	120	160	Spalte 2 aus, wenn I
R(5,0)	R(5,1)	R(5,2)	R(5,3)	R(5,4)	von 0 bis 5 läuft.
500	50	100	150	200	

Gespeichert sind nur die Werte 1500,150,300,... , nicht aber
die Indices R(0,0),R(0,1),R(0,2),... als anzeigende Größen.

Zweidimensionale Tabelle bzw. Matrix R(,) als Beispiel

Codierung zu Programm ABSATZTABELLE1:

```
100 REM ======PROGRAMM ABSATZTABELLE1
110 PRINT "TABELLENVERARBEITUNG: ABSATZ-"
120 PRINT "TABELLE ALS ZWEIDIMENSIONALER ARRAY."
130 :
140 REM ======VEREINBARUNGSTEIL
150 INPUT "ANZAHL DER ZEILEN (WAAGERECHT)"; Z
160 INPUT "ANZAHL DER SPALTEN (SENKRECHT)"; S
170 DIM R(Z,S)      : REM REGAL DYNAMISCH VEREINBART
180 :
190 REM ======ANWEISUNGSTEIL
200 PRINT : PRINT "EINGABE ZEILENWEISE:"
210 FOR I=1 TO Z
220    PRINT "NAECHSTE ZEILE, NAECHSTER KUNDE:"
230    FOR J=1 TO S
240       PRINT "KUNDE ";I;", VIERTELJAHR ";J;": ";
250       INPUT R(I,J)
260    NEXT J
270 NEXT I
280 :
290 REM ***ZEILENWEISE SUMMIEREN******************
300 FOR I = 1 TO Z
310    FOR J=1 TO S
320       LET R(I,0) =R(I,0)+R(I,J)
330    NEXT J
340 NEXT I
350 :
360 REM ***GESAMTSUMME**************************
370 FOR I=1 TO Z: LET R(0,0)=R(0,0)+R(I,0) : NEXT I
380 :
390 REM ***SPALTENWEISE SUMMIEREN ***************
400 FOR J=1 TO S
410    FOR I=1 TO Z
420       LET R(0,J)=R(0,J)+R(I,J)
430    NEXT I
440 NEXT J
450 :
460 PRINT : REM ***AUSGABE ALS UEBERSICHT*********
470 PRINT "UEBERSICHT ";Z;" -> UND ";S;" ↑:"
480 FOR I=0 TO Z
490    FOR J=0 TO S
500       PRINT R(I,J);" ";
510    NEXT J
520    PRINT
530 NEXT I
540 PRINT "ENDE." : END
```

Ausführung zu Programm ABSATZTABELLE1:


```
TABELLENVERARBEITUNG: ABSATZ-
TABELLE ALS ZWEIDIMENSIONALER ARRAY.
ANZAHL DER ZEILEN (WAAGERECHT)? 5
ANZAHL DER SPALTEN (SENKRECHT)? 4

EINGABE ZEILENWEISE:
NAECHSTE ZEILE, NAECHSTER KUNDE:
KUNDE  1 , VIERTELJAHR  1 :   10
KUNDE  1 , VIERTELJAHR  2 :   20
KUNDE  1 , VIERTELJAHR  3 :   30
KUNDE  1 , VIERTELJAHR  4 :   40
NAECHSTE ZEILE, NAECHSTER KUNDE:
KUNDE  2 , VIERTELJAHR  1 :   20
KUNDE  2 , VIERTELJAHR  2 :   40
KUNDE  2 , VIERTELJAHR  3 :   60
KUNDE  2 , VIERTELJAHR  4 :   80
NAECHSTE ZEILE, NAECHSTER KUNDE:
KUNDE  3 , VIERTELJAHR  1 :   30
KUNDE  3 , VIERTELJAHR  2 :   60
KUNDE  3 , VIERTELJAHR  3 :   90
KUNDE  3 , VIERTELJAHR  4 :  120
NAECHSTE ZEILE, NAECHSTER KUNDE:
KUNDE  4 , VIERTELJAHR  1 :   40
KUNDE  4 , VIERTELJAHR  2 :   80
KUNDE  4 , VIERTELJAHR  3 :  120
KUNDE  4 , VIERTELJAHR  4 :  160
NAECHSTE ZEILE, NAECHSTER KUNDE:
KUNDE  5 , VIERTELJAHR  1 :   50
KUNDE  5 , VIERTELJAHR  2 :  100
KUNDE  5 , VIERTELJAHR  3 :  150
KUNDE  5 , VIERTELJAHR  4 :  200

UEBERSICHT  5  -> UND  4  ↑:
 1500    150    300    450    600
  100     10     20     30     40
  200     20     40     60     80
  300     30     60     90    120
  400     40     80    120    160
  500     50    100    150    200
ENDE.
```


D r e i d i m e n s i o n a l e Tabellen:
Neben ein- und zweidimensionalen Tabellen lassen sich auch
Tabellen mit mehr als zwei Ausdehnungen in Commodore-BASIC be-
handeln.
Hier ein Beispiel zu einem dreidimensionalen Array:
Bundesligatabelle(n) mit 18 Zeilen (=18 Vereine), 7 Spalten
(=7 Eintragungen je Verein wie Name, Tore, Punkte ...) und mit
34 'Tiefen' (=34 Spieltagen).

Die T a b e l l e n v e r a r b e i t u n g wird häufig mit
der D a t e i v e r a r b e i t u n g wie folgt kombiniert:

- Aus einer Datei werden Datensätze in den Hauptspeicher eingelesen und in einem eindimensionalen (Vektor) oder zweidimensionalen Array (Matrix) abgelegt.

- Diese Datensätze können jetzt bequem im Direktzugriff bearbeitet werden. 'Direktzugriff' bedeutet, daß auf jedes Da-
  tenelement eines Arrays über den I n d e x d i r e k t
  zugegriffen werden kann.

- Abschließend schreibt man die Daten aus dem (den) Array(s)
  wieder in die Disketten-Datei zurück.

In Abschnitt 3.9 werden wir diese Verbindung von Tabelle bzw.
Array einerseits und Datei bzw. File andererseits näher erklären.

3.7 Suchen, Sortieren, Mischen und Gruppieren von Daten

3.7.1 Verfahren im Überblick

Legt man einen größeren Datenbestand als D a t e i auf einem
Externspeicher ab, dann stellen sich immer wieder Probleme des
Suchens, Sortierens, Mischens sowie Gruppierens von Datensätzen der Datei. Aus diesem Grunde bezeichnet man die vier Verfahren auch als Hilfsmittel der Dateiverarbeitung. Ob man Sätze
einer Datei sortiert oder Komponenten eines Arrays - am jeweiligen zu demonstrierenden Verfahren ändert dies meist nichts.
Aus diesem Grunde verarbeiten die folgenden Beispiele Arrays:
die Abläufe können dabei übersichtlicher dargestellt werden.

```
SUCHEN:      Absatzmengen Mo - So: 45,100,95,78,90,76,80.
             An welchem Tag wurden 78 Stück abgesetzt?

SORTIEREN:   Absatzmengen in aufsteigende Sortierfolge
             45,76,78,80,90,95,100 bringen.

MISCHEN:     Mengen 45,76,78,80,90,95,100 von Filiale 1 und
             Mengen 30,47,55,57,61,80,103 von Filiale 2 zu
             30,45,47,55,57,61,76,78,80,80,90,95,100,103
             als Gesamtliste mischen.

GRUPPIEREN:  Gruppensummen MO-MI=240 und DO-SO=324 bilden.
```

Vier Hilfsverfahren der Dateiverarbeitung

3.7.2 Suchverfahren

Das einfachste Suchverfahren besteht darin, die Datei Satz für
Satz in der Reihenfolge der Speicherung zu durchsuchen. Dieses
s e r i e l l e Suchen ist typisch für die beiden Datenträger
Band bzw. Kassette. Eine Adreßdatei nach ZIMMERMANN zu durchsuchen, kann ggf. sehr lange dauern. Im Programm SUCHBINAER1
wird das b i n ä r e Suchen als schnelles Suchverfahren dargestellt. Dabei wird wie folgt vorgegangen:

- Die Daten müssen stets sortiert und auf einem Direktzugriff-
  speicher vorliegen (hier die 7 Werte 45,76,78,80,90,95,100).

- Das Wort   'binär bzw. zweiwertig' deutet an, daß man stets
  die Hälfte bildet. Um die Menge 90 zu suchen (siehe Ausführungsbeispiel), wird zunächst die Menge 80 als Mitte genommen (7 Mengen, 3.5 ergibt gerundet die 80 als die 4. Menge).

- Der Vergleich 80<90 zeigt, daß in der oberen Hälfte 90 - 100
  weiterzusuchen ist. Man nimmt wieder die Mitte und der Vergleich 95>90 zeigt, daß jetzt in der unteren Hälfte weiterzusuchen ist. Da in dieser Hälfte nur noch der Suchbegriff
  90 steht, wird die Suche als 'positiv' beendet.

Bei diesem kleinen Beispiel mag das binäre Suchen umständlich
wirken. Das Leistungsvermögen dieses Suchverfahrens zeigt das
folgende Beispiel: Um aus den über 60 Millionen Bundesbürgern
e i n e n Namen herauszufinden, werden nur 26 Zugriffe benötigt (6 Zugriffe für 64 Bürger (2 hoch 6 gleich 64) und 26 Zugriffe für über 60 Mio Bürger (2 hoch 26 gleich 67108864)).

Ausführungen zu Programm SUCHBINAER1:


```
'BINAERES SUCHEN'              'BINAERES SUCHEN'
ANZAHL DER DATEN? 7           ANZAHL DER DATEN? 3
  7  DATEN EINZELN EINTIPPEN:    3  DATEN EINZELN EINTIPPEN:
 45                            4.5
 76                            6.33
 78                            11
 80                          SCHLUESSEL ALS SUCHBEGRIFF
 90                          SUCHPROTOKOLL:
 95                          UNTEN: 1 , MITTE: 2 , OBEN 3
100                          UNTEN: 3 , MITTE: 3 , OBEN 3
SCHLUESSEL ALS SUCHBEGRIFF
SUCHPROTOKOLL:               SUCHERGEBNIS: NICHT GEFUNDEN.
UNTEN: 1 , MITTE: 4 , OBEN 7 ENDE.
UNTEN: 5 , MITTE: 6 , OBEN 7
UNTEN: 5 , MITTE: 5 , OBEN 5

SUCHERGEBNIS: GEFUNDEN.
ENDE.
```

Zur Codierung von Programm SUCHBINAER1:
In der rechten Hälfte des jeweiligen Suchbereichs wird weiter-
gesucht, indem man die Hälfte-Grenze UNTEN auf die MITTE vorrückt (in Zeile 300). Die Variable GEFUNDEN dient der Ablaufsteuerung. Ist in Zeile 320 S gleich D(MITTE), dann wird '-1'
als Vergleichsergebnis 'wahr' nach GEFUNDEN zugewiesen. Im anderen Fall behält GEFUNDEN den Wert '0'. Die Suchschleife wird
durch eine WHILE-Schleife gesteuert.

Codierung zu Programm SUCHBINAER1:

```
100 REM ======PROGRAMM SUCHBINAER1
110 PRINT "'BINAERES SUCHEN' ALS SUCHMETHODE."
120 :
130 REM ======VEREINBARUNGSTEIL
140 REM A:       INTEGER (ANZAHL DER DATEN)
150 REM D(A):   ARRAY (MIT A DATEN ALS SUCHGEGENSTAND)
160 REM UNTEN,MITTE,OBEN: INTEGER (GRENZEN)
170 REM GEFUNDEN: BOOLEAN (-1 ODER 0 FUER ERGEBNIS)
180 :
190 REM ======ANWEISUNGSTEIL
200 INPUT "ANZAHL DER DATEN";A : DIM D(A)
210 PRINT A;" DATEN EINZELN EINTIPPEN:"
220    FOR I=1 TO A: INPUT D(I): NEXT I
230 LET GEFUNDEN=0: UNTEN=1: OBEN=A
240 INPUT "SCHLUESSEL ALS SUCHBEGRIFF"; S
250 PRINT : PRINT "SUCHPROTOKOLL:"
251 :
260 REM ***NICHT-ABWEISENDE SUCHSCHLEIFE**********
270 DO WHILE (UNTEN<=OBEN) AND (GEFUNDEN=0)
280    LET MITTE=INT((UNTEN+OBEN)/2)
290    PRINT "UNTEN:";UNTEN;", MITTE:";MITTE;", OBEN";OBEN
300    IF S>D(MITTE) THEN UNTEN=MITTE+1
310    IF S<D(MITTE) THEN OBEN=MITTE-1
320    LET GEFUNDEN = S=D(MITTE)
330 LOOP
340 :
350 REM ***ZWEISEITIGE AUSWAHL******************
360 PRINT:PRINT "SUCHERGEBNIS: ";
370 IF GEFUNDEN THEN PRINT "GEFUNDEN.":
                 ELSE PRINT "NICHT GEFUNDEN."
380 PRINT "ENDE." : END
```

```
'BINAERES SUCHEN' ALS SUCHMETHODE.
ANZAHL DER DATEN? 5
 5  DATEN EINZELN EINTIPPEN:
 1000
 2000
 3000
 4000
 5000
SCHLUESSEL ALS SUCHBEGRIFF
SUCHPROTOKOLL:
UNTEN: 1 , MITTE: 3 , OBEN 5
UNTEN: 1 , MITTE: 1 , OBEN 2

SUCHERGEBNIS: GEFUNDEN.
```

Struktogramm zu Programm SUCHBINAER1:

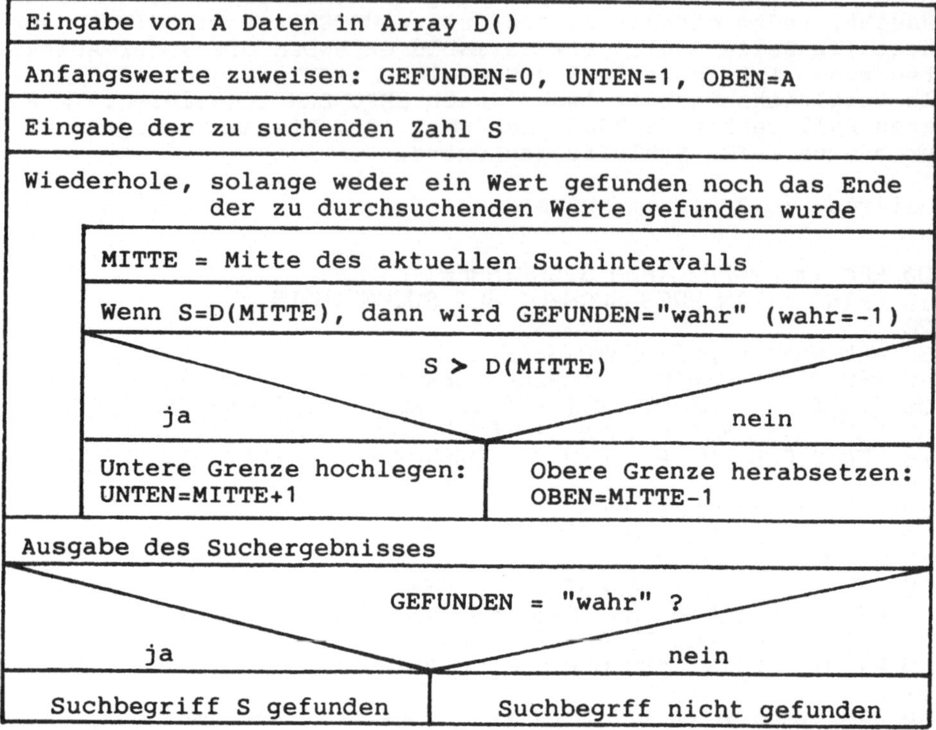

3.7.3 Sortierverfahren

Die ersten Programme der Datenverarbeitung sollen Sortierprogramme gewesen sein. Dies unterstreicht die Bedeutung des Sortierens gerade für die kaufmännische DV. Es läßt aber auch er-
ahnen, wie raffiniert heutige Sortieralgorithmen sein können.

Sortieren ...:	... bedeutet:
INTERN - EXTERN	Daten im Internen Speicher oder (auch) auf einem Externen Speicher.
NUMERISCH - STRING	Daten als Zahlen (1 < 4 < 8.5) oder als Text ($ < DM < LIRE).
DATEN - ADRESSEN	Daten selbst sortieren oder nur deren Adressen bzw. Speicherplätze.
EINFACH - KOMPLEX	Einfache Sortierverfahren wie Auswahl, Bubble Sort, Einfügen oder komplexe Verfahren wie Sortieren durch Mischen, Binär-Baum-Sort, Quick Sort mittels Rekursion.

Vier Begriffspaare zum Sortieren

3.7.3.1 Zahlen unmittelbar sortieren

'Unmittelbar' heißt, daß wir die zu sortierenden Zahlen selbst
umordnen und nicht - wie im nächsten Abschnitt - ihre Plätze.
Im folgenden Programm SORTDATEN1 wird das Sortierverfahren des
"Austausches nach Auswahl" angewendet.

```
PROBLEM: 6 Zahlen in Array D() sortieren.

ABLAUF:
 1) Suche das Minimum in D() und speichere es in MINSTELLE
 2) Tausche D(I) mit D(MINSTELLE) aus.
 3) Weiter mit 1), aber jetzt mit D(I+1) beginnen.

WERTE IN D():
102    101    109    106    104    105    Beginn: In D() 6 Zahlen
101 I 102    109    106    104    105    I=1: Tausch 102-101
101    102 I 109    106    104    105    I=2: Kein Tausch
101    102    104 I 106    109    105    I=3: Tausch 109 - 104
101    102    104    105 I 109    106    I=4: Tausch 105 - 106
101    102    104    105    106 I 109    I=5: Tausch 109 - 106
```

Sortierverfahren "Austausch nach Auswahl" ein einem Beispiel

Die Markierung "I" soll anzeigen, daß bei jedem Durchlauf mit
D(I+1) begonnen wird, daß D() also verkürzt wird; programmiert
wird das Verkürzen durch den Anfangswert I+1 in der Anweisung

     190 FOR J = I+1 TO 6 .

Das Tauschen von D(I) mit D(MINSTELLE) vollzieht sich über die
Methode des D r e i e c k s t a u s c h e s . Dabei verwenden
wir die Stelle 0 des Arrays D() als Hilfsvariable.

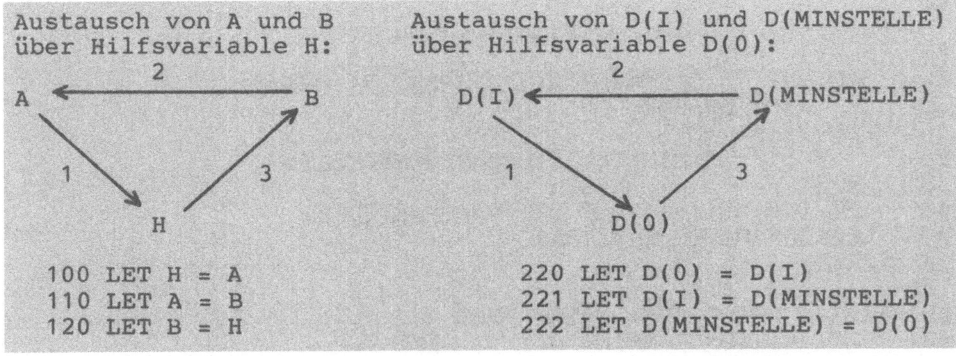

Methode des Dreieckstausches an zwei Beispielen

Soll anstelle des Minimums das M a x i m u m gesucht werden,
ist die Abfrage D(J)<D(MINSTELLE) durch D(J)>D(MAXSTELLE) zu
ersetzen.

Struktogramm zu Programm SORTDATEN1:

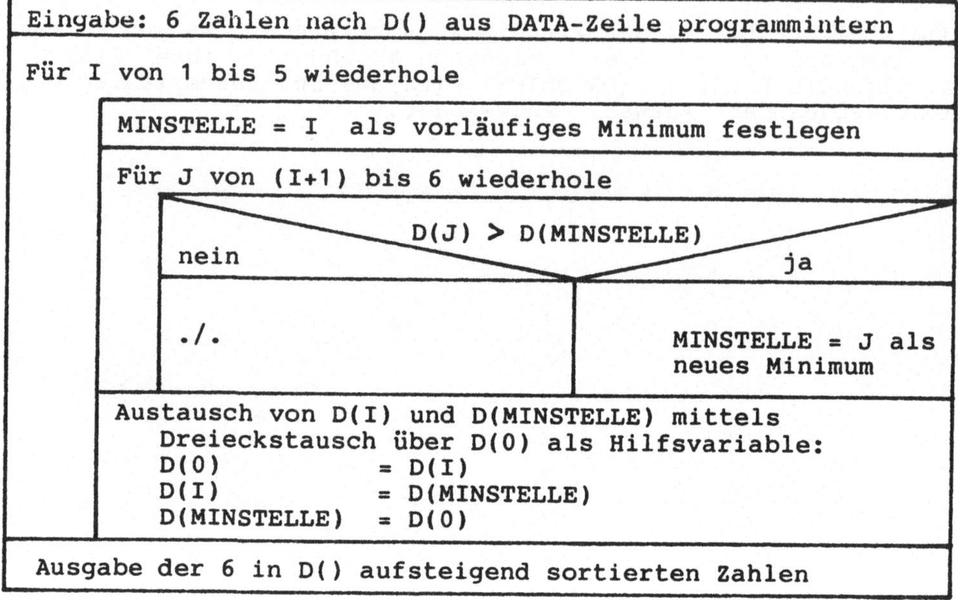

Codierung zu Programm SORTDATEN1:

```
100 REM ======PROGRAMM SORTDATEN1
110 PRINT "SORTIEREN DURCH AUSTAUSCH NACH AUSWAHL"
120 PRINT "(SORTIEREN DER DATEN SELBST)."
130 PRINT "DATEN:"
140    FOR I=1 TO 6: READ D(I): PRINT D(I);: NEXT I
150 DATA 102,101,109,106,104,105
160 :
170 PRINT:PRINT:PRINT"SORTIERPROTOKOLL:"
180 FOR I=1 TO 5
190    FOR Y=1 TO 6: PRINT D(Y);: NEXT Y: PRINT
200    LET MINSTELLE=I
210    FOR J=I+1 TO 6
220      IF D(J)<D(MINSTELLE) THEN MINSTELLE=J
230    NEXT J
240    LET D(0)=D(I) : LET D(I)=D(MINSTELLE)
250    LET D(MINSTELLE)=D(0)
260 NEXT I
270 :
280 PRINT : PRINT "DATEN SORTIERT:"
290    FOR I=1 TO 6: PRINT D(I);: NEXT I
300 PRINT: PRINT "ENDE.": END
```

Ausführung zu Programm SORTDATEN1:


```
SORTIEREN DURCH AUSTAUSCH NACH AUSWAHL
(SORTIEREN DER DATEN SELBST).
DATEN:
 102   101   109   106   104   105

SORTIERPROTOKOLL:
 102   101   109   106   104   105
 101   102   109   106   104   105
 101   102   109   106   104   105
 101   102   104   106   109   105
 101   102   104   105   109   106

DATEN SORTIERT:
 101   102   104   105   106   109
ENDE.
```


3.7.3.2 Zahlen über Zeiger sortieren

Im Programm SORTDATEN1 haben wir sechs Zahlen selbst mehrfach
umgeordnet. Bei umfangreicheren Datenbeständen kann es günsti-
ger sein, nur die Speicherplätze dieser Zahlen über Zeigerva-
riablen bzw. P o i n t e r zu sortieren, die Zahlen selbst
aber unbewegt zu lassen. Das folgende Programm SORTZEIGER1 demonstriert dies mit denselben Daten und demselben Sortierverfahren wie in Programm SORTDATEN1:


```
Unsortierter Array:                       Sortierter Array:

 D(1) = 102                                D(1) = 101
 D(2) = 101                                D(2) = 102
 D(3) = 109         Unmittelbares          D(3) = 104
 D(4) = 106  ──────────────────────────▶   D(4) = 105
 D(5) = 104           Sortieren            D(5) = 106
 D(6) = 105                                D(6) = 109


Sortierter                                Sortierter Array
Zeiger-Array:                             (über Zeiger):

 Z(1) = 2                                  D(Z(1)) = 101
 Z(2) = 1                                  D(Z(2)) = 102
 Z(3) = 5         Sortieren über           D(Z(3)) = 104
 Z(4) = 6  ──────────────────────────▶     D(Z(4)) = 105
 Z(5) = 4         Zeiger indirekt          D(Z(5)) = 106
 Z(6) = 3                                  D(Z(6)) = 109
```

   Unmittelbares Sortieren sowie Sortieren über Zeiger

Codierung zu Programm SORTZEIGER1:

```
100 REM ======PROGRAMM SORTZEIGER1
110 PRINT "SORTIEREN DURCH AUSTAUSCH NACH AUSWAHL"
120 PRINT "(SORTIEREN UEBER ZEIGER INDIREKT)."
130 PRINT "DATEN:"
140    FOR I=1 TO 6: READ D(I): PRINT D(I);: NEXT I
150 DATA 102,101,109,106,104,105
160 PRINT : PRINT "ZEIGER:"
170    FOR I=1 TO 6: LET Z(I)=I: PRINT Z(I);: NEXT I
180 :
190 PRINT:PRINT:PRINT"SORTIERPROTOKOLL:"
200 FOR I=1 TO 5
210    FOR Y=1 TO 6: PRINT Z(Y);: NEXT Y: PRINT
220    LET MINSTELLE=I
230      FOR J=I+1 TO 6
240      IF D(J)<D(Z(MINSTELLE)) THEN MINSTELLE=J
250    NEXT J
260    LET Z(0)=Z(I) : LET Z(I)=Z(MINSTELLE)
270    LET Z(MINSTELLE)=Z(0)
280 NEXT I
290 :
300 PRINT : PRINT "ZEIGER SORTIERT:"
310    FOR I=1 TO 6: PRINT Z(I);: NEXT I
320 PRINT : PRINT "DATEN SORTIERT:"
330    FOR I=1 TO 6: PRINT D(Z(I));: NEXT I
340 PRINT: PRINT "ENDE.": END
```

Ausführung zu Programm SORTZEIGER1:

```
SORTIEREN DURCH AUSTAUSCH NACH AUSWAHL
(SORTIEREN UEBER ZEIGER INDIREKT).
DATEN:
 102   101   109   106   104   105
ZEIGER:
 1  2  3  4  5  6

SORTIERPROTOKOLL:
 1  2  3  4  5  6
 2  1  3  4  5  6
 2  1  3  4  5  6
 2  1  5  4  3  6
 2  1  5  6  3  4

ZEIGER SORTIERT:
 2  1  5  6  4  3
DATEN SORTIERT:
 101   102   104   105   106   109
```

Datenflußplan zu Programm SORTDATEN1:

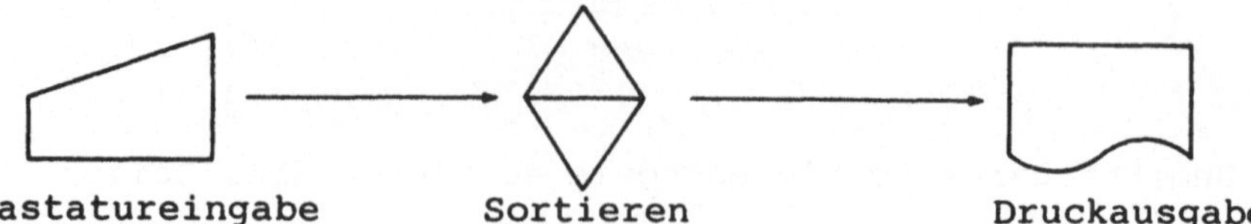

3.7.3.3 Strings unmittelbar sortieren

Das Programm SORTDATEN2 beinhaltet das Sortieren von Strings anhand des "Sortierens durch paarweisen Austausch", das häufig auch Bubble Sort genannt wird. Die zu sortierenden Namen sind im String-Array N$() abgelegt und werden paarweise verglichen, um bei falscher Sortierfolge ausgetauscht zu werden. Dazu das erste Ausführungsbeispiel zu SORTDATEN2: MAX<MARIA falsch und Austausch, MAX<TILLMANN wahr, TILLMANN<LENA falsch und Austausch. Jetzt MARIA,MAX,LENA,TILLMANN gespeichert. Wie Blasen (=bubble) werden Worte 'hochgesprudelt', d.h. an das Ende des Arrays N$() gerückt.
Die Variable FLAG steuert als Flagge den Sortierlauf innerhalb einer WHILE-Schleife: 'Flagge oben bzw. FLAG=-1' heißt 'Wort ist ausgetauscht worden'. Die Schleife wird solange durchlaufen, bis FLAG unten bleibt. 'Flagge unten bzw. FLAG=0' bedeutet 'Fertig sortiert, da kein Wort mehr ausgetauscht wurde'.

Wie die zweite Ausführung zu SORTDATEN2 zeigt, kann Text mit beliebigen Zeichen sortiert werden. Aus welchem Grunde kommt z.B. der String "%-SAETZE" v o r dem String "126 DM"? Da im ASCII die Codezahl 37 für "%" v o r der Codezahl 49 für "1" steht.

Codierung zu Programm SORTDATEN2:

```
100 REM ======PROGRAMM SORTDATEN2
110 PRINT "SORTIEREN DURCH PAARWEISEN AUSTAUSCH"
120 PRINT "ALS 'BUBBLE SORT' (SORTIEREN VON TEXT,"
130 PRINT "ZEICHENKETTEN BZW. STRINGS DIREKT)."
140 :
150 REM ======VEREINBARUNGSTEIL
160 REM N$(A), A   A NAMEN IN STRING-ARRAY N$
170 REM FLAG:       WAHRHEITSWERT MIT -1=SORTIERT
180 REM I,Y:        LAUFVARIABLEN
190 :
200 REM ======ANWEISUNGSTEIL
210 PRINT : INPUT "ANZAHL DER NAMEN"; A
220 DIM N$(A)
230 PRINT A;" NAMEN EINZELN TIPPEN:"
240    FOR I=1 TO A: INPUT N$(I): NEXT I
250 PRINT: PRINT "KONTROLLAUSGABE ZUM SORTIERVORGANG:"
260 LET FLAG=-1
270 :
280 DO WHILE FLAG
290    LET FLAG=0
300    FOR Y=1 TO A: PRINT N$(Y);" ";: NEXT Y: PRINT
310    FOR I=1 TO (A-1)
320      IF N$(I)<=N$(I+1) THEN 350: ELSE 330
330      LET H$=N$(I): LET N$(I)=N$(I+1): LET N$(I+1)=H$
340      LET FLAG=-1
350    NEXT I
360 LOOP
370 :
380 PRINT "ENDE.": END
```

Ausführungen zu Programm SORTDATEN2:

```
SORTIEREN DURCH PAARWEISEN AUSTAUSCH
ALS 'BUBBLE SORT' (SORTIEREN VON TEXT,
ZEICHENKETTEN BZW. STRINGS DIREKT).

ANZAHL DER NAMEN? 5
 5  NAMEN EINZELN TIPPEN:
126 DM
FILTER MIT
$26.50
25500 LIRE
%-SAETZE

KONTROLLAUSGABE ZUM SORTIERVORGANG:
126 DM FILTER MIT $26.50 25500 LIRE %-SAETZE
126 DM $26.50 25500 LIRE %-SAETZE FILTER MIT
$26.50 126 DM %-SAETZE 25500 LIRE FILTER MIT
$26.50 %-SAETZE 126 DM 25500 LIRE FILTER MIT
ENDE.

ANZAHL DER NAMEN? 4
 4  NAMEN EINZELN TIPPEN:
MAX
MARIA
TILLMANN
LENA

KONTROLLAUSGABE ZUM SORTIERVORGANG:
MAX MARIA TILLMANN LENA
MARIA MAX LENA TILLMANN
MARIA LENA MAX TILLMANN
LENA MARIA MAX TILLMANN
ENDE.
```

Struktogramm zu Programm SORTDATEN2:

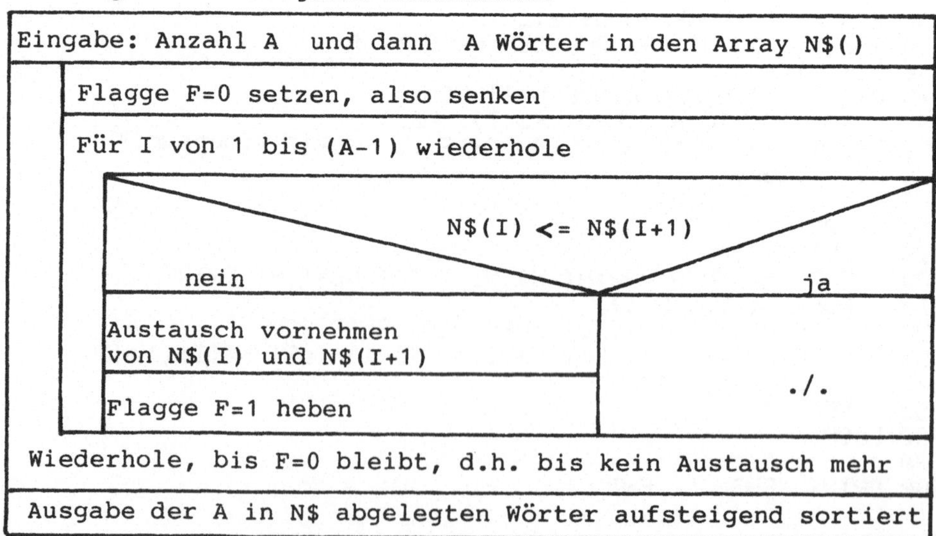

3.7.4 Zwei Arrays mischen

Mischen heißt, Daten unter Berücksichtigung ihrer Sortierfolge zu e i n e r Datenstruktur zusammenzufügen. Im Beispielprogramm MISCHDATEN1 wird der 5-Elemente-Array X() und der 4-Elemente-Array Y() zum 9-Elemente-Array Z() gemischt. Ein Problem beim Mischen besteht in der Ende-Verarbeitung, wenn ein Array bereits vollständig eingemischt ist. In MISCHDATEN1 wird dann in ein zusätzliches 6. (für X) bzw. 5. Element (für Y) die 999 als große Zahl gespeichert, um den Array für das weitere Einmischen zu sperren. Die Anweisung dazu heißt:

```
330 LET X(6) = ABS((I=6) * 999 )
```

Hat I den Wert 6, so wird der Vergleich I=6? zu -1 (also wahr) und X(6) erhält den Wert ABS(999*-1), d.h. 999. Für die übrigen Werte von I bleibt X(6) Null, da der Vergleich I=6? zu 0 (also unwahr) führt.

Die WHILE-Schleife des Programms wird durch WEITER gesteuert. Als boolesche Variable (vgl. Abschnitt 3.2.3) nimmt WEITER nur die beiden Werte 0 (für unwahr) und -1 (für wahr) an. Innerhalb der abweisenden Schleife ist eine zweiseitige Auswahl geschachtelt, die durch die Anweisung IF-THEN-ELSE kontrolliert wird.

Datenflußplan zu MISCHDATEN1: Struktogramm zu MISCHDATEN1:

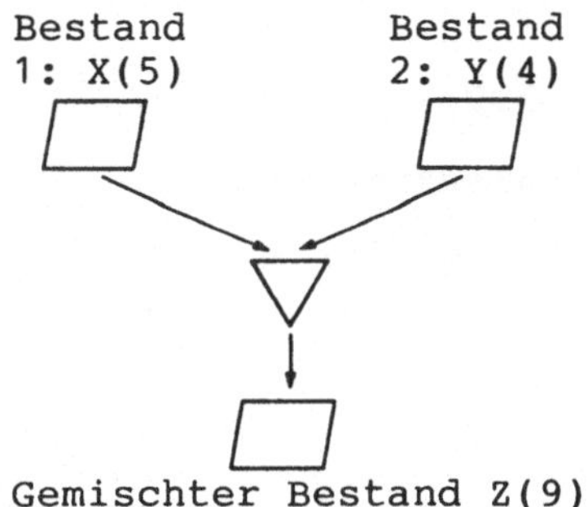

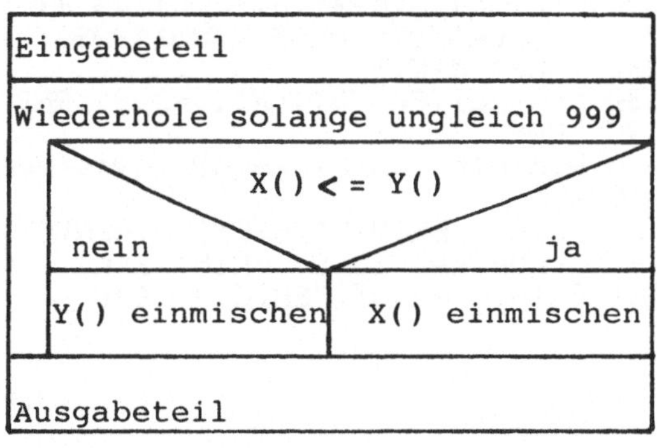

Ausführung zu Programm MISCHDATEN1:

```
ARRAYS X UND Y IN EINEN ARRAY Z MISCHEN.

DATENBETAND 1:
 10  20  30  40  50
DATENBESTAND 2:
 15  20  25  45
DATENBESTAENDE 1 UND 2 GEMISCHT:
 10  15  20  20  25  30  40  45  50
ENDE.
```

Codierung zu Programm MISCHDATEN1:

```
100 REM ======PROGRAMM MISCHDATEN1
110 PRINT "ARRAYS X UND Y IN EINEN ARRAY Z MISCHEN."
120 :
130 REM ======VEREINBARUNGSTEIL
140 DIM X(6):    REM DATENBESTAND 1
150 DIM Y(5):    REM DATENBESTAND 2
160 DIM Z(9):    REM GEMISCHTER BESTAND
170 REM WEITER:WAHRHEITSWERT (-1=WEITERMISCHEN)
180 :
190 REM ======ANWEISUNGSTEIL
200 PRINT: PRINT "DATENBETAND 1:"
210    FOR I=1 TO 5: READ X(I): PRINT X(I);: NEXT I
220 DATA 10,20,30,40,50 : REM DATENBESTAND 1
230 PRINT: PRINT "DATENBESTAND 2:"
240    FOR I=1 TO 4: READ Y(I): PRINT Y(I);: NEXT I
250 DATA 15,20,25,45:      REM DATENBESTAND 2
260 LET I=1: LET J=1: LET K=1
270 LET WEITER=-1
280 :
290 REM *** SCHLEIFENBEGINN ZUM MISCHEN **********
300 DO WHILE WEITER
310    IF X(I)<=Y(J) THEN 320: ELSE 350
320    LET Z(K)=X(I): LET I=I+1
330    LET  X(6)=ABS((I=6)*999)
340    GOTO 370
350      LET Z(K)=Y(J): LET J=J+1
360      LET Y(5)=ABS((J=5)*999)
370    LET K=K+1
380 LET WEITER=NOT((X(I)=999) AND (Y(J)=999))
390 LOOP
400 REM *** SCHLEIFENENDE ************************
410 :
420 PRINT: PRINT "DATENBESTAENDE 1 UND 2 GEMISCHT:"
430    FOR K=1 TO 9: PRINT Z(K);: NEXT K
440 PRINT: PRINT "ENDE.": END
```

3.7.5 Gruppieren von Daten (Gruppenwechsel)

Das Programm GRUPPDATEN1 erwartet über Tastatur die Mengen-
angaben zu Aufträgen, um bei Wechsel der Auftragsnummer deren
Summe auszugeben. Aufträge mit gleicher Nummer werden zu Gruppen zusammengefaßt, um bei Gruppenwechsel deren Summe auszugeben. Solche Probleme bezeichnet man als   V e r d i c h t e n
von Daten oder als   G r u p p e n w e c h s e l . Wie wird der
Gruppenwechsel in GRUPPDATEN1 festgestellt? Wir unterscheiden
A2 für 'Auftrag neu' und A1 für 'Auftrag alt', um für (A2<>A1)
dann die jeweils nach S1 aufaddierte Summe auszugeben und mit
310 LET S1=0 : LET A1=A2   zum nächsten Datensatz überzugehen.

Codierung zu Programm GRUPPDATEN1:

```
100 REM ======PROGRAMM GRUPPDATEN1
110 PRINT "EINSTUFIGER GRUPPENWECHSEL."
120 :
130 REM ======VEREINBRUNGSTEIL
140 REM A2,M: DATENSATZ MIT AUFTRAG, MENGE
150 REM A1:    AUFTRAG 'ALT'
160 REM S1:    SUMME VON AUFTRAGSMENGEN
170 :
180 REM ======ANWEISUNGSTEIL
190 REM *** ERSTER SATZ ****************
200 INPUT "AUFTRAG, MENGE"; A2,M
210 LET A1 =A2
220 :
230 DO WHILE A2<>0
240    REM *** GLEICHE GRUPPE **********
250    DO WHILE A2=A1
260      LET S1 = S1 + M
270      INPUT "AUFTRAG, MENGE"; A2,M
280    LOOP
290    REM *** GRUPPENWECHSEL **********
300    PRINT A1;" MIT GRUPPENSUMME ";S1
310    LET S1=0: LET A1=A2
320 LOOP
330 PRINT "ENDE.":END
```

Ausführung zu Programm GRUPPDATEN1:

```
EINSTUFIGER GRUPPENWECHSEL.
AUFTRAG, MENGE? 221 ,   10
AUFTRAG, MENGE? 221 ,   35
AUFTRAG, MENGE? 221 ,   14
AUFTRAG, MENGE? 229 ,    3
 221  MIT GRUPPENSUMME   59
AUFTRAG, MENGE? 230 ,   70
 229  MIT GRUPPENSUMME    3
AUFTRAG, MENGE? 230 ,   55
AUFTRAG, MENGE? 0 ,    0
 230  MIT GRUPPENSUMME  125
ENDE.
```

Im Programm GRUPPDATEN1 liegt ein einstufiger Gruppenwechsel
vor. Gruppenwechsel können auch m e h r s t u f i g sein.
Dazu dieses Beispiel: Es wird nicht nur nach Aufträgen gleicher Nummer gruppiert (=Untergruppe), sondern zusätzlich noch
nach Vertreternummern (=Hauptgruppe). Auch ein solcher Haupt-
gruppenwechsel wird durch den Vergleich (V2<>V1) bzw. 'Vertreter neu <> Vertreter alt' festgestellt.

Verfahren des Suchens, Mischens, Sortierens und Gruppierens
(Gruppenwechsel) von Daten werden häufig im Zusammenhang mit
der Verarbeitung großer Datenbestände in D a t e i e n bzw.
F i l e s angewendet. Der D a t e i v e r a r b e i t u n g
wenden wir uns im Abschnitt 3.9 zu.

3.8 Programmerstellung

3.8.1 Programme eingeben

3.8.1.1 Belegung der Tasten

Auf der Tastatur des Commodore sind sechs Tastentypen zu unterscheiden (vgl. auch Abschnitt 2.1):

    1. Normale Tasten   (z.B. T und 6)
    2. Sondertasten   (z.B. /RET/ und /CLEAR-HOME/)
    3. Cursorsteuerung   (z.B. /→ /)
    4. Grafiktasten   (z.B. 'Herz')
    5. Farbtasten   (z.B. /CTRL/+1 für 'schwarz')
    6. Funktionstasten   (z.B. /F2/ für DLOAD)

Mit dem folgenden Programm TASTENBELEGUNG1 können wir testen, welche ASCII-Codezahl der jeweiligen Taste bzw. Tastenkombination zugeordnet ist.

Ausführung zu Programm TASTENBELEGUNG1:

```
TASTENBELEGUNG (ASCII) TESTEN.
TASTE DRUECKEN (0=ENDE):

T:  84 1. Normale Tasten
6:  54    Taste T mit ASCII-Codezahl 84: CHR$(84) ergibt T
          Taste 6: ASC("6") ergibt 54
 :  13 2. Sondertasten
 : 148    Taste /RET/: CHR$(13)
 : 147    Tastenkombination  /SHIFT/+/DEL-INST/ mit CHR$(148)
 :  19    /SHIFT/+/HOME-CLEAR/ für 'Bildschirm löschen'
          /HOME-CLEAR/ für 'Cursor nach oben links'

 : 145 3. Cursorsteuerung
 :  17    'Cursor um eine Zeile nach oben'
 :  29    'Cursor nach unten'
 : 157    'Cursor um eine Stelle nach rechts'
          'Cursor nach links'
       4. Grafiktasten (Dreifachbelegung von Taste S)
S:  83    Taste S mit CHR$(83)
♥: 211    Kombination /SHIFT/+S: 'Herz rechts über Taste S'
⌐: 174    Kombination /C</+S:    'Zeichen links über Taste S'
       5. Farbtasten (Vierfachbelegung von Taste 1)
1:  49    Taste 1 mit CHR$(49)
!:  33    Kombination /SHIFT/+1: 'Ausrufungszeichen !'
 : 144    Kombination /CTRL/+1:  'Schwarz (BLK): steht oben'
 : 129    Kombination /C</+1:    'Orange (ORNG): steht unten'
       6. Funktionstasten
G:  71    Taste /F1/ mit Standardbelegung 'GRAPHIC'
R:  82    Taste /SHIFT/+/F7/ mit belegung 'LIST+CHR$(13)'
A:  65
P:  80    L:  76
H:  72    I:  73    :  13
I:  73    S:  83    0:  48
C:  67    T:  84    ENDE.
```

Zum Testen der Tastenbelegung mit Progamm TASTENBELEGUNG1 ein
Tip: Durch Eingabe von /CTRL/+2 verschwindet der Cursor, weil
die weiße Farbe gewählt wurde.

Codierung zu Programm TASTENBELEGUNG1:

```
100 REM ======PROGRAMM TASTENBELEGUNG1
110 PRINT "TASTENBELEGUNG (ASCII) TESTEN."
120 PRINT "TASTE DRUECKEN (0=ENDE):"
130 DO
140   GET E$: IF E$="" THEN 140
150   PRINT E$;": ";ASC(E$)
160 LOOP UNTIL E$=CHR$(48)
170 PRINT "ENDE.": END
```


3.8.1.2 Funktionstastenbelegung mit KEY

Durch Eingabe der Anweisung KEY wird die augenblickliche Belegung der acht Funktionstasten /F1/ bis /F8/ gezeigt:

Commodore 16 und 116:   Commodore plus/4:
-------------------------   ------------------
KEY /RET/   KEY 1,"SYS1525: 3-PLUS-1"
KEY 1,"GRAPHIC"   ... sonst wie C-16 ...
KEY 2,"DLOAD"+CHR$(34)   ...
KEY 3,"DIRECTORY"+CHR$(13)
KEY 4,"SCNCLR"+CHR$(13)
KEY 5,"DSAVE"+CHR$(34)   CHR$(34): Zeichen " am Ende
KEY 6,"RUN"+CHR$(13)   CHR$(13): Zeichen /RET/ am Ende
KEY 7,"LIST"+CHR$(13)
KEY 8,"HELP"+CHR$(13)

Diese jeweils bei Einschalten des Commodore standardmäßige Belegung der Funktionstasten ist über KEY frei programmierbar,
d.h. mit Funktionen, Anweisungen oder Texten so zu belegen,
daß sie auf Tastendruck ausgeführt werden können. Die Eingabe

    KEY 1,"DIRECTORY+CHR$(34)+"*=PRG"+CHR$(34)   /RET/

bewirkt, daß /F1/ nur die Programme (PRG) von Diskette listet,
nicht aber die sequentiellen Dateien (SEQ).

3.8.1.3 Tastaturabfrage mit GETKEY

Mit der Anweisung GETKEY können wir einzelne Zeichen abfragen.
Im folgenden Programmbeispiel

```
500 PRINT "TASTE /ESC/ DRUECKEN ZUR PROGRAMMFORTSETZUNG"
510    GETKEY E$
520    IF E$<>CHR$(27) THEN 510
530 PRINT "PROGRAMMFORTSETZUNG ..."
```

wird das Programm erst dann fortgesetzt, wenn die /ESC/-Taste
gedrückt wurde. Wir haben somit die /ESC/-Taste mit der Funktion 'Programmfortsetzung' belegt. Statt 510 GETKEY E$ kann
man auch eine Warteschleife mit 510 GET E$: IF E$="" THEN 510
schreiben.

Das Programm ZEIT-TEST1 demonstriert, wie die Anweisung GETKEY
zum Zeitnehmen verwendet werden kann. Die Systemvariable TI
wird alle 1/60-Sekunde um 1 erhöht.

Codierung und Ausführung zu Programm ZEIT-TEST1:

```
100 REM ======PROGRAMM ZEIT-TEST1
110 PRINT "TEST DER ZEITVARIABLEN 'TI'."
120 :
130 PRINT "ZEIT-START AUF TASTENDRUCK:"
140 REM ***EINGABE MITTELS GETKEY*******
150    GETKEY E$
160 LET UHR=TI
170 PRINT "... LAEUFT BIS TASTE ..."
180 REM ***EINGABESCHLEIFE MIT DO-UNTIL*
190 DO
200    GET E$
210 LOOP UNTIL E$<>""
220 LET UHR=TI-UHR   : REM VERGANGENE ZEIT
230 PRINT "GESTOPPTE ZEIT:";UHR/60 ;"SEC."
240 PRINT "ENDE.": END
```

```
TEST DER ZEITVARIABLEN 'TI'.
ZEIT-START AUF TASTENDRUCK:


TEST DER ZEITVARIABLEN 'TI'.
ZEIT-START AUF TASTENDRUCK:
TEST DER ZEITVARIABLEN 'TI'.
ZEIT-START AUF TASTENDRUCK:
S

... LAEUFT BIS TASTE ...

S
GESTOPPTE ZEIT: .38 SEC.
ENDE.
```

3.8.2 Programme testen

3.8.2.1 Fehlerbereich anzeigen über /HELP/-Taste

Nach Eingabe und Ausführung der Anweisung 10 LET A+B=10 erscheint am Bildschirm eine Fehlermeldung:

```
10 LET A+B=10   /RET/
RUN   /RET/
SYNTAX ERROR IN 10 .
```

Drücken wir jetzt die /HELP/-Taste (Funktionstaste /F4/: bei
Commodore 116 und plus/4 oben, beim Commodore 16 rechts angeordnet), beginnt die fehlerhafte Anweisung LET A+B=3 im sel-
ben Takt wie der Cursor zu b l i n k e n . Tippen wir

```
PRINT ER    /RET/
11
```

wird zusätzlich die 11 als Fehlernummer angezeigt.

3.8.2.2 Trace-Lauf mit TRON/TROFF

Es gibt zwei Arten von Programmtests:
Auf der einen Seite den S c h r e i b t i s c h t e s t bzw.
'Trockentest', bei dem der Programmlauf gedanklich ohne Computer durchgespielt wird und bei dem man dabei die Variablenwerte 'auf einem Stück Papier' notiert.
Auf der anderen Seite den Computertest, bei dem man das Programm mit Testwerten laufen läßt. Wir wenden uns dem Computertest zu.

Nach Beendigung des Testlaufes kann man sich die Variablenwerte (z.B. die Werte von D und D$) zeigen lassen, in dem man   in
Direktausführung
```
PRINT D, D$
```
eintippt. Soll während der Ausführung angehalten werden, damit
die Variablenwerte kontrolliert werden können, kann man STOP-
Anweisungen einfügen.

```
171 STOP
180 ... Zeile, in der ein Fehler vermutet wird ...
181 STOP
```

Die Ausführung hält vor und nach Zeile 180 an: wir können wieder PRINT D,D$ eintippen, um zu sehen, was sich in Zeile 180
ereignet hat. Mit CONT setzen wir dann die Ausführung fort.
Auf diese Weise können wir uns von einem STOP zum anderen vor-
tasten.

Beim T r a c e - L a u f gibt uns BASIC die Zeilennummern
aus, die bei der Ausführung des Testprogrammes durchlaufen
werden. Mittels TRON (für TRace ON) schalten wir diese Be-
triebsart ein und mittels TROFF (für TRace OFF) wieder aus.
Am Beispiel des Programmes KAPITAL10 (vgl. Abschnitt 3.1.3.1)
wollen wir einen Trace-Lauf durchführen. Dabei gehen wir wie
folgt vor:
  1. Programm mit DLOAD "KAPITAL10" in den RAM laden
  2. Befehl TRON tippen: Übergang in Trace-Modus
  3. Mit RUN die Ausführung starten: die Nummern der gerade
     durchlaufenen Zeilen werden gezeigt.
  4. Mit TROFF den Trace-Modus verlassen.
  5. Mit LIST das BASIC-Programm auflisten zwecks Vergleich.

Trace-Lauf zu Programm KAPITAL10 von Abschnitt 3.1.3.1:

```
[100][110]KAPITALIEN BIS ZUR VERDOPPLUNG ERMITTELN.
[120][130][140][150][170][180]EINGESETZTES KAPITAL?[180] 50000
[190]JAHRESZINSSATZ       ?[190] 9
[200][210][220][230][240]      54500
[250][230][240]      59405
[250][230][240]      64751.45
[250][230][240]      70579.0805
[250][230][240]      76931.1978
[250][230][240]      83855.0056
[250][230][240]      91401.9561
[250][230][240]      99628.1321
[250][230][240]      108594.664
[250][260][270]ENDE NACH VERDOPPLUNG.
[270]
```

Codierung zu Programm KAPITAL10:

```
100 REM ======PROGRAMM KAPITAL10
110 PRINT "KAPITALIEN BIS ZUR VERDOPPLUNG ERMITTELN."
120 REM ======VEREINBARUNGSTEIL
130 REM K:    REAL (KAPITAL IN DM)
140 REM KE:   REAL (ENDKAPITAL IN DM)
150 REM P:    REAL (ZINSSATZ IN DM)
160 :
170 REM ======ANWEISUNGSTEIL
180 INPUT "EINGESETZTES KAPITAL";K
190 INPUT "JAHRESZINSSATZ       ";P
200 LET KE = 2 * K
210 REM ***BEGINN DER ABWEISENDEN SCHLEIFE MIT WHILE********
220 DO WHILE K<KE
230    LET K=K+K*P/100
240    PRINT "    ";K
250 LOOP
260 REM ***SCHLEIFENENDE********************************************
270 PRINT "ENDE NACH VERDOPPLUNG." : END
```

3.8.2.3 Fehlerbehandlung mit TRAP-RESUME

Tippen wir an der Tastatur 20 LET A="100" ein und lassen wir
dieses Ein-Zeilen-Programm mit RUN laufen, erscheint am Bildschirm die Fehlermeldung "TYPE MISMATCH ERROR IN 10" bei so-
fortigem Abbruch der Ausführung. Tippen wir dann PRINT ERR, so
erscheint als Antwort die Meldung "22" als Fehlernummer bzw.
Fehlercode.
Wir wollen dieses 'Herausfliegen aus dem Programm' verhindern
und den Fehler innerhalb des Programms selbst behandeln. Dazu
stehen uns die Anweisungen TRAP und RESUME zur Verfügung. Das
Programm FEHLER-TRAP1 veranschaulicht den Einsatz dieser zwei
Anweisungen.

Ausführung zu Programm FEHLER-TRAP1:

```
FEHLERBEHANDLUNG MIT TRAP-RESUME.

FEHLER: STRING IN REAL-VARIABLE.

FEHLERCODE IN ER : 20
FEHLERZEIILE: 30
FEHLERMELDUNG:DIVISION BY ZERO


WEITER MIT RETURN
PROGRAMMENDE
```

Codierung zu Programm FEHLER-TRAP1:

```
1 REM ======PROGRAMM FEHLER-TRAP1
2 PRINT "FEHLERBEHANDLUNG MIT TRAP-RESUME.": PRINT
3 :
4 :
10 TRAP 500
20 LET A="100"
30 LET A=3/0
31 :
32 :
80 PRINT "PROGRAMMENDE"
90 END
91 :
92 :
500 IF ERR<>22 THEN GOTO 600
510 PRINT "FEHLER: STRING IN REAL-VARIABLE."
520 RESUME NEXT
530 :
540 :
600 PRINT:PRINT "FEHLERCODE IN ER :";ER
610 PRINT "FEHLERZEIILE:";EL
620 PRINT "FEHLERMELDUNG:";ERR$
630 PRINT "WEITER MIT RETURN": INPUT E$
640 RESUME 80
```

Nach Ausführung der Anweisung 10 TRAP 500 wird beim Auftreten eines Fehlers stets nach Zeile 500 verzweigt, in der die
Fehlerbehandlungs-Routine beginnt. BASIC stellt in einer Va-

riablen ER (ER für ERror) den jeweiligen Fehlercode zur Verfügung. Für ER=22 geben wir in 510 eine Mitteilung aus, um mit
520 RESUME NEXT in der nächsten Zeile nach der Fehlerzeile
fortzufahren, also mit Zeile 30.

In Zeile 30 wird mit der Anweisung 30 LET A=3/0 ein DIVISION
BY ZERO ERROR erzeugt und wieder nach Zeile 500 verzweigt. Nun
ist ER ungleich 22. Wir geben den in ER stehenden Fehlercode
(Zeile 600) aus und zeigen die Fehlerzeile und Fehlermeldung.
Im Anschluß daran wird nach Durchlaufen eines Wartepunktes in
Zeile 630 mit der Anweisung 640 RESUME 80 der Ablauf in Zeile
80 fortgesetzt.

Entsprechend diesem Beispiel läuft eine Fehlerbehandlung allgemein in vier Schritten ab (vgl. Abbildung).

```
1. Fehlerbehandlung eröffnen:
   10 TRAP 500

2. Fehlerbehandlungsroutine ab Zeile 500 ...
   Fehlercode in ER abfragen.
   Fehlerhinweise ausgeben: Zeile EL und Meldung ERR$

3. Programmablauf fortsetzen mit RESUME:
   RESUME NEXT  Folgezeile nach fehlerverursachender Zeile.
   RESUME 80    Angegebene Zeilennummer.
   RESUME       Fehlerverursachende Zeile selbst.

4. Fehlerbehandlung schließen:
   TRAP ohne Zeilennummer.
```

Fehlerbehandlung über das Anwenderprogramm in vier Schritten

3.8.3 Programmierhilfen

BASIC 3.5 stellt folgende Programmierhilfen zur Verfügung:

- AUTO   Automatische Zeilennumerierung
- RENUMBER   Zeilen neu numerieren
- DELETE   Programmbereiche löschen
- HELP   Fehlerbereich zeigen (Abschnitt 3.8.2.1)
- TRON/TROFF   Trace-Lauf in Schritten (Abschnitt 3.8.2.2)
- MONITOR   Maschinensprache-Monitor von BASIC aus
                  aufrufen (Abschnitt 3.5.6)

3.8.3.1 Automatische Zeilennumerierung mit AUTO

Bei Einschalten des Commodore ist AUTO 0 eingestellt, d.h.
die Schrittweite zum Numerieren beträgt 0. Durch Eingabe von

    AUTO 10 /RET/

stellen wir die Schrittweite 10 ein.

Nach Eingabe von z.B.

```
100 PRINT "TEST"  /RET/
110 ...
```

gibt der Commodore A U T O m a t i s c h die Zeilennummern
110, 120, 130, ... aus, bis wir durch Eintippen von /RET/ unmittelbar hinter der Zeilennummer dieses Numerieren vorläufig
abbrechen. 'Vorläufig' deshalb, da nach der Eingabe von z.B.
333 PRINT "TEST1" erneut automatisch mit 343, 353, 363, 373,..
durchnumeriert wird. Mittels

```
AUTO 0 /RET/    oder     AUTO /RET/
```

schalten wir das Durchnumerieren wieder ab, d.h. auf die Stan-
dardschrittweite von 0.
Vor dem Einschalten von AUTO sollte der Hauptspeicher und der
Bildschirm gelöscht werden: NEW /RET/ und SCNCLR /RET/ tippen.

3.8.3.2 Zeilen numerieren mit RENUMBER

Die Programmierhilfe RENUMBER stellen wir am Beispiel des Programms RENUMBER-TEST1 dar:

Codierung zu Programm RENUMBER-TEST1:   Ausführung:

```
100 PRINT "TEST"                             TEST
110 GOSUB 150                                UPRO 1
114 GOSUB 180                                UPRO 2
130 PRINT "ENDE": END                        ZULETZT
140 :                                        ENDE
150 REM ===UNTERPROGRAMM 1
160 PRINT "UPRO 1"
165 RETURN
180 REM ===UNTERPROGRAMM 2
190 PRINT "UPRO 2"
200 PRINT "ZULETZT"
201 RETURN
```

Der Reihe nach geben wir vier RENUMBER-Befehle ein, um die Codierung des Programms RENUMBER-TEST1 zu ändern:

```
100 PRINT "TEST"
110 GOSUB 1000
114 GOSUB 1030
130 PRINT "ENDE": END
140 :
1000 REM ===UNTERPROGRAMM 1          RENUMBER 1000,10,150
1010 PRINT "UPRO 1"
1020 RETURN
1030 REM ===UNTERPROGRAMM 2
1040 PRINT "UPRO 2"
1050 PRINT "ZULETZT"
1060 RETURN
```

```
RENUMBER 2000,10,1030          RENUMBER 40000,500

100 PRINT "TEST"               40000 PRINT "TEST"
110 GOSUB 1000                 40500 GOSUB 42500
114 GOSUB 2000                 41000 GOSUB 44000
130 PRINT "ENDE": END          41500 PRINT "ENDE": END
140 :                          42000 :
1000 REM ===UNTERPROGRAMM 1    42500 REM ===UNTERPROGRAMM 1
1010 PRINT "UPRO 1"            43000 PRINT "UPRO 1"
1020 RETURN                    43500 RETURN
2000 REM ===UNTERPROGRAMM 2    44000 REM ===UNTERPROGRAMM 2
2010 PRINT "UPRO 2"            44500 PRINT "UPRO 2"
2020 PRINT "ZULETZT"          45000 PRINT "ZULETZT"
2030 RETURN                    45500 RETURN


RENUMBER 77

77 PRINT "TEST"
87 GOSUB 127
97 GOSUB 157
107 PRINT "ENDE": END
117 :
127 REM ===UNTERPROGRAMM 1
137 PRINT "UPRO 1"
147 RETURN
157 REM ===UNTERPROGRAMM 2
167 PRINT "UPRO 2"
177 PRINT "ZULETZT"
187 RETURN
```

RENUMBER numeriert somit die zu Beginn der Zeile angegebenen
Nummern wie auch Sprungadressen (hier hinter GOSUB) um. Häufig
muß mehrmals nacheinander mit RENUMBER gearbeitet werden (z.B.
zur 1000er- und 2000er- Numerierung der Unterprogramme unseres
Programmes RENUMBER-TEST1).

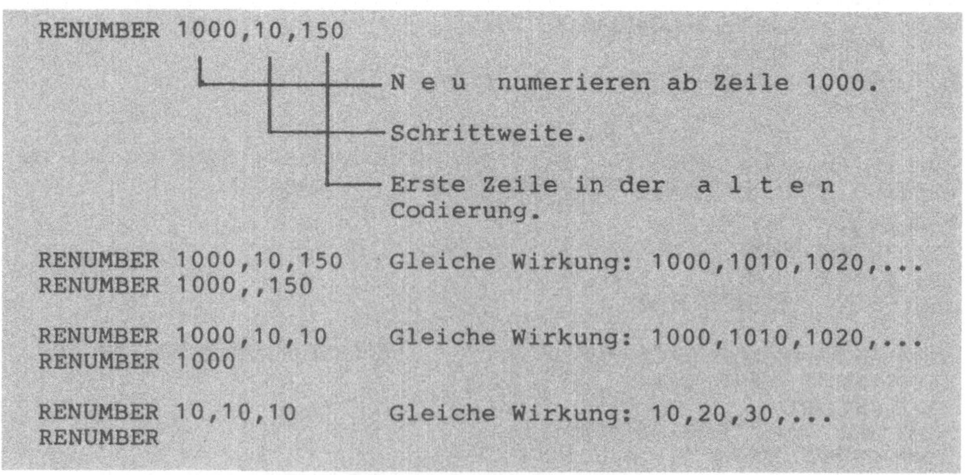

Programmierhilfe RENUMBER

Als Schrittweite ist standardmäß die 10 und als Beginnzeile
die erste Zeile eingestellt. Bei Eingabe eines falschen RENUM-
BER-Formates erfolgt die Meldung SYNTAX ERROR.

3.8.3.3 Programmbereiche löschen mit DELETE

Zum Löschen einer einzelnen Zeile tippen wir z.B. mit

   180 /RET/

hinter der Zeilennummer die /RET/-Taste. Programmbereiche, die
mehrere Zeilen umfassen, können vereinfacht mittels DELETE wie
folgt gelöscht werden:

- DELETE -180   Alle Zeilen bis einschließlich 180:
                     10,20,...,170,180.

- DELETE 180-   Alle Zeilen ab einschließlich 180:
                     180,190,200,...,letzte Zeile.

- DELETE 180-230   Alle zwischen 180 und 230 liegenden Zei-
                     len: 180,190,200,210,220,230.
- DELETE 180   Nur die eine Zeile 180.

Anstatt DELETE kann auch DEL (L in Großschreibung) eingegeben
werden. Der Befehl DELETE meldet sich i m m e r mit READY.,
also auch dann, wenn aufgrund falscher Zeilennnummern gar keine Löschung vorgenommen wurde. Aus diesem Grunde sollte nach
DELETE immer eine Kontrolle mittels LIST durchgeführt werden.

3.8.4 Programme verketten

Die BASIC-Anweisung DLOAD können wir nicht nur im direkten
Dialog verwenden, sondern auch im programmgesteuerten Dialog.
Durch die Anweisung

   170 DLOAD "MODULNEU"

wird ein Program namens MODULNEU von der Diskette in den RAM
geladen und sofort zur Ausführung gebracht. Dabei wird das

rufende Programm zerstört bzw. überlagert. Hinsichtlich der
Variablen sind zwei Fälle zu unterscheiden:

- Ist das gerufene Programm länger als das rufende Programm,
  werden die bisherigen Variablen gelöscht. Grund: Der BASIC-
  Programmspeicher ragt jetzt in den Variablenspeicher hinein
  (vgl. Abschnitt 3.5.5).

- Ist das gerufene Programm hingegen kleiner, bleiben bislang
  verwendete Variablenwerte erhalten, sie werden 'übergeben'.

Das folgende Beispiel verdeutlicht diesen Fall der 'Variablen-
übergabe'. Dabei wird in vier Schritten vorgegangen:

1. Programm MODULALT wird im direkten Dialog geladen (DLOAD)
   und zur Ausführung gebracht (RUN).

2. Das Programm MODULALT lädt automatisch ein Programm namens
   MODULNEU nach und startet es (170 DLOAD "MODULNEU").

3. Die bisherigen Variablenwerte bleiben erhalten, obwohl mit
   DLOAD geladen wurde:
       ZAHL: 111
       ALT$:   TEXT ALT
       ALT: 111

4. Das gerufene Programm MODULNEU kann auf bisherige Variablen
   zurückgreifen und diese verändern:
       ZAHL: 999
   Es kann natürlich auch neue Variablen nutzen:
       NEU$:   TEXT NEU
       NEU: 999

Das Programm MODULALT hat das Programm MODULNEU verkettet. Man
spricht von P r o g r a m m v e r k e t t u n g   (chaining).

Codierung zu Programm MODULALT :

```
100 REM ======PROGRAMM MODULALT
110 PRINT "BEGINN PROGRAMM MODULALT."
120 PRINT "ALT$, ALT, ZAHL:"; ALT$;ALT;ZAHL
130 LET ALT$="TEXT ALT": ALT=111: ZAHL=111
140 PRINT"NEU$, NEU: ";NEU$;NEU
150 PRINT "ALT$, ALT, ZAHL:"; ALT$;ALT;ZAHL
160 PRINT "ENDE PROGRAMM MODULALT.": PRINT
170 DLOAD "MODULNEU"
```


Codierung zu Programm MODULNEU:

```
1000 REM ======PROGRAMM MODULNEU
1010 PRINT "BEGINN PROGRAMM MODULNEU."
1020 PRINT "NEU$, NEU, ZAHL:"; NEU$;NEU;ZAHL
1030 PRINT "ALT$, ALT: "; ALT$;ALT
1040 LET NEU$="TEXT NEU": NEU=999: ZAHL=999
1050 PRINT"NEU$, NEU, ZAHL: ";NEU$;NEU;ZAHL
1060 PRINT "ENDE PROGRAMM MODULNEU."
```

Ausführung zu den Programmen MODULALT und MODULNEU:

```
BEGINN PROGRAMM MODULALT.
ALT$, ALT, ZAHL: 0  0
NEU$, NEU:  0
ALT$, ALT, ZAHL:TEXT ALT 111   111
ENDE PROGRAMM MODULALT.
```

Programm MODULALT
vom Benutzer
mit RUN gestartet

```
BEGINN PROGRAMM MODULNEU.
NEU$, NEU, ZAHL: 0  111
ALT$, ALT:   TEXT ALT 111
NEU$, NEU, ZAHL: TEXT NEU 999   999
ENDE PROGRAMM MODULNEU.
```

Programm MODULNEU
durch Programm
MODULALT
v e r k e t t e t

3.8.5 Programme mit Bildschirmfenster

Im direkten Modus können Fenster über die Taste /ESC/ in Verbindung mit "T" (Start-Ecke links oben), "B" (Ende-Ecke rechts
unten) definiert, manipuliert und mit "N" aufgelöst werden.
Das Programm WINDOW-TEST1 zeigt, wie ein Fenster im Programm-
Modus definiert (Zeilen 250-280), benutzt (290-320) und aufgelöst (330) werden kann. Eine Programmausführung mit den Ecken
- Start-Ecke: Zeile Z1=12/Spalte S1=19 (Zeilen 0-24 von oben)
- Ende-Ecke: Zeile Z2=24/Spalte S2=25 (Spalten 0-39 von links)
erzeugt ein Fenster rechts unten auf dem Bildschirm.

Codierung zu Programm WINDOW-TEST1:

```
100 REM ======PROGRAMM WINDOW-TEST1
110 PRINT "FENSTER DEFINIEREN UND BESCHREIBEN."
120 REM ======VEREINBARUNGSTEIL
130 LET CU$=CHR$(17): LET CR$=CHR$(29)
140 FOR I=1 TO 6
150 LET CU$=CU$+CU$: LET CR$=CR$+CR$
160 NEXT I
170 :
180 REM ======ANWEISUNGSTEIL
190 INPUT "START-ECKE: ZEILE,SPALTE";Z1,S1
200 INPUT "ENDE-ECKE: ZEILE,SPALTE";Z2,S2
210 SCNCLR
220 PRINT "DIESER TEXT WIRD NORMAL AUF DEM";
230 PRINT "BILDSCHIRM AUSGEGEBEN.";
240 PRINT CHR$(19);
250 PRINT LEFT$(CU$,Z1);LEFT$(CR$,S1);
260 PRINT CHR$(27)+"T"+CHR$(19);
270 PRINT LEFT$(CU$,Z2);LEFT$(CR$,S2);
280 PRINT CHR$(27)+"B";: SCNCLR
290 PRINT "DIESER TEXT STEHT IM FENSTER ";
300 PRINT "MIT START-ECKE ";Z1;S1;" UND ";
310 PRINT "ENDE-ECKE";Z2;S2
320 PRINT "WEITER: TASTE";: GETKEY E$
330 PRINT CHR$(27)+"N"
340 PRINT "ENDE." : END
```

Cursorsteuerung
mit CU$ und CR$
wie in Abschnitt
3.4.1 .

CHR$(27) für
/ESC/-Taste.

4 Schritte:
----

1. Start-Ecke
des Fensters

2. Ende-Ecke
des Fensters

3. Ausgabe
durch Fenster

4. Fenster
auslöschen

3.9 Dateiverarbeitung

In Abschnitt 1.3.5 hatten wir vier Formen zur Organisation von
Dateien bzw. Files erläutert:

- sequentielle Datei   (Zugriff in Speicherungsfolge)
- Direktzugriff-Datei   (Auf den Datensatz direkt)
- Index-sequentielle Datei   (Inhaltsverzeichnis als Index)
- Verkettete Dateien   (Zeiger weist auf andere Datei)

In Abschnitt 3.9.1 demonstrieren wir die sequentielle Dateior-
ganisation am Beispiel einer Telephon-Datei. Das Programm hat
den Namen SEQUENT-DATEI1.

In Abschnitt 3.9.2 zeigen wir den Direktzugriff am Beispiel
einer Artikeldatei. Programmname: DIREKT-DATEI1.

3.9.1 Sequentielle Datei

Programm SEQUENT-DATEI1 verwaltet eine sequentielle Telephondatei. Das Programm besteht aus einem Menü-Steuerungsprogramm
(Zeilennummern 100-690) und neun Unterprogrammen für die aus
dem Menü jeweils gewählte Tätigkeit (Zeilennummern 1000-9000).
Das Programm SEQUENT-DATEI1 wird stets über das Menü beendet
(Zeilennummer 340). Zur Orientierung sehen wir uns das wiedergegebene Ausführungsbeispiel an.

3.9.1.1 Menügesteuerte Dateiverwaltung

Nach Eingabe von RUN wird ein Menü mit zehn Wahlmöglichkeiten
gezeigt. Nach dem Eintippen von 1 als Menüwahl sowie TELDATEI
als Dateiname wird diese (derzeit nur neun Einträge umfassen-
de) Datei komplett in den Hauptspeicher geladen. Dann werden 3
zusätzliche Einträge eingebenen (Menüwahl 4), der Eintrag von
STROMANN geändert (Menüwahl 6), der Eintrag von RUMMEL aus der
Datei gelöscht (Menüwahl 7), die verbliebenen elf Datensätze
nach Namen sortiert (Menüwahl 9) und ausgegeben (Menüwahl 3).
Abschließend werden die elf Telephoneinträge unter dem Namen
TELDATEI auf Diskette abgespeichert.

Die Telephondatei enthält eine zuvor nicht festgelegte Anzahl
von Datensätzen. Jeder Datensatz enthält die beiden Datenfelder NAME und NUMMER. Da jedes Datenfeld (kurz: Feld) verschieden lang sein kann, ist die Datensatzlänge variabel. Die Abbildung verdeutlicht diesen Datei-Aufbau (vgl. auch Abschnitt
1.3.5).

3.9.1.2 Dateiweiser Datenverkehr

Die Datei wird komplett in den Hauptspeicher eingelesen (Menüwahl 1), um sie dort in den Arrays N$() (für die Namen) sowie
T$() (für die Telephonnummern) abzulegen und zu verarbeiten
(Menüwahl 3-9). Abschließend werden alle Einträge komplett Datensatz für Datensatz auf Diskette als externe Datei abgespeichert (Menüwahl 2). Der Datentransport zwischen Externspeicher
(Diskette) und Internspeicher (Hauptspeicher) erfaßt immer die
ganze Datei als Einheit. Der sequentielle Dateizugriff erfolgt
somit allein bei Menüwahl 1 und 2. Da er einmalig die komplette Datei umfaßt, spricht man vom d a t e i w e i s e n Datenverkehr. Dem Vorteil der bequemen, schnellen (da internen)
Verarbeitung steht der Nachteil gegenüber, daß die Datei grös-
senmäßig durch den Hauptspeicherplatz begrenzt ist.
Die Direktzugriff-Datei in Abschnitt 3.9.2 demonstriert den
d a t e n s a t z w e i s e n Datenverkehr als Gegenstück zum
dateiweisen Datenverkehr.

Struktogramm zu Programm SEQUENT-DATEI1:

Arrays N$() und T$ für Namen und Nummern dimensionieren
Solange Menüwahl W ungleich 0 ist, wiederhole
Menü anbieten und gültige Menüwahl in W speichern
Fallabfrage zu W
1 Laden / 2 Speichern / 3 Drucken / 4 Eingeben / 5 Suchen / 6 Aendern / 7 Löschen / 8 Einfügen / 9 Sortieren
Wartepunkt: Weiter mit RETURN

Datei (File)   ... z.B. namens TELDATEI

Datensatz (Record)   ... mit jeweils zwei Einträgen
                                        'Name' N$() und 'Nummer' T$()

Datenfeld (Field), Eintrag   ... mit unterschiedlicher Länge,
                                        d.h. Anzahl von Zeichen

Zeichen (Character), Byte   ... beliebige Zeichen, da Daten-
                                        felder vom Datentyp STRING sind.

Aufbau der Telephondatei: Datei-Satz-Feld-Zeichen

```
100 REM ======PROGRAMM SEQUENT-DATEI1
110 PRINT "TELEPHONLISTE ALS SEQUENTIELLE DATEI.": PRINT
120 :
130 REM ======VEREINBARUNGSTEIL
140 DIM N$(100): REM 100-ELEMENTE-FELD FUER NAMEN
150 DIM T$(100): REM 100-ELEMENTE-FELD FUER NUMMERN
160 REM W,W$:      MENUEWAHL
170 REM F$:        NAME DER SEQUENTIELLEN DATEI
180 REM N:         ANZAHL VON SAETZEN IN DER DATEI
190 REM I,Z:       LAUFVARIABLEN
200 REM F:         FLAGGE BZW. FLAG
210 REM HINWEIS:   DATEI-ANWEISUNGEN IN CBM-BASIC 3.5
220 :
230 REM ======ANWEISUNGSTEIL
240 REM ***MENUE-/HAUPTPROGRAMM*************************
250 LET W=1
260 DO WHILE W<>0
270   GOSUB 500: REM UPRO MENUEANGEBOT
280   SCNCLR
290   ON W GOSUB 1000,2000,3000,4000,5000,6000,7000,8000,9000
300   PRINT "WEITER MIT RETURN"
310   GET W$: IF W$="" THEN 310
320   SCNCLR
330 LOOP
340 PRINT "PROGRAMMENDE:": END
350 :
360 :
370 REM ***UNTERPROGRAMM MENUEANGEBOT***************
500 PRINT "MENUE ZUR VERWALTUNG DER TELEPHON-DATEI"
510 PRINT "-----------------------------------------"
520 PRINT "   0          BEENDEN"
530 PRINT "   1          LADEN     DER DATEI -> INTERN"
540 PRINT "   2          SPEICHERN DER DATEI -> EXTERN"
550 PRINT "   3          ZEIGEN    GESAMTVERZEICHNIS"
560 PRINT "   4          EINGEBEN  VON EINTRAEGEN"
570 PRINT "   5          SUCHEN    EINES EINTRAGS"
580 PRINT "   6          AENDERN   EINES EINTRAGS"
590 PRINT "   7          LOESCHEN  EINES EINTRAGS"
600 PRINT "   8          EINFUEGEN EINES EINTRAGS"
610 PRINT "   9          SORTIEREN DER GESAMTDATEI"
620 PRINT "-----------------------------------------"
630 INPUT "WAHL 0-9"; W$ : LET W=VAL(W$)
640 IF W<0 OR W>9 THEN PRINT "ZWISCHEN 0 UND 9.": GOTO 630
650 IF W<>INT(W) THEN PRINT "GANZZAHLIG.": GOTO 630
660 RETURN
```

Codierung zu Programm SEQUENT-DATEI1 (erste Fortsetzung):


```
690 REM ***UNTERPROGRAMM LADEN**********************
1000 PRINT "DATEI VON DISKETTE IN DEN RAM LADEN."
1010 INPUT "NAME DER DATEI"; F$
1020 OPEN 1,8,3,"0:"+F$+",S,R"
1030 IF DS=0 THEN 1050
1040 PRINT "FEHLER BEIM OEFFNEN: ";DS$: STOP
1050 INPUT#1,N
1060 IF DS<>0 THEN PRINT"LESEFEHLER: ";DS$: STOP
1070 FOR I=1 TO N
1080 INPUT#1,N$(I),T$(I)
1090 IF DS<>0 THEN PRINT"LESEFEHLER: ";DS$: STOP
1100 NEXT I
1110 PRINT N;" EINTRAEGE VON DISKETTE IN DEN RAM."
1120 CLOSE 1
1130 RETURN
1140 :
1150 :
1550 :
1560 REM ***UNTERPROGRAMM SPEICHERN******************
2000 PRINT "DATEI VOM RAM AUF DISKETTE SPEICHERN."
2010 INPUT "NAME DER AUSGABEDATEI"; F$
2020 INPUT "BISHERIGE DATEI ZERSTOEREN (JA/NEIN)"; W$
2030 IF W$<>"JA" THEN 2140
2040 OPEN 1,8,3,"@0:"+F$+",S,W"
2050 IF DS<>0 THEN PRINT "OPEN-FEHLER: ";DS$: STOP
2060 PRINT#1, N
2070 IF DS<>0 THEN PRINT "SCHREIBFEHLER: ";DS$: STOP
2080 FOR I=1 TO N
2090 PRINT#1,N$(I): PRINT#1,T$(I)
2100    IF DS<>0 THEN PRINT "SCHREIBFEHLER: ";DS$: STOP
2110 NEXT I
2120 PRINT N;" EINTRAEGE VOM RAM AUF DISKETTE."
2130 CLOSE 1
2140 RETURN
2150 :
2160 :
2170 REM ***UNTERPROGRRAMM DRUCKEN******************
3000 PRINT "NAME:                    TELEPHONNUMMER:"
3010 PRINT "----------------------------------------"
3020 FOR I=1 TO N
3030    PRINT N$(I); TAB(24); T$(I)
3040    IF INT(I/10)<>I/10 THEN 3060
3050    INPUT "WEITER BLAETTERN"; W$
3060 NEXT I
3070 PRINT "DATEIENDE NACH ";N;" EINTRAEGEN.": RETURN
3080 :
3090 REM ***UNTERPROGRAMM EINGEBEN******************
4000 DO
4010    LET N=N+1
4020    INPUT "NAME (0=ENDE)"; N$(N)
4030    IF N$(N)="0" THEN LET N=N-1: EXIT
4040    INPUT "TELEPHONNUMMER"; T$(N)
4050 LOOP
4060 RETURN
```

Codierung zu Programm SEQUENT-DATEI1 (zweite Fortsetzung):

```
4080 REM ***UNTERPROGRAMM SUCHEN************************
5000 INPUT "ZU SUCHENDER NAME"; W$
5010 LET F=0: REM FLAGGE GESENKT
5020 FOR I=1 TO N
5030    IF LEFT$(N$(I),LEN(W$))<>W$ THEN 5060
5040    PRINT "GEFUNDENE NUMMER: ";T$(I)
5050    LET I=N : LET F=-1
5060 NEXT I
5070 IF NOT F THEN PRINT W$;" NICHT GEFUNDEN."
5080 RETURN
5090 :
5100 REM ***UNTERPROGRAMM AENDERN
6000 INPUT "NAME DES ZU AENDERNDEN EINTRAGS"; W$: LET F=0
6010 FOR I=1 TO N
6020 IF LEFT$(N$(I),LEN(W$))=W$ THEN 6030: ELSE 6090
6030    DO WHILE W$<>"JA"
6040       PRINT N$(I);" AENDERN IN ";: INPUT N$(I)
6050       PRINT T$(I);" AENDERN IN ";: INPUT T$(I)
6060       PRINT N$(I);" ";T$(I);" KORREKT (JA/NEIN) ";: INPUT W$
6070    LOOP
6080    I=N: LET F=-1
6090 NEXT I
6100 IF NOT F THEN PRINT "EINTRAG ";W$;" NICHT GEFUNDEN."
6110 RETURN
6120 :
6130 REM ***UNTERPROGRAMM PHYSISCH LOESCHEN*********
7000 INPUT "NAME DES ZU LOESCHENDEN EINTRAGS"; W$ : LET F=0
7010 FOR I=1 TO N
7020    IF LEFT$(N$(I),LEN(W$)) <>W$ THEN 7100
7030    PRINT N$(I);" TATSAECHLICH LOESCHEN (JA/NEIN) ";: INPUT W$
7040    IF W$<>"JA" THEN 7090
7050    FOR Z=I TO N-1
7060       LET N$(Z)=N$(Z+1) : LET T$(Z)=T$(Z+1)
7070    NEXT Z
7080    LET N=N-1
7090    LET I=N : LET F=-1
7100 NEXT I
7110 IF NOT F THEN PRINT W$;" NICHT GEFUNDEN. KEIN LOESCHEN."
7120 RETURN
7130 :
7140 REM ***UNTERPROGRAMM EINFUEGEN******************
8000 PRINT "DATEI ";F$;" HAT";N;" EINTRAEGE. NACH WELCHEM"
8010 INPUT "EINTRAG EINFUEGEN (SATZNUMMER TIPPEN)"; W
8020 LET N=N+1
8030 FOR Z=N TO W+2 STEP -1
8040    LET N$(Z)=N$(Z-1) : LET T$(Z)=T$(Z-1)
8050 NEXT Z
8060 PRINT "NACHFOLGENDE EINTRAEGE SIND VERSCHOBEN."
8070 INPUT "EINZUFUEGENDER NAME   ";N$(W+1)
8080 INPUT "EINZUFUEGENDE NUMMER ";T$(W+1) : RETURN
```

Codierung zu Programm SEQUENT-DATEI1 (letzte Fortsetzung):

```
8090 :
8100 REM ***UNTERPROGRAMM SORTIEREN-DURCH-AUSTAUSCH-NACH-AUSWAHL
9000 PRINT "SORTIEREN VON";N;" DATENSAETZEN ";F$;" BEGINNT."
9010 FOR I=1 TO N-1
9020    LET MINSTELLE=I : LET NAMMIN$=N$(I)
9030    LET TELMIN$=T$(I)
9040    FOR Z=(I+1) TO N
9050      IF N$(Z)>=NAMMIN$ THEN 9070
9060      LET MINSTELLE=Z: NAMMIN$=N$(Z): TELMIN$=T$(Z)
9070    NEXT Z
9080    LET N$(MINSTELLE)=N$(I): LET N$(I)=NAMMIN$
9090    LET T$(MINSTELLE)=T$(I): LET T$(I)=TELMIN$
9100 NEXT I
9110 PRINT "SORTIEREN IM HAUPTSPEICHER BEENDET."
9120 RETURN
```

Ausführung zur Verwaltung einer Telephondatei über
Programm SEQUENT-DATEI1:

```
TELEPONLISTE ALS SEQUENTIELLE DATEI

MENUE ZUR VERWALTUNG DER TELEPHON-DATEI
-----------------------------------------------
    0        BEENDEN
    1        LADEN     DER DATEI -³ INTERN
    2        SPEICHERN DER DATEI -³ EXTERN
    3        DRUCKEN   GESAMTVERZEICHNIS
    4        EINGEBEN  VON EINTRAEGEN
    5        SUCHEN    EINES EINTRAGS
    6        AENDERN   EINES EINTRAGS
    7        LOESCHEN  EINES EINTRAGS
    8        EINFUEGEN EINES EINTRAGS
    9        SORTIEREN DER GESAMTDATEI
-----------------------------------------------
WAHL 0-9?  1
NAME DER DATEI?  TELDATEI
 9 EINTRAEGE TELDATEI --³ HAUPTSPEICHER.
WEITER MIT RETURN
MENUE ZUR VERWALTUNG DER TELEPHON-DATEI
-----------------------------------------------
WAHL 0-9?  3
NAME:                     TELEPHONNUMMER:
-----------------------------------------------
STROMANN                  06262/3332
WEBER                     0721/1300165
TREIBER                   0611/232323
KOEPFLE                   06221/44421
SCHOENFELDER              06203/5541
SCHMIDTBORN               06221/332000
RUMMEL                    089/4413998
MAUCHER                   06204/1210
RUDOLFS                   06221/33125
DATEIENDE NACH 9 EINTRAEGEN
WEITER MIT RETURN
MENUE ZUR VERWALTUNG DER TELEPHON-DATEI
-----------------------------------------------
```

Hinweis: Die Menü-
ausgabe wurde jeweils
weggelassen.

Fortsetzung der Ausführung zu Programm SEQUENT-DATEI1:

```
WAHL 0-9?   4
NAME (0=ENDE)?   DOMBERG
TELEPHONNUMMER?  07622/163390
NAME (0=ENDE)?   HOFFMANN
TELEPHONNUMMER?  0621/1199110
NAME (0=ENDE)?   KRAEMER
TELEHONNUMMER?   06227/1971
NAME (0=ENDE)?   0
WEITER MIT RETURN
MENUE ZUR VERWALTUNG DER TELEPHON-DATEI
----------------------------------------
WAHL 0-9?   6
NAME DES ZU AENDERNDEN EINTRAGS?  STROMANN
STROMANN AENDERN IN?   STROMANN-KRAEMER
06262/3332 AENDERN IN?   06262/3332
STROMANN-KREAEMER 06262/3332 KORREKT (JA/NEIN)?   JA
WEITER MIT RETURN
MENUE ZUR VERWALTUNG DER TELEPHON-DATEI
----------------------------------------
WAHL 0-9?   7
NAME DES ZU LOESCHENDEN EINTRAGS?   RUMMEL
RUMMEL TATSAECHLICH LOESCHEN (JA/NEIN)?   JA
WEITER MIT RETURN
MENUE ZUR VERWALTUNG DER TELEPHON-DATEI
----------------------------------------
WAHL 0-9?   9
SORTIEREN VON 11 DATENSAETZEN DER DATEI TELDATEI BEGINNT.
SORTIEREN IM HAUPTSPEICHER BEENDET.
WEITER MIT RETURN
MENUE ZUR VERWALTUNG DER TELEPHON-DATEI
----------------------------------------
WAHL 0-9?   3
NAME:                        TELEPHONNUMMER:
----------------------------------------------
DOMBERG                      07622/163390
HOFFMANN                     0621/1199110
KOEPFLE                      06221/44421
KRAEMER                      06227/1971
MAUCHER                      06204/1210
RUDOLFS                      06221/33125
SCHMIDTBORN                  06221/332000
SCHOENFELDER                 06203/5541
STROMANN-KRAEMER             06262/3332
TREIBER                      0611/232323
WEITER BLAETTERN
WEBER                        0721/1300165
DATEIENDE NACH 11 EINTAEGEN.
WEITER MIT RETURN
MENUE ZUR VERWALTUNG DER TELEPHON-DATEI
----------------------------------------
WAHL 0-9?   2
DAME DER AUSGABEDATEI?   TELDATEI
BISHERIGE DATEI ZERSTOEREN (JA/NEIN)?   JA
 11 EINTAEGE HAUPTSPEICHER --³ TELDATEI
WEITER MIT RETURN
MENUE ZUR VERWALTUNG DER TELEPHON-DATEI
----------------------------------------
WAHL 0-9?   0
PROGRAMMENDE.
```

3.9.1.3 Datei öffnen, verarbeiten und schließen

Zum Steuerprogramm in den Zeilen 250-340: Wie auch das Struktogramm zu SEQUENT-DATEI1 zeigt, weist das Programm eine Wiederholungsstruktur (Schleife), in die eine Auswahlstruktur mit der Fallabfrage in Zeile 290 eingeschachtelt ist.

Zum Unterprogramm LADEN in den 1000er Zeilen: Hier erkennt man den für die Dateiverarbeitung typischen 3er-Schritt (vgl. Abschnitt 1.3.5.4) 'Öffnen - Verarbeiten - Schließen'. Zum Öffnen und Schließen der Datei stehen uns die Anweisungen OPEN und CLOSE zur Verfügung. Mit der INPUT#-Anweisung verarbeiten wir die Datei im lesenden Zugriff. In der Abbildung wird gezeigt, wie diese drei Schritte im Programm SEQUENT-DATEI1 programmiert sind.

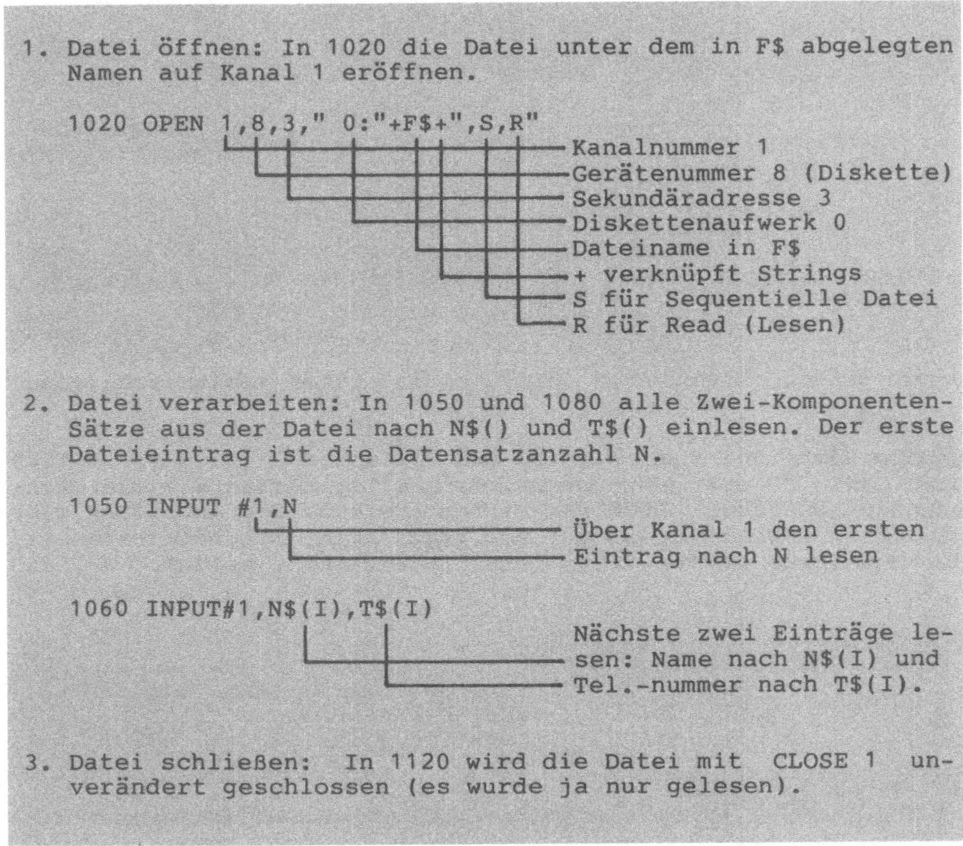

Datei öffnen, Datensätze lesen und Datei wieder schließen

Zum Unterprogramm SPEICHERN in den 2000er Zeilen: Als erstes wird die Satzanzahl N auf die Datei geschrieben, dann die N Datensätze jeweils mit den zwei Datenfeldern Name sowie Telephonnummer.

In der OPEN-Anweisung in Zeile 2040 steht nun anstelle von "R"
für Read (Lesen) der Parameter "W" für Write (Schreiben). Anstelle der Leseanweisung INPUT#1 verwenden wir die Schreib-
anweisung PRINT#1.

```
1. Datei öffnen

   2040 OPEN 1,8,3,"@0:"+F$+",S,W

                                      Ggf. bereits bestehende
                                      Datei wird überschrieben.
                                      W für Write (Schreiben).
                                      Sonst wie beim Lesen.


2. Datei verarbeiten: Inhalt von N$(I) und T$(I) als nächste
   Einträge auf die Datei schreiben.

   2090 PRINT#1,N$(I): PRINT#1,T$(I)

                                      Am Ende jedes PRINT#1 wird
                                      ein RETURN abgesandt.


3. Datei schließen:

   2130 CLOSE 1                       Datei mit allen Änderungen
                                      wieder schließen.
```

Datei öffnen, Datensätze schreiben und Datei wieder schließen

Da die sämtliche Einträge auf der Disketten-Datei durch RETURN
bzw. CHR$(13) getrennt gespeichert sind, müssen wir die Tren-
nungszeichen über PRINT#1 auch schreiben. Die Abbildung gibt
dazu drei Möglichkeiten an; sie zeigt auch, daß beim Lesen mit
der Anweisung INPUT# keine CHR$(13) angegeben werden.

```
Von Datei lesen:
  1080 INPUT#1,N$(I),T$(I)    Alle  Zeichen bis zum nächsten RE-
                             TURN nach N$(I) lesen und die Zei-
                             che  bis zum dann folgenden RETURN
                             nach T$(I) lesen.

Auf Datei schreiben:
  2090 PRINT#1,N$(I) : PRINT#1,T$(I)      N$(I) speichern, dann
                             RETURN, dann T$(I) und dann erneut
                             RETURN speichern.

  2090 PRINT#1,N$(I),CHR$(13),T$(I)                Zweite Form.

  2090 PRINT#1,N$(I);CHR$(13);T$(I);CHR$(13)       Dritte Form.
  2090 PRINT#1,N$(I);CHR$(13);T$(I) (=identisch)
```

Gegenüberstellung von Lese- und Schreibanweisungen

Bei allen drei Formen der Anweisung 290 PRINT#2 werden die
Datenfelder jeweils durch CHR$(13) bzw. RETURN getrennt. Wählt
man die 2. Form mit dem "," als Trennungszeichen, werden Leerstellen mit abgespeichert. Das ";" dagegen bewirkt, daß alle
Einträge 'dicht an dicht' nebeneinanderstehen.

3.9.1.4 Verarbeitung von Arrays in Unterprogrammen

Zum Unterprogramm SUCHEN in den 5000er Zeilen:
Hier wird rein sequentiell Satz für Satz bzw. Eintrag für Eintrag in der Datei (im RAM) gesucht. Die Zählerschleife hat nur
einen Ausgang. Die Flagge F dient der Ablaufsteuerung.

Zum Unterprogramm ÄNDERN in den 6000er Zeilen:
Der Ablauf entspricht im wesentlichen dem Unterprogramm SUCHEN
(FOR-Schleife zur Steuerung des sequentiellen Suchens eines
Satzes). Die FOR-Schleife schachtelt eine WHILE-Schleife ein,
die die Eingabe der Änderung überprüft.

Zum Unterprogramm PHYSISCH LÖSCHEN in den 7000er Zeilen:
Physisch löschen heißt tatsächlich löschen. Die Zählerschleife
7050-7070 bewirkt, daß alle Einträge ab dem zu löschenden Eintrag um eine Position bzw. um ein Element in den Arrays N$()
und T$() v o r g e r ü c k t werden.

```
SEQ. TELEPHONDATEI AUF DISKETTE (GGF. AUF KASSETTE):
----------------------------------------------------------
12,STROMANN,06262/3332,WEBER,0721/1300165,TREIBER,0611/23
2323,KOEPFLE,06221/44421,SCHOENFELDER,06203/5541,SCHMIDTB
ORN,06221/332000,...

Wir erkennen:
- Variable Datensatzlänge bei der sequentiellen Datei
  möglich.
- Trennungszeichen CHR$(13) bzw. RETURN zwischen den Daten-
  feldern (hier durch "," dargestellt).
```

```
SEQ. TELEPHONDATEI INTERN IM HAUPTSPEICHER (ARRAYS N$, T$):
----------------------------------------------------------
Index:  N$():            T$():            N:  12
  (1)   STROMANN         06262/3332       Im dateiweisen Datenverkehr
  (2)   WEBER            0721/1300165     wird die gesamte Datei kom-
  (3)   TREIBER          0611/232323      plett in die Arrays N$()
  (4)   KOEPFLE          06221/44421      und T$() eingelesen.
  (5)   SCHOENFELDER     06203/5541
  (6)   SCHMIDTBORN      06221/332000     Am Ende wird der Inhalt
  (7)   ...              ...              der Arrays komplett auf
                                          die Datei geschrieben.
```

Dateiweiser Datenverkehr: Gesamtdatei intern in Arrays ablegen

Zum Unterprogramm EINFÜGEN in den 8000er Zeilen:
Die Zählerschleife 8030 FOR Z=N TO W+2 STEP -1 rückt Einträge (vom letzten Satz ausgehend) um jeweils eine Position nach
hinten, um in den Zeilen 8070-8080 den neuen Eintrag in die
Arrays N$() und T$() einzufügen.

Zum Unterprogramm SORTIEREN in den 9000er Zeilen:
Wie in Programm SORTDATEN1 (vgl. Abschnitt 3.7.3.1) wird das
"Sortieren durch Austausch nach Auswahl" verwendet, jedoch mit
folgenden Abweichungen:
  1) Anstelle von Zahlen werden Strings sortiert.
  2) Die Anzahl der Sortierbegriffe ist mit N variabel.

3.9.1.5 Fehlerbehandlung beim Dateizugriff

Bei j e d e m Diskettenzugriff sollte eine Fehlerabfrage vorgenommen werden. Die Abfrage der Floppy nach Fehlermeldungen
bezieht sich auf die Systemvariablen DS und DS$, in denen
das DOS die Fehlernummer und die Fehlermeldung bereitstellt.
Im Programm SEQUENT-DATEI1 wird nach jeder OPEN-, PRINT#- und
INPUT#-Anweisung diese Fehlerabfrage durchgeführt:

    ... IF DS<>0 THEN PRINT "...FEHLER: ";DS$: STOP

Damit wird beim Auftreten eines Diskettenfehlers die Fehlerart
angezeigt und das Programm durch STOP mit der Meldung "BREAK
IN ...(Zeilennumer)..."abgebrochen. Man kann die Fehlerabfrage
auch als Unterprogramm schreiben und nach jedem Diskettenzugriff mit GOSUB aufrufen. Dies hat jedoch den großen Nachteil,
daß man die Zeilennummer des Fehlerauftretens nicht erfährt.

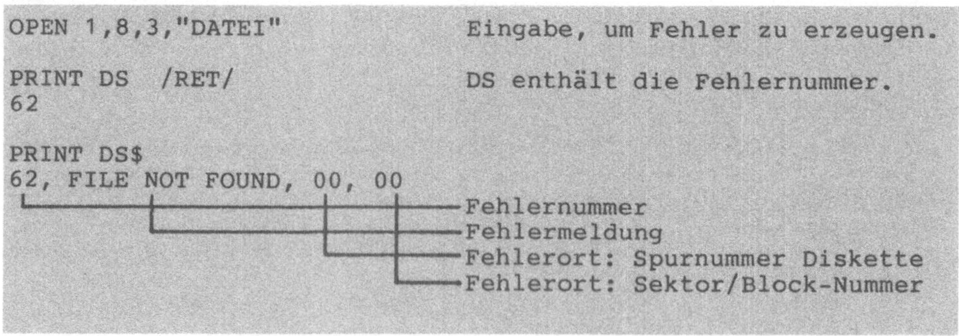

Beispiel zur Fehlerabfrage der Variablen DS und DS$

3.9.1.6 Speicherung einer Datei im Hauptspeicher

Es gibt mehrere Möglichkeiten, eine Datei bzw. deren Datenfelder im RAM bzw. Hauptspeicher zu speichern.

1. Jedes Datenfeld erhält einen eigenen String zugewiesen.
   100 Sätze zu je 2 Feldern beanspruchen 100*2*5=1000 Bytes allein zur Speicherorganisation (bei 5 Bytes je Variable). Diese Lösung ist nicht ökonomisch.

2. E i n String für die gesamte Datei.
   Kaum möglich, da ein String maximal 255 Zeichen lang sein und damit die Datei nicht aufnehmen kann.

3. Ein String mit fester (konstanter) Länge für jeden Satz:
   Das längste Feld der Datei bestimmt die für jedes Feld im String zu reservierende Stellenzahl. Dies führt leicht zur Verschwendung von Speicherplatz.

4. Ein String mit variabler Länge für jeden Satz:
   Zwischen den Feldern stehen Trennungszeichen (z.B. ","). Damit ergibt sich eine gute Speicherausnutzung.

Bei den Möglichkeiten 1, 3 und 4 wird man die Strings zumeist in einem Array anordnen.

Die Telephondatei wurde komplett in den Hauptspeicher geladen (dateiweiser Datenverkehr). Da in der DV-Praxis die Dateigröße den im Hauptspeicher verfügbaren Platz häufig übersteigt, müssen die Datensätze einzeln gelesen und geschrieben werden (datensatzweiser Datenverkehr).
Diese Form einer sequentiellen Datei bietet sich an, wenn ein Magnetband oder eine Kassette als externer Speicher verwendet wird und wenn die Datensätze überwiegend in der Reihenfolge verarbeitet werden, in der sie gespeichert sind. Entspricht die Reihenfolge des Dateizugriffs der Speicherungsfolge nicht, wird man eine Datei mit Direktzugriff organisieren. Darauf gehen wir im folgenden Abschnitt ein.

3.9.2 Direktzugriff-Datei

Das Programm DIREKT-DATEI1 verwaltet eine Artikeldatei, die
als D i r e k t z u g r i f f - D a t e i organisiert ist.
Gegenüber der sequentiellen Telephondatei von Abschnitt 3.9.1
weist diese Artikeldatei folgende Neuerungen auf:

- Datensätze mit k o n s t a n t e r Satzlänge .
- D i r e k t zugriff über einen Satzzeiger S (RECORD#,(S)).
  beim Lesen wie beim Schreiben.
- D a t e n s a t z w e i s e r Datenverkehr.
- Direkte Adressierung des Datensatzes.

Diese drei Neuerungen wollen wir nun im einzelnen erläutern.

3.9.2.1 Datei mit konstanter Datensatzlänge

Die Datensätze der Artikeldatei namens ARTIKELDATEI haben alle
eine feste Satzlänge von L=36 Stellen und bestehen aus jeweils
vier Datenfeldern. Jeder Satz ist somit gleich lang.

Inhalt:	Artikelnummer:	Bezeichnung:	Menge:	Stückpreis:
Stellen: /	4 /	20 /	4 /	8 /
(DATENTYP)	STRING	STRING	STRING	STRING
Var.-Name:	A$(1)	A$(2)	A$(3)	A$(4)
Beispiel:	1002	DISKETTE	200	7.50

Datensatz-Beschreibung (36 Stellen) für die ARTIKELDATEI

Eine Direktzugriff-Datei hat im Gegensatz zur sequentiellen
Datei stets eine f e s t e D a t e n s a t z l ä n g e ,
die in der DOPEN#-Anweisung angegeben werden muß: Eine solche
DOPEN$-Anweisung sieht z.B. wie folgt aus:

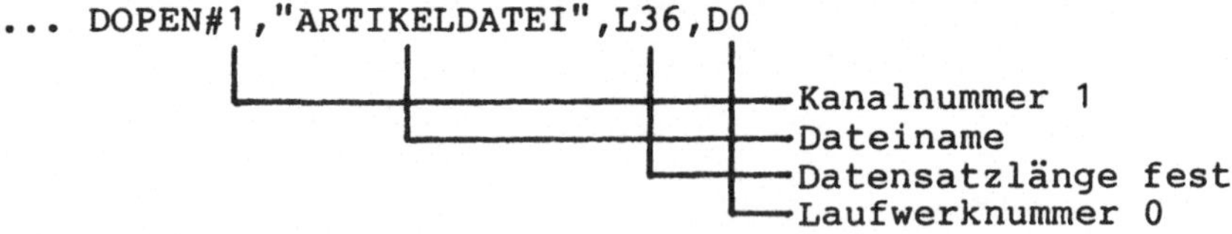

Gibt man die Parameter in Variablen ein, so lautet die DOPEN-
Anweisung z.B. so:

    ... DOPEN#(KN),(F$),L(SL),D(LN)

Eine einmal für die Datei namens ARTIKELDATEI angegebene Satzlänge von 36 Stellen kann nicht mehr verändert werden und muß
bei jedem späteren Dateizugriff angegeben werden (eine andere
Länge ergibt eine Fehlermeldung).

Das Lesen und Schreiben von Sätzen kann in beliebiger Reihenfolge geschehen, d.h. wir können zuerst den 51. Satz schreiben
(Satzbeginn ab Stelle 50*36=1800) und dann erst den 2. Satz
(Satzbeginn ab Stelle 1*36=36). Über die feste Satzlänge er-
mittelt das Betriebssystem die Stelle (relativ zum Dateianfang
gesehen), an welcher der Satz beginnt. Deshalb bezeichnet man
die Direktzugriff-Datei oft als r e l a t i v e   D a t e i .
Im Directory bzw. Disketten-Inhaltsverzeichnis erscheint die
ARTIKELDATEI als REL (für RELative Datei). Kurz: Es liegt eine
REL-Datei vor.

In Commodore-BASIC werden leere Datensätze durch das Zeichen
CHR$(255) markiert. V o r dem Arbeiten empfiehlt es sich, eine
L e e r d a t e i mit der ungefähr benötigten Anzahl von Datensätzen anzulegen. Eine einfache Möglichkeit hierzu besteht
darin, an die Stelle des letzten Satzes das Zeichen CHR$(255)
zu schreiben. Alle vorangehenden CHR$(255) fügt das DOS dann
selbst ein.
Für unsere ARTIKELDATEI erhalten wir bei einer Satzanzahl von
40 folgenden Ablauf zum Anlegen einer Leerdatei:

```
100 REM ======DIREKTZUGRIFF-DATEI LEER ANLEGEN
110 DOPEN#1,"ARTIKELDATEI",L36,D0
120 RECORD#1,(40)
130 PRINT#1,CHR$(255)
140 DCLOSE#1
```


3.9.2.2 Direktzugriff über einen Satzzeiger

Die RECORD#-Anweisung RECORD#1,(S) positioniert den Satzzeiger S auf den gewünschten Datensatz, um ihn mittels PRINT#1 zu
beschreiben bzw. mittels INPUT#1 zu lesen. Mit den Anweisungen

```
... RECORD#1,(40)
... PRINT#1,CHR$(255)
```

schreiben wir das Zeichen CHR$(255) an die Position "Satzlänge
mal 40", also an die Anfangsstelle des 40. Datensatzes.

Zum S c h r e i b e n von Sätzen in die Disketten-Datei: In
einer Schreibroutine bewirken die Anweisungen

```
... RECORD#1,(S)                                           A(4)
... PRINT#1,A$(1);CHR$(44);A$(2);CHR$(44);A$(3);CHR$(44);
```

daß die 4 Datenfelder Nummer A$(1), Bezeichnung A$(2), Menge
A$(3) und Stückpreis A$(4) als S. Datensatz gespeichert werden
(für S=25 wird also der 25. Satz geschrieben und für S=3 der
3. Satz). Intern im RAM legen wir den Datensatz also in einem
4-Elemente-Array namens A$() ab.
Die Datenfelder trennen wir mittels Komma bzw. CHR$(44) von-
einander. Als Trennungszeichen ist auch RETURN bzw. CHR$(13)
möglich.
Hinter der letzten Variablen (hier hinter A$(4)) schreibt die
PRINT#-Anweisung automatisch ein RETURN.

Zum   d i r e k t e n   L e s e n   der ARTIKELDATEI: Die beiden
Anweisungen

```
... RECORD#1,(S)
... INPUT#1,A$(1),A$(2),A$(3),A$(4)
```

dazu, die vier Datenfelder des S. Datensatzes in die genannten
Variablen einzulesen.
Die INPUT#-Anweisung liest ab der 1. Stelle des S. Satzes alle
Zeichen bis zum nächsten Trennungszeichen und weist diese Zei-
chen dann der jeweils genannten Variablen zu.
Die Trennungszeichen (hier: CHR$(44) und CHR$(13)) sind in der
Datei abgelegt und müssen hinter PRINT# deshalb nicht angege-
ben werden.

Codierung zu Programm DIREKT-DATEI1:


```
100 REM ======PROGRAMM DIREKT-DATEI1
110 PRINT "VERWALTUNG EINER ARTIKELDATEI"
120 PRINT "UEBER DIREKTZUGRIFF IN BASIC 3.5.":PRINT
130 :
140 REM ======VEREINBARUNGSTEIL
150 DIM A$(4): REM ARTIKELSATZ MIT 4 DATENFELDERN
160 REM F$,SL: FILE-NAME, KONSTANTE SATZLAENGE
170 REM S,SUCH:SATZNUMMER, SUCHBEGRIFF
180 REM LOWB:  LOWBYTE (NIEDERWERTIGES BYTE) FUER S
190 REM HIGHB: HIGHBYTE (HOEHERWERTIGES BYTE) FUER S
200 REM ADRESSRECHNUNG 'S=SUCH-1000'
210 :
220 REM ======ANWEISUNGSTEIL
230 OPEN 15,8,15,"IO" : CLOSE 15 : REM FEHLERKANAL
240 INPUT "DATEINAME, SATZLAENGE"; F$,SL
250 SCNCLR: PRINT:PRINT "MENUE ARTIKELVERWALTUNG"
260 PRINT "0 = ENDE DES PROGRAMMS"
270 PRINT "1 = DATENSAETZE DIREKT SCHREIBEN"
280 PRINT "2 = DATENSAETZE DIREKT LESEN"
290 PRINT "3 = RELATIVE DATEI LEER ANLEGEN"
300    INPUT E$: LET E=VAL(E$)
310    ON E+1 GOTO 330,1000,2000,3000
320    PRINT "0,1,2 ODER 3.": GOTO 300
330 PRINT "ENDE." : END
340 :
350 :
700 REM ***SIMULATION DER ANWEISUNG 'RECORD#'******
710 LET HIGHB=INT(S/256) : LET LOWB=S-HIGHB*256
720 PRINT#15,"P"+CHR$(96+2)+CHR$(LOWB)+CHR$(HIGHB)+CHR$(1)
730 IF DS=50 THEN 750: REM FALLS NEU ANLEGEN
740 IF DS<>0 THEN PRINT "FEHLER: ";DS$: STOP
750 RETURN
```

Codierung zu Programm DIREKT-DATEI1 (1. Fortsetzung):

```
1000 REM ***SAETZE SCHREIBEN*************************
1010 OPEN 15,8,15 : REM BEFEHLSKANAL OEFFNEN
1020 OPEN 1,8,2,F$: REM DIREKTZUGRIFDATEI
1030 IF DS<>0 THEN PRINT "SCHREIBFEHLER: ";DS$: STO
1040 PRINT "SAETZE SCHREIBEN (0=ENDE)."
1050 DO
1060    PRINT "NUMMER, BEZ., BESTAND, PREIS:"
1070    INPUT A$(1),A$(2),A$(3),A$(4)
1080      IF A$(1)="0" THEN EXIT
1090    LET S=VAL(A$(1))-1000
1100    IF S<1 THEN PRINT "NR>1000": GOTO 1060
1110    REM ***DIREKT SCHREIBEN*****
1120    GOSUB 700: REM ANWEISUNG RECORD#
1130    PRINT#1,A$(1);CHR$(13);A$(2);CHR$(13);A$(3);CHR$(13);A$(4)
1140    REM ***ENDE SCHREIBEFEHL****
1150 LOOP
1160 CLOSE 15: CLOSE 1
1170 PRINT "ARTIKELDATEI GESCHLOSSEN."
1180 INPUT "WEITER MIT RETURN";E$: GOTO 250
1190 :
1200 :
2000 REM ***SAETZE LESEN*************************
2010 OPEN 15,8,15 : OPEN 1,8,2,F$
2020 IF DS<>0 THEN PRINT "LESEFEHLER: ";DS$: STOP
2030 INPUT "ARTIKELNUMMER (0=ENDE)"; SUCH
2040 DO WHILE SUCH<>0
2050    LET S=SUCH-1000 :REM ADRESSRECHNUNG
2060    IF S<1 THEN 2120
2070    REM ***S DIREKT LESEN*******
2080    GOSUB 700 : REM SATZZEIGER RECORD#
2090    INPUT#1,A$(1),A$(2),A$(3),A$(4)
2100    REM ***ENDE LESEBEFEHL******
2110    IF A$(1)<>CHR$(255) THEN 2140
2120    PRINT "ARTIKEL";SUCH;"NICHT GEFUNDEN."
2130    GOTO 2180
2140    PRINT "ARTIKELNUMMER: ";A$(1)
2150    PRINT "BEZEICHNUNG:   ";A$(2)
2160    PRINT "BESTANDSMENGE: ";A$(3)
2170    PRINT "STUECKPREIS:   ";A$(4)
2180    INPUT "ARTIKELNUMMER (0=ENDE)"; SUCH
2190 LOOP
2200 CLOSE 1 : CLOSE 15
2210 PRINT "DATEI UNVERAENDERT GESCHLOSSEN."
2220 INPUT "WEITER MIT RETURN"; E$: GOTO 250
2230 :
2240 :
3000 REM ***DATEI ANLEGEN*************************
3010 INPUT "ANZAHL DER DATENSAETZE"; S
3020 OPEN 15,8,15 : REM BEFEHLSKANAL
3030 OPEN 1,8,2,"0:"+F$+",L,"+CHR$(SL)
3040 PRINT "DATEI ";F$;" EROEFFNET."
3050 REM ***DIREKT SCHREIBEN*******
3060 GOSUB 700 : REM SATZZEIGER RECORD$ AUF S STELLEN
3070 PRINT#1,CHR$(255);
3080 REM ***ENDE SCHREIBBEFEHL*****
3090 PRINT "LETZTER";S;". SATZ LEER BESCHRIEBEN."
3100 CLOSE 1 : CLOSE 15
3110 PRINT "DATEI ";F$;" GESCHLOSSEN."
3120 INPUT "WEITER MIT RETURN"; E$ : GOTO 250
```

3.9.2.3 Simulation der Anweisung DOPEN# mit BASIC 3.5

Im vorangegangenen Abschnitt 3.9.2.2 haben wir den Direktzugriff auf eine Artikeldatei anhand der Anweisungen DOPEN# und
RECORD# erklärt. Wir taten dies, da DOPEN# und RECORD# einfach
anzuwenden und darzustellen sind. Leider hat nur das BASIC 4.0
der größeren Commodore-Computer (z.B. Serie 8000) diese zwei
Anweisungen, nicht aber das BASIC 3.5 des Commodore 16 und 116
sowie des Commodore plus/4.

Gleichwohl lassen sich auch in BASIC 3.5 Direktzugriff-Dateien
verwalten: wir s i m u l i e r e n dazu die zwei Anweisungen
DOPEN# und RECORD#. In der Abbildung sind die zugehörigen Anweisungen in BASIC 4.0 und BASIC 3.5 gegenübergestellt.

```
Direktzugriffdatei öffnen in BASIC 4.0:
-----------------------------------------------

   3020 DOPEN#1,(F$),L(SL)                        F$=Dateiname
                                                  SL=Satzlänge


Direktzugriff-Datei öffnen in BASIC 3.5:
-----------------------------------------------

   3020 OPEN 15,8,15                              15=Befehlskanal
   3030 OPEN 1,8,2,"0:"+F$+",L,"+CHR$(SL)


Satzzeiger stellen in BASIC 4.0:
-----------------------------------------

   3060 RECORD#1,(S)                              S=Satznummer zum
                                                       Zugriff
Satzzeiger stellen in BASIC 3.5:
-----------------------------------

   3060 LET HIGHB=INT(S/256)                      P=Parameter
   3061 LET LOWB=S-HIGHB*256                      2=Sekundäradresse
   3062 PRINT#15,"P"+CHR$(96+2)+CHR$(LOWB)+CHR$(HIGHB)+CHR$(1)


Direktzugriff-Datei schließen in BASIC 4.0:
-----------------------------------------------

   3100 DCLOSE#1


Direktzugriff-Datei schließen in BASIC 3.5:
-----------------------------------------------

   3100 CLOSE 1
   3101 CLOSE 15
```

Anweisungen DOPEN# und RECORD# in BASIC 4.0 und BASIC 3.5

Der Commodore übergibt der Disketteneinheit (z.B. Floppy CBM
1541) einen Befehlsstring für Aufgaben wie das Eröffnen einer
Datei und das Setzen des internen Satzzeigers. Der String zum
Erzeugen der Anweisung DOPEN# in BASIC 3.5 wird in der Abbildung dargestellt.

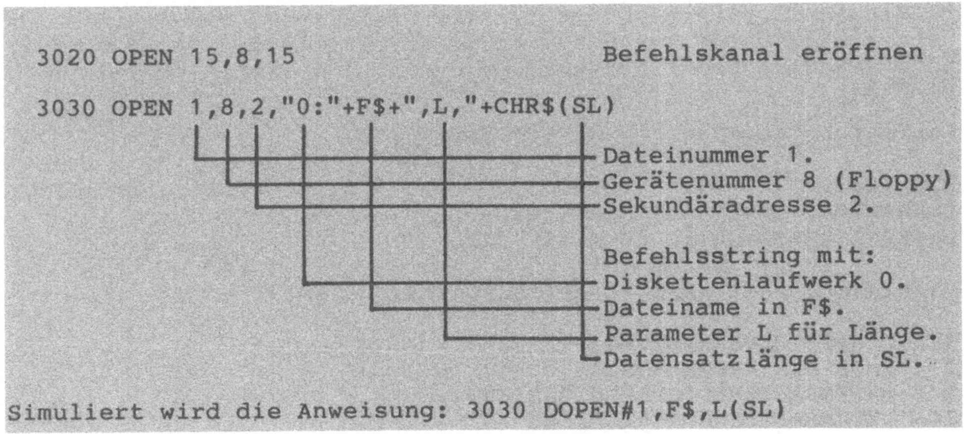

Simulation der Anweisung DOPEN#

Die Satzlänge darf maximal 254 betragen. Wollen wir eine
Datei n e u anlegen, muß der gesamte Befehlsstring gesendet
werden (Unterprogramm ab Zeile 3000).
Soll die Datei später (zum Lesen oder Schreiben) geöffnet werden, so ist lediglich der Filename in F$ im String anzugeben
(vgl. OPEN in den Zeilen 1020 und 2010).

3.9.2.4 Simulation der Anweisung RECORD# mit BASIC 3.5

Die Anweisung RECORD# zum Positionieren des Satzzeigers müssen
wir mit BASIC 3.5 ebenfalls simulieren. Die Abbildung gibt den
String zum Erzeugen der Anweisung RECORD# wieder.

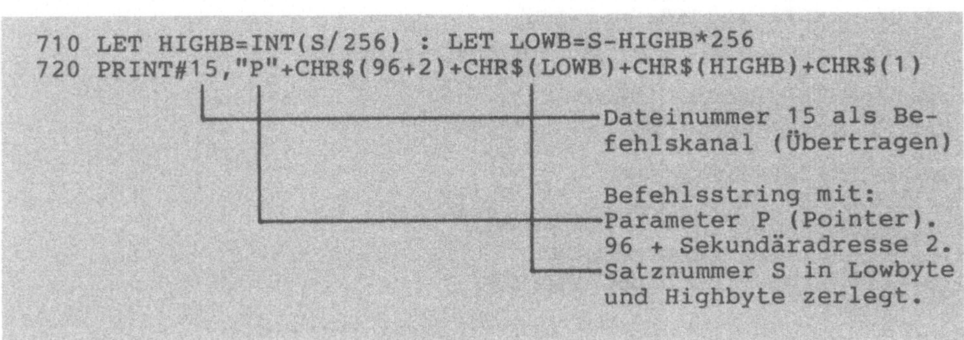

Simulation der Anweisung RECORD#

Das Positionieren des Satzzeigers wird über den Befehlskanal
15 gesendet. Die Sekundäradresse 2 entspricht der unter OPEN
angegebenen Adresse.
Wichtig ist, daß die Satznummer (hier in S) als 2-Byte-Adresse
in ein nieder- und ein höherwertiges Byte aufgeteilt (vgl. dazu Abschnitt 3.5.5.1) wird.

In Programm   DIREKT-DATEI1 ist die Simulation von RECORD#   im
Unterprogramm ab Zeile 700 programmiert. Grund: RECORD# wird
beim Anlegen, Lesen wie auch Schreiben von Sätzen in die Datei
benötigt.

Ausführung zu Programm DIREKT-DATEI1:

```
RUN /RET/                                         /RET/ für RETURN
VERWALTUNG EINER ARTIKELDATEI
UEBER DIREKTZUGRIFF IN BASIC 3.5.


DATEINAME, SATZLAENGE?   ARTIKELDATEI, 36 /RET/


MENUE ARTIKELVERWALTUNG
0 = ENDE DES PROGRAMMS
1 = DATENSAETZE DIREKT SCHREIBEN
2 = DATENSAETZE DIREKT LESEN
3 = RELATIVE DATEI LEER ANLEGEN
? 3  /RET/


ANZAHL DER DATENSAETZE?   20 /RET/
DATEI DIREKTDATEI EROEFFNET.
LETZTER 20. SATZ LEER BESCHRIEBEN.
DATEI ARTDATEI GESCHLOSSEN.
WEITER MIT RETURN /RET/


MENUE ARTIKELVERWALTUNG
0 = ENDE DES PROGRAMMS
1 = DATENSAETZE DIREKT SCHREIBEN
2 = DAENSAETZE DIREKT LESEN
3 = RELATIVE DATEI LEER ANLEGEN
? 1  /RET/


SAETZE SCHREIBEN (0=ENDE)
NUMMER, BEZ., BESTAND, PREIS:
? 1019,STUHL,21,79.50 /RET/
NUMMER, BEZ., BESTAND, PREIS:
? 1002,SESSEL,12,260.90 /RET/
NUMMER, BEZ., BESTAND, PREIS:
0,0,0,0 /RET/
ARTIKELDATEI GESCHLOSSEN.
WEITER MIT RETURN /RET/


MENUE ARTIKELVERWALTUNG
0 = ENDE DES PROGRAMMS
1 = DATENSAETZE DIREKT SCHREIBEN
2 = DAENSAETZE DIREKT LESEN
3 = RELATIVE DATEI LEER ANLEGEN
? 2  /RET/


ARTIKELNUMMER (0=ENDE)? 1004 /RET/
ARTIKEL  1004 NICHT GEFUNDEN.
ARTIKELNUMMER (0=ENDE)? 1019 /RET/
ARTIKELNUMMER: 1019
BEZEICHNUNG:   STUHL
BESTANDSMENGE: 21
STUCKPREIS:    79.50
ARTIKELNUMMER (0=ENDE)? 0 /RET/
DATEI UNVERAENERT GESCHLOSSEN.
WEITER MIT RETURN ...
```

3.9.2.5 Datensatzweiser Datenverkehr

Das Datenverwaltungsprogramm SEQUENT-DATEI1 (Abschnitt 3.9.1)
sieht den d a t e i w e i s e n Datenverkehr vor: zu Beginn
wird die gesamte Datei in den Hauptspeicher eingelesen und in
Arrays abgelegt. Das bedeutet, daß die Datei nicht größer als
der im Hauptspeicher verfügbare Speicherplatz sein darf.

Im Programm DIREKT-DATEI1 hingegen wird jeweils unmittelbar
nach der Anforderung ein Satz geschrieben oder aber gelesen.
Wir sprechen vom d a t e n s a t z w e i s e n Datenverkehr.
Die ARTIKELDATEI kann somit jetzt größer sein als der verfügbare Hauptspeicherplatz, da zwischen dem externen und dem internen Speicher stets nur e i n Datensatz transportiert wird.
Wie zeigt sich der datensatzweise Datenverkehr in der BASIC-
Codierung? In j e d e m (Unter-)Programmfindet sich mindestens eine Anweisung mit Dateizugriff, also mit einer   PRINT#-
oder INPUT#-Anweisung.

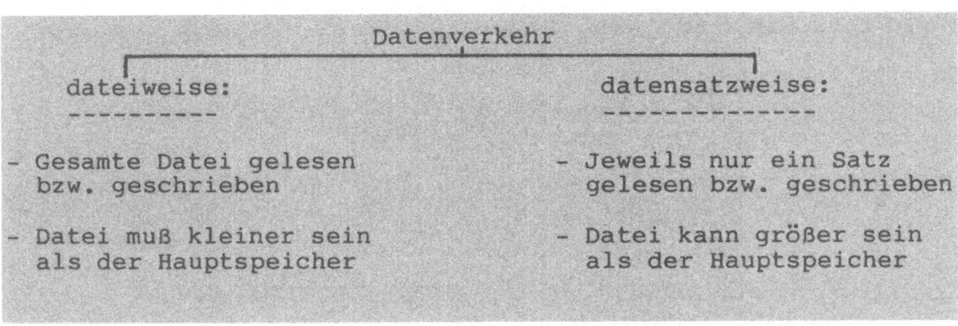

Dateiweiser und datensatzweiser Datenverkehr

3.9.2.6 Direkte Adressierung des Datensatzes

Artikel 1019 ist als 19. Satz in der Artikeldatei gespeichert,
Artikel 1001 als 1. Satz, Artikel 1034 als 34. Satz. Die zeit-
liche Reihenfolge der Speicherung spielt keine Rolle. Solange
z.B. für den 'dazwischengehörenden' Artikel 1007 kein Satz gespeichert ist, bleibt der entsprechende Speicherplatz auf der
Diskette eben leer - es entstehen L ü c k e n . Die schlechte
Ausnutzung des Speicherplatzes ist sicher ein Nachteil der Direktzugriff-Datei.

Der rechnerische Zusammenhang

  "Satznummer S ergibt sich aus Artikelnummer minus 1000"

```
  1090 LET S=VAL(A$(1))-1000 (im Schreibprogramm)
  2050 LET S=SUCH-1000        (im Leseprogramm)
```

wird als A d r e ß r e c h n u n g bezeichnet. Diese Adreßrechnung stellt einen umkehrbaren Zusammenhang zwischen der Artikelnummer als Ordnungsbegriff einerseits und der relativen Satznummer als Speicherort andererseits her. 'Umkehrbar', weil aus der Satznummer (z.B. 119. Satz) die zugehörige Artikelnummer abgeleitet werden kann (also 1119). Man bezeichnet diese umkehrbare Adreßrechnung als d i r e k t e Adressierung.

Die Adreßrechnung muß v o r dem Dateizugriff vorgenommen werden, d.h. v o r jeder PRINT#- oder INPUT#-Anweisung:

- In Unterprogramm SAETZE SCHREIBEN bewirken die Anweisungen

```
1090 LET S=VAL(A$(1))-1000
1120 GOSUB 700 : REM Simulation von RECORD#1,(S),
1130 PRINT#1,A$(1);CHR$(13);A$(2);CHR$(13);...
```

daß nach Berechnung der Satznummer S in Zeile 1090 (für Artikelnummer A$(1)=1019 wird S=19) der Datensatz als 19. Satz direkt in die ARTIKELDATEI geschrieben wird.

- In Unterprogramm SAETZE LESEN bewirkt die Anweisungsfolge

```
2050 LET S=SUCH-1000
2080 GOSUB 700 : REM Simulation von RECORD#1,(S)
2090 INPUT#1,A$(1),A$(2),A$(3),A$(4)
```

dementsprechend, daß nach Ermittlung der Satzadresse S aus dem Suchbegriff SUCH der S. Datensatz direkt gelesen wird.

Struktogramm zum Unterprogramm SAETZE SCHREIBEN des Programmes DIREKT-DATEI1:

Artikeldatei namens ARTIKELDATEI eröffnen
Satz eintippen und nach A$(1),A$(2),A$(3),A$(4) zuweisen
Wenn Nummmer A$(1) gleich null, dann Ende
Adreßrechnung: Satznummer S = Artikelnummer - 1000
Satzzeiger mittels RECORD auf S positionieren
Datensatz in die Datei direkt schreiben
ARTIKELDATEI erweitert wieder schließen

Struktogramm zum UNTERPROGRAMM SAETZE LESEN des
Programmes DIREKT-DATEI1:

<table>
<tr><td colspan="2">ARTIKELDATEI eröffnen als Direktzugriff-Datei mit Länge 36</td></tr>
<tr><td colspan="2">Zu suchende Artikelnummer SUCH eintippen</td></tr>
<tr><td colspan="2">Wenn SUCH=0 dann Ende</td></tr>
<tr><td colspan="2">Adreßrechnung durchführen: S = SUCH - 1000</td></tr>
<tr><td colspan="2">Artikelsatz mit Satznummer S direkt lesen</td></tr>
<tr><td colspan="2">Satz gefunden?
ja   nein</td></tr>
<tr><td>Satzkomponenten
A$(1)-A$(4) zeigen</td><td>Fehlerhinweis
ausgeben</td></tr>
<tr><td colspan="2">ARTIKELDATEI unverändert wieder schließen</td></tr>
</table>

3.9.2.7 Indirekte Adressierung des Datensatzes

Das Adreßrechnungsverfahren der d i r e k t e n Adressierung
ist ungeeignet, wenn der Ordnungsbegriff einer Datei streut.
Betrachten wir dazu als Beispiel die folgende Artikeldatei:
   Kleinste Artikelnummer 1,
   größte Artikelnummer 30000,
   insgesamt 2000 Artikel im Sortiment,
   "SatzNr = ArtNr" als Adreßrechnung.
Für die zum Beispiel nur 2000 Artikel müßten 300000 Artikel-
sätze in der Datei bereitgestellt werden. Das Adreßrechnungsverfahren der d i r e k t e n Adressierung ist hier also ungeeignet. Aus diesem Grunde wird bei Streuung des Ordnungsbe-
griffes ein Verfahren der i n d i r e k t e n Adressierung
gewählt wie z.B. das Divisions-Rest-Verfahren. Dabei entsteht
das Problem, daß für zwei Ordnungbegriffe dieselbe Satznummer
berechnet wird. Es kann zu Doppelbelegung bzw. Überläufern
kommen, die natürlich gesondert gespeichert werden müssen.
Im Zusammenhang mit der indirekten Adressierung spricht man
auch von H a s h i n g (übersetzt: etwa 'Mischmasch') bzw.
vom Hash-Code.

```
DIREKTE ADRESSIERUNG:

- Adreßrechnung "SatzNr = ArtNr - 1000" ergibt für ArtNr
  1010, 1045, 1002, ...  die SatzNr 10, 45, 2 ...

- Adreßrechnung "SatzNr = PersNr" ergibt für die PersNr
  100187, 6745, 23, ...  die Satznr 100187, 6745, 23, ...

- Aus dem Ordnungsbegriff läßt sich die Satznummer errechnen
  und umgekehrt aus der Satznummer der Ordnungsbegriff.

- Lücken im Ordnungsbegriff führen zu Lücken auf der Datei.


INDIREKTE ADRESSIERUNG:

- Adreßrechnung "Divisions-Rest-Verfahren" als Beispiel:
  Ordnungsbegriff durch Satzanzahl der Datei (=1200) teilen.
  ArtNr 10800 ergibt SatzNr 1 / ArtNr 1453 ergibt SatzNr 254
  10800:1200=9 Rest 0+1 = 1    / 1453:1200=1 Rest 253+1 = 254

- Aus der Satznummer läßt sich der Ordnungsbegriff nicht
  eindeutig zurückrechnen (Problem der Überläufer).

- Ziel: Weit verstreute Ordnungsbegriffe (z.B. ArtNr) zu eng
  beieinanderliegenden Satzadressen (SatzNr) verdichten.
```

Zwei Adreßrechnungs-Arten: Direkte und indirekte Adressierung

Die indirekte Adressierung ist auch stets dann angezeigt, wenn
ein k l a s s i f i z i e r e n d e r Ordnungsbegriff angewendet wird. Als Beispiel betrachten wir in der Abbildung eine
Artikelnummer mit acht Stellen.


```
Position: Inhalt:   Bedeutung:

 1 - 2    AA-ZZ     Zwei Anfangsbuchstaben des Artikelnamens.
 3 - 4    Zahl      Lagerstelle
 5 - 7    Zahl      Nummer des Lieferanten
 8        Ziffer    Nummer für identische Positionen 1-7

Die Artikelnummern HA093320 (Hammer, Lagerstelle 9, Lieferan-
tennummer 332) und ME421000 (Meisel, Lagerstelle 42, Lieferan-
tennummer 100) können nur indirekt adressiert gelesen werden.
```

Artikelnummer als klassifizierender Ordnungsbegriff

3.10 Grafikverarbeitung

3.10.1 Grafik-Modi im Überblick

Beim Commodore sind zunächst zwei grundsätzlich verschiedene
Grafik-Betriebsarten zu unterscheiden: Auf der einen Seite die
T e x t - G r a f i k , bei der nur Zeichen (Ziffern, Buchstaben, Sonder- und Grafikzeichen) dargestellt werden, und auf
der anderen Seite die P i x e l - G r a f i k zur Darstellung von einzelnen Bildpunkten als sog. Pixeln.

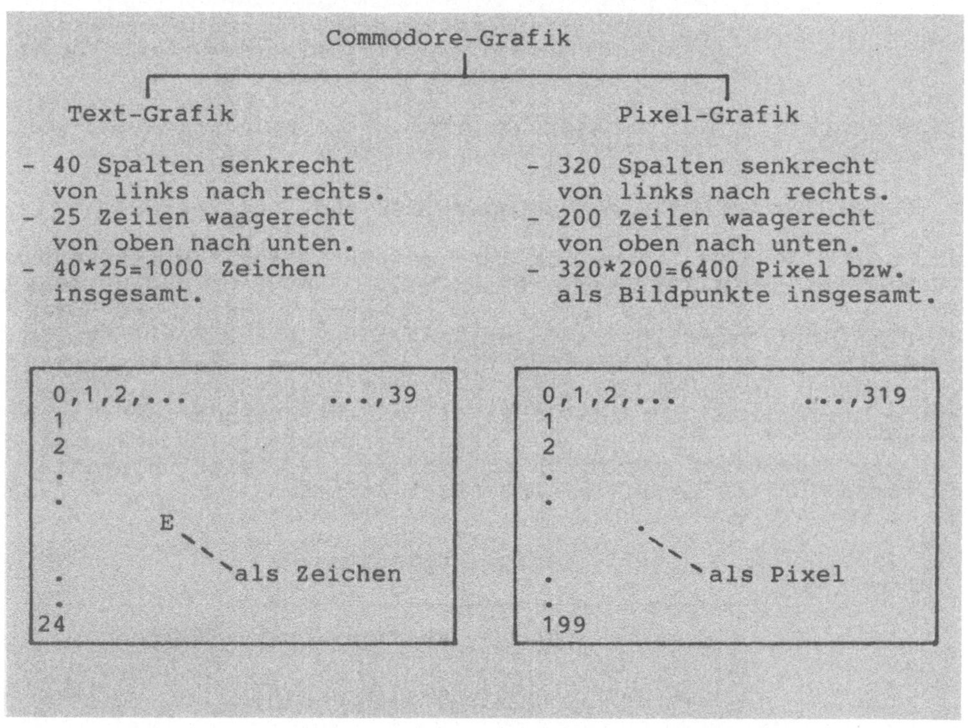

Zeichen bzw. Pixel als kleinste grafische Einheit

Bei der Text-Grafik ist das Zeichen die kleinste programmierbare Einheit. Es kann von uns nicht weiter unterteilt werden.
Jedes Zeichen setzt sich aus 8*8=64 Punkten zusammen. Bei der
Pixel-Grafik können wir diese kleinen Punkte e i n z e l n
ansprechen und manipulieren. In jeder Zeile stehen 320 Punkte
nebeneinander (8*40=320). Da genau 200 Punkte untereinander-
stehen (8*25=200), sind insgesamt 64000 Bildpunkte bzw. Pixeln
(320*200=64000) von uns auf dem Bildschirm direkt adressierbar
(Grafik-Modus 1).

Mit der GRAPHIC-Anweisung können wir die fünf in der Abbildung
wiedergegebenen Grafik-Modi Text, Hires, Hires+Text, Mehrfar-
ben und Mehrfarben+Text ansteuern.

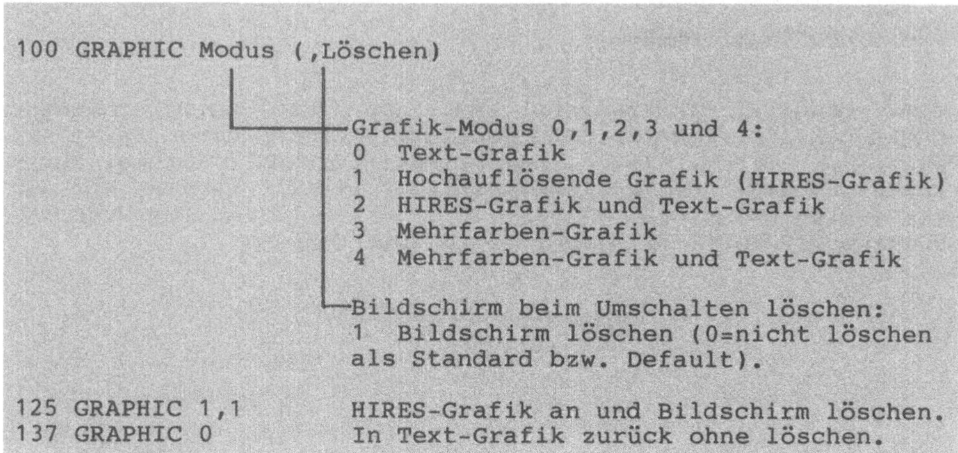

GRAPHIC-Anweisung zum Ansteuern der fünf Grafik-Modi

Beim Grafik-Modus 1 steht uns der gesamte Bildschirm mit 64000
Bildpunkten zur Verfügung. Bei den Modi 2 und 4 hingegen liegt
ein g e t e i l t e r B i l d s c h i r m vor. Dabei wird
unten am Bildschirm ein Text-Bereich von 5 Zeichen/Zeilen bzw.
40 Pixeln (5*8=40) Höhe abgeteilt. Der obere Grafik-Bereich
ist somit 'nur' noch 20 Zeilen bzw. 160 Pixeln hoch. Der ge-
teilte Bildschirm hat den Vorteil, daß erläuternde Texte zum
Programmablauf in den unteren Bildschirmzeilen sichtbar bleiben. Dies geschieht natürlich auf Kosten des kleineren Grafik-
Bereiches von 160 gegenüber 200 Pixel-Zeilen.

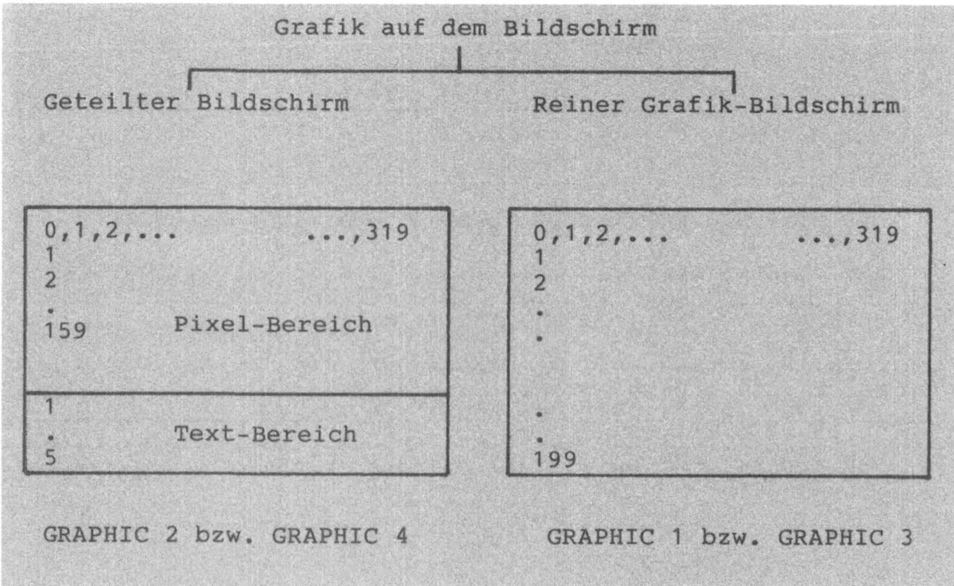

Pixel-Text-Modi 2 und 4   sowie   reine Pixel-Modi 1 und 3

Arbeiten wir mit der Pixel-Grafik, wird ein Grafik-Speicherbe-
reich von 10 KByte Größe am Anfang des RAM automatisch eingerichtet. Der BASIC-Speicherbereich (vgl. Abschnitt 3.5.5) wird
dadurch im RAM 'nach oben in Richtung höherer Adressen' ver-
legt. Die Pixel-Grafik mit ihren 64000 Bildpunkten ist äußerst
speicherplatzaufwendig.

Im folgenden gehen wir auf die einzelnen Grafik-Anweisungen an
Beispielprogrammen ein. Es ist eine gute Übung, die Programme
selbst auszuprobieren, zu ändern bzw. zu erweitern.

Um die Grafik nicht sofort vom Bildschirm verschwinden zu lassen, wird jeweils die Anweisung GETKEY E$ vorgesehen. Damit
`wartet` das Grafikprogramm jeweils so lange, bis irgend eine
Taste gedrückt wird.

3.10.2 Linien und Punkte mit DRAW

3.10.2.1 Durchgehende Linie

Das Programm DRAW-TEST1 verdeutlicht uns das Gliederungsprin-
zip j e d e s Grafikprogramms: Vorbereitungen, Grafik-Modus
einschalten, Grafik ausgeben und Rückkehr in den Text-Modus.

```
Schritt 1: Vorbereitungen treffen
------------------------------------
  - Zeilen 190-230
  - Koordinaten der Punkte P1 und P2 festlegen

Schritt 2: Grafik-Modus einschalten
------------------------------------------
  - 240 GRAPHIC 2,1
  - Grafik-Modus 2: "Hires-Grafik mit Text", also geteilter
    Bildschirm

Schritt 2: Grafik ausgeben
----------------------------
  - Zeilen 250-330
  - Mit DRAW: Zwei Linien und ein Punkt in Pixel-Bereich oben
  - Mit PRINT: Drei Textzeilen in Text-Bereich unten

Schritt 4: Grafik-Modus ausschalten
------------------------------------
  - 340 GRAPHIC 0,1
  - In Text-Modus 0 zurückkehren und dabei Bildschirm löschen
```

4-Schritte-Gliegerung jedes Grafikprogrammes

Codierung zu Programm DRAW-TEST1:

```
100 REM ======PROGRAMM DRAW-TEST1
110 PRINT "LINIE UND PUNKT MITTELS DRAW ZEICHNEN"
120 PRINT "(MODUS 2: HOCHAUFLOESENDE GRAFIK + TEXT)": PRINT
130 :
140 REM ====== VEREINBARUNGSTEIL
150 REM S1,S2: SPALTEN (320 NEBENEINNDER)
160 REM Z1,Z2: ZEILEN (200 UNTEREINANDER)
170 :
180 REM ====== ANWEISUNGSTEIL
190 PRINT "KOORDINATEN DER PUNKTE S,Z:"
200 PRINT "SPALTE S=0-319, ZEILE Z=0-199."
210 INPUT "PUNKT P1(S1,Z1)"; S1,Z1
220 INPUT "PUNKT P2(S2,Z2)"; S2,Z2
230 PRINT "WEITER?";: GETKEY E$
240 GRAPHIC 2,1
250 PRINT "1. LINIE VON P1 NACH P2"
260 DRAW 1,S1,Z1 TO S2,Z2
270 GETKEY E$
280 PRINT "2. LINIE VON P2 NACH P3(160,100)"
290 DRAW 1 TO 160,100
300 GETKEY E$
310 PRINT "3. MITTELPUNKT DES GRAFIK-BEREICHES P4"
320 DRAW 1,160,80
330 GETKEY E$
340 GRAPHIC 0,1
350 PRINT "ENDE.": END
```

Mit 240 GRAPHIC 2,1 schalten wir den Grafik-Modus 2 ein: Der
Bildschirm wird gelöscht und in zwei Bereiche geteilt:

- Pixel-Bereich oben mit 320 Spalten (0-319) nebeneinander
  und 159 Zeilen (0-159) untereinander.
  Der Pixel-Cursor steht unsichtbar in der Position (X=0,Y=0),
  d.h. ganz oben links am Bildschirm.

- Text-Bereich unten auf dem Bildschirm mit 40 Spalten (0-39)
  nebeneinander und 5 Zeilen untereinander.
  Der Text-Cursor (dies ist unser 'altbekannter' Cursor) steht
  sichtbar blinkend unter dem READY.-Prompt unten links in der
  zweiten Textzeile.

Wichtig ist, daß der P i x e l - C u r s o r stets unsichtbar bleibt und nur dann in Erscheinung tritt, wenn gerade gezeichnet wird.

Wir lassen das Programm DRAW-TEST1 mit den zwei Eingabewerten
P1(20,140) und P2(300,10) laufen. Wo liegt der Punkt P1? Stets
vom Punkt P(0,0) oben links ausgehend gehen wir 20 Pixel nach
rechts (X1=20) und dann 140 Pixel nach unten (Y1=140). Anders
als in der Mathematik üblich stellt der linke obere Eckpunkt
den Nullpunkt dar, von dem aus nach rechts (X von 0 bis 319)
und nach unten (Y von 0 bis 199) in positiver Richtung gezählt
wird. Am Bildschirm steht dann die in der Abbildung wiedergegebene Information.

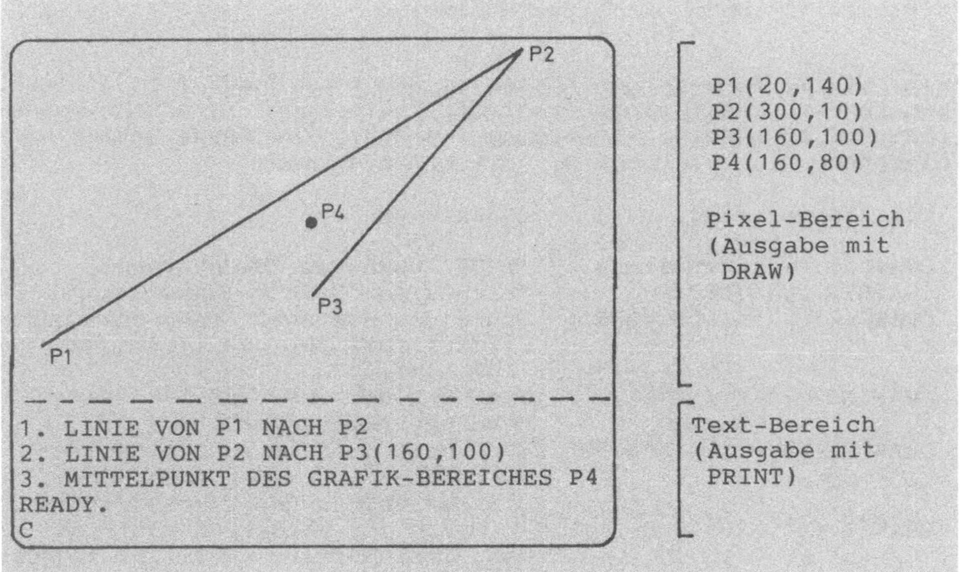

Ausführung zu DRAW-TEST1: Inhalt des geteilten Bildschirmes

- P1(0,100), P2(319,100)   Waagerechte Linie (quer).

- P1(0,199), P2(319,0)   Linie von links unten nach rechts
                                oben (fängt später an, da unten
                                der 5-Zeilen-Textbereich verdeckt)

- P1(0,159), P2(319,159)   Waagerechte Linie unmittelbar über
                                dem Text-Bereich (Grenzlinie).

- P1(0,160), P2(319,160)   Waagerechte Linie nicht sichtbar,
                                da bereits im Text-Bereich.

Mit der DRAW-Anweisung können wir eine Linie zwischen zwei angegebenen Punkten, zwischen der aktuellen Cursorposition und
einem Punkt oder einen Einzelpunkt zeichnen. In der Abbildung
werden diese drei Möglichkeiten anhand von Programm DRAW-TEST1
dargestellt.

```
DRAW-Anweisung:                  Zeichne eine Linie ...:
---------------                  -----------------------

260 DRAW 1,S1,Z1 TO S2,Z2        ... vom Anfangspunkt (S1,Z1) zum
                                     zum Endpunkt (S2,Z2)

290 DRAW 1 TO 160,100            ... von der Cursorposition, d.h.
                                     (S2,Z2) zum Endpunkt (160,100)

320 DRAW 1,160,80                ... den einen Punkt (160,80),
                                     da Anfangspunkt = Endpunkt

Ausführung von DRAW-TEST1: (S1,Z1)=(20,140), (S2,Z2)=(300,10)
```

Drei grundlegende Anwendungen der DRAW-Anweisung

3.10.2.2   Zeichnen im Direkt-Modus

Alle Grafik-Anweisungen können im Programm-Modus (mit Zeilennummern innerhalb eines Programms) wie auch im Direkt-Modus
(ohne Zeilennummer) eingegeben werden. Zur Übung nehmen wir
folgenden d i r e k t e n   D i a l o g vor:

          Direktanweisung: Bedeutung:

          Commodore einschalten   (/RET/ bedeutet RETURN-Taste)
          GRAPHIC 2,1 /RET/   Text-Cursor blinkt links unten.
          DRAW 1 TO 160,100 /RET/   Linie vom Eckpunkt links oben zur
                                       Bildschirmmitte: von (0,0) nach
                                       (160,100).
          DRAW TO 319,0 /RET/   Zweite Linie von (160,100) zum
                                       Eckpunkt rechts oben (319,0).
          DRAW 1,160,0 TO 160,159 /RET/ Dritte Linie von Bildschirm-
                                       mitte oben senkrecht nach unten
                                       bis zum Beginn des Text-Bereiches.
          DRAW 1,+40,-20 TO 0,0 /RET/   Von der aktuellen Position
                                       des Pixel-Cursors (160,159) ausge-
                                       hend um 40 nach rechts und um 20
                                       nach oben gehen und eine Linie zum
                                       Nullpunkt ziehen.
          DRAW 0 TO 160,100   /RET/   Die erste Linie wieder löschen.
          GRAPHIC 0,1   /RET/   Rückkehr in Text-Modus 0.

Da mit dem Grafik-Modus 2 ein geteilter Bildschirm eingerichtet wird, werden alle von uns d i r e k t eingetippten DRAW-
Anweisungen in den unteren fünf Bildschirmzeilen protokolliert
(neue Zeilen 'rutschen' nach oben). Im Grafik-Modus 1 hingegen
können solche Direktanweisungen nicht mitverfolgt werden.

In Grafik-Anweisungen können wir Koordinaten entweder absolut
oder relativ zur aktuellen Cursorposition angeben.


```
Absolut-Positionierung:
---------------------------
DRAW 1, 40,20 TO 160,100
         |       |
         |       |______________ Startpunkt (40,20)
         |______________________ Endpunkt (160,100)


Relativ-Positionierung:
---------------------------
DRAW 1, +40,-20 TO 160,100
          |        |
          |        |____________ Startpunkt 40 Pixel rechts und
          |                      20 Pixel oberhalb der aktuellen
          |                      Cursorposition.
          |_____________________ Endpunkt mit (160,100)

Bewegungsrichtungen /X: + rechts, - links//Y: + unten, - oben/
```

     Positionierung des Pixel-Cursors 'absolut' oder 'relativ'

3.10.2.3 Linie und Bewegung

Im Programm LINIE-BEWEG1 wird die DRAW-Anweisung in eine FOR-
NEXT-Schleife gesetzt, um bei jedem Schleifendurchlauf einen
neuen Punkt zu zeichnen. Löscht man jeden gerade gezeichneten
Punkt wieder, ergibt sich der Effekt eines sich auf dem Bildschirm bewegenden Punktes. Läßt man die Punkte stehen, so entsteht eine immer länger werdende Linie.

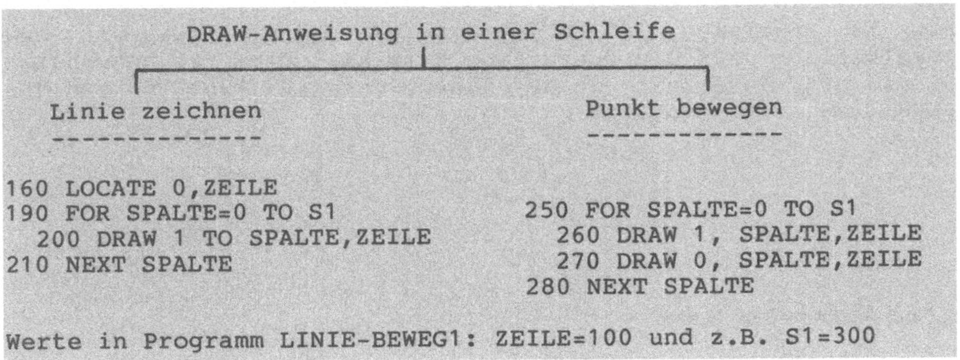

Punkt für Punkt zeichnen mit der DRAW-Anweisung

Im Programm LINIE-BEWEG1 kehren wir die standardmäßig vorgegebene Farbeinstellung um: Mit 120 COLOR 0,1 wird der Hintergrund schwarz und mit 130 COLOR 1,2 der Vordergrund weiß gewählt. Grafische Darstellungen sind "weiß auf schwarz" häufig
besser lesbar.

Codierung zu Programm LINIE-BEWEG1:

```
100 REM ====== PROGRAMM LINIE-BEWEG1
110 INPUT "ENTFERNUNG VOM LINKEN RAND";S1
120 COLOR 0,1 :   REM HINTERGRUND SCHWARZ
130 COLOR 1,2 :   REM ZEICHEN WEISS
140 GRAPHIC 1,1: REM HOCHAUFL. GRAFIK
150 LET ZEILE=100
160 LOCATE 0,ZEILE
170 :
180 REM *** LINIE WIRD GEZEICHNET ******
190 FOR SPALTE=0 TO S1
200    DRAW 1 TO SPALTE,ZEILE
210 NEXT SPALTE
220 GETKEY E$
230 REM *** PUNKT BEWEGT SICH *********
240 SCNCLR
250 FOR SPALTE=0 TO S1
260    DRAW 1, SPALTE,ZEILE
270    DRAW 0, SPALTE,ZEILE :REM LOESCHEN
280 NEXT SPALTE
290 GETKEY E$
300 GRAPHIC 0
310 COLOR 0,2: COLOR 1,1
```

Zur Ausführung von Programm LINIE-BEWEG1:
Anders als im Programm DRAW-TEST1 wird in LINIE-BEWEG1 mit der
Anweisung 140 GRAPHIC 1,1 kein geteilter Bildschirm gewählt,
sondern einen 'reinen' Grafik-Bildschirm mit 320 Spalten und
200 Zeilen. Nach der Eingabe von z.B. 300 für S1 wird der gesamte Bildschirm gelöscht und zuerst eine waagerechte Linie in
Bildschirmmitte von (0,100) nach (300,100) gezeichnet. Danach
bewegt sich ein Punkt von links nach rechts entlang derselben
Linie.

Mit der Anweisung 160 LOCATE 0,ZEILE positionieren wir den
Pixel-Cursor auf den Punkt (X=0,Y=ZEILE). Dies ist notwendig,
da die DRAW-Anweisung in der Zählerschleife 190-210 von der
aktuellen Cursorposition ausgeht.

3.10.3 Funktion bzw. Kurve

Das Programm KURVE1 dient dem Zeichnen von Parabeln der Form

    $Y = A*X + B*X + C$

im Grafik-Modus 2, also in 'Hires-Grafik mit geteiltem Bildschirm'. Der Mittelpunkt des Koordinatenkreuzes wird auf den
Mittelpunkt des Bildschirmes gelegt (Zeile 240 (X0=160,Y0=100)
als Spalten- und Zeilenwerte). Das Koordinatenkreuz zeichnen
wir in den Zeilen 260-270. Innerhalb der WHILE-Schleife in den
Zeilen 300-410 können wir Parameterwerte A,B und C eintippen.
Die eingetippten Werte werden im Text-Bereich unten am Bildschirm gezeigt, während im Pixel-Bereich oben am Bildschirm
die zugehörige Kurve gezeichnet wird. Wir können die Parabel
(je nach Inhalt von E$) auf zwei Arten zeichnen:
- Für E$="N" werden einzelne Punkte gezeichnet. Da diese Punk-
  te nicht unbedingt dicht nebeneinander liegen, erscheint die
  Kurve etwas 'gepünktelt'.
- Für E$="J" werden die Punkte verbunden, wodurch die Kurve
  ein etwas 'treppenartiges' Aussehen erhält.

Codierung zu Programm KURVE1:

```
100 REM ======PROGRAMM KURVE1
110 PRINT "PARABEL Y=A * X↑2 + B*X + C
120 PRINT "MIT HOCHAUFLOESENDER GRAFIK.": PRINT
130 :
140 REM ======VEREINBARUNGSTEIL
150 REM A,B,C:       PARAMETER
160 REM Y0,X0:       NULLPUNKTKOORDIATEN
170 REM X,X1,Y,Y1:   PARABEL-KOORDINAATEN
180 REM FLAGGE:      HILFSVARIBLE BOOLESCH
190 REM A$,E$:       EINGABESTEUERUNG
200 :
```

```
210 REM ======ANWEISUNGSTEIL
220 INPUT "BILDPUNKTE VERBINDEN (J/N)";E$
230 PRINT "WEITER?";: GETKEY A$
240 LET X0=160: LET Y0=100      .
250 GRAPHIC 2,1
260 DRAW 1,0,Y0 TO 319,Y0
270 DRAW 1,X0,0 TO X0,199
280 INPUT "A,B,C (777=ENDE)";A,B,C
290 :
300 DO WHILE A<>777
310    LET A=A/20: LET X=X*20: REM AUSDEHNUNG PASSEN
320    LET FLAGGE=0
330    FOR X=-X0 TO X0
340       LET Y=A*X*X + B*X + C
350       IF Y>Y0 OR Y<-Y0 THEN 390
360       IF FLAGGE=0 THEN LET X1=X0+X: LET Y1=Y0-Y: LET FLAGGE=-1
370       IF E$="J" THEN DRAW 1,X1,Y1 TO X0+X,Y0-Y: ELSE DRAW 1,X1,Y1
380       LET X1=X0+X: LET Y1=Y0-Y
390    NEXT X
400    INPUT "A,B,C (777=ENDE)";A,B,C
410 LOOP
420 :
430 GRAPHIC 0,1
440 PRINT "ENDE.": END
```

Ausführung zu Programm KURVE mit vierfachem Schleifendurchlauf
und den folgenden Eingabewerten:

```
A,B,C (777=ENDE)?   0,1,1 /RET/
A,B,C (777=ENDE)?   1,0,0 /RET/              (Dieser Dialog steht
A,B,C (777=ENDE)?   -1,0,0 /RET/              im Text-Bereich des
A,B,C (777=ENDE)?   0.25,1,-1 /RET/           Bildschirmes unten)
A,B,C (777=ENDE)?   777,0,0 /RET/
```

Im Pixel-Bereich des Bildschirmes erscheinen diese vier Kurven:

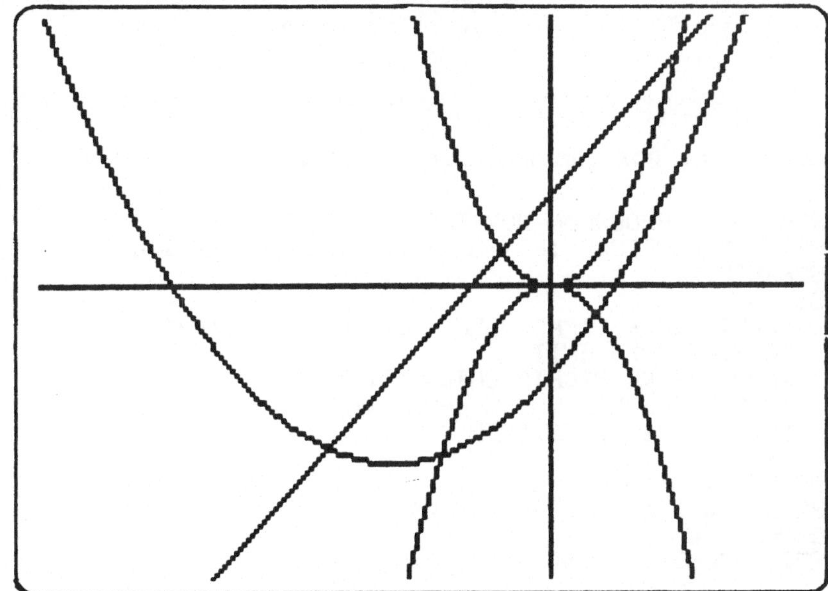

3.10.4 Rechtecke und Quadrate mit BOX

Mit der BOX-Anweisung können Rechtecke gezeichnet und gedreht
werden. Ein Rechteck wird dabei durch die Angabe der Eckpunkte
'links oben' sowie 'rechts unten' definiert. Im folgenden Programm BOX-TEST1 können wir beliebige Rechtecke definieren und
gedreht zeichnen. Nach dem Zeichnen eines Rechteckes steht der
Pixel-Cursor (wie immer unsichtbar) im Eckpunkt 'rechts unten'
und kann von dieser Position aus weiterbewegt werden. Mit der
Anweisung 200 DRAW 1 TO 319,0 entsteht deshalb eine Gerade
von diesem Eckpunkt aus zur rechten oberen Bildschirmecke.

Ausführung zu Programm BOX-TEST1:

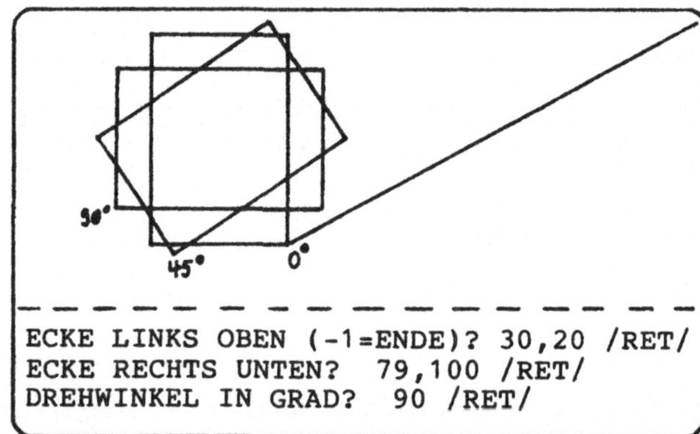

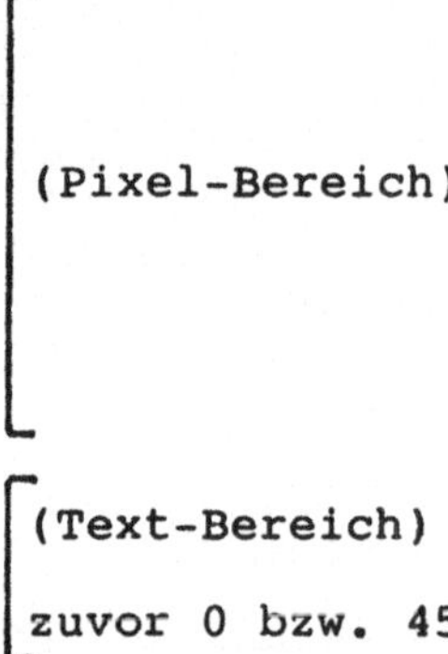

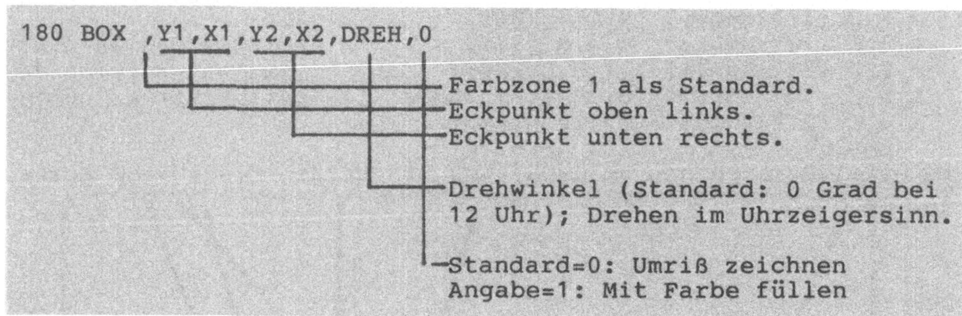

Anweisung BOX zum Zeichnen, Drehen und Einfärben

```
100 REM ======PROGRAMM BOX-TEST1
110 PRINT "RECHTECKE TESTEN MITTELS ANWEISUNG BOX."
120 GRAPHIC 2,1
130 DO
140    INPUT "ECKE LINKS OBEN (-1=ENDE)   ";Y1,X1
150    IF Y1<0 THEN EXIT
160    INPUT "ECKE RECHTS UNTEN";Y2,X2
170    INPUT "DREHWINKEL IN GRAD";DREH
180    BOX ,Y1,X1,Y2,X2,DREH
190 LOOP
200 DRAW 1 TO 319,0
210 PRINT "WEITER?";: GETKEY E$
220 GRAPHIC 0,1
230 PRINT "ENDE.": END
```

3.10.5 Kreise und Ellipsen mit CIRCLE

3.10.5.1 Kreise und Teilkreise

Das Programm CIRCLE-TEST1 enthält fünf Unterprogramme, die alle über ein Menü aufgerufen werden. Das erste Unterprogramm in den 1000er-Zeilen dient dazu, Kreise und Kreisausschnitte mit der Anweisung CIRCLE zu zeichnen. Die vollständige Definition der CIRCLE-Anweisung wurde in Abschnitt 2.3.2.4 gegeben. Hier einige Ausführungsbeispiele zum Unterprogramm "KREIS' in den 1000er-Zeilen:

X,Y:	BREITE:	HOEHE:	B1:	B2:	Zeichnung:
160,100	80	80	0	360	Ellipse, da Bildschirm nicht quadratisch.
160,100	80	50	0	360	Kreis (HOEHE=50 = 5/8 * 80)
160,100	80	50	90	270	Unterer Halbkreis 'Schüssel'
160,100	80	50	0	180	Rechter Halbkreis

Codierung zu Programm CIRCLE-TEST1:


```
100 REM ======PROGRAMM CIRCLE-TEST1
110 PRINT "KREISE BZW. ELLIPSEN MIT DER ANWEISUNG"
120 PRINT "CIRCLE ZEICHNEN (HOHE AUFLOESUNG)."
130 DO
140 PRINT "0   ENDE DER DEMONSTRATION"
150 PRINT "1   ENZELNE KREISE ZEICHNEN"
160 PRINT "2   KREIS IM KREIS (RADIUS ABNEHMEND)"
170 PRINT "3   KREIS IM KREIS (RADIUS ZUNEHMEND)"
180 PRINT "4   KREISSEGMENTE (WELLENFORM)"
190 PRINT "5   KREISSEGMENTE (ALS TORTENSTUECKE"
200 INPUT "WAHL 0-5";E$: LET E=VAL(E$)
210 SCNCLR
220 ON E GOSUB 1000,2000,3000,4000,5000
230 IF E=0 THEN EXIT
240 LOOP
250 PRINT "ENDE." :END
260 :
270 :
1000 REM ======UNTERPROGRAMM 'KREIS'
1010 INPUT "KOORDIATEN X,Y (160,100=MITTE)";X,Y
1020 INPUT "RADIUS BREITE (0=ENDE)";BREITE
1030 DO WHILE BREITE<>0
1040    INPUT "RADIUS HOEHE";HOEHE
1050    INPUT "BOGENANFANG, -ENDE (0,360=GANZER BOGEN)";B1,B2
1060    GRAPHIC 1,1
1070    CIRCLE 1,X,Y,BREITE,HOEHE,B1,B2
1080    GETKEY E$
1090    GRAPHIC 0,1
1100    INPUT "RADIUS BREITE (0=ENDE)";BREITE
1110 LOOP
1120 RETURN
```

Codierung zu Programm CIRCLE-TEST1 (Fortsetzung):

```
1130 :
2000 REM ======UNTERPROGRAMM 'KREIS IM KREIS'
2010 INPUT "RADIEN VON 160 BIS 1 MIT SCHRITT (Z.B.-10)";SCHRITT
2020 GRAPHIC 1,1
2030 FOR RADIUS=160 TO 1 STEP SCHRITT
2040    CHAR 1,0,Z,STR$(RADIUS): LET Z=Z+1
2050    CIRCLE 1,160,100,RADIUS
2060 NEXT RADIUS
2070 GETKEY E$
2080 GRAPHIC 0,1
2090 RETURN
2100 :
3000 REM ======UNTERPROGRMM 'HOEHE-BREITE'
3010 PRINT "VERHAELTNIS HOEHE/BREITE VON 0.1 BIS 2"
3020 INPUT "MIT SCHRITTWEITE";SCHRITT
3030 INPUT "ALTEN KREIS LOESCHEN (J/N)";L$
3040 GRAPHIC 1,1
3050 FOR HOEHE=0.1 TO 2 STEP SCHRITT
3060 CHAR 1,0,1,STR$(HOEHE)
3070 CIRCLE 1,160,100,80,HOEHE*80
3080 IF L$="J" THEN CIRCLE 0,160,100,80,HOEHE*80
3090 FOR Z=1 TO 100: NEXT Z
3100 NEXT HOEHE
3110 GETKEY E$
3120 GRAPHIC 0,1
3130 RETURN
3140 :
4000 REM ======UNTERPRORAMM 'SEGMENTE'
4010 INPUT"BREITE DER WELLE (Z.B. 20)";BREITE
4020 GRAPHIC 1,1
4030 FOR BOGEN=0 TO 320 STEP 40
4040    CHAR 1,0,0,STR$(BOGEN)
4050    CIRCLE 1,BOGEN,100,BREITE,,90,270
4060    FOR ZEIT=1 TO 200: NEXT ZEIT
4070 NEXT BOGEN
4080 GETKEY E$
4090 GRAPHIC 0,1
4100 RETURN
4110 :
5000 REM ======UNTERPROGRAM 'TORTEN'
5010 INPUT "TORTENBREITE IN GRAD (Z.B. 10)";BREITE
5020 GRAPHIC 1,1
5030 FOR GRAD=0 TO 360 STEP BREITE
5040    CIRCLE 1,160,100,100,,GRAD,GRAD+BREITE
5050    DRAW 1 TO 160,100
5060 NEXT GRAD
5070 GETKEY E$
5080 GRAPHIC 0,1
5090 RETURN
```

3.10.5.2 Text im Pixel-Bereich mit CHAR

Betrachten wir das Unterprogramm 'KREIS IM KREIS' von Programm
CIRCLE-TEST1. Geben wir als Schrittweite -10 ein, erscheinen
16 konzentrische Kreise mit jeweils um 10 kleinerem Radien. Am
linken Bildschirmrand wird der gerade gezeichnete Radius ausgegeben (vgl. Ausführungsbeispiel). Dazu verwenden wir die Anweisung CHAR. Mit dieser Anweisung haben wir die Möglichkeit,
Text im Pixel-Bereich zu zeigen, um die Grafik zu beschriften.

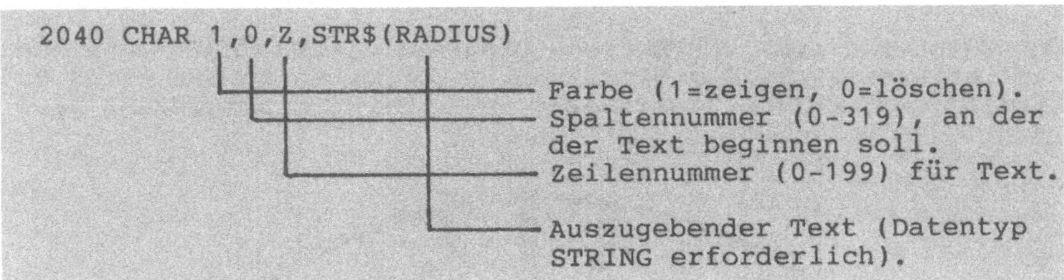

CHAR-Anweisung zur Textausgabe im Pixel-Bereich der Grafik

Ausführung zu Unterprogramm 'KREIS IM KREIS' von CIRCLE-TEST1:

Eingabe
von
SCHRITT=-10

Text und
Grafik im
Pixel-Bereich

Äusserer Kreis
als
erster Kreis

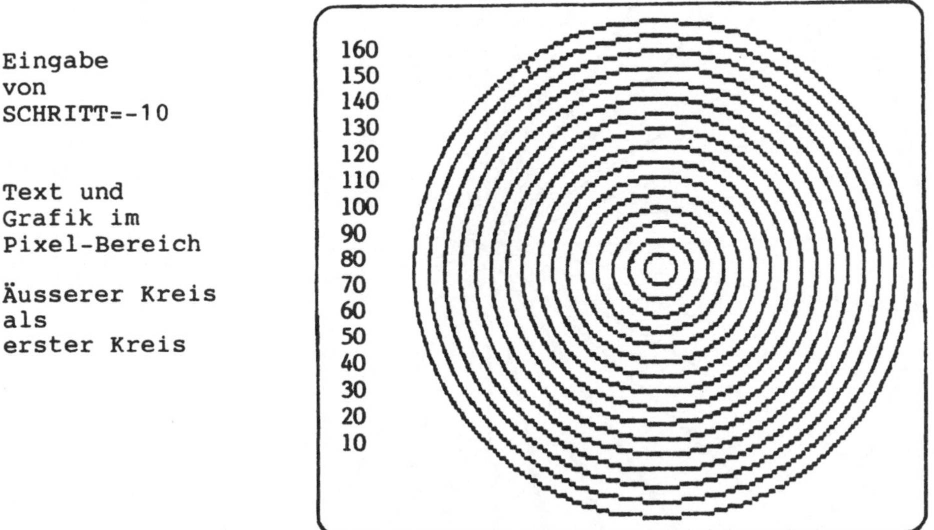

Zum Unterprogramm 'HOEHE-BREITE' von CIRCLE-TEST1:
Dieses Unterprogramm in den 3000er-Zeilen dient dazu, das Ver-
hältnis des X-Radius (Breiten-Radius) zum Y-Radius (Höhen-Ra-
dius) zu testen. Geben wir -1 als Seitenverhältnis SCHRITT ein
(Zeile 3020), wird eine flache Ellipse gezeichnet. Die folgenden Ellipsen werden immer höher. Dem Seitenverhältnis von 5/8
bzw. 0.625 entspricht der Kreis (200 Zeilen zu 320 Spalten ergibt 200/320 bzw. 5/8). Werte über 0.625 ergeben 'hohe' Ellipsen.

3.10.5.3 Kreisausschnitte

Das Unterprogramm 'SEGMENTE' in den 4000er-Zeilen von Programm
CIRCLE-TEST1 dient dazu, Teilkreise zu zeichnen. Bei Eingabe
von BREITE=20 erhalten wir folgende Wellenlinie:

Im Unterprogramm 'TORTEN' von Programm CIRCLE-TEST1 verbinden
wir Teilkreise mit dem Mittelpunkt, um Torten zu erhalten. Bei
Eingabe von BREITE=10 erscheint am Bildschirm folgendes 'Rad':

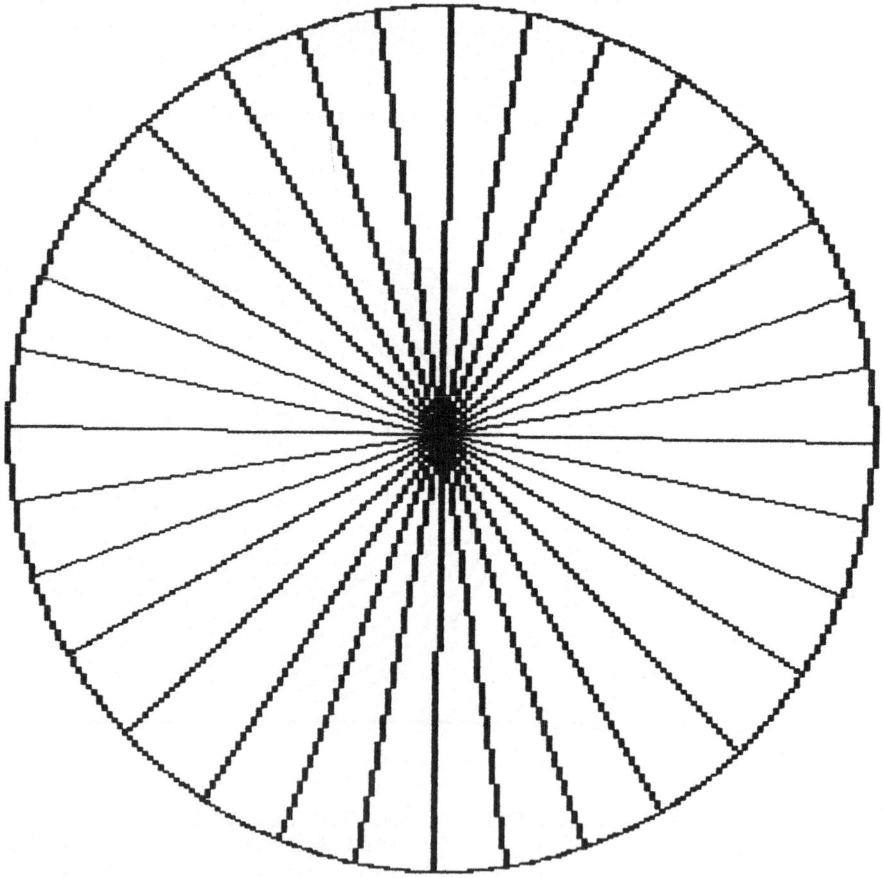

3.10.6 Grafik und Farbe

3.10.6.1 Farbe einstellen mit COLOR

Durch die Anweisung COLOR (vgl. Abschnitt 2.3.2.4) wird die
Farbe für den Hintergrund, den Vordergrund (Zeichen) und den
Rand bzw. Rahmen des Bildschirmes eingestellt. Dazu stehen 16
Farben mit jeweils 8 Helligkeitsstufen zur Verfügung. Mit der
Anweisung

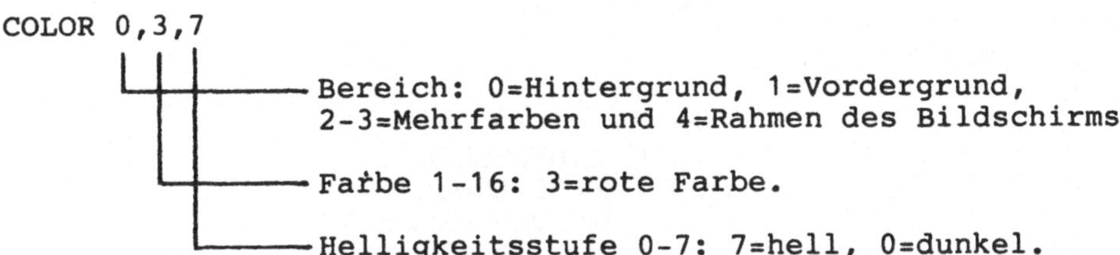

wählen wir einen hell-roten Hintergrund. Da 7 als Standardwert
gilt, bewirkt die Anweisung COLOR 0,3 dasselbe.

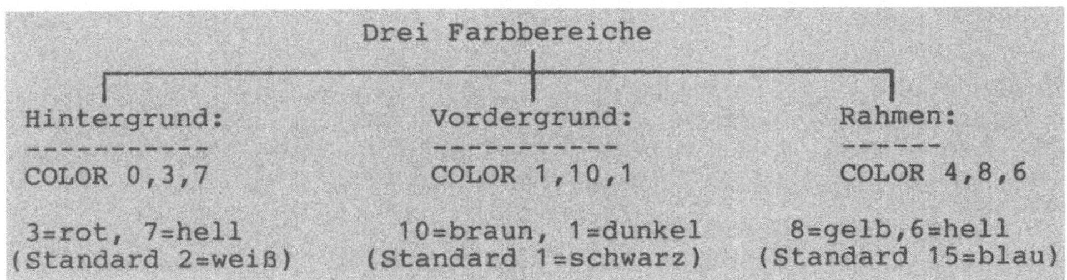

Drei Beispiele zur COLOR-Anweisung

Das Programm COLOR-TEST1 demonstriert die Farben von Hintergrund, Vordergrund und Rahmen.

Codierung zu Programm COLOR-TEST1:

```
100 REM ======PROGRAMM COLOR-TEST1
110 SCNCLR
120 COLOR 0,2,7: COLOR 4,5,7
130 PRINT "FARBTEST ZEICHEN:":PRINT
140 LET BEREICH=1
150 GOSUB 1000
160 SCNCLR
170 PRINT "FARBTEST HINTERGRUND:":PRINT
180 COLOR 1,1,7
190 LET BEREICH=0
200 GOSUB 1000
210 SCNCLR
220 PRINT "FARBTEST RAHMEN:": PRINT
230 COLOR 0,2,7
240 LET BEREICH=4
250 GOSUB 1000
260 COLOR 4,5,7
270 PRINT "ENDE." : END
```

Codierung zu Programm COLOR-TEST1 (Fortsetzung):

```
1000 REM ***UPRO FARBEN****************
1010 FOR HELL=3 TO 7
1020    PRINT "HELLIGKEITSSTUFE";HELL
1030    FOR FARBE=1 TO 16
1040       COLOR BEREICH,FARBE,HELL
1050       READ F$: PRINT F$;" ";
1060       IF BEREICH=1 THEN 1080
1070       FOR  I=1 TO 400 :NEXT I
1080    NEXT FARBE
1090    PRINT: RESTORE
1100    PRINT "TASTE": GETKEY E$
1110 NEXT HELL
1120 DATA SCHWARZ,WEISS,ROT,ZYAN,PURPUR
1130 DATA GRUEN,BLAU,GELB,ORANGE,BRAUN
1140 DATA GELBGRUEN,ROSA,BLAUGRUEN,HELLBLAU
1150 DATA DUNKELBLAU,HELLGRUEN
1160 RETURN
```

3.10.6.2 Flächen füllen mit PAINT

Soll nicht nur die Begrenzung einer Fläche eingefärbt werden,
sondern auch die Fläche selbst, so kommt die PAINT-Anweisung
zur Anwendung. Das Programm PAINT-TEST1 zeigt hierzu mehrere
Beispiele. So wird mit den Anweisungen

```
1050 CIRCLE 1,160,80,60
1060 PAINT 1,160,80
```

ein Kreis mit Radius 60 sowie Mittelpunkt (160,80) gezeichnet
und eingefärbt. Die PAINT-Anweisung füllt das Kreisinnere vom
Startpunkt (160,80) ausgehend bis zur Kreislinie mit Farbe.
Anstelle von (160,80) hätte man auch einen anderen im Kreisinneren liegenden Punkt nehmen können wie z.B. (173,77). Mit

```
1050 CIRCLE 1,160,80,60
1051 PAINT 1,20,20
```

wird die außerhalb des Kreises liegende Fläche eingefärbt, da
der Startpunkt (20,20) n i c h t im Kreisinneren liegt.

Zum Unterprogramm 'VIELECKE' des Programms PAINT-TEST1 in den
1000er-Zeilen:
In diesem Ablauf werden Vielecke, die mit der CIRCLE-Anweisung
gezeichnet werden, eingefärbt. Dazu folgende Anwendungsfälle:

MittelpunktsWINKEL:	Eingefärbte Figur:
90 Grad	Quadrat
60 Grad	Regelmäßiges Sechseck
120 Grad	Regelmäßiges Dreieck
80 Grad	Unregelmäßiges Fünfeck
180 Grad	Senkrechte Linie
über 180 Grad	Keine Fläche (Fehler)

Zum Unterprogramm 'DREHEN' des Programms PAINT-TEST1 in den
2000er-Zeilen:
Mit den Anweisungen 2120 COLOR 1,3: PAINT 1,0,0 färben wir
das Feld, das außerhalb des mit CIRCLE gezeichneten Vieleckes
liegt, rot ein. Bei diesem Feld handelt es sich um den Pixel-
Bereich; der Text-Bereich behält seine bisherige Farbe. Geben
wir die Anweisungen 2120 COLOR 0,3: PAINT 0,0,0 ein, so wird
nur der 5-zeilige Text-Bereich rot eingefärbt.
Zum Ablauf des Unterprogrammes: Geben wir die Werte MITTEL=140
und DREH=30 ein, wird ein Dreieck gezeichnet, das dann bei jedem Tastendruck (2090 GETKEY E$) um 30 Grad weitergedreht wird
(die Drehwinkel 30,60,90,.. erscheinen unten im Text-Bereich).
Die D r e h u n g erfolgt im Uhrzeigersinn um den Drehpunkt
(160,80).
Für LOESCH<>0 wird jeweils nur das letzte Dreieck gezeigt, für
LOESCH=0 dagegen werden die gedrehten Figuren überschrieben;
dadurch entsteht ein Gebilde ähnlich einer 'Rosette'.

Zum Unterprogramm 'PROZENTFLAECHE' des Programms PAINT-TEST1
in den 3000er-Zeilen:
Wie die beiden folgenden Ausführungsbeispiele (75 % und 25 %)
zeigen, färben wir Flächen ein, die Prozentanteile veranschaulichen. Die Kreisausschnitte werden mit CIRCLE (Kreislinie)
und DRAW (Grenzlinien zum Mittelpunkt) gezeichnet.

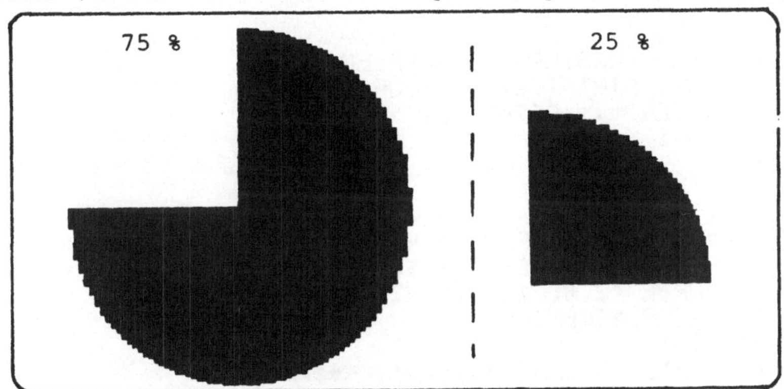

Codierung zu Programm PAINT-TEST1:

```
100 REM ===*===PROGRAMM PAINT-TEST1
110 PRINT "FLAECHEN EINFAERBEN MIT PAINT-ANWEISUNG.": PRINT
120 DO
130 PRINT "0  ENDE DER DEMONSTRATION"
140 PRINT "1  VIELECK EINFAERBEN"
150 PRINT "2  VIELECK DREHEN"
160 PRINT "3  FLAECHE MIT PROZENTANTEIL"
170 INPUT "WAHL 0-3";E$: LET E=VAL(E$)
180 SCNCLR
190 ON E GOSUB 1000,2000,3000
200 IF E=0 THEN EXIT
210 LOOP
220 PRINT "ENDE." :END
```

Codierung zu Programm PAINT-TEST1 (Fortsetzung):

```
1000 REM ======UNTERROGRAMM 'VIELECKE'
1010 GRAPHIC 2,1
1020 INPUT "MITTELPUNKTSWINKEL (-1=ENDE)";WINKEL
1030 DO WHILE WINKEL>0
1040    SCNCLR
1050    CIRCLE 1,160,80,60,,,,,WINKEL
1060    PAINT 1,160,80
1070    INPUT "MITTELPUNKTSWINKEL (-1=ENDE)";WINKEL
1080 LOOP
1090 GRAPHIC 0,1
1100 RETURN
1110 :
1120 :
2000 REM =====UNTERPROGRAMM 'DREHEN'
2010 GRAPHIC 2,1
2020 INPUT "MITTELPUNKTSWINKEL (Z.B. 140)";MITTEL
2030 INPUT "DREHUNG IN GRAD (Z.B. 30)";DREH
2040 INPUT "ALTE FIGUR LOESCHEN (0=NEIN,1=JA)";LOESCH
2050 FOR WINKEL=0 TO 360 STEP DREH
2060    IF LOESCH THEN SCNCLR
2070    CIRCLE 1,160,80,60,,,,WINKEL,MITTEL
2080    PRINT "DREHWINKEL:";WINKEL
2090    GETKEY E$
2100 NEXT WINKEL
2110 PRINT "FELD AUSSERRHALB FAERBEN."
2120 COLOR 1,3: PAINT 1,0,0: COLOR 1,1
2130 PRINT"WEITER?";: GETKEY E$
2140 GRAPHIC 0,1
2150 RETURN
2160 :
2170 :
3000 REM ======UNTERPROGRAMM 'PROZENTFLAECHE'
3010 INPUT "WIEVIEL PROZENT (Z.B. 75)";PROZ
3020 INPUT "FARBE (Z.B. 1=SCHWARZ,10=BRAUN)";FARB
3030 LET GRAD=PROZ*360/100
3040 GRAPHIC 1,1
3041 REM ***TORTE ZEICHNEN**************
3050 CIRCLE 1,160,100,80,,0,GRAD
3060 DRAW 1 TO 160,100
3070 DRAW 1 TO 160,20
3071 REM ***FLAECHE EINFAERBEN**********
3080 COLOR 1,FARB: PAINT 1,162,28
3081 REM ***PROZENTANGABE ZEIGEN********
3090 CHAR 1,20,1,STR$(PROZ)+" %"
3100 GETKEY E$
3110 GRAPHIC 0,1: COLOR 1,1
3120 RETURN
```

3.10.7 Zwei Anwendungen

3.10.7.1 Tortendiagramm in Hires-Grafik

Das Programm TORTENDIAGRAMM1 stellt für eine beliebige Anzahl
von Artikeln (ANZ) die Absatzmengen M1() und die Namen NAM$()
grafisch dar. Dabei wird wie folgt vorgegangen:

- Die relativen Mengenanteile werden im Array M2() gespeichert
  (Zeile 310).
- Mit 350 LET B1=0 wird der Anfang der ersten Torte auf die
  '12-Uhr-Position' festgelegt.
- Die Zählerschleife 360 FOR - 490 NEXT steuert das Zeichnen
  der ANZ Torten des Diagrammes.
- Die Kreislinie jeder Torte wird in zwei Etappen gezeichnet
  (zweimal CIRCLE), um dazwischen mit CHAR die Beschriftung
  einzufügen.
- Die Anweisung 410 LET X=RDOT(0) legt die aktuelle Cursorposition in X ab: X und Y werden in CHAR gebraucht.
- Mit 480 LET B1=B3 wird der Anfang der (im Uhrzeigersinn
  rechts liegenden) nächsten Torte festgelegt.

Ausführung zu Programm TORTENDIAGRAMM1:

ANZAHL DER ARTIKEL? 4   /RET/
1. ARTIKEL: NAME, ANZAHL? HAMMER,20   /RET/
2. ARTIKEL: NAME, ANZAHL? METERMASS,7   /RET/
3. ARTIKEL: NAME, ANZAHL? WASSERWAAGE,15   /RET/
4. ARTIKEL: NAME, ANZAHL? BOHRER,12   /RET/

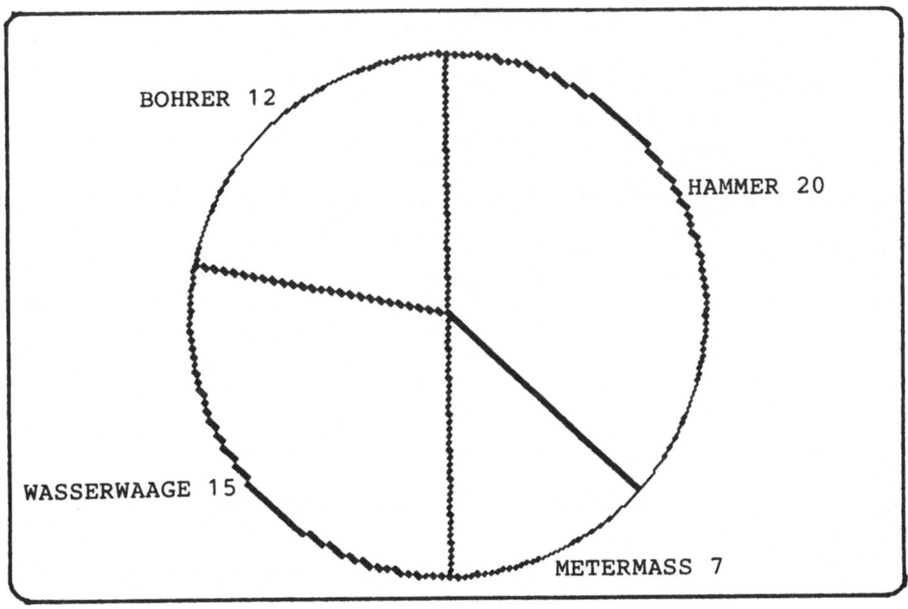

Codierung zu Programm TORTENDIAGRAMM1

```
100 REM ======PROGRAMM TORTENDIAGRAMM1
110 PRINT ":TORTENDIAGRAMM MIT VARIABLER ANZAHL"
120 PRINT "ERSTELLEN UND BESCHRIFTEN.":PRINT
130 :
140 REM ======VEREINBARUNGSTEIL
150 REM NAM$(),ANZ:ANZAHL UND NAMEN VON ARTIKELN
160 REM M1(),M2(): MENGEN ASOLUT UND RELATIV
170 INPUT "ANZAHL DER ARTIKEL";ANZ
180 DIM NAM$(ANZ),M1(ANZ),M2(ANZ)
190 REM BOGEN:        LAENGE IN GRAD EINES TORTENBOGENS
200 REM B1,B2,B3:  BOGENANFANG, -MITTE UND -ENDE
210 REM X,Y:          KOORDONATEN ZEILE, SPALTE
220 :
230 REM ======ANWEISUNGSTEIL
240 FOR Z=1 TO ANZ
250    PRINT Z;". ARTIKEL: NAME, ANZAHL";
260    INPUT NAM$(Z),M1(Z)
270    LET M1(0)=M1(0)+M1(Z)
280 NEXT Z
290 :
300 FOR Z=1 TO ANZ
310    LET M2(Z)=M1(Z)/M1(0)
320 NEXT Z
330 :
340 GRAPHIC 1,1 : REM HOCHAUFL. GRAFIK
350 LET B1=0      : REM TORTENANFANG OBEN
360 FOR Z=1 TO ANZ
370    LET BOGEN=M2(Z)*360
380    LET B2=B1+BOGEN/2
390    LET B3=B2+BOGEN/2
400    CIRCLE 1,160,100,80,,B1,B2
410    LET X=RDOT(0) : REM CURSORPOSITION
420    LET Y=RDOT(1)
430    LET X=INT(X*25/200)
440    LET Y=INT(Y*40/320)
450    CHAR 1,X,Y,NAM$(Z)+STR$(M1(Z))
460    CIRCLE 1,160,100,80,,B2,B3
470    DRAW 1 TO 160,100
480    LET B1=B3  : REM NEUER TORTENANFANG
490 NEXT Z
500 GETKEY E$
510 GRAPHIC 0,1  :REM TEXT-MODUS
520 PRINT "ENDE.":END
```

3.10.7.2 Texte in Mehrfarben-Grafik

Das Programm TEXTFARBZUFALL1 verwendet die Mehrfarben-Grafik
mit geteiltem Bildschirm. Dieser Grafik-Modus 4 wird mittels

```
120 GRAPHIC 4,1
```

eingestellt und kann m e h r e r e Farben darstellen. Dabei
werden Bildpunkte mit doppelter Breite ausgegeben, wodurch die
Anzahl der Spalten von 320 auf 160 halbiert wird.

Grafik-Modus:	Spalten nebeneinander:		Zeilen untereinander:	
0 Text-Grafik	0-39	(Textzeichen)	0-24	(Text)
1 Hires-Grafik	0-319	(Pixel)	0-199	(Pixel)
2 Hires + Text	0-319	(Pixel)	0-159	(Pixel)
	0-39	(Text)	0-4	(Text)
3 Mehrfarben	0-159	(Breit-Pixel)	0-199	(Pixel)
4 Mehrfarb + Text	0-159	(Pixel)	0-159	(Pixel)
	0-39	(Zeichen)	0-4	(Text)

Bildschirmaufteilung bei den fünf Grafik-Modi

Zum Ablauf von Programm TEXTFARBZUFALL1:
- Im Unterprogramm mit den 1000er-Zeilen sind 15 Worte gespei-
  chert, die in den Array DAT$() eingelesen werden. Diese 15
  Worte werden zufällig ausgewählt und am Bildschirm gezeigt.

- Das Unterprogramm in den 2000er-Zeilen nimmt das Erzeugen
  der Zufallswerte vor: ZE und SP für die Anfangskoordinaten
  des Wortes, ARTIKELNR für die Nummer des Wortes und RAHMEN
  für die Rahmenfarbe. Die jeweilige Wortfarbe wird in Zeile
  260 zufällig erzeugt.

- Das Unterprogramm in den 3000er-Zeilen schreibt zwei Text-
  zeilen in den Text-Bereich unten am Bildschirm. Dieser Text
  bleibt dauernd stehen - im Gegensatz zur Ausgabe im oberen
  Pixel-Bereich.

- In der Zählerschleife 240 FOR I - 320 NEXT I wird ein Wort
  dreimal in einer jeweils anderen Farbe zur Anzeige gebracht.
  Jede Farbe wird in den 8 Helligkeitsstufen 'zum Aufleuchten'
  gebracht.

Das Programm kann sehr einfach angepaßt werden. Dazu folgendes
Beispiel: In der 3000er-Zeilen die Firmenbezeichnung eintragen
(maximal 5 Zeilen für den Text-Bereich). In den 1000er-Zeilen
die Artikel des Sortimentes eintragen (1. Wert in DATA für die
Anzahl). Das Gerät z.B. ins Schaufenster stellen und das Programm starten.

```
100 REM ======PROGRAMM TEXTFARBZUFALL1        Codierung zu Programm
110 GOSUB 1000    : REM TEXTE EINLESEN         TEXTFARBZUFALL1
120 GRAPHIC 4,1 : REM MEHRFARBEN+TEXT
130 COLOR 0,1     : REM HINTERGRUND SCHWARZ
140 COLOR 3,1     : REM MEHRFARBEN SCHWARZ
150 LET Z=RND(-TI): REM QUELLE ZUFALL
160 TRAP 380
170 REM ***ENDLOSSCHLEIFE AUSGANG TRAP**
180 DO
190   GOSUB 2000 : REM NAECHSTER TEXT
200   Z=2000:GOSUB 4000
210   GOSUB 3000 : REM TEXTBEREICH UNTEN
220   Z=1500:GOSUB 4000
230   CHAR 3,ZE,SP,DAT$(ARTIKELNR)
240   FOR I=1 TO 3
250     COLOR 3,1
260     LET FARBE=INT(RND(1)*15)+2
270     FOR HELL=0 TO 7
280       COLOR 3,FARBE,HELL
290        Z=100:GOSUB 4000
300     NEXT HELL
310      Z=500:GOSUB 4000
320    NEXT I
330    Z=1000:GOSUB 4000
340    COLOR 3,1
350    Z=1000:GOSUB 4000
360 SCNCLR: COLOR 4,RAHMEN
370 LOOP
380 GRAPHIC 0: COLOR 1,1,7 : COLOR 0,2
390 COLOR 4,14: END
400 :
410 :
1000 REM ***DATEN EINLESEN***************
1010 DATA 15,DATEI,MUSIK,SCHLEIFE,PROGRAMSTRUKTUR, DRAW
1020 DATA FIRMWARE, FENSTER, CHIP, HARDWARE,ARRAY
1030 DATA TEXT,MENUETECHNIK,8-BIT-MIKRO,SPIEL,DATENTYPEN
1040 READ N: DIM DAT$(N)
1050 FOR I=1 TO N: READ DAT$(I): NEXT I
1060 RETURN
1070 :
1080 :
2000 REM ***TEXTPOSITION/ARTIKEL ZUFALL*
2010 LET ZE=INT(RND(1)*15)
2020 LET SP=INT(RND(1)*20)
2030 LET ARTIKELNR=INT(RND(1)*N)+1
2040 LET RAHMEN=INT(RND(1)*16)+1
2050 RETURN
2060 :
2070 :
3000 REM ***TEXTBEREICH UNTEN***********
3010 COLOR 1,2
3020 PRINT "BASIC-WEGWEISER FUER C-16, C-116, PLUS/4"
3030 PRINT "VIEWEG VERLAG WIESBADEN "
3040 RETURN
3050 :
3060 :
4000 REM ***ZEIT-/WARTESCHLEIFE*********
4010 FOR T=1 TO Z: NEXT T
4020 RETURN
```

3.11 Musik

3.11.1 Erzeugen von Tönen mit SOUND

Zum Erzeugen von Tönen und Geräuschen stellt BASIC die Anweisung SOUND zur Verfügung. Wie die Grafikanweisungen kann auch
diese Musikanweisung im Direkt- oder Programm-Modus eingegeben
werden. Geben wir die Anweisung SOUND 1,345,25 ein, ertönt
die Note 'tiefes E' ungefähr 1/2 Sekunde lang (Abbildung).

```
SOUND 1, 345, 25
      |    |    |
      |    |    |——S t i m m e - # :
      |    |       1 = Tongenerator 1 ergeugt Töne.
      |    |       2 = Tongenerator 2 erzeugt Töne (wie 1).
      |    |       3 = Tongenerator 2 erzeugt Geräusche.
      |    |
      |    |————N o t e n w e r t :
      |            Werte 0-1023 (Wert 345 = Frequenz 164.7).
      |            Formel Wert=1024-(111840.45/Frequenz).
      |
      |————————S p i e l d a u e r :
              Dauer 0-65535 (mal 1/50 Sek.).
              Dauer 50=1 Sek., Dauer 25=1/2 Sek. und
              Dauer 0=Ton abschalten.
```

Anweisung SOUND an einem Beispiel

Stellt man die SOUND-Anweisung in eine Zählerschleife, lassen
sich die verschiedenen Effekte erzielen.

3.11.2 Tonerzeugung an Beispielen

Das Programm SOUND-TEST1 bietet über ein Menü vier Unterprogramme zum Testen der Anweisung SOUND an. Im ersten Unterprogramm 'TASTATUR' werden die Klaviertasten C,D,E,F,G,A und H
auf der Commodore-Tastatur simuliert: Drücken wir z.B. die
Taste "C", so ertönt das 'tiefe C' in der gewünschten Dauer.
Lassen wir die Taste gedrückt, ertönt das 'tiefe C' scheinbar
andauernd (nur scheinbar, da im DAUER-Takt kaum hörbare Lücken
auftreten).
In den Zeilen 1080-1140 werden der Variablen W die zugehörigen
Notenwerte zugewiesen, die dann mit der Anweisung

    1160 SOUND GEN,W,DAUER

angespielt werden. Wählen wir mit GEN=3 die Stimme 3, so wird
der zweite im Commodore eingebaute Tongenerator aktiviert, um
anstelle von Tönen Geräusche auszugeben.

```
100 REM ======PROGRAMM SOUND-TEST1
110 PRINT ":TEST DER ANWEISUNG SOUND:"
120 DO
130    PRINT "0  ENDE"
140    PRINT "1  C,D,E,F,G,A,H TASTATUR"
150    PRINT "2  EINGABE VON FREQUENZEN"
160    PRINT "3  TON-BEREICHE MIT SOUND"
170    PRINT "4  LEBENSUHR"
180    INPUT "WAHL 0-4";W$: LET W=VAL(W$)
190    IF W=0 THEN EXIT
200    ON W GOSUB 1000,2000,3000,4000
210    PRINT "TASTE": GETKEY W$: SCNCLR
220 LOOP
230 PRINT "ENDE." : END
240 :
250 :
1000 REM ***UNTERPROGRAMM 'TASTATUR'***********
1010 PRINT ":EINGABE: NOTEN C,D,E,F,G,A,H ODER 0=ENDE"
1020 VOL 8
1030 INPUT "STIMME 1, 2 ODER 3";GEN
1040 INPUT "TONDAUER (25=1/2 SEK)";DAUER
1050 DO WHILE E$<>"0"
1060    GETKEY E$: PRINT E$;
1070    IF E$="0" THEN 1170
1080    IF E$="C" THEN LET W=169: GOTO 1160
1090    IF E$="D" THEN LET W=262: GOTO 1160
1100    IF E$="E" THEN LET W=345: GOTO 1160
1110    IF E$="F" THEN LET W=383: GOTO 1160
1120    IF E$="G" THEN LET W=453: GOTO 1160
1130    IF E$="A" THEN LET W=516: GOTO 1160
1140    IF E$="H" THEN LET W=571: GOTO 1160
1150    PRINT:PRINT "C,D,E,F,G,A,H ODER O=ENDE": GOTO 1170
1160    SOUND GEN,W,DAUER
1170 LOOP
1180 RETURN
1190 :
1200 :
2000 REM ***UNTERPROGRAMM 'FREQUENZEN'*********
2010 INPUT ":EINGABE: FREQUENZ AB 110 (0=ENDE)";FRQ
2020 DO WHILE FRQ<>0
2030    LET WERT=1024-(111840.45/FRQ)
2040    PRINT "= NOTENWERT";WERT
2050    SOUND 1,WERT,50
2060    INPUT "FREQUENZ (O=ENDE)";FRQ
2070 LOOP
2080 RETURN
2090 :
2100 :
3000 REM ***UNTERPROGRAMM 'TON-BEREICH'************
3010 INPUT "TON-BEREICH (10-1015)";BER
3020 INPUT "NOTENWERTE ZEIGEN (0=NEIN)";E
3030 FOR Z=1 TO 2
3040    FOR HOEHE=BER TO -BER STEP -10
3050       LET WERT=BER-ABS(HOEHE)
3060       SOUND 1,WERT,3
3070       IF E THEN PRINT WERT;
3080    NEXT HOEHE
3090 NEXT Z :PRINT
3100 RETURN
```

Codierung zu Programm SOUND-TEST1 (Fortsetzung):

```
4000 REM ***UNTERPROGRAMM 'LEBENSUHR'**************
4010 PRINT "DIE UHR:"
4020 LET T$="ICH WERDE IMMER AELTER ..."
4030 FOR TAKT = 1 TO 26
4040    PRINT MID$(T$,TAKT,1);
4050    SOUND 1,118,8: SOUND 1,7,0
4060    FOR ZEIT=1 TO 600: NEXT ZEIT
4070 NEXT TAKT
4080 PRINT: RETURN
```

Zum Unterprogramm 'FREQUENZEN' in den 2000er-Zeilen von Programm SOUND-TEST1:
Innerhalb einer WHILE-Schleife geben wir Frequenzhöhen in FRQ
vor, die dann nach der Formel

```
2030 LET WERT=1024-(111840.45/FRQ)
```

in NotenWERTe umgerechnet werden. Die Anweisung SOUND verlangt
solche Notenwerte. Töne in Höhen über dem 'hohen G' (Frequenz
1575 gleich Notenwert 953) sind nicht mehr wahrnehmbar.

Zum Unterprogramm 'TON-BEREICH' in den 3000er-Zeilen von Programm SOUND-TEST1:
Hier wird die SOUND-Anweisung in eine Zählerschleife plaziert,
um ein An- und Abschwellen von Tönen zu erzielen. Geben wir
für BER=1015 ein, erhalten wir z.B. folgende Klangkurve:

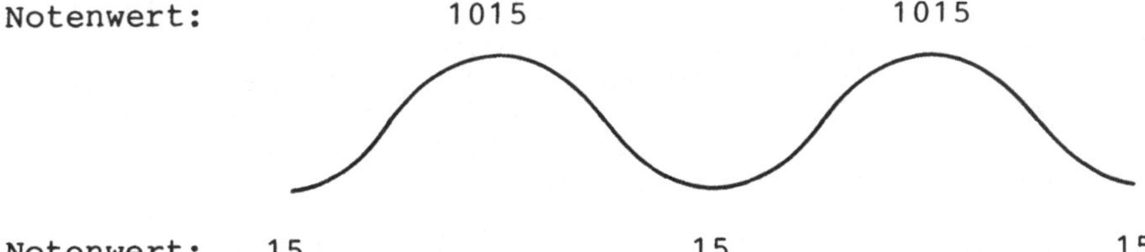

Die äußere Schleife 3030 FOR Z=1 TO 2 erzeugt zwei 'Weilen'
im Notenwertbereich 15 - 1015 - 15.

Zum Unterprogramm 'LEBENSUHR' in den 4000er-Zeilen von Programm SOUND-TEST1:
Dieser Ablauf zeigt, wie die Ausgabe von TEXT und 'Musik' ge-
koppelt werden kann: Bei Erscheinen des nächsten Buchstabens
wird ein Takt-Ton ausgegeben. Die Anweisung SOUND 1,7,0 mit
der Spieldauer 0 sorgt für ein abruptes Beenden der Tonausga-
be. Dieses kleine Programm ist natürlich ironisch gemeint und
leicht änderbar. Soll der Text "ICH WERDE IMMER AELTER ..."
z.B. durch "ICH BLEIBE IMMER JUNG ..." ersetzt werden, so ist
der Endwert 26 durch 25 auszutauschen.

3.11.3 Ein Lied abspeichern und spielen

Um ein Lied zu spielen, muß eine Folge von Noten im RAM abgespeichert vorliegen. Man kann diese Noten z.B. programmintern
in DATA-Zeilen oder in Notenstrings abspeichern. Am Beispiel
des Liedes "Der Mond ist aufgegangen" werden wir diese beiden
Speicherungsarten darstellen.

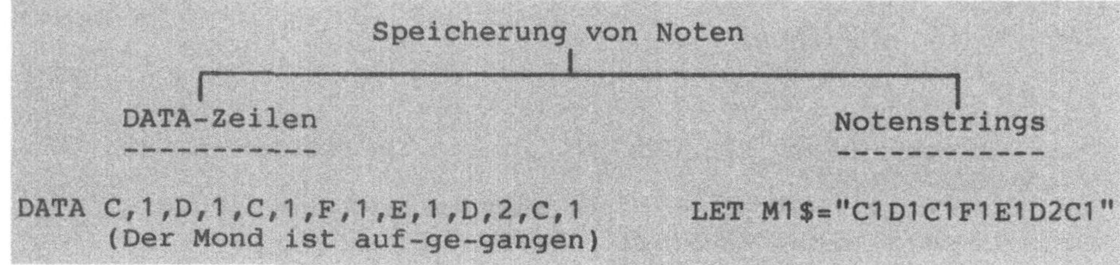

Noten in DATA-Zeilen oder in Notenstrings speichern

3.11.3.1   Noten in DATA-Zeilen abspeichern

Zum Unterprogramm 'NOTEN' von Programm MUSIKSTUECK1:
Das Programm MUSIKSTUECK1 speichert die Noten des Liedes "Der
Mond ist aufgegangen" in den DATA-Zeilen 2080-2150 ab. Dabei
gelten folgende Vereinbarungen:

- C,D,E,G,F,A,H für die Notenhöhen C-H.
- Die Zahl hinter den Noten C-H gibt die Dauer an: 1 für 1/4-
  Note, 2 für 1/2-Note, 4 für ganze Note usw.
- O für Oktave gibt die von diesem Zeitpunkt an geltende Okta-
  ve. "O,1" steht für "Oktave 1" mit den Notenwerten 169-571.
  Es sind drei Oktaven vorgesehen (1000er-Zeilen).
- X für Ende singalisiert das Liedende.

In der Zählerschleife 2020-2070 werden diese Daten in den Noten-Array N$() und den Dauer-Array DAUER() eingelesen.

Zum Unterprogramm 'NOTENWERTE' von Programm MUSIKSTUECK1:
In die Matrix WERT(,) werden die Notenwerte der drei unteren
Oktaven eingelesen. Diese Matrix kann leicht um weitere Okta-
ven sowie Halbtonschritte ergänzt werden.

Zum Spielen des Liedes in vier Schritten (100er-Zeilen):
- Zunächst geben wir die Dauer TDAUER und die Lautstärke LAUT
  vor.
- Dann werden die Notenwerte nach WERT eingelesen.
- In Schritt 3 werden die Noten des Liedes in den Noten-Array
  N$() eingelesen.
- In Schritt 4 wird das Lied über eine Zählerschleife gespielt
  (Zeilen 370-430).

Codierung zu Programm MUSIKSTUECK1:

```
100 REM ======PROGRAMM MUSIKSTUECK1
110 PRINT "ILIED SPIELEN (METHODE 'NOTEN IN DATA').": PRINT
120 :
130 REM ======VEREINBARUNGSTEIL
140 REM N$():   NOTEN C,D,... (MAX 50)
150 REM N1:     STELLE DER NOTE IN OKTAVE (Y.B. D=2)
160 REM N2:     NOTENWERT (Z.B. D=2=262)
170 REM DAUER(): DAUER (1=1/4-NOTE, 2=1/2-NOTE ...)
180 REM D1:     DAUER TATSAECHLICH
190 REM TDAUER FAKTOR FUER TONDAUER
200 REM ANZ    ANZAHL DER LIED-NOTEN
210 REM OKTAVE OKTAVE 1,2 ODER 3 IN WERT
220 REM LAUT   LAUTSTAERKE FUER VOL
230 REM WERT(,): NOTENWERTE VON 3 OKTAVEN (3 ZEILEN, 7 SPALTEN)
240 :
250 REM ======ANWEISUNGSTEIL
260 PRINT "1. ABSPIEL-MODUS FESTLEGEN"
270 INPUT"TONDAUER (1-50)    ";TDAUER
280 INPUT "LAUTSTAERKE (0-8)";LAUT
290 PRINT "2. NOTENWERTE ..";
300 GOSUB 1000
310 PRINT ".. EINGELESEN"
320 PRINT "3. NOTEN-ARRAY FUER LIED ..";
330 GOSUB 2000
340 PRINT ".. EINGELESEN"
350 VOL LAUT
360 PRINT "4. LIED SPIELEN MIT TON:"
370 FOR I=1 TO ANZ
380    LET N1=INSTR("CDEFGAH",N$(I))
390    LET N2=WERT(OKTAVE,N1)
400    LET D1=TDAUER*DAUER(I)
410    SOUND 1,N2,D1
420    PRINT N$(I);" ";
430 NEXT I
440 PRINT: PRINT "ENDE." :END
450 :
460 :
1000 REM ***UNTERPROGRAMM 'NOTENWERTE'*************
1010 REM NOTENWERTE VON 3 OKTAVEN
1020 DATA 169,262,345,383,453,516,571
1030 DATA 596,643,685,704,739,770,798
1040 DATA 810,834,854,865,881,897,911
1050 DIM WERT(3,7)
1060 FOR I=1 TO 3
1070    FOR J=1 TO 7
1080       READ WERT(I,J)
1090    NEXT J
1100 NEXT I
1110 RETURN
```

Codierung zu Programm MUSIKSTUECK1 (Fortsetzung):

```
2000 REM ***UNTERPROGRAMM 'NOTEN'********************
2010 DIM N$(50),DAUER(50) : REM MAX 50 NOTEN VORGESEHEN
2020 FOR I=1 TO 50
2030 READ N$(I): READ DAUER(I)
2040 IF N$(I)="X" THEN LET ANZ=I-1: GOTO 2180
2050 IF N$(I)<>"O" THEN 2070
2060 LET OKTAVE=DAUER(I):GOTO 2030
2070 NEXT I
2080 DATA O,1
2090 DATA C,1,D,1,C,1,F,1,E,1,D,2,C,1
2100 DATA E,1,E,1,E,1,A,1,G,1,F,2,E,1
2110 DATA E,1,E,1,E,1,F,1,E,1,D,3
2120 DATA C,1,D,1,C,1,F,1,E,1,D,2,C,1
2130 DATA E,1,E,1,E,1,A,1,G,1,F,2,E,1
2140 DATA E,1,E,1,E,1,F,1,E,1,D,1,D,1,C,1
2150 DATA X,1
2160 REM O=OKTAVE, X=ENDE
2170 REM C,D,E,F,G,A,H = NOTEN
2180 RETURN
```

3.11.3.2 Noten in Notenstrings abspeichern

Das Programm MUSIKSTUECK2 spielt ebenfalls das Lied "Der Mond
ist aufgegangen", verwendet aber N o t e n s t r i n g s zur
Speicherung der Liednoten (Unterprogramm mit 2000er-Zeilen).
Es werden fünf Teilnotenstrings M1$-M4$ gebildet, wobei die
ersten beiden zweimal angespielt werden (siehe Abbildung).

```
Fünf Teilnotenstrings M1$-M4$:
------------------------------
                                              M0$="O1"
 Der Mond ist aufgegangen,                    M1$="C1D1C1F1E1D2C1"
 die goldnen Sternlein prangen,               M2$="E1E1E1A1G1F2E1"
 am Himmel hell und klar.                      M3$="E1E1E1F1E1D3"
 Der Wald steht schwarz und schweiget,  M1$
 und aus den Wiesen steiget,            M2$
 der weiße Nebel wunderbar.             M4$="E1E1E1F1E1D1D1C1X"

Ein Gesamtnotenstring M$:
-------------------------

 2060  LET M$=M0$+M1$+M2$+M3$+M1$+M2$+M4$

C,D,E,F,G,A,H=Notenhöhen,  O=Oktave,  X=Ende,  1=Viertel-Note,
2=Halbe Note,  3=Dreiviertel-Note,  O1=1. Oktave (von 3).
```

Speicherung der Noten eines Liedes in Strings

Mit der Stringaddition in Zeile 2060 von Programm MUSIKSTUECK1
verknüpfen wir die sieben Teilnotenstrings zu einem Gesamtno-
tenstring M$. Dieser String wird dann beim Spielen des Liedes
Zeichen für Zeichen mittels MID$(M$,I,1) abgearbeitet.

Codierung zu Programm MUSIKSTUECK2:

```
100 REM ======PROGRAMM MUSIKSTUECK2
110 PRINT "LIED SPIELEN (METHODE 'NOTENSTRING'.": PRINT
120 :
130 REM ======VEREINBARUNGSTEIL
140 REM N$:      GESAMTNOTENSTRING
150 REM N0$, M4$: TEILNOTENSTRINGS
160 REM N1:      STELLE DER NOTE IN OKTAVE (Z.B. D=2)
170 REM N2:      NOTENWERT (Z.B. D=2=262)
180 REM D1:      DAUER TATSAECHLICH
190 REM TDAUER FAKTOR FUER TONDAUER
200 REM OKTAVE OKTAVE 1,2 ODER 3 IN WERT
210 REM LAUT   LAUTSTAERKE FUER VOL
220 REM WERT(,): NOTENWERTE VON 3 OKTAVEN (3 ZEILEN, 7 SPALTEN)
230 :
240 REM ======ANWEISUNGSTEIL
250 PRINT "1. ABSPIEL-MODUS FESTLEGEN"
260 INPUT "TONDAUER (1-50)   ";TDAUER
270 INPUT "LAUTSTAERKE (0-8)";LAUT
280 PRINT "2. NOTENWERTE ..";
290 GOSUB 1000
300 PRINT ".. EINGELESEN"
310 PRINT "3. NOTENSTRING FUER LIED ..";
320 GOSUB 2000
330 PRINT ".. EINGELESEN"
340 VOL LAUT
350 PRINT "4. LIED SPIELEN MIT TON:"
360 FOR I=1 TO 1000 STEP 2
370 IF MID$(M$,I,1)="X" THEN LET I=1009: GOTO 450
380 IF MID$(M$,I,1)<>"O" THEN 400
390 LET OKTAVE=VAL(MID$(M$,I+1,1)): GOTO 450
400 LET N1=INSTR("CDEFGAH",MID$(M$,I,1))
410 LET N2=WERT(OKTAVE,N1)
420 LET D1=TDAUER*VAL(MID$(M$,I+1,1))
430    SOUND 1,N2,D1
440 PRINT MID$(M$,I,1);" ";
450 NEXT I
460 PRINT: PRINT "ENDE." :END
470 :
480 :
1000 REM ***UNTERPROGRAMM 'NOTENWERTE'*************
1010 REM NOTENWERTE VON 3 OKTAVEN
1020 DATA 169,262,345,383,453,516,571
1030 DATA 596,643,685,704,739,770,798
1040 DATA 810,834,854,865,881,897,911
1050 DIM WERT(3,7)
1060 FOR I=1 TO 3
1070    FOR J=1 TO 7
1080       READ WERT(I,J)
1090    NEXT J
1100 NEXT I
1110 RETURN
```

Codierung zu Programm MUSIKSTUECK2 (Fortsetzung):

```
2000 REM ***UNTERPROGRAMM 'NOTEN'*******************
2010 LET M0$="O1"
2020 LET M1$="C1D1C1F1E1D2C1"
2030 LET M2$="E1E1E1A1G1F2E1"
2040 LET M3$="E1E1E1F1E1D3"
2050 LET M4$="E1E1E1F1E1D1D1C1X"
2060 LET M$=M0$+M1$+M2$+M3$+M1$+M2$+M4$
2070 REM O=OKTAVE, X=ENDE
2080 REM C,D,E,F,G,A,H = NOTENHOEHEN
2090 RETURN
```

Programmverzeichnis

Das folgende Inhaltsverzeichnis zeigt die 87 im Wegweiser-Buch
erläuterten BASIC-Programme. Die jeweils links neben dem Programmnamen angegebene Nummer gibt die Anzahl der vom Programm
belegten Blöcke an (ein Block entspricht 256 Bytes). Alle 87
Programme belegen 294 Blöcke bzw. 75264 Bytes (ca. 75 KBytes).

0	[Reverse-Video-Kopfzeile]		2	"FUELLSTRING1"	PRG
2	"HELLO"	PRG	1	"RUNDENZAHL1"	PRG
1	"VERBRAUCH1"	PRG	3	"KOMMERZZAHL1"	PRG
1	"PREISSENKUNG1"	PRG	6	"DEMO-USING1"	PRG
2	"PREISSENKUNG2"	PRG	5	"DRUCKER1"	PRG
5	"KALKULATION1"	PRG	1	"CHR$-TEST1"	PRG
2	"SKONTOZWEISEIT1"	PRG	1	"ASCII-TEST1"	PRG
2	"SKONTOZWEISEIT2"	PRG	2	"DEZIMALBINAER1"	PRG
2	"SKONTOEINSEIT1"	PRG	2	"BINAERDEZIMAL1"	PRG
2	"SKONTOEINSEIT2"	PRG	6	"HEXDEZIMAL1"	PRG
2	"DREIFAELLE1"	PRG	4	"DEZIMALHEX1"	PRG
2	"DREIFAELLE2"	PRG	2	"DEZIMALBINAER2"	PRG
3	"MWST1"	PRG	2	"DEZIMALBINAER3"	PRG
3	"KAPITAL10"	PRG	3	"DEZIMALBINAER4"	PRG
3	"KAPITAL11"	PRG	2	"PEEKLESEN1"	PRG
3	"KAPITAL20"	PRG	3	"POKESCHREIBEN1"	PRG
3	"KAPITAL21"	PRG	3	"LAGERREGAL1"	PRG
4	"ZUFALL1"	PRG	3	"VOKABELDRILL1"	PRG
1	"BENCHMARK-TEST1"	PRG	5	"ABSATZTABELLE1"	PRG
5	"FAHRTENBUCH1"	PRG	4	"SUCHBINAER1"	PRG
5	"RATENSPARTABELLE"	PRG	3	"SORTDATEN1"	PRG
2	"DEMO-UPRO1"	PRG	3	"SORTZEIGER1"	PRG
2	"DEMO-FUNKTION1"	PRG	4	"SORTDATEN2"	PRG
5	"MENUE1"	PRG	4	"MISCHDATEN1"	PRG
4	"STANDARD1"	PRG	3	"GRUPPDATEN1"	PRG
1	"BOOLEAN1"	PRG	2	"FEHLER-TRAP1"	PRG
1	"BOOLEAN2"	PRG	20	"SEQUENT-DATEI1"	PRG
2	"BOOLEAN3"	PRG	1	"TASTENBELEGUNG1"	PRG
3	"ZEICHSTRINGSUCH1"	PRG	12	"DIREKT-DATEI1"	PRG
4	"ZEICHSUCH1"	PRG	2	"ZEIT-TEST1"	PRG
2	"STRINGSUCH1"	PRG	2	"MODULALT"	PRG
3	"TEXTUMKEHREN1"	PRG	1	"MODULNEU"	PRG
1	"AUSEINANDER1"	PRG	3	"WINDOW-TEST1"	PRG
3	"BLANKSZEIGEN1"	PRG	3	"COLOR-TEST1"	PRG
2	"RECHTSBUENDIG1"	PRG	3	"DRAW-TEST1"	PRG
2	"FUEHRENDENULL1"	PRG	3	"LINIE-BEWEG1"	PRG
1	"STRINGBLANKS1"	PRG	4	"KURVE1"	PRG
1	"DATUMGANZZAHL1"	PRG	3	"BOX-TEST1"	PRG
4	"ETIKETTEN1"	PRG	8	"CIRCLE-TEST1"	PRG
6	"JOKER1"	PRG	6	"PAINT-TEST1"	PRG
4	"VERSCHLUESSELUNG"	PRG	5	"TORTENDIAGRAMM1"	PRG
3	"WORTSPIEL1"	PRG	6	"TEXTFARBZUFALL1"	PRG
2	"CURSORPOSITION1"	PRG	8	"MUSIKSTUECK1"	PRG
2	"DEMO-PRINT1"	PRG	7	"SOUND-TEST1"	PRG
			7	"MUSIKSTUECK2"	PRG

Sachwortverzeichnis

Programmverzeichnis

Alle in diesem Buch dargestellten Programme sind auf einer 5.25"-Diskette gespeichert, die unter DOS 2.x auf Disketten-Laufwerken wie VC 1541 und CBM 4040 ausgeführt werden können. Diese Diskette kann vom Verlag über die dem Buch beiliegende Anforderungskarte bestellt werden. Das folgende Inhaltsverzeichnis zeigt die Namen und Blöcke der 87 BASIC-Programme mit einem Umfang von 294 Blöcken bzw. 75264 Bytes (ca. 75 KBytes).

```
0   [Directory-Header]

2      "HELLO"                PRG        2      "FUELLSTRING1"         PRG
1      "VERBRAUCH1"           PRG        1      "RUNDENZAHL1"          PRG
1      "PREISSENKUNG1"        PRG        3      "KOMMERZZAHL1"         PRG
2      "PREISSENKUNG2"        PRG        6      "DEMO-USING1"          PRG
5      "KALKULATION1"         PRG        5      "DRUCKER1"             PRG
2      "SKONTOZWEISEIT1"      PRG        1      "CHR$-TEST1"           PRG
2      "SKONTOZWEISEIT2"      PRG        1      "ASCII-TEST1"          PRG
2      "SKONTOEINSEIT1"       PRG        2      "DEZIMALBINAER1"       PRG
2      "SKONTOEINSEIT2"       PRG        2      "BINAERDEZIMAL1"       PRG
2      "DREIFAELLE1"          PRG        6      "HEXDEZIMAL1"          PRG
2      "DREIFAELLE2"          PRG        4      "DEZIMALHEX1"          PRG
3      "MWST1"                PRG        2      "DEZIMALBINAER2"       PRG
3      "KAPITAL10"            PRG        2      "DEZIMALBINAER3"       PRG
3      "KAPITAL11"            PRG        3      "DEZIMALBINAER4"       PRG
3      "KAPITAL20"            PRG        2      "PEEKLESEN1"           PRG
3      "KAPITAL21"            PRG        3      "POKESCHREIBEN1"       PRG
4      "ZUFALL1"              PRG        3      "LAGERREGAL1"          PRG
1      "BENCHMARK-TEST1"      PRG        3      "VOKABELDRILL1"        PRG
5      "FAHRTENBUCH1"         PRG        5      "ABSATZTABELLE1"       PRG
5      "RATENSPARTABELLE"     PRG        4      "SUCHBINAER1"          PRG
2      "DEMO-UPRO1"           PRG        3      "SORTDATEN1"           PRG
2      "DEMO-FUNKTION1"       PRG        3      "SORTZEIGER1"          PRG
5      "MENUE1"               PRG        4      "SORTDATEN2"           PRG
4      "STANDARD1"            PRG        4      "MISCHDATEN1"          PRG
1      "BOOLEAN1"             PRG        3      "GRUPPDATEN1"          PRG
1      "BOOLEAN2"             PRG        2      "FEHLER-TRAP1"         PRG
2      "BOOLEAN3"             PRG        20     "SEQUENT-DATEI1"       PRG
3      "ZEICHSTRINGSUCH1"     PRG        1      "TASTENBELEGUNG1"      PRG
4      "ZEICHSUCH1"           PRG        12     "DIREKT-DATEI1"        PRG
2      "STRINGSUCH1"          PRG        2      "ZEIT-TEST1"           PRG
3      "TEXTUMKEHREN1"        PRG        2      "MODULALT"             PRG
1      "AUSEINANDER1"         PRG        1      "MODULNEU"             PRG
3      "BLANKSZEIGEN1"        PRG        3      "WINDOW-TEST1"         PRG
2      "RECHTSBUENDIG1"       PRG        3      "COLOR-TEST1"          PRG
2      "FUEHRENDENULL1"       PRG        3      "DRAW-TEST1"           PRG
1      "STRINGBLANKS1"        PRG        3      "LINIE-BEWEG1"         PRG
1      "DATUMGANZZAHL1"       PRG        4      "KURVE1"               PRG
4      "ETIKETTEN1"           PRG        3      "BOX-TEST1"            PRG
6      "JOKER1"               PRG        8      "CIRCLE-TEST1"         PRG
4      "VERSCHLUESSELUNG"     PRG        6      "PAINT-TEST1"          PRG
3      "WORTSPIEL1"           PRG        5      "TORTENDIAGRAMM1"      PRG
2      "CURSORPOSITION1"      PRG        6      "TEXTFARBZUFALL1"      PRG
2      "DEMO-PRINT1"          PRG        8      "MUSIKSTUECK1"         PRG
                                         7      "SOUND-TEST1"          PRG
                                         7      "MUSIKSTUECK2"         PRG
```